KB048362

21세기
한국가족과 문화

과거와 현재 그리고 미래의 화해

이여봉 지음

박영사

이 저서는 2018년 정부(교육부)의 재원으로 한국연구재단의 지원을 받아 수행된 연구임 (NRF-2018S1A6A4A01034690). 따라서 본 성과물은 타 과제나 타 기관 지원 등에 활용될 수 없음.

인간은 가족 안에서 태어나고 가족 안에서 살다가 가족의 품에서 죽어간다. 가족은 늘 우리 곁에 있어서 익숙하게 느껴지는데, 바로 그 익숙함으로 인하여 가족이 자신에게 그리고 자신이 가족에게 어떤 영향을 주고받는지를 깨닫기 힘들다. 그럼에도 불구하고 개인을 구성하는 정체성의 상당 부분은 가족으로부터 비롯된다. 이는 가족 중의 누군가로부터 직접적인 영향을 받아서이기도 하고, 자신이 속한 가족의 문화가 "가랑비에 옷 젖듯이" 자연스럽게 내면화되어서 익숙해지기 때문이기도 하다.

본서는 가족문화, 즉 사람들이 가족 안에서 살아가는 양식 그리고 가족과 외부 사회가 상호작용하는 양식에 관한 이야기를 담고 있다. 총 15개의 장으로 구성하고, 프롤로그와 에필로그를 덧붙였다. 처음 세 개의 장 - 1장, 2장, 3장 - 은 문화에 관한 소개 그리고 가족에 관한 소개에 이어서, 두 개념을 통합한 가족문화를 논하였다. 이어지는 두 개의 장 - 4장, 5장 - 은 구미와 주변국의 가족문화 그리고 한국의 가족문화를 다루었다. 이는 각 사회의 역사적 경험 및 상황이 가족문화의 형성과 변천에 연관되어 온 흐름을 관찰함으로써, 가족문화의 보편성과 아울러 특수성에 관한 이해로 이끌고자 함이다.

6장부터 15장에 걸쳐서, 소주제별 가족문화들을 다루었다. 소주제들을 관통하는 일관적 관찰은, 오늘날의 가족문화는 근대로부터의 탈피를 경험해 오고 있다는 사실이다. 근대의 흑백 논리로서 정상 가족과 비정상 가족을 구분하는 이분법은 더 이상 설득력이 없어진 시대에 이르러, 의식주뿐 아니라 노동과 여가 및 소비 패턴 그리고 의례의 양상도 다양해졌고 가족의 구성과 해체 역시 마찬가지이다. 세 개의 장 - 6장, 7장, 8장 - 은 의식주라는 기본적 욕구를 충족해 가는 구체적 가족문화에 주목하였다. 또한 이어지는 네 개의 장 - 9장, 10장, 11장, 12장 - 에서는 노동과 여가 및 소비 그리고 의례 등 일상적 삶에서의 가족문화가 어떻게 변화해 왔고 현재 어느 지점에 있는지를 소개하였다. 그리고 마지막 세 개의 장 - 13장, 14장, 15장 - 에서는 탈근대의 가족형성과 해체 및 가족관계의 변화와 다양성 그리고 다문화 사회에서의 적응을 위해 개인과 가족과 사회가 고군분투하는 모습을 소개하였다.

　필자는 개인과 가족 그리고 이들을 둘러싼 사회라는 삼자 간 연관성의 틀에서 논의를 진행하고자 했다. 유례없이 빠른 기간 안에 산업화와 경제적 도약을 일궈냈던 '한강의 기적'은, 가족을 위해 자발적 희생을 감내했던 한국적 가족주의 전통에 기초하여 국가와 기업 또한 가족처럼 여기게 하고 개개인의 희생과 헌신을 이끌어 냄으로써 성공할 수 있었다. IMF 구제금융 위기 시 '금 모으기' 운동을 성공적으로 이끌었던 국민적 자발성 역시, 외국인들은 이해하기 힘든 한국적 가족주의 이념 덕분이다. 이처럼 사람들을 움직이는 이념은, 해당 사회의 역사적 경험과 사회 상황에 반응하는 과정에서 형성되고 전승된다. 가족문화 역시 어느 날 갑자기 누군가에 의해 인위적으로 만들어지는 것이 아니라, 역사적 배경과 환경적 특성 하에서 사회가 개인에게 영향을 주고 또한 개인이 그에 반응하는 상호작용이 켜켜이 쌓여서 가족 단위의 생활양식으로서 안정되고 전승되는 것이다. 그래서 지구상의 가족문화는 하나로 수렴하는 듯하면서도, 매 사회가 지닌 경험과 상황의 차이로 인하여 각각의 특수성을 지닐 수밖에 없다.

　본서가, 가족 행위와 관련하여 "예로부터 해오던 대로 따라야 한다"거나 "지금이 어느 땐데 케케묵은 옛것을 고집하느냐"는 양 극단적 고집에서 벗어나서 융통성 있는 사고를 지닐 수 있도록 안내하기를 바란다. 지난 세월 동안 부모와 자녀는 각각 다른 시대를 살아오면서 다른 경험을 쌓아왔고 현재의 연령단계가 다를 뿐 아니라 가족 내 위치와 입장도 다르다. 또한 부부는 성장기 동안 각자 살아온 지역과 익숙했던 가족문화가 다르고 현재의 가족 내 위치와 입장도 같지 않다. 이렇듯 세대와 성별이 다양한 가족구성원들이 서로를 있는 그대로 수용하는 것은 애초부터 쉽지 않은 일이어서, 자신의 틀을 벗어나서 상대방의 틀로써 그/그녀를 이해하려는 부단한 노력을 필요로 한다. 젊은 세대는 과거의 뿌리에서 현재가 비롯되었음을 되새김질하며 나이 든 세대는 자신의 낡음을 인정하여 '꼰대'가 아닌 도전과 소통의 주체로 나설 수 있다면, 그리고 여성은 남성적 삶의 어려움에 공감하고 남성은 여성적 삶의 고충에 공감하려는 노력이 중간 지점에서 만난다면, 가족 안팎에서의 삶은 훨씬 부드러워질 것이다. 이러한 노력들이 호혜성을 지니고 서로를 배려하는 가족문화를 일굴 때, 개개인은 가족 안에서 안정감과 행복감을 느끼고 가족은 단단한 응집력과 회복력을 확보할 수 있을 것이다.

전문적인 가족 지원 및 상담을 함에 있어서도, 개인과 가족의 사고 및 행동이 거시적 사회현상과 역사적 경험의 토대 위에 존재함을 잊지 않길 바란다. 그러나 매 가족이 겪어온 특별한 가족 경험을, 보편적 가족문화의 틀로써 가리려는 유혹에 빠지지 말기를 또한 부탁한다. 가족문화가 지닌 보편성과 매 가족의 특수한 가족 경험에서 오는 특수성이라는 두 가지는, 해당 가족의 상황을 오해 없이 읽어내고 앞으로의 개입 방향을 설정하기 위해 동시에 고려되어야 할 부분들이기 때문이다.

문득 돌아보니, 나 자신의 가족적 삶 역시 좌충우돌의 연속이었다. 이제 나이가 들어 장성한 자녀를 둔 입장에서, 과거 부모님께서 때로 내게 섭섭하다고 하셨던 것처럼 나도 자녀들의 행동에서 섭섭함을 느낄 때가 있다. 그런데 그것은 어쩌면 내가 과거에 부모님의 마음을 읽어내기 힘들었던 것처럼 나의 자녀들 역시 그들의 부모인 나를 이해하기 힘들다는 사실을 잊기 때문일 것이다. 태어나 성장한 시절과 환경이 달랐고 삶의 경험이 달랐으므로, 현재의 연령대와 성별이 다르므로, 그리고 현재 가족 안에서 처해 있는 위치와 입장이 다르므로, 가족 안의 우리는 서로를 이해하지 못해서 수시로 부딪히고 갈등한다. 사회가 예측할 수 없으리만치 빠른 속도로 변화하고 있으므로, 변화에 빠르게 탑승하는 존재들과 과거에 머무르고 싶은 존재들 간의 갈등은 더욱 심화될 수 있다. 그러나 상대방의 신발을 신어보면서 서로를 이해하고 절충적 문화를 만들어가려는 노력이, 가족에서부터 사회로 확산되고 또한 다양성과 차이를 인정하고 수용하려는 관대함이 우리의 가족문화로 자리 잡기를 바란다. 그것이 가능할 때 가족 안팎의 불협화음이 최소화되고 사회적 공감대에 기초한 가족문화가 안정적으로 자리를 잡을 것이다. 최근 결혼한 내 딸과 사위 그리고 머지않은 미래에 새 가족을 일굴 내 아들이 어떤 색깔의 가족문화들을 가꿔갈지 궁금하다. 부디 자신들 안에만 함몰되는 협소함을 넘어서서 부모 세대와 자녀 세대 그리고 가족 밖의 주변에 이르기까지 서로 이어져 있음을 이해하고 아우를 수 있는 넉넉함이, 그들이 만들어 갈 가족문화 안에 녹아있길 바란다. 과거와 현재 그리고 미래가 단절되지 않고 서로 이어져 있음을 받아들이고 품을 수 있을 때, 개인과 가족과 사회는 소통과 화해의 시너지를 뿜어낼 수 있을 것이다.

　가족 안팎에서의 크고 작은 굴곡들을 수없이 경험하며 사는 동안 힘들었던 고비마다 주저앉지 않도록 용기를 주셨던 부모님께, 부족하게나마 존경과 사랑을 담아서 이 책을 바치고 싶다. 본서의 필요성에 공감하고 집필을 위한 재정적 후원을 제공해 준 한국연구재단과 알뜰하게

책으로 엮어 주신 박영사의 여러분들께도 감사를 드린다. 학문의 길을 함께 걸어가는 동료와 후학들 그리고 사랑하는 가족과 함께, 출간의 기쁨을 나누고자 한다.

2022년 벽두에 석성산 기슭 연구실에서, 저자 씀.

목차

II. 구미와 주변국 그리고 한국의 가족문화

III. 의식주 문화와 가족

I

문화, 가족, 그리고 가족문화

21세기 한국 가족과 문화:
과거와 현재 그리고 미래의 화해

1장

문화에 관하여

태초부터 인간은 사물과 형상에 의미를 부여하고 언어와 그림 등의 상징을 만들어내어 공유해 왔다. 이러한 행위가 축적되고 정형화되면서 개인은 자아정체감을 형성하고 타인에 대해 이해하며 사회는 바람직하다고 간주되는 가치와 정당하다고 여겨지는 수단을 보편화하고 전승해 가는데, 이러한 일련의 과정을 문화의 맥락에서 이해할 수 있다.

1. 문화란 무엇인가

1) 문화의 정의

크뢰버와 클럭혼(Kroeber & Kluckhohn, 1952)에 의하면, 문화란 구체적 인간 행위로부터 끌어낸 추상으로서 개인의 행위를 규제하는 규칙의 체계를 의미한다. 그런데 이러한 의미로 정의하면, 문화는 구조적이고 추상적 영역만을 포함한다. 음악회 및 전시회를 다니는 것을 두고 "문화생활을 한다"고 표현하는 반면 먹고 입고 일하는 등의 일상적 상호작용의 모습을 문화로 포함하지 않는다면, 이는 좁은 의미에서 문화를 규정하는 시각이다.

　반면 문화를 넓은 의미로 정의하면, 집단의 행위양식에 초점을 두고 생활 속에서 발생하는 – 단, 생물학적이지 않은 – 일상적 현상과 기능 등을 총칭한다(정하성 외, 2007). 이와 유사한 맥락에서, 기든스(Giddens, 2001)는 생활양식의 총체로서, 치노이(Chinoy, 1963)는 개인이 학습한 바에 의거하여 사회성원으로서 사고하고 행위하며 인식하는 방식으로 서, 문화를 정의하였다. 한편 화이트(White, 1973)는 상징에 의해 의미가 부여된 사물과 사건들로 구성된 신체 외적 맥락이라고 정의하였고, 키싱(Keesing, 1974)은 학습되고 사회적으로 전승된 행위의 총체라고 하였으며, 호지스(Hodges, 1974)는 사회성원들이 학습한 행동양식과 전통 그리고 의식 및 믿음의 총체라고, 문화를 규정하였다. 이들을 종합하면 가치와 규범 등 추상적이고 비물질적인 영역과 과학과 기술 등 구체적이고 물질적인 영역 모두를 포괄하는 후천적으로 학습된 생활양식의 총체가, 넓은 의미에서의 문화이다. 그런데 동일한 문화를 공유하는 성원들을 연결시키는 상호관계의 체계를 '사회'라고 정의하므로(Giddens, 2001), 문화와 사회는 상호 긴밀히 연관된 개념이다.

2) 문화의 종류

(1) 비물질문화와 물질문화

　비물질문화란 눈에 보이지 않고 손으로 만질 수도 없으므로, 누군가에 의해 독점될 수 없고 사회구성원들에 의해 공유되며 고갈되지 않는 것들이다. 언어와 가치 및 신념과 규범 등이, 이러한 속성을 지니는 비물질문화이다.

　반면 비물질문화가 물질적으로 정형화된 것이 물질문화이다(Leslie; 윤근섭·김영기, 1998에서 재인용). 그런데 물질문화는, 소유와 통제 그리고 소외의 대상이 될 수 있다. 특히 연령과 거주지 혹은 경제적 계층의 차이가 물질문화의 소유와 통제에 있어서의 차이를 유발하고 소외를 초래하는 구분선이 된다. 예를 들면 정보화 시대의 기술을 향유하는 층이 있는가 하면 그러한 혜택으로부터 소외되는 층이 있는데, 노령층과 하위계층 그리고 도서지역 거주자가 정보화로부터 소외되기 쉬운 범주에 속한다.

(2) 보편문화/전체문화 그리고 특수문화/하위문화

해당 사회의 전체 구성원들에 의해 공유되는 문화를 보편문화 혹은 전체문화라고 한다. 그리고 해당 사회의 일부 즉 특수한 집단의 구성원들 사이에서만 공유되는 문화를 특수문화 혹은 하위문화라고 부른다. 한국사회에서 애국가 및 태극기가 한국인으로서의 정체성을 일깨우고 애국심에 기초한 응집력을 부르는 보편문화이자 전체문화라면, 군대문화는 군대에서만 수용되는 부분들을 포함한 특수문화이자 하위문화이다. 전시 상황 등을 예비하여 개별적 다양성과 자유보다는 전체를 일사분란하게 통솔해야 하는 군대에서, 상명하복(上命下服)의 수직적 질서가 중시되는 정도는 군대 밖의 사회와는 다를 수밖에 없다.

물론 특수문화 및 하위문화 역시 전체문화 및 지배문화에 의해 영향을 받는다. 요즘 군대 내의 자율성 확대 경향은 자유와 평등 및 개인주의를 추구하는 쪽으로의 가치관 변화가 군대 내에도 유입되어 반영되었음에 기인한다. 그런데 하위문화/특수문화가 이들을 둘러싼 전체 사회의 보편문화/지배문화에 의해 인정되지 않고 공존할 수 없는 경우도 있다. 이러한 하위문화를 반(反)문화로 규정한다(윤근섭·김영기, 1998). 예를 들면, 두목과 동료에 대한 충성과 의리를 위해 수단과 방법을 가리지 않고 복수하는 갱(gang)문화는 살인과 상해를 금지하는 오늘날의 전체문화와 배치된다는 점에서 반문화이다.

(3) 고급문화와 대중문화

고급문화는 경제적 여유와 시간적 여가를 즐길 수 있는 계층만의 전유물이었고, 노동의 주체이던 서민들과는 유리되어 있었다. 예를 들면, 귀족층에서 특정 음악가들을 후원하고 자신의 살롱에서 가족과 손님들을 위해 연주하게 하던 시절로부터 비롯된 클래식 음악은 한정된 소수만이 누릴 수 있는 문화였다. 미술 역시 마찬가지여서, 이탈리아의 메디치 가문이 미켈란젤로와 레오나르도 다빈치 등을 후원해서 르네상스 시대를 열었던 것은 유명하고 오늘날 한국의 재벌가에서도 고가의 예술품을 수집해서 고급 취향을 대외적으로 과시하는 사례도 드물지 않다. 문학작품이나 발레 역시, 귀족층의 고급 취향과 안목 및 후원에 의존하여 발달하였다. 오늘날에도 고급문화를 익히고 즐기려면 경제적·시간적 노력을 많이 필요로 하므로, 부담이 되는 것이 사실이다.

반면 대중문화는 지배층의 문화적 독점을 타파하고 대중들의 문화적 수요를 충족하고자 하는 욕구를 중심으로 등장하여 자리를 잡았다. 그래서 대중문화는 피지배층의 정서를 반영하고, 문화적 수혜의 불평등 해소에 기여하며, 비용과 시간적 투자를 덜 필요로 하면서 누구나 즐길 수 있도록 문턱을 낮췄다는 특징을 지닌다. 팝송이나 유행가를 대중문화의 대표적 예로 들 수 있다. 미국에서 시작되어 전 세계로 퍼지고 한국에서도 젊은이들 사이에 인기를 얻고 있는 랩(rap)을 중심으로 한 힙합 음악과 요즘 한국에서 새로이 주목받고 있는 트로트 역시, 대중문화이다. 외국에 수출되어 인기를 얻는 한국 드라마들 그리고 한국적이면서 현대적인 노래로 세계인의 관심을 끌고 있는 가수 싸이나 방탄소년단(BTS)의 활동은, 한국적 대중문화의 확산 및 세계화에 성공한 예로 평가된다.

오늘날 클래식 음악의 저변 확대를 위해, 고급문화와 대중문화를 접목하려는 시도가 이어지고 있다. 조수미 등 세계적 명성을 얻은 성악가가 대중음악을 재해석해서 부르기도 하고 또한 세계적 호응을 얻고 있는 K-팝에 K-가곡을 접목하기도 한다. 이들은 한국 대중음악의 스펙트럼을 넓힐 뿐 아니라, 전 세계적으로도 한국의 클래식 음악을 접근하기 쉬운 방식으로 알리는 효과가 있다.

2. 문화의 속성과 기능

1) 문화의 속성

문화는 공유성, 학습성, 축적성, 초유기체성, 체계성, 보편성 및 특수성, 그리고 가변성 등의 속성을 지닌다(윤근섭·김영기, 1998).

(1) 공유성

개인들의 사고 및 행동 패턴은 다양하다. 화려한 취향을 지닌 사람이 있는가 하면 그렇지 않은 사람이 있고, 조용하게 앉아서 책을 읽는 것을 좋아하는 사람이 있는가 하면 사람들과 어울려서 운동하는 것을 좋아하는 사람이 있다. 맵고 짠 음식을 좋아하는 사람이 있는가 하면 달콤한 음식에 끌리는 사람이 있다. 이처럼 개개인이 지닌 취향이나 사고유형 및 행동방식 중 타인과 달라서 구별되는 특성을 개성(individuality)이라고 한다.

개인들 각자가 지닌 독특성 즉 개성이 타인과 구별되게 하듯이, 각사회의 문화는 해당 사회의 구성원들끼리 공유하지만 다른 사회의 구성원들과는 공유하지 않는 독특성을 지닌다. 예를 들면, 온돌 문화는 한국의 전통 문화로서 일본의 다다미 문화나 서구의 침대 문화와 구별되는 주거양식이다. 여름에 고온다습하고 겨울에 추운 한반도의 몬순 기후에 적응하는 삶의 양식으로서 온돌 문화가 발달했을 것으로 추정된다. 한국의 명절 문화나 바닥에 엎드려서 절을 하는 인사법도, 서구와 다른 한국 문화이다. 도시문화와 농촌문화가 다르고, 호남지역의 문화와 영남지역의 문화가 다르며, 청소년 문화와 노인 문화가 다르다. 이처럼 문화란 타 집단과 구별되는 내집단(ingroup, 內集團)만의 공통적 경향성을 의미한다.

(2) 학습성

문화란 선천적이거나 생물학적 본능이 아니라 후천적으로 습득된 행동이다. 아기가 아프거나 배고플 때 우는 것은 선천적으로 가지고 태어나는 본능일 뿐, 배워서 습득하는 것이 아니므로 문화의 범주에 속하지 않는다. 반면 언어 습득이라든지 젓가락 사용법과 연필 사용법 등은, 후천적으로 배워서 익히는 것이므로 문화적인 것이다. 즉 문화로 간주되기 위해서는, 생물학적으로 타고나는 것이 아닌 후천적으로 학습된 것이어야 한다(김정준, 2019).

갓 태어난 아기들 중에도, 어떤 아기는 배부르면 잘 자고 잘 노는 반면, 다른 아기는 수시로 울고 떼를 쓴다. 그런데 이들을 두고, 타고난 기질(temper)이 다르다고 하지 인성(personality)이 다르다는 식의 평가를 하지는 않는다. 인성이란 타고난 기질에 후천적으로 학습된 것이 덧입혀져서 형성되는 것이기 때문이다.

(3) 축적성

인간은 말과 글을 매개로 하여 이전 세대로부터 물려받은 지식과 기술을 학습하고 공유하며, 이에 더하여 새로운 지식과 기술 등의 내용을 덧붙이면서 살아간다. 그리고 다시금 자신들이 학습하고 추가한 지식과 기술들을 후속 세대에게 물려준다. 이러한 과정이 세대를 이어 되풀이되면서, 문화의 내용은 점점 다양해지고 복잡해진다. 이처럼 문화가 지닌 축적성은, 인간이 문자와 기록을 활용하여 통(通)시대적 의사소통을 할 수 있는 능력에 기인한다.

(4) 초유기체성

문화는 일단 형성되고 나면 개인을 초월하여 외재한다. 즉 문화는 특정 개인의 의지에 따라 변화되는 것이 아니고, 또한 특정 문화의 생성에 관여한 자가 죽는다고 해서 소멸하는 것도 아니다. 왜냐하면 일단 만들어진 문화는 독립된 자기체계를 형성하기 때문이다. 그래서 문화는 개별 성원의 교체 여부와 무관하게 존속하면서, 해당 사회 구성원들의 판단과 행위의 준거틀(frame of reference)[1]로서 작용하여 사고와 행위를 구속한다.

(5) 체계성

문화의 구성 부분들은 서로 긴밀한 관계를 유지하면서 하나의 체계로서 작동하기 때문에, 한 부분의 변동은 연쇄적으로 다른 부분에 영향을 미친다. 즉 의식주의 양식과 규범 및 경제활동에 대한 규범 그리고 도덕과 관습 및 제도 등은 각각 따로 존재하는 것이 아니라 상호 연결되

---

1) 준거틀이란 사물과 행위를 해석하고 판단하는 기준이다.

어 영향을 주고받는다(김정준, 2019). 수직적 질서를 중시하는 유교적 가
치관이 강한 사회에서 가부장적 가족제도 및 여성차별을 당연시하는 윤
리관과 의식이 수용되어 온 것은, 종교적 가치와 의식 및 제도 등 문화
를 구성하는 여러 부분들이 상호 밀접하게 연관되면서 작동하고 있음을
보여주는 예이다.

(6) 보편성 및 특수성

문화는 해당 사회의 유지와 존속을 위해 기본적 요건들을 해결하는
수단이라는 점에서 모든 사회에 보편적이다. 그러나 그러한 요건들을
해결하는 방식은 사회마다 상이할 수 있다. 즉 어느 사회든 개인적 차
원에서의 적응을 위해서 그리고 사회가 유지되어 가기 위해서 규범이
존재한다는 점에서 보편적이지만, 규범의 구체적 내용은 사회마다 다양
하고 때로 특수하다. 예를 들면, 장유유서와 권위에 대한 수직적 질서가
발달되어 온 한국사회에서는 허리를 굽히거나 바닥에 엎드려 절하는 인
사법이 발달해 왔으나, 평등의 가치를 중시하는 서구에서는 서로 마주
본 채 허리를 굽히지 않고 악수를 하는 방식의 인사법이 발달한 것을
예로 들 수 있다.

(7) 가변성

문화는 불변하는 것이 아니라, 시간의 흐름과 더불어 퇴색되거나 소
멸되기도 하고 첨가되거나 새로이 만들어지기도 하는 등의 방식으로 변
화한다. 문화가 변화하는 원인으로서, 새로운 문화 요소의 발명이나 발
견, 가치관의 변화, 그리고 지식의 축적 등을 들 수 있다(김정준, 2019).
외부 문화와의 접변 혹은 외부에서 유입된 문화와 토착 문화 간의 충돌
과정에서, 기능을 상실한 문화들은 사라지고 기능이 강화된 문화들은

지속되며 혹은 양 사회의 문화가 결합되어 새로운 문화가 출현하기도
한다.

2) 문화의 순기능과 역기능

(1) 사회적 차원에서의 문화

문화는 가치와 규범 및 욕구 충족을 위해 용인된 수단을 제공함으로
써 개인과 집단들 간의 상호작용에 관한 보편적 동의를 이끌어내고, 이
를 정형화시켜서 사회의 질서 유지와 통합 및 존속에 기여한다. 이것이
문화가 사회에 제공하는 보편적 순기능이다. 즉 구성원을 재생산하고
사회화시키는 기능, 바람직한 기준을 제시하여 삶의 목적의식을 유지하
게 하는 기능, 그리고 재화와 용역의 생산 및 소비 질서를 유지하는 기
능 등이 문화가 지닌 순기능이다(Young & Mack, 1965).

한편 문화는 지배계급만의 특수한 계급적 이해를 전체 사회구성원들
의 보편적 이해인 것처럼 정당화시키는 수단으로 사용될 수도 있는데,
이것이 문화의 역기능이다(윤근섭·김영기, 1998). 즉 교육제도나 종교제
도 및 방송매체와 대중문화 등을 통해, 지배계급이 피지배계급을 누르
고 기득권을 유지하기 위한 편향적 내용을 홍보하고 보급하여 자신들의
논리를 당연한 것처럼 문화 속에 심을 수 있다. 예를 들면, "암탉이 울
면 집안이 망한다"든가 "여자와 북어는 사흘에 한 번씩 패야 한다"든가
하는 속설들이 자연스럽게 오가는 분위기는, 가부장적 질서를 강화하고
여성에 대한 남성의 지배를 당연한 것처럼 여겨온 문화와 연관된다. 그
런데 해당 사회의 문화를 내면화하여 익숙해진 사회구성원들은, 그 정
당성이나 진위 여부를 가리기 이전에 해당 속설들을 무비판적으로 수용
하기 쉽다.

사회의 변화 및 시대의 흐름과 더불어, 과거에는 별 문제가 없었던 문화적 부분이 역기능적으로 변모하기도 한다. 예를 들면, 집에서 노인을 부양하는 것을 당연시하던 효도 문화는 대가족이 한 집 혹은 한 동네에 모여 사는 것이 보편적이고 평균수명이 길지 않던 시절에는 노년의 삶을 지지해 주는 순기능을 지녔었다. 그러나 지리적 이동이 빈번하고 맞벌이가 보편화된 사회에서, 과거와 같은 동거부양을 효도로서 당연시하는 문화는 더 이상 제대로 작동하지 못하면서도 자녀로 하여금 심리적 부담을 갖게 하고 노부모와 성인 자녀 간 그리고 자녀들 간 갈등을 조장하는 역기능을 보이고 있다. 문화란 사회적 상황과 적절히 맞물려 굴러갈 수 있을 때 순기능적으로 작용하고, 사회상황이 바뀌면 그에 맞추어서 변화하는 것이 순리이다. 따라서 모든 사회는 문화의 순기능을 활용하되, 역기능의 가능성에 관해서도 촉각을 세워야 한다.

(2) 개인적 차원에서의 문화

여타 생물들과 마찬가지로, 인간 역시 생존을 위해 타고나는 본능이 있다. 그러나 사회를 이루고 살아가는 인간은, 선천적 본능만이 아니라 후천적 적응과정을 필요로 한다. 그리고 그 적응과정에서 문화는 다음과 같은 역할을 한다(윤근섭·김영기, 1998).

첫째, 문화는 주위 상황이나 자극에 대한 해석을 가능하게 함으로써 상황을 규정할 단서를 제공한다.

둘째, 문화는 옳고 그름에 대한 가치를 정의하고 목표를 평가하여, 태도와 인생관을 형성하는 기준이 된다.

셋째, 문화는 신화나 전설 및 초자연적 존재에 대한 정의를 통해, 특정한 세계관을 형성하게 하고 살아가는 과정에서 부딪히는 문제에 대한 해결 방안을 제공한다. 예를 들면, 불교문화는 윤회적 세계관을 내면화시킴으로써 내세에 대한 희망을 바탕으로 하여 현세의 문제를 바라보게 하는 식으로, 그리고 기독교문화는 부활의 희망을 가지고 현세의 상황을 해석하여 행동하게 하는 식으로, 사회구성원들의 삶에 녹아든다.

그리고 넷째, 문화는 언제 무엇을 해야 하는지 등과 같이 상황에 적합한 행동 양식을 결정하고 부적절한 행동을 제한하게 하는 기준이 된다. 또한 문화적 기대에서 일탈하는 개인들에게 제재를 가하는 과정에서, 해당 문화의 적절성이 사회 구성원들에 의해 확인되고 강화된다. 예를 들면, 장례식에 갈 때 검은 옷을 입고 장신구를 절제해야 하는 등의 암묵적 규범의 틀이 존재하고 그 틀에서 벗어나는 행위에 대해서는 주변의 비난이 주어진다. 또한 타인에게 상해를 입히는 행위에 대해서는 법적 처벌이 가해진다. 이처럼 일탈의 종류 및 정도에 따라, 주변의 뒷말이나 비난에서부터 법적 처벌에 이르기까지 제재의 강도와 종류가 다양하다. 이러한 제재를 통해, 사회는 구성원들의 잠재적 일탈 가능성을 낮추고 문화적 기대치에 부합하도록 유도한다.

요약하자면, 문화는 사람들 간의 상호작용 과정 즉 관계에 있어서의 혼란 및 충돌을 줄일 수 있도록 한다. 그래서 사람들은 성장과정에서 관찰하고 모방하며 학습하는 등의 사회화 및 재사회화[2]를 통해, 자신이 속한 사회에 적응하며 살아간다.

---

2) 성장기 동안의 사회화 과정에서 해당 사회의 문화를 내면화하였더라도 성인이 된 이후에 변화된 문화를 다시금 배워서 새로이 내면화하는 과정을, 재사회화라고 한다.

3. 문화의 구성요소와 내용

1) 비물질문화

(1) 상징

　인간은 동일한 사물에도 의미를 다양하게 부여하고, 또한 이해된 의미에 따라 다양하게 반응한다. 이처럼 상징적 행위란 특정한 사물에 의미를 부여하는 것뿐 아니라 그 의미를 이해하는 것까지를 포함한다. 즉 어떤 사물에 대한 사회구성원들의 암묵적 합의를 통해 집합적 상징이 구성되고 공유된다. 그러나 이는 해당 문화권 내부에서 통용되는 약속일 뿐 다른 문화권에 가면 전혀 다른 의미로 해석될 수 있다. 즉 한국에서는 숫자 4를 한문의 '죽을 사(死)'와 음이 같으므로 불운(不運)의 숫자로 여기지만 미국에서는 6과 13을 그리고 이탈리아에서는 17을 불운의 의미로 받아들인다. 또한 한국에서는 사람의 이름을 빨간색으로 쓰는 것을 금기로 여기지만, 미국에는 그런 금기가 없다. 이처럼 동일한 사물 및 상징에 부여되는 의미는 사회마다 다를 수 있다(정하성 외, 2007). 즉 상징은 사회와 시대에 따라서 다양하게 부여되고 해석되는데, 이는 해당 사회가 지닌 가치관과 연관된다. 예를 들면, 수직적 질서를 중시해 온 한국사회의 전통적 인사법은 한 사람이 바닥에 엎드리거나 허리를 굽힘으로써 상대방보다 자신을 낮추어 수직적 위계를 가시화하는 방식인 반면, 평등주의가 발달한 서구의 인사법은 상호 대등한 친밀감을 표현하는 방식이다.

　언어는 성문화(成文化)된 상징(written symbol)으로서, 사회구성원들 사이에 공유되고 새로운 구성원들에게 전달된다. 이러한 기능으로 인하여, 언어는 그 자체로서 문화의 구성요소이면서 의사소통의 수단으로서 문화를 발전시키고 정교화하며 전파하는데 중요한 기능을 해 왔다. 뿐만 아니라, 언어는 구성원들의 관심과 행동 및 사고 영역을 드러내기도 하고 제한하기도 한다. 수직적 위계질서가 엄격했던 전통 사회를 거치면서 한국어에는 존칭어가 세분화되어 발달한 반면 평등주의 사고가 보편적인 서구의 언어에 존칭어가 발달하지 않은 것은, 언어가 해당 사회의 가치관을 드러냄을 보여주는 일례이다. 한편 젊은 층을 중심으로 축약어가 발달하면서 존칭을 생략하는 방향으로 변화하는 것은, 한국사회가 서구식 평등주의를 접하면서 수직적 위계를 수용하지 않고 평등적 관계를 선호하는 방향으로 변화하고 있음을 시사한다.

(2) 가치와 규범

가치란 행위의 옳고 그름 및 좋고 싫음에 대해 사람들이 가진 추상적 개념(Turner, 1981)으로서, 문화를 구성하는 요소이다. 이는 구성원이 지향하는 바를 사회공동체가 지향하는 목표와 기준에 부합하도록 조율한다(정하성 외, 2007). 예를 들면 불교의 윤회적 세계관이나 기독교의 부활 신앙 등은, 생과 사의 의미를 설명하고 사후 세계에 대한 비전을 제시함으로써 사회구성원들로 하여금 착하고 성실하게 살아야 할 이유를 찾도록 한다. 그런데 상징이나 언어와 마찬가지로, 가치 역시 사회구조 및 사회적 상호작용에서의 기대 유형에 따라 다를 수 있다(Young & Mack, 1965). 일례로 유교중심의 신분사회에서는 명예와 지위 유지를 물질적 소유보다 더 중요한 가치로 여겼던 반면, 자본주의 사회에서는 경제상태 즉 계층적 지위가 매우 중요한 가치를 지닌다.

한편 일상적 삶에서 파생되는 문제를 해결하고 질서를 유지하기 위해 정당하다고 인정되는 기준인 규범 역시, 문화를 구성하는 요소이다(정하성 외, 2007). 규범은 가치를 구체적으로 표현하여 상황마다 어떤 행위를 해야 하고 어떤 행위를 하지 말아야 하는지를 정한 규칙으로서, 상징적 혹은 물질적 보상이나 처벌을 통한 강제력을 지닌다(윤근섭·김영기, 1998). 볼드릿지(Baldridge, 1980)는, 규범이 준수되는 이유로서 사회적 인정 및 제재 그리고 내면화를 들었다. 사람들은 사회적으로 인정을 받고 수용되기 위해서, 주변의 부정적 시선이나 처벌 등의 제재를 받지 않기 위해서, 그리고 오랜 세월 동안 해당 규범의 준수를 당연한 것으로서 내면화함으로써, 해당 사회의 규범을 따르게 된다. 규범의 범위는 전통에 기초한 일상적 행동유형인 관습과 에티켓 등의 민습(falkways; Calhoun et al., 1994)에서부터, 효도 및 노인 공경뿐 아니라 근친상간에 대한 금기 등 도덕성이 강조되며 이를 위반하는 구성원에게는 사회적 제재가 가해지는 원규(mores; Davis, 1949), 그리고 공식화된 강제력과 구속력을 특징으로 하고 위반자에 대한 처벌 수위가 높은 법(law)에 이르기까지를 망라한다.

2) 물질문화

인간이 자연환경에 적응하기 위해 활용하는 직접적 수단으로서 실생활에 이용되는 도구와 건물 등의 가공물 그리고 이들을 만들어내는 기술(technology)이 물질문화에 해당된다. 즉 물질문화란 눈에 보이고 만질 수 있는 인공의 사물들과 그러한 사물들을 창조하고 만들어내는 기술을 포함한다.

기와집과 초가집 등이 조선시대의 주거를 대표했던 물질문화인 반면, 아파트와 초고층 건물 및 자동화 시스템과 그에 연관된 기술은 오늘날의 주거를 대표하는 물질문화이다. 또한 한지와 먹과 붓뿐 아니라 펜과 타자기 그리고 끊임없이 개발되고 있는 컴퓨터와 인터넷 등이, 문자를 통한 소통 영역에서 각 시대를 대표하는 물질문화이다. 뿐만 아니라 한

지와 먹과 붓을 개발하고 정교화시키던 능력과 펜과 타자기를 고안하고 만들어내던 기술 그리고 컴퓨터를 발명하고 인터넷 환경을 개발해 내는 과학기술 등이, 매 시대의 물질문화이다.

3) 비물질문화와 물질문화 간 상호성

물질문화와 비물질문화를 구성하는 요소들은 각기 독립적인 것이 아니라 서로 연관되어 영향을 주고받으면서 하나로 연결된 체계이다. 따라서 한 영역에서의 변화는 다른 영역의 변화를 부른다. 인터넷의 개발이 휴대폰에서의 이모티콘 개발과 축약어의 확산을 가져온 것은, 정보화 기술이라는 물질문화의 변화가 언어와 상징이라는 비물질문화의 변화를 초래한 일례이다. 또한 산업혁명으로 인한 공업화가 핵가족화를 초래한 것은, 산업 기술이라는 물질문화의 변화가 가족규범이라는 비물질문화의 변화를 가져온 경험이다. 반면 핵가족 가치 및 맞벌이 규범이 아파트 주거의 확산과 현관 자동잠금장치의 개발을 가속화시켰다고 보면, 이는 가치와 규범이라는 비물질문화의 변화가 주거형태 및 보안기술이라는 물질문화에 영향을 미친 예이다. 이처럼 새로운 가치의 확산과 규범의 변화 등 비물질문화의 변화가 물질문화를 변화시키기도 하지만, 역으로 물질문화의 발전이 비물질문화의 변화를 초래하기도 한다.

4. 문화의 변동과 지체

문화는 고정되어 있거나 불변하는 것이 아니고, 발명과 발견 등에 의한 혁신과 새로운 문화의 전파 그리고 그에 대한 반응 등과 같이 다양한 원인에 의해서 변화한다. 그런데 문화의 혁신이나 전파로 인해 새로운 문화가 자리를 잡는 초기에, 새로이 도입된 문화는 기존 문화의 가치나 정체성과 충돌하여 심리적·경제적·이념적 저항 및 기득권층의 반발에 직면하기 쉽다(정하성 외, 2007). 우선 심리적 저항이란, 새로운 것에 대한 두려움으로 인한 기피를 의미한다. 구한말 사진기가 도입되었을 때 사진 찍히는 사람의 영혼을 빨아들인다는 소문으로 인한 공포증이 대중들 사이에 퍼졌었는데, 이를 심리적 저항의 예로 들 수 있다. 경제적 저항이란 가격과 관련된 것으로서, 새로이 도입된 문화가 너무 비싸면 일반 대중들이 구입하거나 소비할 엄두를 내지 못하기 때문에 해당 사회에서 보편화되기 힘들다. 새로운 문화가 기존 문화를 대체하려면, 해당 사회에서 수용될 만한 가격대여야 한다. 오늘날 휴대폰이 전 국민들에게 보급된 이면에는, 편리함에 대한 공감대의 확산 외에도 기기값에 대한 지원 및 분할 청구 그리고 사용료의 할인 등과 같은 방식으로 사회구성원들에게 다가갔던 전략이 효과적으로 작용했다. 한편 이념적 저항은 새로운 아이디어 및 행동 양식이 어떤 집단의 이념과 충돌하는 경우에 발생한다. 모체에 깃들인 태아의 생명권에 주목하는 종교계와 모체의 선택권을 주장하는 여성계가 낙태죄 폐지 이슈를 중심에 놓고 대립해 온 것이, 그러한 예이다.3) 또한 "부부의 연은 하늘이 맺어 준 것이라 인간이 끊어낼 수 없다"고 믿는 카톨릭 교단에서, 이혼이 흔한 현실에도 불구하고 교리상으로는 이혼을 인정하지 않는 것 역시 이념적 저항의 예이다. 새로운 문화가 도입되면 지금까지 누려온 혜택이 줄어든다고 여기는 기득권층에서도 저항이 일어날 수 있다. 2005년에 폐지된 호주제는 폐지를 추진하는 과정에서 유림(儒林)의 격렬한 반대에 부딪혔었는데, 이는 가부장권의 약화를 우려한 이념적 저항이었던 것으로 해석된다.

---

3) 한국사회는 낙태를 금지해 왔으나, 2021년 1월 1일부터 낙태죄 처벌조항의 폐지가 발효되었다.

1) 혁신

발견과 발명으로 인한 결과물을 해당 사회가 흡수하고 수용함을 통해 문화의 급격한 변화 즉 문화혁신이 일어난다. 우선 발명이란 물질적·비물질적 요소를 새로이 조합하여 지금까지 없었던 문화요소를 만들어내는 것을 의미한다. 기계와 기구를 만들어내는 것뿐 아니라 종교와 신화 등과 같은 관념적인 것을 창출하는 것도 발명에 속한다. 반면 발견이란 세상에 이미 존재해 왔지만 알려지지 않았던 것을 찾아내는 것을 뜻한다. 유전인자의 발견이나 신대륙의 발견 등이 이에 해당한다(정하성 외, 2007).

한편 특정한 사회적 사건이 계기가 되어 사회구성원이 새로운 생활양식을 받아들이는 경우도 있다. 예를 들면, 2019년에 발생하여 급속히 퍼지고 있는 신종 코로나 바이러스의 확산을 줄이기 위해 사람들이 모이는 것을 금지하고 피하다 보니, 대형 쇼핑몰보다는 온라인 주문과 택배가 보편화되고 있다. 어떤 사건이 발생하더라도 단기간에 종료되면, 그로 인해 변화되었던 일상은 다시 원래대로 복귀되곤 한다. 그러나 사건이 종료되지 않은 채 장기적으로 지속될 경우, 변화된 일상은 시간이 흐르면서 안정화되어 사회구성원들 사이에 익숙해지기 때문에 해당 사건이 발생하기 이전으로 되돌아가기는 쉽지 않다. 코로나 확산 사태가 장기화되면서 일상문화 자체가 비대면 위주로 변화되어서 뉴노말(New normal)이라는 이름으로 새로운 삶의 양식이 되고 있다. 대면접촉 대신 전화 및 메신저 등을 통한 상호작용과 온라인 교육의 활성화 그리고 온라인 구매 등이 뉴노말의 대표적인 예인데, 이는 순차적으로 공적·사적 대인관계에도 변화를 유발하고 있다.

2) 전파

한 사회의 문화요소가 다른 사회로 전해지면서 그 사회의 새로운 문화로 정착되는 현상을 문화전파라고 한다(정하성 외, 2007). 문화전파는 '자극전파'와 '문화접변'을 통한 '문화수용' 및 '동화' 등의 형태로 이루어진다. 양 사회의 문화가 충돌하는 과정에서 변용이 일어나거나 해체되는 것 역시 문화전파로 설명될 수 있다.

자극전파란, 다른 사회의 문화요소로부터 아이디어를 얻어서 새로운 발명이 일어나는 것을 의미한다. 즉 두 문화체계 간 직접 접촉이 있을 경우, 문화요소가 전달되어 새로운 발명이 일어날 수 있다(정하성 외, 2007). 삼국시대에 유입된 한자의 음(音)과 훈(訓)을 따서 우리말의 구조에 맞게 창안하여 사용했던 이두(吏讀) 및 향찰(鄕札)이 그 예이다. 반면 문화접변이란 성격이 다른 두 문화가 장기간 접촉함으로써 새로운 문화요소가 전파되는 것을 의미한다. 이때 각각의 문화가 고유의 정체성과 가치를 유지하면서 공존하는 경우를 문화수용이라고 한다. 그리고 두 문화 중 하나가 다른 문화로 흡수되어 동질화되는 것을 동화(同化)라고 한다(정하성 외, 2007).

한 사회가 이질적인 문화에 접했을 때, 사회구성원들의 반응은 다양하다. 첫째, 기존 문화를 버리고 새 문화를 그대로 수용하여 모방하는 경우이다. 기존 문화보다 새로운 문화가 월등히 우월하거나 유용하다는 공감대가 형성되면, 새로운 문화는 즉각적으로 수용되거나 모방된다. 둘째, 새로이 유입된 문화를 거부하는 경우이다. 새로운 문화가 기존의 가치관을 흔든다고 여겨지면, 새로운 문화는 거부되기 쉽다. 정하성 등 (2007)은 조선 말엽 개화파의 단발령에 대한 격렬한 저항과 일제의 음력설 금지에 대한 저항 등을 거부의 예로 들면서, 문화의 생성과 소멸은 사회구성원의 동의를 필수 전제로 한다고 설명하였다. 셋째, 기존의 문화와 이질적 문화가 타협하여 혼합되는 경우이다. 오늘날 우리 사회는 가옥의 내부구조를 대부분 서구화했지만 실내에서 신발을 벗고 지내는 풍습은 기존의 모습 그대로이다. 이는 주거생활에서 서구문화와 전통문화 간 타협이 일어난 예이다.

3) 문화지체

물질문화가 발명과 발견 및 전파를 통해 빠르게 변화되는 오늘날, 제도와 관념 및 의식과 가치관 등과 같은 비물질문화의 적응력은 물질문화의 변화 속도를 미처 따라가지 못한다(김정준, 2019). 사물에 대한 탐색과 개발에 의존하는 물질문화와 달리, 비물질문화는 인간 의식과 사회적 상호작용을 통해 서서히 변화되는 특성을 지니기 때문이다. 이처럼 물질문화와 비물질문화 간 변화속도의 차이가 커서 생기는 부조화를, 문화지체라고 한다.

과거엔 물질문화의 변화 속도가 느렸으므로, 문화지체가 문제시될 정도는 아니었다. 그러나 인문학 등의 순수 학문보다는 당장 활용할 수 있는 실용적 지식에 관심이 집중되고 기술이 빠른 속도로 앞서가고 있는 오늘날, 새로운 물질문화에 적합한 가치와 규범이 적시에 확립되어 과거의 가치와 규범을 대체하기는 쉽지 않다. 유럽의 산업혁명과 시민혁명은 상당한 기간 동안 자살률 및 범죄율 상승 등의 아노미(ANOMIE)[4]를 초래했는데, 이는 과거의 규범이 무너진 자리를 새로운 환경에 부합하는 규범이 신속히 대체하지 못했기 때문이었다. 인류가 정보화 시대로 접어든 이래, 또 하나의 획기적 기술 변화가 일어나고 있다. 오늘날 인터넷을 통한

---

4) 아노미란 급격한 사회변동 과정에서 오래된 규범이 무너진 자리를 대체할 만한 새로운 규범이 아직 자리를 잡지 못한 무규범 상태를 의미한다.

쌍방향 소통기술은 익명성 뒤에 숨은 악성 댓글로 인해 고통 받는 사람들을 양산했고, 인터넷 중독 및 게임중독이라는 새로운 병폐를 가져왔다. 이는 가상공간에서의 가치와 규범이 안정적으로 자리를 잡기도 전에 인터넷 기술이 앞서감으로 인한 부작용이다. 또한 시공을 초월해서 언제 어디서나 가능해진 소통수단은 재택근무와 원격화상회의를 가능하게 했지만, 사람들로 하여금 진정한 퇴근의 의미와 휴일의 자유를 잃어버리게 했다. 이들은 인터넷 기술이 인간의 삶에 미치는 긍정성에만 치우친 나머지 부정적 효과를 예방하고 해결할 방안을 마련하지 못한 채 지체되어 초래된 사회 문제이다. 인공지능(Artificial Intelligence)이 직장뿐 아니라 집과 가전제품에도 스며들고, 인간 대신 주식 투자를 하며, 망자(亡者)의 목소리를 재생하는 등 놀라운 속도로 발달하고 있다. 그런데 한편에선 이러한 기술들이 범죄에 사용될 가능성을 차단할 수 있을지에 대한 우려가 제기된다. 이는 새로이 진화하는 물질문화 즉 과학기술의 산물들을 인간이 통제할 수 있을 것인가에 관한 문제로서, 인류가 직면한 쉽지 않은 도전이다. 실용과학의 발전으로 인한 물질문화의 편리함을 향유하면서도 인간이 삶의 방향키를 놓치지 않고 사회 통제력을 유지하기 위한 탐색과 고민이 절실히 필요한 시점이다.

5. 문화의 다양성

다양한 문화들이 혼재할 때, 이를 바라보고 평가하는 시각은 다양할 수 있다. 그런데 전 세계가 활발히 상호작용하는 오늘날, 자신이 익숙해 온 문화와 다른 상대방의 문화를 바라보는 시선은 그에 대한 긍정적 혹은 부정적 판단과 모방 및 배척 여부에 영향을 미치게 된다. 특히 한국이 다문화 사회로 향하는 길목에서, 사회구성원들이 지닌 타문화에 대한 수용성 수준에 따라 사회적 통합을 원만하게 이룰 수 있을지 아니면 적대적 갈등과 혼란으로 치달을 것인지가 결정될 것이다.

1) 자문화 중심주의와 문화 사대주의

자문화 중심주의(ethnocentrism)란, 자문화적 잣대를 가지고 다른 문화를 판단하는 척도로 삼는 것이다. 즉 자신의 문화가 옳다는 편견에 기초하여 자문화의 기준에 부합하지 않는 다른 문화를 부정적으로 평가하는 시각이다. 이러한 시각은 민족적 정체감 형성 및 민족 단합에 도움이 될 수 있다. 일제가 민족말살정책을 펴던 식민지 시기에는, 한민족 문화의 우수성에 대한 신념을 중심으로 민족적 단합을 이뤄서 일제의 압제에 대항할 수 있었다. 그러나 자문화 중심주의는 민족 우월주의에 빠지게 하고, 폐쇄적 성향으로 극단화되면 타문화에 대한 관용성을 잃은 채 외국의 문화를 무조건적으로 비하하게 할 위험을 내포하고 있다. 특히 다민족 사회로 향하는 길목에서, 자문화 중심적 사고는 외국에서 유입된 사회구성원과 그들의 모국 문화를 배척함으로써 사회를 내적으로 분열시키며 갈등을 유발하기 쉽다.

반면 문화 사대주의(cultural toadyism)는 주체성을 지니지 못한 채 특정한 외부 문화를 무조건적으로 높이 평가하고 자신의 문화를 비하하는 태도이다. 조선의 양반층에서 한문을 고급의 문자로 여기고 한글을 서민들만 사용하는 저급한 문자로 취급했었던 이면에는, 문화 사대주의가 자리한다. 또한 한글로 표현할 수 있는 단어들조차 영어식 표현을 당연한 듯 사용하는 태도 역시 서구의 선진문화에 대한 사대주의적 사고의 표현이다. 무조건적으로 강대국의 문화를 이식하고 토착문화를 과소평가하는 것은, 자국 문화의 발전을 저해한다.

2) 문화 제국주의와 문화 상대주의

문화 제국주의(cultural imperialism)는, 한 사회의 문화적 가치를 타 사회에 강제하거나 회유함으로써 이식하려는 태도이다. 20세기 전반 일본은 한국에서의 식민통치과정에서 '내선일체(內鮮一體)'라는 명분으로 일본의 문화를 한국에 그대로 이식하려 했었는데, '이에 제도' 및 '창씨개명' 그리고 중·고등학교 학생들의 천편일률적인 교복 등을 그 예로 들 수 있다.

선진 강대국의 상품과 자본이 저개발 국가에 쏟아져 들어올 때, 해당 저개발 국가는 소비와 가치 및 생활 등의 전 영역에서 급격히 전통을 잃어버리고 외래문화로 대체되기 쉽다. 또한 한 사회 내에서도 지배층과 하층 집단 사이에 문화적 지배관계가 형성되어, 하층 집단은 지배층의 삶의 양식을 무조건 따라하게 되는 일이 흔하다. 오늘날 결혼식에서 신부가 흰 드레스를 입고 흰 베일을 쓰는 것을 당연시하는 문화가 자리를 잡고 있는데, 이는 서구식 낭만주의 예식을 무비판적으로 모방한 것일 뿐 우리의 전통 어디에서도 그 뿌리를 찾을 수 없다. 게다가 혼례 비용 및 혼수관행 등은 경제적 상류층의 소비습관을 중산층이 모방하고 다시금 저소득층도 따라 하는 식으로 무비판적으로 수용되고 있다. 이는 짐멜(Simmel, 2005)이 유행의 변화를 설명하면서 사용했었던 낙수효과(trickle down effect)5)로서 설명이 가능하다. 낙수 효과란 물이 높은 데서 낮은 데로 흘러내리는 데서 착안한 것이지만, 선진국으로부터 후진국

5) 낙수효과 이론은 돈의 흐름 및 경제 활성화 전략과 관련한 신자유주의 주장의 이론적 근거로서 사용되어 왔다. 즉 부자가 잘 살게 되고 기업이 잘 되면 가난한 사람도 잘 살게 된다고 보고, 고소득층과 기업의 세금을 낮추자는 주장이다. 반면에 낙수효과와 반대되는 방향의 영향을 주장하는 것이 분수효과(fountain effect) 이론이다. 고소득층이나 기업이 희생을 하더라도 저소득층의 소득 증대가 핵심이 되어야 경제가 활성화될 수 있다는 주장이 이에 해당한다.

으로 그리고 한 사회 내에서도 상류층의 문화가 중산층 그리고 순차적으로 저소득층에게로 영향을 미치게 된다는 주장이다.

한편 문화 상대주의(cultural relativism)란, 한 사회의 관습 및 가치를 포함하는 문화는 해당 사회 고유의 경험과 상황을 고려하여 평가되어야 한다는 시각이다(Robertson, 1977). 즉 문화는 사회마다 각각 독자적인 방향으로 발전한다고 보는 입장으로서, 문화들 사이의 우열을 가릴 수는 없다고 보는 것이다. 따라서 관찰자가 속한 문화권의 시각에서 판단하지 말고, 해당 사회의 문화적 관점에서 판단해야 한다고 보는 것이다.

자신보다 상위에 있는 국가나 집단의 문화를 무조건적으로 답습하는 문화 사대주의뿐 아니라 타 사회의 문화를 비하하거나 무조건 바꿔야 한다고 주장하는 자문화 중심주의 그리고 자신들의 문화를 무조건 타 사회에 이식하려는 문화 제국주의 모두, 바람직하다고 볼 수 없다. 매 사회의 문화는 국가 및 지역사회 그리고 가족과 개인이 살면서 경험해 온 역사적·상황적 배경에 적합한 방향으로 긴 기간에 걸쳐서 자리를 잡아온 것이므로, 자문화뿐 아니라 타문화 역시 독자성이 존중되어야 한다. 궁극적으로는, 각 문화의 독자성이 존중되는 사회가 다양한 문화들 간 갈등을 줄이고 시너지 효과를 낼 수 있다. 다문화 사회가 각 문화의 특성과 색깔을 포기한 채 주류 문화에 동화되는 '멜팅 팟(melting pot)'보다는 각각의 특성을 간직한 채 화합하는 '샐러드 볼(salad bowl)'을 지향해야 하는 이유가 여기에 있다.

2장
가족에 관하여

1. 가족의 생성과 변천

가족의 기원에 관해서 경험적인 관찰 기록이 존재하는 것이 아니므로, 관련 정황들을 추적하고 종합해 온 학자들의 추론에 의존할 수밖에 없다. 구조기능론과 갈등론을 중심으로 하여, 가족의 발생에 관해 상반되는 두 가지 주장이 병존한다.

1) 구조기능론: 가족은 자연적으로 발생하였다?

인간은 다른 어떤 동물보다도 의존적인 상태로 태어나고 긴 기간에 걸쳐서 성장하기 때문에, 장기간에 걸친 보호와 양육을 필요로 한다. 그리고 노쇠해지는 어느 시점부터 다시금 의존적 삶을 살아가게 된다. 자녀를 낳은 부와 모가 함께 도와서 어린 자녀를 양육하고 노후에 이르면 성인자녀로부터 보호를 받는 것이 종족 보존을 위해 적합하므로 그러한 특성에 부합하는 제도로서 장기간에 걸친 결혼생활을 전제로 하는 가족이 출현했다고 보는 것이, 구조기능론의 시각이다.

사회가 유지되기 위해서는, 끊임없이 구성원을 생산해내고 사회화시켜야 하며 또한 질병과 노화로 인해 독립적 생활이 불가능해진 구성원들을 보살펴야 한다. 그리고 개인들은 일터에서의 노동으로 인해 지친 심신을 쉬게 할 안식처를 필요로 할 뿐만 아니라, 어릴 때와 늙었을 때 그리고 아프고 힘들 때 의지할 버팀목을 필요로 한다. 사회와 개인의 이러한 욕구들을 충족시키기 위해 가족이 자연스럽게 생겨났다고 보면, 가족이 개별 구성원과 사회의 요구에 잘 부응하는 것이 전체 사회의 유지를 위해 중요하다는 논지가 성립된다(이여봉, 2017a).

이러한 입장에서는 가족 안에서 출산과 돌봄 및 경제적 비용 조달 등을 위한 역할들이 행해져야 한다고 보고, 이러한 역할들이 두루 무리 없이 수행되는 가족을 '이상적 가족'이라고 여긴다. 양성 간의 생물학적 특성에 따라 남편의 외부 노동에 의한 경제적 비용 조달 그리고 아내의 가사와 돌봄 수행으로 역할을 분리하고 각자는 자신에게 주어진 역할을 불만 없이 수행하면서 조화롭게 상호 의존하는 것이, 구조기능론에서 바라보는 자연스럽고 이상적인 가족이다. 왜냐하면 행위자는 애정에 기초한 자발적 동기와 가치에 기초하여 각각 도구적 행위 및 표현적 행위를 하면서 상호작용하고, 이러한 상호작용이 안정적으로 제도화(institutionalization)되는 과정을 통해 사회구조(social structure)가 형성되고 유지된다고 보기 때문이다(Parsons, T.; Turner, 1986에서 재인용). 따라서 가족 안의 위치에 맞춰서 정해진 역할에 순응하지 않거나 역행하는 것은, 사회와 개인의 안위에 역기능적이라고 간주된다. 가령 아내가 취업 일선에 나서면서 가사와 돌봄 역할을 거부한다거나 남편이 생계부양 역할을 상실하는 경우 해당 가족은 위기에 처하므로, 가능한 한 빨리 원래의 모습 즉 남편은 경제적 부양역할을 하고 아내는 가사와 돌봄을 행하는 역할분담으로 돌아가야 한다는 것이다.

가족 안에서 양육과 사회화 및 부양이 무리 없이 수행될 경우, 사회는 구성원들에 대한 양육과 부양을 가족들에게 전담시킬 수 있으므로 사회적 비용을 줄일 수 있다. 그러면서도 가족 구성원 각자가 주어진 역할에 자발적으로 순응하고 적절히 행동하며 불만이 없다면, 가족도 무리 없이 굴러갈 수 있다. 유럽의 산업혁명과 시민혁명을 배경으로 하던 근대에, 남성 생계부양자와 여성 전업주부로 이루어진 핵가족 그리고 모성애에 기초하여 가족 안에서 이루어지는 양육이 이상적인 가족의 모습이자 역할수행으로 그려졌다. 조선 중기 이후의 가족에서도 남성에 의한 생계부양과 여성에 의한 양육 및 부양은 당연한 것으로 여겨졌다. 근대 유럽과 조선 중기 이후는 동시대로서, 양 사회의 가족은 얼핏 상이해 보이지만 가족 안의 역할분리에 관한 그림은 비슷하다. 그리고 사회구성원에 대한 경제적·도구적·정서적 돌봄을 전적으로 가족의 책임으로 간주하였다는 점에서도, 두 사회의 가족은 유사하다. 그런데 이처럼 경제적·도구적·정서적 돌봄을 가족에게 일임할 수 있었던 것은, 가족을 둘러싼 당시의 사회 상황이 이에 부합했기 때문이었다. 즉 여성에게 사회적 활동이 허락되지 않았던 당시의 유럽과 조선에서, 여성이 정체성을 찾을 수 있었던 유일한 지위와 역할이 아내이자 어머니로서 집안에서의 돌봄이었다. 그리고 중산층에서 하인을 고용할 수 있었던 유럽과 대가족 제도를 견지했던 조선에서, 실질적 돌봄을 분담할 수 있는 존재는 집안에서 쉽사리 찾을 수 있었으므로 돌봄 주체의 과잉 부담을 우려할 필요는 없었다.

그러나 가족 외부의 사회 상황이 바뀌고 가족 내 구성원의 반응이 달라지면, 당연한 것으로 여겨져오던 가족의 일상은 더 이상 당연하지 않게 된다. 사회적·지리적 이동성이 강해졌고, 핵가족화 내지 소가족화가 가속화되고 있다. 예전과 달리 여성들도 교육수준이 높아지고 경제활동의 기회가 넓어졌으며 독립성과 자유를 중시하게 된 상황에서, 여성들로 하여금 집 밖에서의 커리어를 포기하고 돌봄 전담자로서의 역할에 "자발적으로" 순응하게 하기는 쉽지 않다. 게다가 장기불황으로 인해 평생고용을 보장할 수 없어진 시대에 이르러 가족 단위의 경제적 안정을 위해서도 맞벌이가 보편화되었고, 따라서 핵가족 내 돌봄을 전담할 주체가 없는 상황이다. 그래서 양육도 부양도 가족 안에서 모두 해결될 것으로 기대할 수 없는 것이 현실이다. 더구나 이혼율이 폭발적으로 높아져서 결혼이 더 이상 안정적이지 않은 오늘날, 결혼의 영속성을 믿으며 경제적 독립성을 포기하고 집안에 머물려는 여성의 비율은 확연히 낮아졌다.

이러한 제반 변화들은 구조기능론적 관점에서 바라볼 때, 가족의 쇠퇴이자 위기로 평가된다. 그런데 과연 오늘날 우리 사회의 가족을 '정상가족'과 '위기 가족'으로 이분하는 것이 타당한 지에 관한 의문이 제기된다. 그리고 그러한 의문은 다시금, "가족이란 무엇인가?" 혹은 "가족은 무엇이어야 하는가?" 등의 질문으로 회귀한다.

2) 갈등론: 가족은 기득권층 남성의 이익을 위해 만들어졌다?

원시시대의 인간들이 모여 살던 모습을 집단혼 혹은 난혼(亂婚)으로 추정한다. 이는 무리를 지어 살면서 따로 파트너를 정해 놓지 않고 내키는 대로 성관계를 하며, 여성들 중 누군가가 임신을 하고 출산을 하면 집단 안에서 공동으로 육아를 하는 형태를 의미한다. 수렵과 채집을 통해 먹거리를 구하다가 주변의 먹거리가 고갈되면 다시금 새로운 장소를 찾아서 이동하며 살던 당시에, 수적으로 크지 않은 무리 안에서 모든 것을 공동으로 나누는 삶은 당연했을 것이다. 저장기술이 없었으므로 먹고 남은 먹거리는 버릴 수밖에 없었고 따라서 굳이 욕심을 부릴 필요도 없던 시절이었다. 물론 힘이 세고 기동력이 있는 남자들이 구해 오는 육류가 고열량의 단백질원이었겠으나 늘 안정적으로 구할 수 있는 것은 아닌 반면 여자들이 뜯어 모으는 풀은 안정적으로 구할 수 있는 먹거리였으므로, 양성 간 관계 역시 비교적 평등한 사회였을 것으로 여겨진다.

남성들이 획기적인 사냥도구로서 청동기를 발명하고 추후 이를 농기구로도 활용하기 시작하면서, 변화가 시작되었다. 이제 사람들은 한 곳에 정착해서 살면서 농경과 목축에 주력하였는데, 사냥과 농사의 중심에 금속도구를 장악한 남성들이 자리를 잡았으므로 여성들은 점차 생산으로부터 소외되었다. 이것이 인류의 첫 번째 먹거리 혁명인 농업혁명이다. 식량을 건조시키거나 바닷물에 절여서 보관하는 등 저장기술 또한 발달되면서, 사람들 사이엔 더 갖고 싶은 욕심이 생겨나고 남보다 더 갖기 위한 경쟁이 시작되었다. 농기구와 무기를 소유한 남자들이 중심이 되어 사유재산을 축적하기 시작했고, 좀 더 발달된 무기를 소유한 부족이 이웃 부족을 침략하여 땅과 노동력 그리고 재산을 빼앗는 전쟁의 시대이자 불평등의 시대가 시작되었다. 이제 재산을 많이 가진 남자들은, 확실한 자기 편이자 사후에 재산을 물려줄 존재로서 자신의 혈통을 물려받은 자식을 원하게 되었다. 그런데 생물학적으로 임신과 출산으로부터 소외된 존재인 남성들로서는, 여성을 소유하여 자신과만 성관계를 맺도록 하고 그녀의 임신과 출산을 통해 자녀를 얻는 것만이 자신의 생물학적 자녀를 확인할 수 있는 유일한 방법이었다. 한편 생산으로부터 소외되었던 여성들은, 일정 기간 동안 한 남성의 소유가 되어 그와 배타적 성관계를 맺는 계약에 동의하는 방식으로 남성의 소유 대상이 되기 시작했다. 이것이 추후 결혼제도로 발전하게 되는 대우혼(對偶

婚)이다.

결혼과 가족에 관한 상기 추론은, 가족을 사회적·개인적 합의에 의해 존속해 가는 제도로서가 아니라 부와 권력을 지닌 남성들의 기득권을 보호하기 위해 의도적으로 만들어진 것이라고 보는 갈등론적 주장에 부합한다(이여봉, 2017a). 그런데 이 경우 가족 안에서 기득권으로부터 소외된 구성원은 당연히 불만을 가지게 되고 따라서 가족 구성원 간 갈등의 소지는 늘 존재한다. 남성이 여성과 자녀를 소유하는 것으로 바라보는 가부장적 권력구도하에서, 소유 대상이 된 여성과 연소자들은 남성 가부장의 지배권하에 예속되므로 자신들의 목소리를 드러내기 힘들고 희생적인 위치에 있으므로 불만을 지닐 수밖에 없다고 보는 것이다.

가족 안의 개개인이 행복하지 않다면 불만을 표현하고 타협점을 찾거나 자신의 행복 찾기를 시도해야 한다고 보는 것이 갈등론의 입장이다. 또한 가족 구성원 간 갈등을 당연한 현상으로 바라보기 때문에 불만을 해결하기 위해 가족과 사회 그리고 가족 구성원들이 타협하고 변화해 가는 과정에 주목하고, 행복하지 않을 경우엔 가족을 해체하고 재구성해서라도 개인의 행복을 추구하는 것이 당연하다고 본다. 그래서 갈등론에서는 초혼 핵가족만이 아닌 이혼과 재혼 그리고 다양한 형태와 다양한 결합으로 이루어진 가족들 모두를 개개인의 행복한 삶을 위한 시도로서 수용한다.

갈등론은 가족과 사회 간의 관계에 관하여, 사회가 가족에게 과잉 역할을 기대하고 과한 부담을 요구한다면 가족과 사회는 반목할 수밖에 없다고 본다. 가족이 경험하는 어려움의 상당수는 사회 전반의 구조적 문제로 인해 비롯되었다고 보기 때문이다. 예를 들면 빈곤가족의 경우, 빈곤의 원인을 개별 가족의 무능력이나 게으름이 아니라 계층별 기회의 불평등과 같은 사회 구조적 문제에서 찾는다. 왜냐하면, 개인들이 속한 가족 계층에 따라 교육기회가 상이하게 주어지고, 교육기회의 불평등은 이후로도 내내 삶의 기회를 불평등하게 재단한다고 보기 때문이다(이여봉, 2017a). 그래서 양육과 부양 욕구가 가족 안에서 충족되지 않는 문제의 해결방안으로서, 가족 구성원의 애정이나 헌신 의무를 부각하기보다는 사회적 양육 및 부양을 위한 지원 마련의 필요성에 중점을 둔다.

자발성과 화합을 기초로 하여 가족이 사회를 위해 어떤 역할을 할 것인가 그리고 개별 구성원이 가족을 위해 어떤 역할을 할 것인가에 주목하는 것이 구조기능론에서 가족을 바라보는 시각이라면, 갈등론은 사회 안에서 가족들이 얼마나 행복한가 그리고 가족 안에서 개별 구성원이 얼마나 행복한가에 초점을 두는 시각이다. 따라서 갈등론에서 바라보면, 형태 및 관계 면에서 다양해지고 있는 오늘날의 가족 그리고 전통적 양육과 부양이 가족 안에 머물지 않고 점차 사회화되고 있는 경향은 바람직한 것으로 받아들여진다.

2. 가족이란 무엇인가

가족은 친밀성에 기반을 두고 모여서 기간을 정해놓지 않고 반영구적으로 상호작용하는 사적 집단이라는 점에서, 특정한 과업 및 목표를 달성하기 위해 일정한 기간 동안만 모여서 조직적으로 움직이는 공적 집단 즉 조직과는 구별된다(이여봉, 2017a). 그러나 사적 집단 내에서도, 가족은 친구 집단이나 이웃 모임과는 다르다. 가족은 구성원들 간 서로에 대해 무한 책임을 지는 관계로서, 나름의 기준에 준하여 내부와 외부를 구분하는 경계(boundary)를 형성하고 내부 구성원들끼리 공동체 의식을 지속적으로 공유하는 단위이다(이여봉, 2017a).

가족의 범위를 정하는 기준은 시대와 사회에 따라 변화해 왔는데, 해당 사회가 인정하는 가족의 경계 안에 속하는 것은 실질적으로 매우 중요하다. 왜냐하면 가족은 법적·제도적으로도 개인과 사회를 연결하는 매개체이기 때문이다(이여봉, 2017a). 예를 들면, 현재 우리 사회는 매 십년마다 배우자에게 6억 원 한도까지 세금을 내지 않고 증여할 수 있도록 하고 있지만, 혼외 동거 파트너에게까지 이러한 혜택을 부여하지는 않는다. 상속권리 역시 법적 가족관계를 우선으로 한다. 또한 긴급수술을 요하는 경우 수술동의서를 쓸 수 있는 자격도, 법적 가족관계를 기준으로 한다. 이처럼 가족은 기본적 정책 대상의 단위이기 때문에, 사회적·법적으로 가족의 범위가 어디까지 인정되는지에 따라 개별 구성원이 법적 보호의 테두리 안에 있는지 그렇지 못한지가 결정된다.

1) 전통적 가족 개념: 좁은 의미에서의 가족

전통적으로 가족은 법적 혼인과 혈연 및 입양을 통해 맺어진 사람들의 집단으로서, 의식주를 공동으로 해결하고 정서적 유대와 공동체적 생활방식을 갖는 집단으로 정의되어 왔다(Murdock; 김승원 외, 2004에서 재인용). 이에 준하면, 혈연과 배타적 성관계, 출산과 입양, 경제적 협동과 공동 주거, 가족으로서의 연대의식 및 지속적 관계 등을 가족의 요건으로 꼽을 수 있다. 특히 가족과 외부사회 간의 경계가 확고해진 근대 이래로, 결혼한 부부와 그들 사이의 생물학적 자녀 및 입양 자녀로 이루어진 핵가족의 울타리는 '정상 가족'의 전형으로서 여겨져 왔다(이여봉, 2017a).

탈근대로 들어오면서, 가족의 형태 및 가족을 일구는 연결고리의 다양화 추세가 가속화되고 있다. 그래서 전술한 바와 같은 혈연과 혼인 및 동거 등의 요건들 중 한두 가지 혹은 여러 가지를 충족시키지 못하는 경우가 많아졌다. 우선 혼인 및 혈연관계로 맺어져 있지만 따로 떨어져 살아서 둘 이상의 가구를 이루는 경우를 한 가족이라고 정의할 수 있을까? 이는 기러기 가족 즉 분거 가족을 어떻게 바라봐야 하는지에 관한 이슈이다. 그런데 협의의 의미에서는 공동 주거가 가족의 요건으로서 포함되어 있지만, 실질적으로 공동 주거 요건은 느슨하게 적용되어 왔다. 또한 결혼을 하지 않았거나 결혼관계를 청산하고 홀로 살아가는 사람들은 가족이 아니라고 할 것인가? 가구 구성 중 1인 가구가 가장 높은 비율을 차지하는 오늘날, 혈연이나 혼인 등의 연결 관계없이 홀로 살아가는 사람도 가족의 범위에 포함해야 한다는 공감대가 형성되고 있다. 이처럼 좁은 의미에서 가족을 규정하는 조건들의 모서리가 조금씩 허물어지고 있다.

그럼에도 불구하고 좁은 의미에서 가족이기 위한 조건은, 여전히 이성 간의 혼인과 혈연 및 입양 등에 의한 법적 결합이다. 혼외 동거나 동성애 가구 혹은 공동체 가구 등은 법적 인정의 범위 밖에 있으므로, 현재로서는 가족으로서 인정되지 않고 정책 대상으로서의 단위가 아니다.

2) 넓은 범위에서 가족을 정의하기

사회구성원들 대다수가 혼인과 혈연 및 입양 등으로 연결되는 가족적 삶을 유지하는 사회에서는, 굳이 가족의 범위를 넓혀야 한다는 주장이 필요하지 않았다. 그러나 다양성을 특징으로 하는 탈근대 사회에서, 가족으로 엮이는 관계와 모습은 다양해지고 있다. 그래서 우리 사회의 현행 법이 인정하는 가족의 범위에서는 벗어나지만, 함께 의지하고 서로를 가족이라 여기며 살아가는 사람들이 증가하고 있다.

혼외 동거가 증가하는 것은 법적 혼인이 주는 구속성을 줄이고자 함이지만, 그렇다고 해서 사회 안에서 가족으로서 인정받거나 보호받지

않아도 된다는 것은 아니다. 최근 들어 동성애 관계를 노출하려는 시도
는, 파트너에 대한 의무와 권리를 사회적으로 인정받고 가족으로서의
권리를 찾아 보호받고자 함이다. 혼인 및 혈연과 상관없이 모여 살면서
서로 가족이라는 공동체 의식으로 연결된 사람들 또한 가족으로서 인정
받기를 원한다. 그래서 가능한 한 많은 사회구성원들을 끌어안고 그들
의 삶을 존중해서 가족정책의 대상으로 포괄할 수 있도록, 법적 가족의
경계를 넓히는 문제는 중요하다. 그런데 이를 위해서는, 가족에 관한 전
통 인식에서 벗어나서 다양성을 인정하고 가족의 범위를 확장할 필요에
대한 사회적 공감대가 형성되어야 한다. 그래야 법과 정책 영역에서도
가족의 경계 확장이 무리 없이 현실화되고 실행될 수 있을 것이다.

넓은 의미에서의 가족 개념은, 친밀감에 기초한 정서적 교류, 돌봄,
노동의 연대, 자원 공유, 공동생활, 그리고 동반자 역할을 수행하는 사람
들의 모임으로 정의된다(남윤인순, 2005). 쿤츠(Coontz, 1997)는 서로 사랑
하고 배려하는 사람들의 집단을 가족으로 정의한 바 있다. 이에 준하면
정서적 상호 배려를 전제로 하여 이루어진 다양한 관계를 모두 가족이
라는 이름으로 포괄할 수 있는 반면(이여봉, 2017a), 혼인과 혈연 및 입양
으로 연결된 모임이더라도 상호 배려가 부재한 경우는 가족이 아닐 수
있다는 해석이 가능하다. 고 강한얼 소방관의 사망 후 31년간 연락이 끊
겨있던 친모가 나타나서 유족보상금과 유족급여를 달라고 주장한 것을
계기로 하여, 양육책임을 다하지 않은 직계존속이 연금을 수급하는 것을
제한할 수 있도록 공무원 연금법과 공무원재해보상법이 2020년 12월에
일부 개정되었다. 또한 연예인이었던 고 구하라의 친모가 이혼 후 수십
년을 연락두절 상태로 지내다가 딸의 죽음 후 재산에 대한 상속권을 주
장하고 나선 것을 계기로 하여, 법무부는 양육을 하지 않으면 상속권을
박탈한다는 내용의 입법(구하라법)을 2021년 4월 7일자로 예고하였고(세

계일보, 2021) 같은 해 6월 17일에 민법 개정안이 국회에 제출되었다. 즉 부모가 자녀에 대한 부양의무를 위반하거나 학대한 경우 그리고 자녀가 부모에 대한 부양의무를 위반하거나 학대한 경우, 가정법원에 상속권 상실을 청구할 수 있도록 한 것이다(아시아경제, 2021). 오스트리아, 스위스, 일본, 중국, 미국 등은 이미 자녀에 대한 부양의무를 다하지 못한 직계 존속의 상속권에 제한을 가하고 있는데, 이는 혈연으로 이어졌다는 이유만으로 가족이라고 할 수는 없다는 데 대한 사회적 공감대를 밑바탕에 깔고 있다.

또한 주목하여 지켜볼 변화는, 법률혼과 혈연을 중심으로 규정된 가족의 범위를 확대하여 혼외 동거인도 가족으로서 인정하는 방안을 추진하겠다는 여성가족부의 발표이다(제4차 건강가정기본계획안, 2021). 이는 좁은 의미에서 가족이기 위한 조건들을 명시한 현행 건강가정기본법(3조)을 수정하여, 법과 제도상으로도 생활 및 재산상 가족관련 혜택이나 지원 등의 권리를 혈연과 법적 혼인에 한정하지 않겠다는 의미를 지닌다.

이러한 시도들은 "가족이란 무엇이어야 하는가"에 관한 질문과 관련하여, 혈연이나 법적 혼인 여부보다는 서로에 대한 책임과 의무 그리고 관계의 질을 중시하는 방향으로 우리 사회가 변화하고 있음을 시사한다. 그러나 가족의 경계를 확장하더라도 가족이기 위해서 갖추어야 할 핵심은, 구성원들이 공통적으로 그리고 장기적으로 품는 공동체 의식이다. 즉 넓은 의미에서 가족이란, 다양한 관계로 얽힌 사람들이 모여서 '한 가족'이라는 의식을 기반으로 끈끈한 연대를 유지해가는 집단들을 두루 포괄하는 개념이다.

3. 가족을 규정하는 개념들

1) 원가족과 생산가족

개인을 중심으로 하여, 자신이 태어나고 자란 배경이 되는 가족을 원가족(family of orientation, family of origin) 그리고 결혼과 동시에 자신과 배우자가 주축이 되어 자녀를 낳거나 입양하여 일궈가는 가족을 생산가족 혹은 생식가족(family of procreation)이라고 한다(이여봉, 2017a). 그래서 결혼생활을 하는 부부는 둘이서 함께 일군 생산가족 외에 자신의 원가족과 배우자의 원가족을 포함하는 친족(kinship) 구조에 속한다(이여봉, 2017a).

2) 핵가족과 확대가족 및 친족

부부와 미성년자녀로 이루어져 함께 살아가는 가족을 핵가족(nuclear family)이라고 정의한다. 그리고 원가족과 생산가족이 함께 동거하는 경우를 확대가족(extended family)이라고 한다. 그런데 원가족과 생산가족이 같이 살지는 않더라도 수시로 연락하고 자주 만나면서 서로의 근황을 공유하고 상호 지원하는 경우를 수정확대가족이라고 한다. 또한 원가족과 생산가족이 한 건물의 각층에 거주하거나 혹은 매우 인접하게 살면서도 각각 독립된 가구로서 서로 간섭하지 않고 독립성을 유지하며 살아가는 경우를 수정핵가족이라고 부른다. 오늘의 한국사회에서, 맞벌이 자녀를 위한 손자녀 양육이나 노쇠한 부모를 위한 지원 등을 위해 수정확대가족이나 수정핵가족을 이루는 경우가 드물지 않다.

한편 기본 가족 단위들 사이에서 혈연과 혼인 등으로 얽힌 관계망

(network)을 포괄하여 친족(kinship)이라고 한다. 그런데 친족을 다시금 혈족과 인척으로 구분할 수 있다. 혈족이란 혈연으로 얽힌 사이를 의미하므로 자녀와 손자녀 및 형제자매와 조부모 등을 포함하여 삼촌과 사촌 등으로 확장된다. 그리고 인척이란 배우자의 혈족을 의미한다. 한국의 민법은, 배우자와 8촌 이내의 혈족 그리고 4촌 이내의 인척을 친족으로 포함하고 있다. 이렇게 얽힌 사람들이 씨족 마을을 이루고 살던 시절, 친족관계는 매우 친밀했었고 제사 등을 계기로 수시로 모여서 '우리 의식'을 다지면서 응집력을 과시하곤 했었다. 그런데 일본 제국주의의 분할통치(divide and rule)에 이어서 산업화 시기의 도시화로 인하여, 핵가족 단위로 뿔뿔이 흩어져 살게 되면서 친족관계는 약화되었다.

3) 단혼과 복혼 및 집단혼

(1) 단혼

한 사람의 배우자와 혼인관계를 맺는 규범을 일부일처제(一夫一妻制) 혹은 단혼제(monogamy)라고 한다. 조선 중기의 강력한 가부장제하에서, 여성에겐 평생에 걸쳐서 단 한 명의 배우자만 허용되었다. 당시 사회는 이러한 문화를 뿌리내리기 위해 여성들에게 남편의 죽음 후에도 평생토록 '수절(守節)'할 의무를 부과하고 '열녀비(烈女碑)' 등으로 보상하였다. 남성들은 상처(喪妻)한 경우 아내를 새로 맞을 수 있었고 조강지처가 생존해 있는 경우에도 첩(妾)을 둘 수 있었지만, 첩은 정식 부인으로 인정되지 않았으므로 남성들에게도 일부일처제 사회였다고 인정된다. 그런데 오늘날 결혼서약은 남녀를 불문하고 결혼관계의 유효기간을 "죽음이 갈라놓을 때까지"로 한정하고 있어서, 사별 이후에 새로운 배우자와의 결합을 허용한다. 뿐만 아니라 이혼을 통해 부부관계를 종료한 경우에도, 새로운 배우자와의 결합이 가능하다. 그래서 오늘날의 결혼제도를 연속적 단혼제(serial monogamy)라고 부른다(이여봉, 2017a).

대부분의 사회는 남성과 여성의 비율이 엇비슷하기 때문에, 한 번에 한 명의 배우자를 만나도록 하는 규범이 당연시되고 있다. 그러나 이는 문화적으로 받아들여지고 있을 뿐, 인간의 본성에 가장 부합하는 것으로서 증명된 바 없으므로 절대 진리라고 할 수는 없다. 인류가 일부일처제를 규범으로 받아들인 이래로 혼외 관계가 끊임없이 사회문제화되어 온 것은, 인간관계가 지닌 가변적 속성과 혼인제도 간의 부정합을 드러내는 일면이다.

(2) 복혼

둘 이상의 배우자와 동시에 결혼생활을 하는 것을 중혼 혹은 복혼 (polygamy)이라고 한다(이여봉, 2017a). 중혼 내지 복혼은, 한 명의 남성이 여러 명의 여성을 배우자로 맞는 일부다처제(polygamy)와 한 명의 여성이 여러 명의 남성을 배우자로 삼는 일처다부제(polyandry)로 구분된다.

전쟁 등으로 결혼적령기 남성의 사망률이 높았던 곳에서의 일부다처 풍습은, 성비불균형에 적응하기 위함이었다는 지적이 제기된다(이여봉, 2017a). 또한 한반도에서 왕권이 확고하지 않던 고려왕조 초기의 일부다처 풍습은, 호족들의 딸들을 두루 아내로 삼는 방식으로서 호족들을 포섭하기 위한 전략이었던 것으로 이해된다. 한편 19세기 후반 남인도 지방에서의 일처다부제는 노동력이 부족했던 상황에서 외부의 남자들을 남편감으로 불러들여 처가 근처에서 살게 함으로써 노동력으로서의 딸과 그 자손을 외부에 빼앗기지 않고 오히려 외부로부터 남성 노동력을 확보하기 위한 묘책이었다(Cassidy & Lee, 1989).[6] 이처럼 복혼 역시 각 사회가 주어진 상황에 적응해 가는 과정에서 발달한 문화 현상이다.

(3) 집단혼

한편 집단혼(集團婚)은 여러 명의 여자와 여러 명의 남자가 배우자 관계로 얽혀있는 것을 의미하는 것으로서 난혼(亂婚)이라고도 한다(이여봉, 2017a). 오늘날 지구상에서 이러한 예를 찾기는 쉽지 않다. 다만 수렵채집 시대의 집단생활이 원시 난혼 즉 집단혼 형태였을 것으로 추정된다(이여봉, 2017a).

4) 족외혼과 족내혼

혼맥과 관련하여 족내혼과 족외혼은 상반된 규범이다. 즉 집단 내의 구성원들끼리 짝을 이루어 결혼하는 것이 족내혼(endogamy, 族內婚)이고, 다른 집단의 성원과 결혼하는 것이 족외혼(exogamy, 族外婚)이다(이여봉, 2017a). 이들은, 각 사회의 상황에 유리하다고 여겨지는 바에 따라서 선택적으로 문화 속에 정착되어 왔다.

집단 내부의 결속력을 강화하고자 할 때 족내혼이 장려되었다. 고려 초기 왕실에서는 이모와 조카 간의 혼인이 드물지 않았는데, 이는 왕가의 혈통끼리 결합하게 함으로써 왕실 내부의 결속을 도모하고 왕권을 강화하려는 시도였다. 오늘날 이민자 사회에서도 동족끼리의 혼인을 바라는 것 역시, 모국의 전통과 언어를 공유하고 이어가고자 하는 족내혼 풍습에 해당된다.

한편 외부 집단과의 협력체계를 구축할 필요성이 클 때, 족외혼 풍습이 발달한다(이여봉, 2017a). 한반도의 삼국 시대에, 강성했던 고구려를 견

---

6) 이 경우 태어난 자식의 공식적인 아버지로서의 권리는 생물학적 아버지가 아니라 아내의 남자형제 즉 삼촌이 행사했다(Cassidy & Lee, 1989).

제하기 위해 백제와 신라가 공주와 왕자를 교환하여 혼인시켰던 것이 그 예이다. 조선시대 이래로 20세기 내내 유지되어 온 동성동본불혼 (同姓同本不婚) 원칙7)은 족외혼 규범으로서, 남성의 계보를 이어가는 부계계승 원리 및 가부장권(家父長權)을 강화하기 위한 제도였다(이여봉, 2017a).

5) 부계제와 모계제 그리고 양계제

가족의 성(姓) 승계와 가족의무 및 상속권 등 후계계승이 이루어지는 방식에 따라, 부계제와 모계제 그리고 양계제로 구분된다(이여봉, 2017a). 아버지의 성과 아버지 쪽의 친족관계를 따르는 경우를 부계제(patrilineal pattern, 父系制)로, 어머니의 성과 어머니 쪽의 친족관계를 따르는 경우를 모계제(matrilineal pattern, 母系制)로 규정한다(이여봉, 2017a).

결혼제도가 자리를 잡기 이전에는 생물학적 아버지와 자녀 관계를 확인할 수 없었으므로, 모계 혈통에 의해 계승되었을 것이다. 그런데 대우혼을 시작으로 결혼 및 가족제도가 정착되어 가면서, 대부분의 사회에서 부계를 위주로 한 친족 승계가 이루어져 왔다(이여봉, 2017a). 조선 중후기 결혼한 여자는 친정 족보에서 삭제되고 제반 권리와 의무로부터도 소외되는 대신 시가의 일원이 되도록 했던 것은, 부계제의 대표적인 예이다. 일제 강점기에 이식된 이후 2005년 폐지될 때까지 짧지 않은 세월 동안 존속되어 온 호주제하에서, 결혼한 여성을 시가의 호적으로 옮기도록 했던 것 역시 부계제 원칙을 따른 예이다. 뿐만 아니라, 자녀들에게 아버지의 성씨를 따르게 하는 '부성우선원칙'의 틀이 2000년대에 들어와서까지 유지되어 왔다.

탈근대에 이르러, 부계와 모계를 모두 인지하려는 시도(양계제, bilineal

---

7) 동성동본불혼 원칙은 2005년 헌법재판소의 위헌 결정에 의해 법적으로 폐지되었다.

pattern, bilateral pattern)가 지속되고 있다. 한국에서는 여성이 결혼 전에 사용하던 성씨(친부의 계보를 따른 성)를 결혼 후에도 유지해 왔으나, 여성이 원래 자신이 가지고 있던 성을 버리고 남편 쪽의 가족성을 갖는 것이 일반적이었던 서구에서도 원래 가지고 있던 성과 남편의 성을 조합해서 사용한다든지 혹은 원가족에서 사용하던 성을 결혼 후에도 그대로 사용하려는 경향이 늘고 있다(이여봉, 2017a). 호주제 폐지 이후에 도입된 가족관계등록법에서는, 혼인신고를 할 때 부부가 협의하면 자녀가 어머니의 성을 따를 수 있도록 허용하였다. 특히 '제4차 건강가정기본계획안'에서는 한 걸음 더 나아가, 태어나는 자녀의 성을 정할 때 '부성우선원칙'의 틀을 벗어나서 부모가 협의하여 정하는 방식으로 법과 제도를 변경하는 방안을 추진하고 있다. 또한 아들뿐 아니라 딸에게도 종중원의 자격을 인정하라는 주장이 2005년 대법원에서 승소한 바 있다(이여봉, 2017a). 이러한 예들은, 사회마다 속도의 차이는 있음에도 불구하고 변화의 흐름이 일관적으로 양계제로 향하고 있음을 시사한다.

6) 가부장제와 모권제

가부장제(patriarchy, 家父長制)란 집안에서 가장 나이가 많은 남자 즉 아버지 및 남편이 아내와 자녀 그리고 여타 식솔들을 모두 소유하고 보호하며 통솔하는 권위를 지니는 제도이다. 따라서 아내와 자녀들이 가부장의 권위에 복종하는 것을 당연시한다. 조선시대의 유교적 가부장제뿐 아니라 일제 강점기에 이식되었던 호주제 역시 강력한 가부장제의 전형이었다.

한편 모권제(matriarchy, 母權制)란 가장 나이가 많은 여자에게 권위가 주어지는 제도이다. 그러나 기록상으로 모권제 사회를 찾기는 쉽지 않고 현존하는 모권제 사회가 보고된 바도 없다. 수렵채집 시대는 원시 난교로 인해 생물학적 부의 존재를 확인할 수 없었으므로 모계제였을 것으로 추정되지만, 권리가 어머니에게 주어졌었다는 근거는 없다. 일처다부제 사회에서도 여성 본인이 권력을 갖는 것이 아니라 여성의 남자형제에게 권력이 주어졌으므로(Cassidy & Lee, 1989), 모권제 사회라고 할 수 없다.

물론 과거에 비해 가부장권이 약화되고 있는 것은 사실이다. 부부가 경제적 부양 역할을 공유하는 비율이 증가하면서, 가사 및 돌봄 역시 양 배우자가 공유해야 한다는 목소리가 힘을 얻고 의사결정권 역시 부부가 공동으로 행사하는 경향이 두드러지고 있다. 개별 커플의 특성에 따른 차이가 있겠지만, 가부장제도 모권제도 아닌 동반자적 균형을 갖는 것을 당연시하는 문화가 정착되고 있는 것으로 보인다.

7) 부거제, 모거제, 그리고 신거제

결혼한 부부가 남편의 원가족과 함께 거주하는 제도를 부거제(patrilocal pattern, 父居制)라고 한다. 부거제 사회에서, 노부모는 아들 내외 그리고 친손 자녀들과 함께 거주한다. 반면 아내의 원가족과 함께 거주하는 제도가 모거제(matrilocal pattern, 母居制)이다. 모거제 사회에서는, 노부모가 딸 내외 및 외손 자녀들과 함께 거주한다. 고구려의 서류부가혼(壻留婦家婚) 전통은 조선 초기까지 이어지면서, 신랑이 처가살이를 하고 아이들은 외가에서 성장하도록 했던 모거제 전통이다. 신사임당이 강릉에 있는 자신의 원가족과 함께 생활하였으므로 아들인 율곡 이이는 외가에서 성장했다는 기록 역시, 16세기까지도 우리 사회에 모거제 전통이 남아있었음을 시사한다.

2장 가족에 관하여   45

한편 성리학이 도입된 15세기에 신부가 신랑의 거주지에 가서 시가의 확대가족들과 함께 거주하도록 하는 친영례(親迎禮)가 반포되었는데, 반친영(半親迎)을 거쳐서 17세기에 이르러서 비로소 부거제가 일반인의 삶 속에도 정착되었다. 이로부터 상당히 오랜 기간 동안 시집살이 문화가 한반도에 뿌리를 내렸다. 심지어 현재의 50−60대가 혼인을 하던 시절에도 신랑 쪽 부모가 합가를 요구하면 따를 수밖에 없는 문화가 남아 있어서, 혼인을 앞둔 여성들은 결혼 전에 분가를 약속받고자 안절부절하곤 했었다.

핵가족 문화가 도입되고 자리를 잡은 오늘날, 신거제가 주거선택과 관련된 보편 규범이다. 신거제란 결혼한 부부가 양가의 원가족으로부터 독립하여 자신들만의 보금자리에서 살아가는 것을 의미한다. 개인주의 문화가 보편화된 서구에서, 결혼을 한 부부가 자신들의 직업과 상황에 맞추어서 거주지를 정하는 것은 당연한 일로 받아들여진다. 한국에서도 젊은 세대뿐 아니라 베이비붐 세대인 그들의 부모 역시 개인주의 사고에 접해온 세월이 길어서, 이제 부모세대와 자녀세대 모두 신거제를 가장 합리적인 제도로 여기는 추세이다.

그런데 경제 불황으로 인해 독립된 거주지를 마련하기 힘들어서 혹은 맞벌이 부부가 자녀양육을 위한 도움을 받기 위해, 부모와 동거하거나 가까이 거주하려는 경향이 증가하고 있다. 최근으로 올수록 그리고 자녀의 연령이 젊을수록 기혼자녀와 양가 노부모의 거주지 간 거리가 가까워지는 경향을 관찰한 이여봉(2019)은, 그 이유로서 과거와 달리 결혼생활에 내한 부모의 간섭이 감소한 반면 부모로부터 가사와 육아 지원을 받을 필요는 증가했기 때문이라고 지적하였다. 어린 자녀를 둔 맞벌이 부부가 출근길에 친정 혹은 시가에 들러서 아기를 맡기고 퇴근길에 데려가 밤 동안 함께 자며 돌보다가 다음날 아침에 다시 부모께 아기를 맡기고 출근하려면, 부모와 가까이 사는 것이 편하다. 그런데 낮 동안 손자녀를 맡아 돌봐주는 부모가 저녁에 퇴근하는 자녀부부를 위해 저녁 식사도 마련해야 하는 일이 다반사이다. 이런 방식으로 부모는 기혼자녀의 육아뿐 아니라 가사를 지원하는 일상이 반복된다. 반면 자녀의 입장에서는, 자신들이 부모와 인접하게 살아서 부모의 집을 들락날락하거나 혹은 부모로 하여금 자신들의 집을 수시로 드나들게 하면서 이런저런 도움을 받는 것이 맞벌이와 육아를 병행할 수 있는 유일한 방안으로 생각되기도 한다. 다만 일상적 도움 주고받기와 관련하여 시가(남성의 본가)보다 친정(처가)과의 교류가 활발해서, 친정(처가) 인근에 사는 경향이 더욱 두드러진다. 오늘날의 '부모 가까이 살기'는, 성인자녀가 자신들의 필요에 의해 선택한다는 점에서 전통적 부거제나 모거제가 규범적 강제로서 작용했던 과거와는 다르다.

3장

가족문화에 관하여

가족은 세계 어디에나 존재한다. 그러나 세계의 가족들이 모두 같은 모습으로 구성되거나 같은 방식으로 어울려 살아가는 것은 아니다. 물론 일련의 공통 기준에 근거하여 가족으로서의 유사성을 지니긴 하지만, 가족은 사회마다 각각의 특색을 지니기 때문이다. 해당 사회가 살아온 역사적 배경과 시대적 상황에 따라, 가족의 형성 및 해체 그리고 가족구성원들 간의 상호작용에 쓰이는 언어 및 규범 등이 제각각 발달한다. 따라서 가족문화 역시 해당 사회의 사회적·역사적 경험과 상황적 배경 위에서 이해되어야 한다.

1. 가족문화란 무엇인가

가족문화란, 문화에 대한 규정을 가족의 틀에 적용한 개념이다. 즉 오랜 세월에 걸쳐서 해당 가족의 구성원들이 공유하고 해당 사회에서 가족에게 당연시하는 것들을, 가족문화로 정의한다. 그런데 문화를 좁은 의미에서 바라볼 것인지 아니면 넓은 의미에서 바라볼 것인지에 따라서, 가족문화가 포괄하는 범위는 달라진다. 개인의 행위를 규제하는

추상적 규칙(Kroeber & Kluckhohm, 1952)을 문화로 규정한 협의의 경계
를 고수한다면, 가족문화란 가족이 중시하는 가치 및 신념과 가족구성
원들이 추구하는 규범 그리고 사회가 가족에게 기대하는 가치에 한정된
다. 반면에 사회구성원들의 의식과 가치 및 신념뿐 아니라 후천적으로
학습한 모든 행위양식을 포괄하는 넓은 의미로서 문화를 규정한다면,
가족문화 역시 가족구성원들이 공유하는 가치 및 신념과 규범뿐 아니라
가족과 관련된 법과 제도 그리고 의식주 및 노동과 여가와 의례와 소비
등 일상적 삶에서 가족구성원들에 의해 당연시되고 수용되는 행동 양식
모두를 포괄하는 것으로 개념화될 수 있다. 본서에서는 후자, 즉 넓은
의미에서의 가족문화에 관해 논하기로 한다.

2. 개인과 가족과 사회

　사회는 스스로 지속적이고 자립적이면서 문화를 공유하는 사람들의
공동체라고 정의된다(Hodges, 1974). 즉 사회란 동일한 문화를 지닌 구
성원들을 연결시키는 상호관계의 체계이다(Giddens, 2001). 따라서 개인
은 독립적 개체로서 사회와 연결되고, 가족은 내부적으로는 가족구성원
들이 상호작용하는 소사회이면서 스스로 의미 있는 단위로서 외부의 사
회와 상호작용한다. 개인의 사고 및 행동양식은 개인이 속한 가족의 영
향을 받을 수밖에 없고, 또한 가족문화는 가족을 둘러싼 거시 사회적
상황과 연관되어 있다. 뿐만 아니라 가족 내 구성원들 간의 상호작용이
축적되어 가족문화로 자리를 잡고 또한 개별 가족 단위의 행동패턴이
사회를 구성하는 많은 가족들의 보편적 행동으로 부상하면, 전체 사회
또한 그 영향으로부터 자유로울 수 없다. 이처럼 가족은 중간지점에서
개별 가족구성원들을 사회에 연결시키기도 하고 사회를 가족구성원들

에게 연결시키기도 하지만, 개별 가족구성원들이 외부사회로부터 들여온 문화에 의해 영향을 받아 변화하기도 하고 혹은 가족 단위의 행위를 통해 외부사회에 영향을 미치기도 한다.

사회적 인간을 논할 때, 인성(personality)이라는 개념을 사용한다. 인간은 빨고 삼키기 및 숨 쉬고 배설하기 등 생존을 위한 기본적 기능과 더불어 기질(temper)과 체질 및 지능과 성격 등을 선천적으로 가지고 태어난다. 물론 이러한 선천적 요소들은 추후 개인이 성장하면서 형성하는 인성에 영향을 미치는 것이 사실이지만, 그러한 요소들만으로는 인성을 구성하기에 충분하지 않다. 갓 태어난 아기는 자신과 주변에 대해 체계적으로 인지하거나 대응할 수 있는 능력을 지니지 못하기 때문에, 인성을 지닌 존재라고 볼 수 없고 또한 사회적 존재라고 할 수 없다(윤근섭·김영기, 1998). 인성이란 선천적으로 타고나는 기질에 후천적으로 사회 및 환경과의 상호작용 과정에서 학습되고 습득된 부분들이 덧입혀져서 만들어지는 것이다. 즉 인간은 주변과 상호작용하는 과정을 통해서 자신에 대한 정체감을 형성하고 주변과 타자에 대한 나름의 대응양식을 유형화하게 되는데, 이를 인성이라고 한다.

후천적인 요인은 다시금 개별적(individualistic)이고 특수한(specific) 부분과 집단 공유적인(collective) 부분으로 나뉜다(윤근섭·김영기, 1998). 후천적 요인 중 개별적이고 특수한 부분이 선천적 요인인 기질에 덧입혀져서 인성의 개별성 및 주체성을 구성하고, 집단 구성원들이 공통적으로 경험해온 역사적·환경적 요소가 집단 공유성을 구성한다(윤근섭·김영기, 1998). 인성을 구성하는 부분들 중 선천적 요인인 기질뿐 아니라 후천적 요인 중 개별적이고 특수한 부분의 비중이 높을 경우, 개성이 강해서 주변 사람들과 구별되는 독특함을 지니기 때문에 매력적으로 보일 수 있는 반면 남들이 예측하기 힘든 사고와 행위로 인하여 주변과 어울리기 힘들 가능성이 높다. 반면 인성 형성에 있어서 집단 공유적 부분이 미치는 영향이 클 경우, 사고 및 행동패턴이 예측가능하고 주변과 무리 없이 어울리는 반면 남들의 뇌리에 기억될 만한 존재로 여겨지지는 않는다.

▋그림 3-1 인성의 구성과 문화

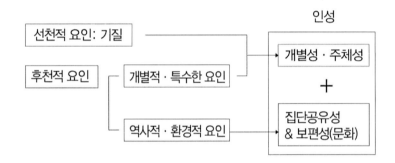

농업 중심 사회와 공업 중심 사회 그리고 서비스산업 중심 사회 각각 전형적 인성이 다르다(Riesman; 윤근섭·김영기, 1998에서 재인용). 즉 농업 중심 사회의 행동 기준은 개인의 주관적 가치보다는 해당 사회의 문화가 제시하는 전통적 규범에 놓여있는 반면, 초기 공업사회에서는 전통적 규범을 무시하고 개인의 독자적 판단과 선택을 중시하는 유형이 우세하고, 3차 산업 중심의 대중소비 사회에서는 대중매체와 동료집단의 행동에 의해서 영향을 받는 타자지향형이 전형적으로 나타난다(윤근섭·김영기, 1998). 이처럼 사회구조의 변동이 해당 사회의 대표적 인성 유형을 변화시키는 것이다(윤근섭·김영기, 1998). 왜냐하면 각 사회의 환경에 적합하게 여겨지는 이상적 인성이 존재하고, 개별 구성원은 해당 사회가 지향하는 바에 부합하도록 어느 부분은 부각시키고 다른 부분은 억제하는 식으로 인성을 발달시키기 때문이다.

한 시대 한 국가 내에도 지역별·가족별 혹은 여타 하위 집단별로, 바람직하게 여겨지는 인성 유형이 상이하다. 그런데 개인이 속한 집단의 하위문화가 전체문화와 많이 다른 경우, 그 집단의 구성원이 지닌 사고와 행동은 외부사회에서는 이질적으로 여겨질 수 있다. 특히 한 개인이 속한 가족의 문화가 여타 가족들과 매우 다르고 독특한 반면 그/그녀가 가족의 문화를 내면화한 정도가 강할 경우, 그/그녀는 가족 안에서 익숙하고 당연시해 온 사고와 행동이 가족 밖에서는 수용되지 않는 상황을 경험하고 그 괴리로 인해 적응상의 어려움에 직면하게 된다.

1) 사회화

인간이 성장하고 살아가면서 타인과의 상호작용을 통해 사회적으로 바람직하다고 인정되는 태도와 가치 및 행동을 학습하고 내면화하여 자신의 인성 유형으로 자리매김해 가는 과정을 사회화(socialization)라고 한다. 즉 사회화란 사회가 구성원 개개인에게 영향을 미치는 과정이다. 사회화를 통해, 개인은 자신을 둘러싼 사회의 규범과 가치 및 생활양식 등의 문화를 배움으로써 해당 사회에 적응하고, 해당 사회는 기존의 문화를 새로운 구성원들에게 주입함으로써 문화적으로 기대되는 방식대로 사고하고 행동하게 한다.

사회화를 담당하는 매체(socialization agent)로서, 가족과 학교 및 또래와 대중매체를 들 수 있다. 이들 중 특히 가족은 개인이 태어나면서 어린 시절 동안 가장 많이 접촉하는 인적 환경이다. 그래서 개인은 가족이라는 미시 환경 안에서 타인과 사회를 느끼고 받아들이며 익숙해진다. 그러나 가족이 구성원에게 전체 사회의 문화가 지닌 사고와 행동양식이라는 공통점 내지 보편성만을 전수하는 것은 아니다. 개별 가족은

그들만의 가족문화로 인해 여타 가족들과 구별되고, 또한 개인은 자신
이 속한 가족 안에서 성장하면서 해당 가족이 속한 계층과 지역사회 및
가족문화가 지닌 독특성을 학습한다.

사회화란 한 번 이루어지면 불변하는 것이 아니라, 성인이 된 이후에
도 새로운 자극에 접하면 기존의 사고와 행위양식을 수정하는 재사회화
(resocialization) 과정이 일어난다. 그 예로서, 군에 입대한 장병들에게
애국심과 사회 전체의 이익을 위해 개인적 자유와 다양성을 희생할 것
을 주입하고 훈련하는 것은 전시 상황에서 효율적으로 집단을 통제하기
위한 규범을 재사회화시키는 과정이다. 또한 직업군에 따라 특정한 가
치관과 행동 양식이 관찰되는데, 이 역시 해당 직업에 종사하는 과정에
서 직장 문화를 재사회화시킨 결과이다. 개인뿐 아니라 가족 역시 사회
속에서 하나의 단위로서 사고하고 행동한다. 그런데 가족역할에 대한
주변 사회의 기대가 변화되면서, 가족으로서의 행동양식 역시 변화되고
새로이 익숙해질 수밖에 없다. 이런 방식으로, 개인뿐 아니라 가족도 끊
임없이 사회화되고 재사회화되며 변화한다.

2) 외화와 객체화

개인은 가족 안에 태어나 가족 안에서 성장하면서 가족의 전통과 역
사를 익히고, 그럼으로써 보편적 가족문화뿐 아니라 그들이 속한 가족
의 독특한 가족문화를 습득한다. 그러나 개인이 수동적으로 가족문화를
받아들이기만 하는 것은 아니다. 개인이 가족 밖에서 습득하는 사고 및
행위양식이 가족 안으로 들어와서 기존의 가족문화와 충돌하고 타협하
는 과정에서, 해당 가족의 문화가 변화될 수도 있기 때문이다. 또한 결
혼을 한 성인들은 서로 상대방의 원가족적 전통과 문화에 접하면서, 이

들을 절충하고 양 배우자의 취향을 조합해서 자신들만의 가족문화를 만들어 간다. 물론 그 과정이 양가의 문화에 대한 도전으로 받아들여질 경우 충돌과 갈등이 일어나지만, 과도기의 혼란과 갈등을 극복하고 나면 새로운 가족문화가 자리를 잡을 수 있다.

그런데 변화는 개별 구성원이 기존의 가족문화와 다른 견해를 제시하고 행동하는 데서 시작된다. 이것이 외화(externalization, 外化)이다. 즉 외화란, 개인이 자신의 주관적 가치를 표현하고 선택함을 통해, 기존 제도와 관행을 거부하고 새로운 제도를 만들어 내는 방식으로 주변에 개입하는 것을 의미한다(윤근섭·김영기, 1998). 개인의 외화 시도는 다른 구성원들에 의해 거부되거나 무시되면서 사라질 수도 있고, 혹은 다른 구성원들에 의해 수용되고 승인될 경우 새로운 가족문화로 자리를 잡을 수도 있다. 후자를 객체화(objectification, 客體化)라고 한다. 일단 객체화된 가족문화는, 해당 가족의 구성원들에게 전승되고 내면화되는 사회화 과정을 거치게 된다. 즉 외화는 개별 구성원이 가족에게 영향을 미치는 과정이고, 사회화는 가족이 개별 구성원에게 영향을 미치는 과정이다. 이러한 과정이 순환적으로 일어나면서, 가족문화는 변화해 간다.

한편 전체 사회를 구성하는 단위로서의 가족 역시, 전체 사회의 문화를 수동적으로 수용하기만 하는 것은 아니다. 개별 가족의 행위가 전체 사회의 변화를 유도하는 외화, 그리고 가족 차원의 새로운 시도에 관해 다른 가족들의 호응과 모방이 늘어나서 해당 사회의 보편적인 가족문화로 자리를 잡는 객체화가 일어날 수 있다.

이처럼 개인이 가족 및 사회에 대해 그리고 가족이 사회에 대해 주체적 존재로서 새로운 문화를 만들어 내기도 하고(외화) 혹은 자신을 둘러싼 가족문화 및 주변사회의 문화를 학습하여 가족 안에 그리고 개인 안에 내면화하는(사회화) 방식으로, 개인과 가족과 사회는 상호작용한다. 즉 개인은 가족과 주변 사회의 문화를 수동적으로 학습하기만 하는 것이 아니라 능동적으로 가족문화의 변화를 유도할 수도 있고, 가족 역시 주변 가족들 혹은 거시사회의 문화적 영향을 수동적으로 받기만 하는 것이 아니라 주체적이고 능동적인 선택과 개입을 통해 거시사회의 문화적 변화에 영향을 줄 수도 있다.

3. 가족문화의 보편성과 특수성

1) 거시사회의 역사적 경험과 보편적 가족문화

가족은 거시사회 안에서 외부사회와 상호작용하면서 영향을 주고받는 단위이므로, 가족문화 역시 사회 상황과 경험으로부터 자유로울 수 없다. 생존에 유리하도록 환경에 적응하면서 살아온 것이 인류이고, 사적인 상호작용으로부터 비롯된 가족 역시 주어진 환경에서 생존에 유리한 삶의 양식을 발달시키기 마련이다. 농업기반 사회에서 대가족이 보편화되었던 것은 농사를 위해 노동력을 늘려야 할 필요에 의한 것이었고, 산업화 및 도시화 시대에 소가족화가 일어났던 것은 더 이상 농사를 위한 노동력이 필요 없어졌음에 기인한다. 뿐만 아니라 "다산이 곧 다복"이라 여기던 시대에 다출산을 선호하던 가족문화는, 영유아 사망률이 높았던 반면 자녀가 농사를 위한 노동력으로 활용되던 시대의 산물이었다. 이처럼 가족과 가족구성원의 독자적 선택인 듯 보이는 수많은 일상적 가족문화가, 실상은 거시사회의 상황과 흐름으로부터 자유롭지 않다.

극도의 빈곤과 높은 범죄율 및 빈번한 전쟁으로 인해 생존에 대한 불안이 높은 비서구사회에서, 다른 사람들과 협력하고 부모의 지시에 복종할 것을 요구하는 규범이 발달하였다(Ingoldsby & Smith, 2006). 이는

오랜 세월 동안 해당 사회에서의 직·간접적 경험을 통해, 경쟁보다는
협력이 생존을 위해서 더 절실함을 터득했기 때문이다. 이와 달리 개인
적 성취를 강조하는 서구사회에서는, 개인의 의견을 중시하는 민주적
양육이 규범으로 발달하였다(Rudy & Grusec, 2001). 이처럼 해당 사회의
역사적·상황적 경험 및 환경적 특성과 상호작용하는 과정에서 사회구
성원들에 의해 터득된 가족가치와 가족규범 및 예법 등은, 해당 지역의
가족들이 공통적으로 지니는 가족문화가 된다.

2) 가족적 전통과 가족문화의 특수성

특정한 가족만의 상호작용 패턴 및 생활양식이 있을 수 있다. 예를
들면, 설에 떡국을 먹고 웃어른께 세배를 하는 것은 한국의 가족들이
공통적으로 지니는 가족문화이다. 그러나 어떤 가족은 평상시에도 자녀
들이 등하교 때마다 그리고 출퇴근 시마다 부모께 엎드려 절을 하는 것
을 당연시하는 경우도 있다. 이는 과거에는 규범화되었을지라도 오늘날
에는 흔치 않으므로, 해당 가족의 특수한 가족문화이다.

가족마다 살아오면서 특별하게 느껴졌던 경험들을 계기로 하여 해당
가족만의 이벤트나 상징을 만들기도 한다. 또한 그 집안에서 익숙해진
상호작용이 가족 전통으로 후대에 전승되기도 한다. 여타 가족들에겐
없는 '우리 가족'만의 문화는 가족구성원들의 소속감을 높이고 내적 응
집을 도모하지만, 해당 가족구성원들끼리만 공유하는 것이어서 외부인
에겐 생소하고 낯설게 느껴질 수 있다.

4. 가족문화의 변화

가족문화는 상당한 기간에 걸쳐서 형성되지만, 일단 만들어졌다고 해서 고정불변인 것은 아니다. 이질적인 가족문화들이 서로 접하게 되면, 두 개의 문화 간 충돌 및 거부가 일어나기도 하고 어느 한편이 상대방 쪽의 가족문화를 받아들여서 수용하거나 혹은 상대편의 가족문화에 일방적으로 동화되기도 한다. 또한 양편의 가족문화가 혼합되어 절충적인 가족문화를 만들어낼 수도 있다.

조선 후기 성리학적 전통하에서의 결혼은 부계 가족에 성인여성 한 명을 편입시켜서 가계를 이어가기 위한 과정이었으므로, 결혼한 여성이 친정의 가족문화를 잊고 시가의 가족문화를 받아들여 적응하는 것을 당연시하였다. 반면 평등과 개인주의를 중시하는 오늘날에는 신부가 신랑쪽의 가족문화에 일방적으로 순응하기를 기대할 수 없으므로, 신혼기의 부부는 양가의 가족문화를 통합하고 절충하며 자신들의 세대가 지닌 사고에 부합하는 새로운 가족문화를 일구어야 하는 과업을 지닌다.

1) 거시 가족문화의 전파

교통·통신 시설의 발달로 선진국의 문명이 후진사회로 전파되는 과정에서 전 세계의 가족문화 역시 점차 서구 선진사회의 모습에 수렴하고 있다. 그러나 각 사회의 역사와 상황 등의 토착적 특징으로 인한 차별성 역시 무시할 수 없다. 즉 매 사회와 집단의 특성과 경험 및 상황 그리고 외부로부터의 문화전파와 타율적 강제 및 자율적 모방이 어우러지면서, 각 사회의 가족문화는 일면 공통적인 듯 하면서도 나름대로 다양하게 변화되어 간다.

3장 가족문화에 관하여 57

한국도 한편으론 자율적으로 다른 한편으론 어쩔 수 없는 타율적 상황으로 인해, 서구의 가족문화를 받아들였고 또한 인접한 중국과 일본 문화의 영향으로부터도 자유롭지 않았다. 멀고 가까운 외부사회로부터의 영향은 오늘도 마찬가지이다. 그러나 서구 및 인접국가들의 가족문화와 유사해지는 모습과 더불어, 다른 한편에서는 여전히 한국적 가족문화의 특성이 이어지기도 혹은 새로이 개발되기도 하면서 차별화되는 것도 사실이다.

상위 계층의 가족문화가 중위 및 하위 계층으로 전파되고 순차적으로 모방이 이루어지면서 닮아가기도 한다. 그러나 이 경우에도 각 계층별 가족들이 처한 상황이 반영되면서, 가족문화 역시 동질화와 다변화가 동시에 일어나고 있다.

2) 미시 가족문화의 변화

개개인은 가족의 구성원이기도 하지만, 학교와 직장 및 또래문화에 노출되면서 외부의 문화를 가족 안으로 들여오는 존재이기도 하다. 가족은 성과 연령 면에서 이질적 구성원들로 이루어졌으므로, 나이 든 세대와 젊은 세대가 외부사회에서 접하는 문화는 다르고 남자가 기대하는 삶과 여자가 기대하는 삶은 다르다. 따라서 가족 안의 개별 구성원들이 원하는 가족문화 역시 각각 다를 가능성이 높다. 일례로 소비와 관련하여, 중년의 부모 세대는 자신들의 성장기에 익숙했었던 절약과 인내를 당연시하고 자녀들에게도 기대할 수 있으나, 상대적으로 풍요로운 성장기를 보낸 자녀들은 미래를 위해 참고 인내하기보다는 지금의 행복을 추구하는 소비문화를 지닌다.

한편 양가 가족문화의 충돌은 신혼기의 부부가 흔히 경험하는 일이다. 특히 결혼을 성인 남녀의 결합만이 아닌 양가 확대가족의 결합으로 바라보는 한국사회에서, 양가 가족문화의 차이는 부부갈등 및 확대가족과의 갈등을 유발하기 쉽다. 가족 배경이 비슷한 사람들끼리의 만남이 안정적 결혼생활을 가져올 것으로 보는 유사성 이론(이여봉, 2017a)은, 가족문화가 유사할 경우 상대방의 사고와 행위에 대한 오해와 충돌 및 부적응 가능성이 적을 것이라는 예측에 근거한다. 가령 가부장성이 강한 시가/본가와 평등하고 개방적인 친정/처가를 둔 부부는, 가족 안에서 아내의 역할과 남편의 역할에 대한 견해가 매우 다를 것이고 친족관계에서 며느리 역할 및 사위 역할 등에 대한 기대가 다를 가능성이 높다. 그렇다고 해서, 유사한 가족배경을 지닌 사람들끼리만 부부로 맺어지는 것은 아니다. 세대와 성이 다르고 원가족적 배경이 다름으로 인한 기대 차이는 서로에 대한 몰이해와 갈등을 부르기도 하지만, 부단한 의사소통에 기초하여 서로를 이해하려는 노력을 통해 절충점을 찾아낼 수도 있고 이들을 통합하여 새로운 가족문화를 만들어낼 수도 있다.

선영 씨와 상민 씨의 가족문화 만들기

선영 씨는 당시로서는 진보적인 집안에서 자유롭게 자랐다. 반면 지방 유지의 장남인 상민 씨는 서울에서 중·고등학교와 대학교를 졸업했고, 미국 유학 중 일시 귀국해서 중매로 만난 선영 씨와 결혼을 했다. 결혼 후 함께 유학길에 오르기로 한 두 사람은, 결혼 후 두 달간 시가(본가)와 친정(처가)을 오가면서 생활했다.

에피소드 1. 선영 씨는 결혼 후 곧 유학을 떠나기로 했으므로 신혼가구를 살 필요가 없다고 생각했다. 그래도 예의상 시어머니 되실 분께 여쭤보기로 했다. "어머니, 장롱이랑 화장대 등 가구를 마련해야 할까요? 언제 귀국할지 모르니, 지금은 사지 말까요?" 그런데 시어머니는 아무 대답도 하지 않았다. 그래서 다음에 만날 때 또 물었다. 이번에도 답은 없었다. 서너 번 같은 질문을 하고나서야, "사지 마라"는 답변을 들었다. 그런데 아뿔싸! 신혼여행을 다녀와서 시가에 가니, 새 장롱과 화장대 등의 가구가 신혼 방에 들어앉아 있었다. 뒤늦게 깨달은 것은, 시어머니는 말로 표현하지 않았을 뿐 결혼하는 새댁이 가구도 없이 이불만 달랑 들고 시집오는 것은 안 된다고 여기는 분이라는 사실이었다. 선영 씨네 친정은 좋다거나 싫다는 표현을 말로 명확히 하는 반면 상민 씨 집안은 쉽사리 속내를 드러내지 않는 것을 '양반다움'이라고 여기는 문화를 지니고 있었다. 살다 보니, 상민 씨 역시 속내를 잘 드러내지 않아서 선영 씨는 답답함을 느낄 때가 많다.

에피소드 2. 결혼 후 첫 제사를 준비하는 과정에서, 시어머니는 탕국을 끓이려는 선영 씨에게 파와 마늘은 넣고 다시마는 넣지 말라고 하셨다. 친정에서는 제사음식에 파와 마늘 등의 향신채는 넣지 않는 반면 탕국에 다시마를 기본적으로 넣는다고 배웠던 선영 씨는, 깜짝 놀랐다. 게다가 시어머니께서는 하얀 밀가루를 묽게 반죽해서 씻은 김치랑 파를 얹어서 얇게 부치라고 하셨는데, 선영 씨는 그게 무슨 뜻인지 알 수 없었다. 나중에 알고 보니, 친정에서 부치던 녹두전을 대체하는 음식이 그것이었다. 그런데 수십 년의 결혼생활을 하고 나니, 선영 씨는 이제 녹두전보다는 김치와 파를 씻어 넣고 얇게 부쳐내는 밀전이 더 맛있게 느껴진다.

에피소드 3. 상민 씨는 결혼 후에도 한동안 어린 시절에 먹던 어머니의 음식을 유독 맛있어 했지만, 음식에 설탕이나 감미료를 넣지 않고 간도 싱겁게 하는 친정의 음식에 익숙했던 선영 씨는 시가의 음식이 낯설었다. 부부만의 유학생활과 이후의 결혼생활이 지속되면서, 그들 부부는 자신들 나름대로 조리해 먹으면서 식사 습관을 만들어 왔다. 상민 씨는 이제 달거나 짠 음식은 입에 대지도 않는다.

Ⅱ

구미와 주변국
그리고 한국의 가족문화

21세기 한국 가족과 문화:
과거와 현재 그리고 미래의 화해

4장

구미와 동북아의
가족문화

　유럽은 긴 세월에 걸쳐서 전 세계의 문화를 선도해 왔다. 따라서 고대와 중세 및 근대와 탈근대에 이르는 과정에서 가족이 어떤 변화의 궤적을 그려 왔는지에 관한 논의에서, 유럽의 가족은 기준이 된다. 또한 북미는 선진국 대열에 합류한 이래로, 전 세계 곳곳에 물질문화와 더불어 비물질문화를 대량으로 전파해 오고 있다. 한편 한국사회는 구한말의 개방과 미군정 이래로 구미의 영향을 꾸준히 받아왔다. 특히 세계화와 더불어, 선진국으로서의 구미 문화는 한국에도 여러 경로를 통해 전파되면서 다양한 차원에서 가족에게 영향을 미치고 있다. 따라서 한국의 가족문화를 이해함에 있어서, 유럽과 북미의 가족문화를 살펴보는 것은 중요하다.

　한국과 중국 그리고 일본을 묶어서 '동북아시아'라고 부른다. 이들 세 나라는 예로부터 상호 간 접촉이 많았는데, 지정학적으로 중국과 일본 사이에 위치한 한국은 문화전파의 교량 역할을 해 왔다. 따라서 한국의 가족문화를 이해하기 위해, 중국과 일본 양국의 가족문화가 지닌 특징과 유사성 및 차이점을 관찰할 필요가 있다.

1. 유럽의 가족문화

1) 고대 유럽

금속도구의 발명과 저장기술의 발전을 계기로 하여, 인류의 불평등 시대가 시작되었다. 이와 더불어 많은 부와 권력을 소유했던 남성들이 자신의 혈통을 확인하기 위해 여성의 성을 소유했던 것이 고대 가족의 출현으로 이어졌다는 추론이, 정설로 받아들여지고 있다. 부와 권력을 지닌 남성에게 생물학적 자손이란, 추후 자신의 재산을 상속해 줄 존재 이기도 했지만 자신을 위해 일할 노동력이자 배신하지 않을 군사력이기 도 했다. 이는 고대 유럽에서 남편이 아내와 자녀를 소유하고 지배하는 것을 당연시했던 강력한 부권제적 부계 질서와 가부장제가 자리를 잡고 있었음을 시사한다. 귀족신분의 여성은 남편을 위한 성적 대상으로 여 겨져서, 그녀들에게는 자녀를 출산하는 역할만 주어졌을 뿐 노동이나 사회적 활동은 허용되지 않았다. 자유시민층 여성은 노동력을 제공할 권리는 있었으나, 생산노동의 결과물에 대한 권리를 허용 받지는 못했 다. 그리고 노예계층 여성은 교환과 판매의 대상일 뿐이었으므로, 생산 물의 소유나 유통 및 분배로부터 소외되었다.

고대의 철학자들은 이러한 불평등 구조를 뒷받침하는 논리를 제공하 였다. 즉 플라톤(Plato; B.C. 427 - B.C. 347)은, 귀족 등의 상위 신분에서 는 다수의 아내를 소유함으로써 자식들을 많이 얻도록 하고 약한 아이 들은 버려져서 죽임을 당하도록 허용해야 한다고 주장하였다(Adams & Steinmetz, 1993). 또한 아리스토텔레스(Aristotle; B.C. 384 - B.C. 322)는, 노예와 같은 무조건적 순종을 아내가 지녀야 하는 미덕이라고 주장하였 다(Ingoldsby & Smith, 2006).

4장 구미와 동북아의 가족문화 65

초기 기독교 사회에서, 성교와 무관하게 잉태하였다고 추앙되는 성모 마리아를 제외한 일반 여성들은 선악과의 유혹에 빠진 이브의 후손으로서 남성을 죄악으로 유인하는 존재로 여겨졌다. 반면 이 시기의 결혼은 재산 상속 및 자녀출산을 위한 목적하에 이루어졌으므로(Ingoldsby & Smith, 2006), 성교는 출산을 위해서만 필요할 뿐 그 외의 육체적 쾌락은 극복되어야 할 원죄이고 피임 및 동성애는 비난의 대상이었다(Tannahill, 1980). 교회가 이처럼 결혼생활 전반을 통제하자, 결혼은 파기할 수 없는 것으로 선포되고(Queen et al., 1985) 일부일처제와 부부간의 정절 의무 및 금욕이 강조되었다(Ingoldsby & Smith, 2006). 그러나 여성과 달리 남성들은 결혼 관계 밖에서 공공 서비스화되어 있던 성매매를 통해 성적 욕구를 방출할 수 있었고(Fielding, 1942), 성인남성이 미소년을 상대로 하는 동성애 역시 사회적으로 수용되는 분위기였다.

2) 중세 유럽

중세 유럽은 봉건영주가 사적으로 소유하는 광대한 토지와 농노[8]의 노동에 의존하는 생산체계를 기반으로 했다. 또한 11세기에 이르러 가족 성(family name)을 사용하게 되면서, 부계제 및 장자 상속이 확고히 자리를 잡았다(Ingoldsby & Smith, 2006). 그런데 부계제는 여성의 지위를 낮추었으며, 장자상속제는 장자가 아닌 차자라는 이유로 인해 상속을 받지 못하는 남성들로 하여금 결혼을 지체할 수밖에 없게 했다. 결혼은 주로 정치적이거나 부를 중심으로 한 경제적 목적을 지닌 계약이

---

8) 중세의 농노는 재산을 소유할 수 있었고 결혼을 통해 가족을 구성했다는 점에서 고대 노예에 비해 자유민적인 요소를 지니지만, 거주 이전의 자유가 없었고 인신적 지배를 받았다는 점에서는 여전히 노예와 유사했다.
(https://terms.naver.com/entry.nhn?docId=1007032&cid=62118&categoryId=62118)

었고, 사랑은 결혼 밖에서나 가능한 것으로 여겨졌다.

　농경을 위한 노동력이 필요했으므로, 부계 혈통의 자손을 얻기 위한 가족 내의 출산은 매우 중요했다. 따라서 가족 안의 여성은 순혈통의 부계를 잇기 위해 보호되어야 할 뿐 성욕을 가지면 안 되는 존재로 여겨졌고, 그녀들의 성애(sexuality)는 단지 출산을 위한 도구로서 머물러야 했다. 반면 남성들은 가족 밖 거리의 여성들과의 관계에서 성적 쾌락을 즐기곤 했다. 따라서 당시의 여성들은 보호받아야 할 집안의 여성과 보호받을 가치가 없는 집 밖의 방탕한 여성이라는 두 부류로 나뉘어졌다. 그런데 이처럼 여성들을 이분법적으로 나누는 관념은 이후로도 오래도록 당연한 것처럼 지속되면서, 가부장적 성각본9)의 틀을 이루었다.

　십자군 전쟁10)을 배경으로 하여 궁정의 성과 사랑을 다루는 문학작품들이 전해지고 있다. 그들을 통해 기사도로 무장한 남성과 이들의 보호를 필요로 하는 상위 신분의 여성 간 플라토닉한 사랑 이야기가 이상적이고 아름다운 것으로 여겨지면서, 남성은 여성을 정중히 대우하고 보호해야 한다는 식의 기사도(courtesy) 문화가 보급되었다. 그런데 당시의 소위 "고귀한" 여성과 기사 간의 관계가 실제로는 정신적 사랑에만 머물지는 않았다. 이러한 상황은 금욕을 강조하고 여성의 혼전 순결을 중시하던 당시의 종교적 가르침과 모순되면서, 오히려 여성의 성적 개발을 장려하는 결과를 낳았다.

---

9) 성각본이란 해당 사회의 구성원들이 성애(sexuality)에 관해서 당연하고 옳다고 믿는 신념이자 규범을 의미한다. 가부장적 성각본이란, 여성에게 있어서 성은 남편의 성적 욕구에 부응하고 출산을 위해서 필요한 것일 뿐이나 남성은 본능적으로 성적 충동을 가지므로 이를 방출해야 한다는 믿음이다.

10) 11세기 말에서 13세기 말 사이에 서유럽의 기독교도들이, 예루살렘을 중심으로 한 지역을 이슬람교도로부터 탈환하기 위해, 가슴과 어깨에 십자가 표시를 하고 8차례에 걸친 원정을 벌였다. 해당 원정에는 종교적 이유 외에도, 새로운 영토를 지배하려는 봉건영주와 기사들의 야망, 경제적 이익을 얻으려는 상인들의 욕망, 그리고 봉건사회의 압박으로부터 벗어나려는 농민들의 희망이 함께 얽혀 있었다.

당시의 지배층 여성은 아버지 혹은 남편에게 예속된 존재로서 가문과 재산을 유지할 자녀를 출산하는 역할만을 수행했고, 농노 여성의 노동과 성은 영주에게 귀속되어 있었다. 그러나 수공업자와 상인층 여성은 직조 및 상업에 종사하면서 생산 활동에서의 자기 몫에 대한 권리를 행사하고 동업조합인 길드에 참여하면서 독자적인 사회경제적 지위를 누리기 시작했다.

한편 중세의 아이들은 가족 안에서 보살핌을 받기보다는 유모에 의해 키워지는 것이 보편적이었다. 물론 가족의 경제적 수준에 따라서 유모의 질적 서비스 수준 역시 달랐으므로, 상위 신분이 아닌 경우 한 명의 유모가 여러 명의 아이들을 돌보는 것은 흔한 일이었다. 그런데 한 명의 유모에게 많은 아이들이 맡겨질 때 아이들 하나하나마다 세심한 애정과 돌봄이 제공될 수 없는 것은 당연지사여서, 당시 유아 사망률이 높았던 이유 중 하나가 되었다. 또한 10대 연령층의 아이를 다른 사람의 집에 도제(apprenticeship, 徒弟)로 보내어 수공업 기술을 배우도록 하거나 혹은 부모로부터 집안일을 배우게 했는데, 가르치는 과정에서 아이에 대한 신체적 처벌도 사랑의 表現으로 간주되어 수용되었다(Gies & Gies, 1987). 이들로 미루어 볼 때, 어머니가 모성애를 가지고 집안에서 아이들을 돌보는 것은 중세까지의 문화는 아니었다.

3) 르네상스와 근대

(1) 계층별 가족생활과 소가족화

근대의 전 계층 가족에서 나타난 공통적 특징은, 소규모의 핵가족이 보편화되었다는 점이다. 산업혁명과 시민혁명을 거치면서 봉건 토지자산이 해체되고 봉건신분제가 몰락한 자리에 상공업 중심의 도시 경제체제가 자리를 잡았는데, 상공업과 도시 중심의 근대 사회에서 대가족 형태는 적합하지 않았기 때문이다.

근대의 상류층 가족은 결혼을 가문 간 자산 동맹으로 여겼다는 점에서, 중세의 결혼 문화에서 크게 벗어나지 않았다. 따라서 낭만적 사랑이나 배우자와의 성적 관계 및 가정의 신성화에 대한 기대치 역시 높지 않았다. 오늘의 한국에서도, 재벌가의 혼맥이나 정·재계의 혼맥을 통해 관찰되는 정략혼의 모습은 이와 별반 다르지 않다. 18세기 중엽에 이르러, 유럽 상류층의 가족생활은 가족 밖의 공적인 삶과 분리되면서 부부 간 그리고 부모자녀 간의 동반자적 관계가 강조되기 시작했다(조은 외, 1996). 그리고 집안에서도 남성과 여성 간, 성인과 어린이 간, 그리고 주인과 하인 간 공간적 분리를 확실히 함으로써 성과 연령 그리고 계층에 따르는 계급적 거리를 가시화하였다.

근대 초기의 중산층에서는, 아내가 사업의 동반자로서 활동하는 등 가족 자체가 중요한 상업조직이었다(조은 외, 1996). 그러나 점차 부가 증대되고 성별 분업이 생활에 도입되면서, 생계책임자로서 남편의 지위는 확대되고 아내와 딸은 남성 가장에게 경제적으로 의존하는 존재로서 자리매김되기 시작했다. 또한 중산층에서도, 집안에서 여성의 영역(식당과 거실)과 남성의 영역(서재와 당구장)을 그리고 주인의 영역과 하인의 영역 및 손님의 영역을 공간적으로 분리하였다. 이는 당시 상류층의 주거문화가 중산층에 전파되면서 단순화된 형태로 모방된 것으로 볼 수 있다.

노동자 가족의 경우, 노동능력 내지 숙련기술이 배우자 선택의 요건으로서 중요하게 여겨졌다. 18세기 후반 가내수공업이 지배적인 지역의 노동자 가족에서는, 가내 노동력을 늘리는 전략으로서 조혼(早婚) 및 다산(多産) 경향이 일반적이었다(조은 외, 1996). 그런데 19세기에 들어서면

서 가내수공업의 노동조건이 열악해지고 대신 공장노동이 확산되자, 이
들은 가내수공업을 접고 피고용 노동자 가족으로 전환되었다. 공장 노
동자화란 일터와 가족 간 공간적 분리를 의미했다. 그리고 자녀 출생은
곧 아내의 실직으로 인한 가족수입의 감소로 이어지는 동시에, 보육비
로 인한 가족지출의 증가를 동반했다. 그래서 공장노동 시기에 이르러
가족 규모를 줄이는 규범이 보편화되었다(Accampo, 1989). 그러한 적응
노력에도 불구하고 노동자 가장 한 사람의 벌이만으로는 가족의 생계를
유지하기에 충분치 않았으므로, 가족 모두가 임금노동 현장에 나가는
상황 즉 '전 노동자 가족의 노동자화'가 일어났다. 중산층 가족을 중심
으로 모성애를 예찬하던 당시의 사회적 분위기와 달리, 노동자 가족에
서는 부모가 모두 일하러 나가느라 자녀양육에 집중할 수 없었으므로
부모자녀 관계가 소원해졌고 가족은 생활공동체로서의 성격을 상실하
였다(조은 외, 1996). 그래서 노동자 계층의 자녀는 일찍 부모 곁을 떠나
단순 노동력으로서 독립하는 일이 흔했다(조은 외, 1996).

한편 전(前)산업사회와 가장 유사한 특성을 간직했던 농민계층 역시,
근대자본주의 시기에 들어오면서 영농의 시장의존도가 커지고 기계화
영농을 하게 되었다. 따라서 노동력을 많이 필요로 하지 않게 되면서
소가족화되었다(Egner, 1978; 조은 외, 1996에서 재인용).

(2) 근대 핵가족의 보급과 낭만적 혁명

18세기 이후 가족과 사회 간의 확연한 구분을 통해 탄생한 근대의 사
적 가족은, 지역 공동체의 가부장권 약화를 동반하였다(Donzelot, 1979).
이러한 변화는 부부생활보다는 각자의 사교생활을 중시하고 낭만적 사
랑관계를 결혼제도 밖에서 찾던 '개방형 혈통가족'으로부터, 점차 가족
과 지역사회를 구분하는 경계가 형성되고 내부적으로는 가장의 권위가

강화되던 '제한적 가부장제 가족'을 거쳐서, 19세기에 이르면 가족과 지역사회 간의 경계가 심화된 폐쇄적 가족문화가 형성되고 낭만적 사랑에 기초한 애정적 가족관계 이념이 확산된 '가정 중심적 핵가족'으로 이동하는 단계적 변화 과정을 겪었다(Stone, 1981).

낭만적 사랑에 대한 관념은 16세기 이후 보급되기 시작했지만, 18세기 말에 이르러 '낭만적 혁명'이라고 불릴 만한 변화가 노동자 계층에서부터 일어났다. 자신의 독립적 노동력으로 살아가게 된 젊은이들 사이에 개인주의가 부상하면서, 공동체의 가부장권 및 부모의 간섭은 약화되고 개인들은 성적 자유를 누리기 시작했다. 이는 사랑과 결혼이 공존할 수 없었던 중세의 관념이 쇠퇴하면서, 비로소 정서적·성적 사랑이 결혼에 도입되었음을 의미한다. 그러나 여성을 '집안의 순결한 천사'와 '거리의 방탕한 여인'으로 이분하고 남성은 두 부류의 여인들 간 경계를 넘나들도록 관용하는 '가부장적 성각본'은, 근대에도 여전했다.

근대의 산업사회에서 공식적으로는 취업을 할 기회가 남성에게만 주어졌으므로, 일인부양자 가족을 이상적으로 여기는 문화가 자리를 잡았다. 남성이 자신의 사회경제적 지위를 기반으로 하여 마음에 드는 여성을 선택하고 그녀를 '집안의 천사'로 삼아 안식처를 가꾸게 하는 것을 자랑스럽게 여기는 문화가 일반화된 것이다. 한편 중산층의 여성들은 아버지 및 남편에게 경제적으로 의존하며 살아가는 것이 보편적이었다. 따라서 외모를 가꾸고 예절을 몸에 익힘으로써 사회경제적 능력을 지닌 남성의 구애를 받아 결혼하는 것이, 당시의 여성들에게는 생존을 위한 전략이었다. 한편 결혼을 한 중산층의 여성들은 자신들의 정체성을 현모양처에서 찾았다. 집안에서 가사에 전념하고 가장을 내조하며 모성애로써 자녀들을 보살피는 것을 이상시하는 현모양처 관념은, 성인과 구별되고 보살핌을 받아야 할 존재로서의 아동에 대한 개념이 부상하고 아동기가 장기화되며 가족구성원들의 건강에 대한 관심이 증대되었던 당시의 추세와 부합하였다. '어린이' 개념은, 17세기 신흥 부르주아 계급에서부터 등장하여 19-20세기를 거치면서 점차 다른 계급에까지 보급되었다(Aries, 1973).[11] 그런데 이러한 변화는 아동이 노동력으로서의 가치를 잃고 부모의 경제적·정서적·물질적 투자 대상으로서 자리를 잡게 되었음을 의미하고, 결과적으로 소자녀화를 부추기는 하나의 이유가 되었다.

물론 모든 중산층 여성이 '집안의 천사'로서의 역할에 만족했던 것은 아니고, 모성의 제약에 저항하면서 가정으로부터의 탈출을 시도하는 움직임이 '자유주의 페미니즘'이라는 이름으로 출현하였다.[12] 헨릭 입센(H. Ibsen)의 <인형의 집>은 당시의 중산층 여성이 아내이자 어머니라는 이름에서 벗어나 자아를 찾고자 하는 고민을 묘사하고 있다.

생계책임자로서의 남편과 모성적 돌봄 및 가사역할을 수행하는 아내로 이분하는 성별분업체계는, 노동자 계층에서도 이상적인 가족상으로서 유지되었다. 그러나 노동자 가족에서는 이러한 환상이 현실화될 수 없었는데, 남성 노동자 1인의 수입만으로 가계를 충당할 수 없었기 때문이다. 따라서 부족한 생계비는 비공식적인 노동 분야에서 여성의 역할을 확대하는 방식에 의해 채워졌다. 여성들은 집 밖의 노동 대신 집안에서 삯바느질을 하거나 하숙인들에게 식사와 빨래를 제공하는 노동을 통해 생계비를 보조했다(조은 외, 1996). 즉 대외적으로는 남성 가장을 생계부양자로 내세워 당시의 대표적 가족문화의 틀을 유지하면서,

---

11) 한국에서는 1923년 방정환에 의해 주도되어 어린이날이 제정되었다.

12) 근대 유럽의 백인 중산층 여성들이 주축이 되어 남성들과 똑같이 공적인 영역에서 경쟁할 수 있도록 동등한 기회를 보장해 달라는 요구를 한 것이 '자유주의 페미니즘'의 핵심이었다. 구체적으로는, 공식 교육을 받을 권리와 직업을 가질 권리 그리고 정치에 참여하여 투표권을 행사할 권리 및 재산권과 상속권을 제도적으로 명시하라고 주장하였다(이여봉, 2010).

내부적으로는 아내가 비공식적인 수익 노동을 하고 또한 집안일까지 도맡는 이중노동의 굴레에 갇히게 된 것이다(Gittens, 1985).

한편 공적 영역과 사적 영역이 분리되고 1인 생계부양 가족이 대표적 가족상으로 정착하자 남성 노동자들의 임금에 아내의 '그림자 노동' 즉 가사 및 돌봄 노동을 포함하라는 목소리가 커졌고, 19세기 중반에 이르러서 노동임금에 가족수당을 추가하는 방식으로 가족임금 개념이 확산되었다.

(3) 지역공동체의 해체와 가족의 사회 영역화

지역공동체가 해체되면서, 가족의 삶에 대한 국가의 직접적 개입이 증대되고 가족은 사회적 영역으로 부상하였다. 즉 19세기 초반 아동유기 및 청소년 폭력 등에 국가가 자선사업을 통해 대처하였고, 19세기 후반 근대적 육아법이 도입되면서 가족 및 친족에게 맡겨져 있던 아동 및 청소년 일탈과 범죄에 대한 처벌권은 판사 혹은 자선단체 및 전문가에게로 넘어가게 되었다(조은 외, 1996). 또한 출산과 양육 등의 사적 영역에서도, 여성이 자율적으로 담당해 왔던 역할을 공적 영역의 전문가가 대체하기 시작했다. 아동노동 금지법, 위생 주거법, 도제 계약제, 유모 감시법, 그리고 의무교육제 등이 잇달아 제정되면서, 가족은 국가의 직접적 통치대상이 되었다(조은 외, 1996; Donzelot, 1979). 이러한 법들은 노동자 계층 아동들이 방치되는 것을 막고 아동의 건강을 지키려는 박애주의적 목적도 있었지만, 한편으로는 아동의 자유를 제한하고 어른과 아동 사이의 유대를 약화시키며 세대 간 기술의 직접 전이를 금지시키는 결과를 낳았다(조은 외, 1996; Donzelot, 1979). 즉 개별 가족이 아이들을 관리하게 하되, 국가 및 전문기관이 가족에 개입하여 감시하고 규제하도록 한 것이다(Donzelot, 1979). 이처럼 19세기는 한편으로 가족의 영역에 국가가 침투하여 감시와 관리를 강화함으로써 부모의 권한을 제한하고, 다른 한편으로는 가족구성원에 대한 가족의 부양역할을 강조하는 시대였다(조은 외, 1996).

그 결과, 20세기에 들어서자 가족은 성별에 따른 가족역할의 고착화 및 공—사 영역의 분리가 가져온 다양한 변화에 노출되었다. 우선 아동기가 장기화되고 교육비용이 증가하면서, 소가족화 현상이 보편화되었다. 자녀에 대한 부모의 처벌권은 약화되고, 가족 내에도 인권 및 평등사상이 보편적으로 수용되었다. 개인적인 관계 만족과 동반자적 부부관계를 중시하기 시작하면서, 오히려 이혼율이 높아진 것 역시 또 하나의 특징이다. 그리고 대규모 소비사회의 등장으로 인해, 가족이 지녀왔던 기술 전수 기능이 약화되고 규격화 및 상업화 시대가 시작되었다.

(4) 탈근대 유럽의 가족문화

"사랑하는 이성과 결혼하고, 결혼관계 안에서 성을 나누며, 배우자와의 관계에서 자녀를 출산하고 양육한다"는 규범으로 요약되던 근대의 가족문화가, 탈근대에 오면서 희석되고 있다. 혼외의 성 및 동성애에 대한 기회 증가와 다양한 관계를 바라보는 사회적 시선의 완화를 그 예로 들 수 있다. 또한 결혼 및 출산의 중요성 약화와 개인주의 사고의 확산 및 종교의 세속화 그리고 이혼법이 자유로워지는 등의 영향으로, 이혼이 급격히 증가하고 있다(Dronkers & Kalmijn, 2002; Ingoldsby & Smith, 2006에서 재인용).

영국의 이혼율 및 한부모 가족 비율은 매우 높은데, 이는 이혼법이 상대적으로 관대하고 한부모 가족의 빈곤과 양육에 대한 지원이 적극적이라는 점과 연관된다. 스웨덴 역시 혼외 동거율과 혼외출산율 및 이혼율이 모두 높지만, 남성 생계부양자 중심의 가족 가치관이 강한 미국이나 영국

등과 달리, 한부모 가족이 빈곤으로 이어지지 않도록 지원하는 사회적 지지체계가 든든하게 마련되어 있다. 프랑스는 카톨릭의 영향이 큰 나라임에도 불구하고 프랑스 대혁명의 여파로 인해 결혼이 세속화되고 진보적인 이혼법이 도입되었으며, 베이비붐 세대의 개인주의 가치관이 문화적 변화를 견인하여 가족 내 여성의 이미지와 역할 변화를 유도했다(Roussel & Théry, 1988). 프랑스는 또한 1999년에 제정된 시민연대 협약(PACS)을 통해 이성애에 기초한 혼외 동거뿐 아니라 동성애 커플의 법적 지위를 적극적으로 인정하고 있다(Henneck, 2003).

산업화 및 도시화 정도가 높은 북유럽은 상대적으로 진보적인 가족문화를 지니고 있는데 반해, 남유럽은 보수적이고 가부장적이며 가족 중심적이다. 그래서 이탈리아와 포르투갈 및 그리스 등은 이혼에 대해 부정적이며, 핵가족과 확대가족 등이 비교적 안정적이고, 가부장성이 강한 것으로 알려져 있다(Ingoldsby & Smith, 2006). 이에 관하여, 카톨릭의 영향과 여성의 낮은 경제활동 참가율 및 만성적인 주택 부족과 보육 인프라의 미흡 등이 원인으로 지목된다(Henneck, 2003).

2. 북미의 가족문화

1) 청교도와 식민지 미국

청교도들이 뉴잉글랜드에 정착한 1600년대 초기부터 1800년대 중반까지를 미국의 식민지시기로 간주한다. 청교도적 가치는, 여성들로 하여금 가정에 충실하고 남편에게 순종하도록 하였으며 남편들로 하여금 아내의 모든 것을 자신의 소유로 여기도록 했다(Ingoldsby & Smith, 2006). 안락한 삶을 위해 결혼을 중시했던 청교도인들은, 성교는 결혼

안에서 이루어져야 하는 것으로 여겨서 혼외 성교에 강하게 반대했으며 순결을 중시했다. 그래서 간통을 범하면 사형을 당하거나 혹은 얼굴 및 가슴 또는 옷에 주홍 글씨(scarlet letter)[13]로 'A(adultery)'를 새기는 벌을 받았다(Ingoldsby & Smith, 2006). 반면 과부들의 재혼은 일반적이었는데, 이는 당시의 남성들은 독신으로 사는 경우가 드문 반면 짝을 이룰 만한 여성의 수효가 절대적으로 부족했기 때문이었다.

청교도들은 아이들이 죄를 갖고 태어나기 때문에 선하게 교화시켜야 한다고 믿었다. 따라서 자녀에 대한 엄격한 처벌과 부모의 강력한 지배는, 구원에 대한 불안정성을 극복하기 위한 것으로서 당연시되었다(Ingoldsby & Smith, 2006). 이처럼 아이가 선천적으로 악한 존재로 태어난다고 믿었던 청교도적 믿음은, 아이들은 선하지도 악하지도 않은 백지상태로 태어나서 오로지 경험에 의해 만들어진다고 했던 로크(J. Locke) 그리고 아이들은 선하게 태어난다고 주장했던 루소(J. Rousseau) 등 유럽의 계몽주의 사상가들에 의해 반격을 받았다(Ingoldsby & Smith, 2006).

2) 빅토리아 시기와 근대의 미국

빅토리아 시기란 1800년대 중반에서 1차 세계대전까지를 의미한다. 이 시기는 종교의 틀과 가정의 영역 안에 머무는 신앙심, 남성의 성적 감정을 자극하지 않고 스스로 성적 욕구와 쾌락을 느끼지 않는 순수함, 보호자를 필요로 하는 연약한 존재로서 남편에게 순종하는 마음과 태도, 그리고 남편과 아이들에 대한 헌신을, 여성에게 기대했다(Ingoldsby & Smith, 2006). 그러나 1914년 7월부터 1918년 11월까지의 1차 세계대

---

13) 미문학도들에게 고전으로 꼽히는 호오소온(N. Hawthorne)의 〈주홍글씨(Scarlet Letter)〉는 청교도 시대를 배경으로 한다. 제목이 표상하는 대로, 간통을 한 여주인공 헤스더는 주홍글씨를 달고 주변으로부터 소외되어 살아가는 것으로 묘사되었다.

전 그리고 1939년 9월부터 1945년 9월까지의 2차 세계대전 동안, 전쟁
에 참전한 남성들을 대신하여 여성들이 후방의 생산기지에 투입되면서,
여성의 영역이 가족 밖의 사회로 확장되었다(Kephart & Jedlicka, 1991).
이와 아울러 결혼연령이 높아지고 부부간 평등의식이 도입되었으며 소
자녀화가 진행되었고 또한 가족 안팎에서 남성과 여성 모두에게 성적인
허용성이 증가하였다. 아이들 역시 방치되거나 학대되거나 착취되지 않
도록 법적인 보호와 사회적 관심을 받게 되었다.

그러나 전쟁이 끝난 후 다시 돌아온 남성들과 승전국으로서 경제적
호황기를 맞은 미국 사회는, 여성에게 "가정으로 돌아가서 현모양처 역
할에 충실하라"는 메시지를 강력하게 보급하였다. 경제적 부흥기의 남
성들은 자신의 임금만으로도 가족을 충분히 부양할 수 있다는 자신감을
지녔고, 전쟁으로 인해 젊은 인력들을 손실한 미국사회는 출산율을 높
이고 잘 양육해서 양질의 사회구성원들을 공급해야 할 필요에 직면했기
때문이다. 2차 세계대전이 끝난 1946년부터 1965년 사이는 미국의 베
이비붐 시기이다. 이 시기 동안 일인부양자인 남편과 모성애로써 자녀
돌봄에 힘쓰는 전업주부의 가정이 다시금 이상화되었다.

3) 현대 미국의 가족문화

미국은 소수의 인디안 원주민들 외에는, 주로 이민자들로 이루어진
사회이다. 그래서 미국사회에서 인종(race)은 계층(class)이나 성(sex)만
큼이나 삶의 차이를 설명하는 중요한 변수이다. 한 사회 안에서도, 인종
과 민족에 따라 가족을 일구고 살아가는 모습에 있어서 상당한 차이가
존재한다.

초기 이민자들이 유럽으로부터 왔으므로, 유럽에서 온 조상을 둔 백

인들이 다수이자 주류이다. 그래서 백인 중심의 개인주의와 평등주의 그리고 부부 중심의 핵가족적 전통이 미국의 가족문화를 대표한다. 이들 사이에, 혼전 임신이 결혼으로 직결되어야 한다는 믿음은 쇠퇴하고 있다. 그래서 어린 나이의 혼전 성관계와 임신으로 인한 결혼이 불안정한 결혼생활과 이혼율 증가로 이어졌던 문제는 수면 아래로 가라앉고, 이혼율은 1979년에 정점을 찍은 이래 안정 상태를 유지하고 있다 (Ingoldsby & Smith, 2006). 그 대신 가족형태 및 구성에 있어서 장기적인 혼외 동거 등 법적 결혼을 대체하는 결합이 다양하게 증가하고 있다. 미국의 주류 가족문화는 서유럽의 가족문화와 유사한 패턴으로 변화한다. 물론 유럽의 진보적인 국가에 비해서는 변화의 속도가 늦고, 미국의 동부는 서부에 비해 그리고 동부 중에서도 남부는 북부에 비해 보수적인 편이긴 하지만, 변화의 방향성은 크게 다르지 않다. 2015년 7월부터 미국의 모든 주에서 동성애 결혼이 합법화되었다.

한편 다민족 사회인 미국은, 인종 및 민족적 다양성만큼이나 다양한 가족문화들이 존재한다. 흑인들의 경우, 인종차별과 그로 인한 빈곤 그리고 십대의 임신이 이혼율을 높인다. 그런데 흑인들은 이혼 후의 삶에 있어서 백인보다 잘 적응하고 재혼을 덜 하는 것으로 알려져 있다(Kitson, 1992; McKelvey & McKenry, 2000). 이는 흑인사회의 문화적 특성과 연관된다. 즉 흑인들은 확대가족과의 유대가 상대적으로 강해서 서로 지원교환이 활발히 이루어지고, 이혼과 별거를 규범에서 벗어나는 것으로 보지 않는 인식이 문화 속에 존재하기 때문이다(Taylor et al., 1997). 반면 남미계의 경우 결혼의 안정성이 상대적으로 높은데, 가족을 강조하는 전통이 있고 또한 라틴계의 대표적 종교인 카톨릭이 이혼을 금지하기 때문이다(Faust & Mckibben, 1999). 그리고 아시아계 미국인은 일반적으로 모국의 집단주의 문화로 인한 가족 지향성이 강해서, 이혼율이 비교적 낮은 편이다.

3. 중국의 가족문화

1) 중국의 전통 가족

중국은 전통적으로 공자를 중심으로 한 유교사상이 2,000년 이상 지속된 부계 중심 사회로서, 아버지로부터 장남에게로 이어지는 계보와 위계질서를 절대시하는 문화를 지녔었다(Hsu, 1971; Ikels, 1993; Smith, 1991). 중국의 전통적 봉건주의 가족제도 즉 종법제(宗法制, Clan Rules Institution)하에서, 가장의 신분은 장남이 계승하고 딸과 아내는 상속권에서 배제되었다(이기숙 외, 2014). 또한 여성들의 지위는 종속적이어서 가장에 대한 절대적 순종이 기대되었는데(Smith, 1991), 축첩(蓄妾)과 전족(纏足)[14]이라는 악습 역시 그러한 틀에 기초한다(이기숙 외, 2014). 이는 여성을 남성과 동등한 존재가 아니라 '자궁을 빌려 쓰기 위한 물건(Chikuko, 1994)'으로 여기는 식의 강한 부계 중심적 가족주의하에서 가능한 일이있다.

중국 역시 농경중심 사회여서 노동력 확보 차원에서 확대가족이 핵가족에 비해 유리하였으므로, 대가족이 보편적이었다(Ingoldsby & Smith, 2006). 즉 결혼한 아들은 아내와 더불어 자신의 부모와 함께 확대가족을 일구고 살아가는 것을 당연시했다(Ikels, 1993). 또한 남자는 아들을 출산하여 혈통을 잇는 것을 중시했고, 효도를 중요한 가치로 여겼다. 아버지의 사망시점 혹은 막내아들이 결혼하는 시점에, 가족의 재산과 토지를 아들들에게 공평하게 나눠주고 노부모를 부양할 책임도 아들들이 공평하게 분담하거나 협력하여 행하기를 기대하였다(Hsu, 1971; Wong, 1988). 결혼

---

14) 여성의 발을 어릴 때부터 피륙으로 감싸서 자라지 못하게 하는 방법. 전족을 하면 점차 발이 기형적으로 변형되고, 부축이 없이는 걷기 힘들게 된다. 전족은 축첩이 흔하던 시기에 여성들이 도망가는 것을 막기 위한 방안이었다고 전해진다.

4장 구미와 동북아의 가족문화 79

은 대를 잇기 위한 것으로 여겼으므로(Wu, 1987), 사랑을 전제조건으로 하지 않았으며 중매결혼을 규범으로 하였다(Ingoldsby & Smith, 2006). 한편 결혼은 신부 쪽에서 노동력인 딸을 신랑 쪽에 보내는 것으로 여겼다. 그래서 신랑 쪽에서는 노동력이자 자손을 생산할 자원인 여성의 몸값을 신부의 집안에 지불하는 것이 일반적이었다.

2) 공산주의 혁명 후의 중국 가족과 개혁개방 후의 변화

공산주의 혁명 및 사회주의 정부 수립 이후 1950년에 제정된 <중화인민공화국 혼인법>은 중국의 봉건적 가족체계를 근본부터 흔들었다. 전족 및 축첩으로 대표되던 강한 가부장적 전통은 평등주의와 금욕주의 그리고 여성과 자녀의 권익보호로 대체된 것이다(이여봉·리판, 2012; 이기영 외, 2014). 그 결과, 여성들의 권리가 새로운 체계의 일부로서 보장되었다(Davis & Harrell, 1993). 즉 1981년부터 적용되기 시작한 결혼법에, "여자와 남자는 가정 내에서 동등한 지위를 갖고, 양가 부모와 자녀에 대한 부양책임 및 양육책임을 함께 지는 존재"라고 명시하였다. 그 영향으로 인해, 오늘날 중국 여성의 경제활동 참여율은 75%를 상회하고, 자녀출산 및 양육부담으로 인해 직장을 그만 두는 경우가 드물다(이기영 외, 2014). 또한 가정 내에서도 여성의 지위와 의사결정권이 높고, 자녀양육 및 가사노동에 있어서 남성의 참여율이 상당히 높다(이기영 외, 2014). 게다가 도시지역을 중심으로 하여, 아들뿐 아니라 딸에게로 향하는 관심 그리고 모계친족 관계에 관심을 갖는 경향이 증가하고 있다. 중국은 1,500년쯤 전부터 이혼이 가능했다(Jeng & McKenry, 2000). 그런데 전통 중국 사회에서는 남성이 이혼을 제기한 반면, 공산주의 이후에는 여성이 이혼을 제기하는 경우가 70%에 달하는 것으로 알려져 있다

(Bullough & Ruan, 1994).

　전통적으로 남아선호사상이 강한 중국에서 1979년에 시작된 계획생육정책(計劃生育政策) 즉 한 자녀 낳기 정책은, 과도한 인구 증가를 억제하기 위해 시행된 것이다. 그러나 해당 정책은 태아의 성감별 및 여아낙태, 그리고 출산기회를 다시 갖기 위한 여아 살해를 초래했다. 그 결과 오늘날 중국은 결혼적령기 즈음의 연령층에서 남초(男超) 현상이 심각하다. 노동인구 감소 및 인구 고령화 현상에 직면하여, 2016년에 '한 자녀 정책'을 폐지하고 '한 가정 두 자녀' 정책으로 대체하였고 2021년에는 '한 가정 세 자녀' 출산을 허용함과 더불어 출산지원책을 발표하였다. 그럼에도 불구하고, 급속한 도시화에 동반된 비싼 집값과 비싼 교육비 및 젊은 세대의 가치관 변화로 인해 출산율은 낮아서 '인구 절벽'에 대한 우려로부터 자유롭지 않은 상황이다.

　한편 20세기 말 개혁·개방정책[15]이 본격적으로 실시되면서 남녀역할에 대한 전통 사상이 부활하였다. 그래서 일각에서 사회경제적 지위가 높은 남성을 배우자감으로 삼고자 하는 상향혼(上向婚) 풍습이 되살아나고, 동시에 신현모양처 – 직업을 지니고 동시에 가사 및 육아 역시 잘 감당하는 여성 – 가 새로운 여성상으로 도입되었다(이여봉·리판, 2012).

3) 노인 부양과 중국가족

　중국의 <혼인법>에 "노인의 법적 권리와 이해관계는 보호받아야 한다"고 명시되어 있다(Tsai, 1987). 그런데 인구의 고령화로 인해 나타나

---

15) 중국의 개혁·개방정책이란 등소평의 지도 체제하에서 1978년 말 제안되어 시작된 것으로서, 시장경제 도입을 주축으로 하는 국내 체제의 개혁 및 대외 개방정책이다.

는 문제에 대한 해결책으로서, 중국은 자녀들에 의한 노인 부양을 최우선으로 삼아왔다(Ikels, 1993). 이러한 정책이 통할 수 있는 것은, 중국이 부부간의 친밀성보다는 부모자녀 중심의 수직적 의무와 책임에 기초하여 가족 테두리와 가족적 역할을 우선시하는 집단주의 사회(이여봉·리판, 2012)이기 때문이다. 그래서 어린 시절 동안 부모가 양육한 바에 대한 보상으로서 늙은 부모를 부양해야 한다는 규범이, 노부모 세대와 성인자녀 모두에게 강력하게 내면화되어 있다(Zhan, 2004). 게다가 체면을 중시하고 주변에 수치스럽게 보이는 행위를 피하려는 타율적 '수치 문화'가 결합되면서, 노부모에 대한 가족부양이 여타 사회와 달리 견고하게 유지되고 있다. 그래서 조부모와 부모 및 손자녀 세대가 동거하는 3세대 가족이 20% 정도로서, 여타 국가들과 차별화된다(이기영 외, 2014).

공산주의 혁명 이후 사유지를 국유화한 것은, 노부모가 토지소유를 근거자원으로 하여 지녀왔던 권력을 약화시켰다(Ingoldsby & Smith, 2006). 한편 산아제한 정책으로 인해 외동이로 태어난 80년대 이후의 출생자는, 자신의 부모뿐 아니라 배우자의 부모 그리고 자신들의 자녀를 동시에 부양해야 하는 다중 부양부담을 지고 있다. 그래서 이들은 421가정 — 4명의 부모와 1명의 자녀를 부양해야 하는 부부 — 이라고 불린다(이기영 외, 2014). 이는 오늘날의 젊은 성인세대가 짊어지고 있는 부양부담의 과중과 더불어, 가족부양을 고수해 온 중국사회가 부양 고민에 맞닥뜨렸음을 시사한다.

4. 일본의 가족문화

1) 일본가족의 변천

일본은 고유한 가족체계를 유지하면서, 외세의 영향에 직면할 때 기존 모델과 새로운 철학을 통합하는 방식으로 변화해 왔다(Ingoldsby & Smith, 2006). 초기 일본사회(A. D. 100년경)에서 남녀는 비교적 동등한 관계였고, 일부다처제이지만 남편이 처가에 거주하는 모거제이면서 자녀는 아내가 양육했다(Kaku, 1999). 또한 성에 관해 개방적이어서, 결혼하지 않은 커플도 자유롭게 성관계를 가졌고 부부가 따로 살기도 하였다(Ingoldsby & Smith, 2006).

그러다가 7세기경에 이르러 중국으로부터 유교적 관습과 불교이론, 관료체계, 그리고 가부장제 등을 받아들였다(Ingoldsby & Smith , 2006). 이후 4세기 동안 모거제를 따르기는 했지만, 남편이 가족의 가장이 되는 식으로 중국의 가부장제 개념에 닮아가는 모습을 보였다(Ingoldsby & Smith, 2006). 다만 이혼과 재혼은 흔한 일이었고, 혼전 성행위 역시 규범화되어 있었다(Ingoldsby & Smith, 2006).

이후 지역적 봉건제로 이동하면서 결혼이 의례로서 정착되고, 16세기에 이르러 유럽으로부터 선교사들을 통해 기독교가 들어오기 시작했다. 당시의 일본은 가족들을 지역의 절에 등록하도록 의무화하고 유럽인들을 추방하는 등, 외래종교와 문화에 대해 저항적으로 투쟁하였다. 그럼에도 불구하고 향후 250여 년의 에도시대(1603-1868)를 거치면서 점차 유교와 더불어 기독교 사상이 일본의 가족생활에 크게 영향을 미치게 되었다(Ingoldsby & Smith, 2006). 또한 부거제가 확대되고, 여성의 외도는 법으로 금지되며, 딸보다 아들이 중시되는 등 가부장적인 모습이 강화되었다(Ingoldsby & Smith, 2006).

메이지 유신(1868-1912)은 유럽 문화를 적극적으로 받아들인 획기적 개방이었다. 자유로운 선택에 기초한 사랑과 결혼 개념이 도입되고, 1898년 민법에서 결혼을 법제화하여 명시하였으며, 가족을 절이 아닌 지방 정부에 등록하도록 의무화하였다(Ingoldsby & Smith, 2006). 그리고 특정 개인인 호주(戶主) 즉 가장에게 모든 재산이 등록되고 가장은 집안의 대소사와 가족을 통솔하는 절대적 권한을 갖는 '이에 제도'를 도입하였다(이기숙 외, 2014; Ingoldsby & Smith, 2006). '이에'란 가(家)의 연속성을 중심으로 하여 혈연과 입양에 기초하여 상속인을 생산하는 단위로서, 원칙적으로 장남에 의해 호주 승계가 이루어지며, 유교 및 도교의 원리에 기초하여 거주권을 중심으로 구성원들의 충성을 강조했다(Ingoldsby & Smith, 2006). 이에 제도하에서는, 개인이 얼마나 존중받느냐가 아니라 개인이 이에의 연속성에 얼마나 기여하느냐가 중요했다. 이처럼 이에 체계를 통해 가족과 국가가 서로 긴밀히 엮이면서, 가족은 공적 영역을 체현하는 사적 영역으로서 극단적인 국가주의를 뒷받침했다(Chikuko, 1994; Ingoldsby & Smith, 2006). 일본의 가족제도는 거주지 단위로 아내와 남편이 동일한 성을 갖도록 한 이에의 원칙에 근거한다는 점에서, 중국이나 한국의 부계 혈통 중심 가족주의와는 달랐다(Chikuko, 1994).

2) 2차 세계대전 후의 일본가족

2차 세계대전 후, 미국을 필두로 한 연합군의 문화가 패전국인 일본에 유입되었다. 그로 인해, 일본에서는 일부다처제가 금지되고 여성에게도 투표권이 주어졌다. 또한 이에 체계를 대체하는 입헌 조항으로서, 모든 자녀들은 성별 및 서열에 상관없이 동일하게 상속을 받고 부모에 대한 부양책임도 동일하게 부담한다는 규정이 마련되었다(Ishikawa, 2001). 그러나 집에는 여전히 불교식 제단을 남겨두고 종교적 의례를 이어가는 등 이에의 존재와 영속성은 가족의식으로서 여전히 남아있고 (Ingoldsby & Smith, 2006), 가족과 지역사회에서 행해지는 의례들은 토착화된 불교적 요소를 반영하고 있다. 즉 장례 및 조상과 관련된 기념 행사를 여전히 가족의 영속성 및 불교 원리에 기초하여 치러오고 있다 (Hendry, 2003).

(1) 현대 일본의 부부관계

오늘날 일본의 지배적 가족형태는 핵가족이지만 더 큰 가족체계를 위한 영속성이라는 가치가 지배한다는 점에서, 서구의 독립적 핵가족과는 본질적으로 다르다(Ingoldsby & Smith, 2006). 즉 일본의 핵가족은 가족에 대한 전통적 욕구(경제적 안정과 생산 및 영속성)와 현대적 욕구(사랑과 동료애)를 모두 충족시킬 것으로 기대된다(Ingoldsby & Smith, 2006). 또한 여성들이 가사와 양육의 부담을 주로 감당하는 반면 남성들의 가사 분담 정도는 낮아서, 공적인 영역에서 가사와 양육지원 체계가 발달해 있음에도 불구하고 여성들이 출산과 육아를 이유로 직장을 그만 두는 경력단절 현상이 심각하다(이기숙 외, 2014).

한편 일본은 1947년 민법 개정 이래로, 결혼을 하면 여성이 남편의 성을 따르게끔 한 부부동성 의무화 제도를 고수해 오고 있다. 이에 관해, 성차별적이라는 비판뿐 아니라 이혼과 재혼이 증가하는 상황에서 일상적 불편함을 초래한다는 목소리가 높다. 부부별성을 금지하는 법안 즉 부부동성 의무화 제도에 대해 여러 차례에 걸쳐서 위헌소송이 제기되었으나(이기숙 외, 2014), 2021년에도 일본 최고재판소 대법정은 다시금 합헌이라는 결정을 내렸다(아시아투데이, 2021). 미국과 영국 및 러시아에서는 부부별성과 부부동성 중 개별 부부가 선택을 하도록 하고, 한국과 프랑스 및 중국은 부부별성제를 택하고 있으며, 이탈리아와 터키 등은 결합성을 쓰도록 하고 있음에 비추어 볼 때(아시아투데이, 2021), 일본의 부부동성 의무화 제도는 세계적 추세에도 반하는 것으로서 사회적 논쟁의 대상이 되고 있다.

일본에서 동성애와 혼외 동거는 드물지 않지만, 법적으로 인정받는 유일한 관계는 이성 간의 결혼이다. 즉 혼외 동거는 일본 역사 속에서 익숙하게 존재했었고 동성애 역시 마찬가지이지만, 이러한 결합은 유산 상속권 및 의사결정권 등에서 가족으로서 인정되지 않으므로 법적으로 보호되지 않는다. 그래서 커플 관계의 다양성을 인정하라는 요구가 끊임없이 제기되고 있다(Yoshizumi, 1994).

옛 일본에서도 이혼은 흔해서, 에도시대에 이르기까지 이혼율은 상당히 높았고(Ishikawa, 2001) 메이지시대의 이혼율도 3%를 훨씬 넘어선 것으로 알려져 있다(Ingoldsby & Smith, 2006). 오늘날 여성의 고용기회가 증가하면서, 일본 여성들 사이에 무작정 고통을 참고 견디지 않겠다는 사고가 증가함으로 인해 이혼율 역시 상승하였다. 그런데 남편의 정년 시점에 맞추어 이혼을 하는 '황혼이혼'이 일본에서 먼저 이슈화되다가 한국에서도 퍼지기 시작했고, 초기의 황혼이혼은 주로 아내에 의해 요구되었는데 남편이 먼저 이혼을 요구하는 경향이 증가된 것 역시 시차를 두고 한국에서도 재현되고 있다. 이혼이 쉬워진 사회 분위기와 확대가족의 영향이 감소한 것도 최근 일본의 이혼율이 높아진 원인으로 지목되는데(Yuzawa, 1990), 이 역시 일본만의 특성은 아니다.

(2) 현대 일본의 부모자녀 관계

일본 초기에, 아이들은 본질적으로 선하게 태어난 존재이므로 엄격하게 훈련시킬 필요는 없다고 보았다(Ishikawa, 2001). 다만 양육방식과 관련하여, 일본에서는 친밀한 신체 접촉을 많이 하고 순종을 기대하며 궁극적으로 복종과 자기억제를 할 수 있도록 키우는 것을 중시한다(Rothbaum et al., 2000). 따라서 직접적으로 통제하거나 구체적인 규칙을 사용하기보다는, 몸짓이나 목소리 톤 등 비언어적이고 감정이입적인 접근을 선호한다(Holloway & Minami, 1996). 또한 일본에는 어린 시절부터 남에게 불편함을 주거나 폐를 끼치지 않도록 가정에서 가르치는 '메이와쿠' 문화가 보편화되어 있다(이기숙 외, 2014). 그래서 아이에게 직접적인 벌을 주는 대신, 창피를 주거나 불안하게 하고 혹은 타인에게 미칠 결과를 호소함으로써 스스로 이해하도록 유도한다(Ingoldsby & Smith, 2006). 그러다 보니, 대인관계에서 친절하고 타인을 배려하되 남에게 수치스럽지 않아야 하므로 속내를 잘 털어놓지 않는, 일본 특유의 예절문화가 정착되었다.

일본은 자녀를 가족의 소유물로 간주해 왔으므로, 이혼 시의 공동양육권이나 면접교섭권에 관한 구체적 법률 규정이 없다(Ingoldsby & Smith, 2006). 다만 최근엔 여성이 자녀양육권을 갖는 것이 보편적이다(Ishikawa, 2001).

일본의 미혼자들은 부모와 동거하는 경우가 많다. 이는 성인이 되면 부모를 떠나 독립적으로 살아가는 것을 당연시하는 서구와 달리, 일본의 청년들이 집안일에 대한 책임 없이 부모에게 의존한 채 독신생활의 자유를 누릴 수 있는 방안이다. 즉 독신으로 남고자 하지만 독립된 생활비를 감당할 여유가 없는 자녀가 부모의 자원을 사용하는 삶의 방식을 의미하는 것으로, 기생독신(parasite single)이라고 불린다(Raymo 2003). 또한 1990년대 이후 일본의 청년세대에서 정해진 일자리를 찾는 대신 아르바이트로 생계를 이어가는 프리터(free + arbeiter)족과 취업의지가 없는 니트(NEET: not in education, employment or training)족이 증가하는 것 역시 일본의 결혼율 감소와 연관된다. 이들은, 한국사회에서 교육기간 연장 및 청년실업 증가와 결혼 지체 등이 맞물리면서, 성인기로의 진입을 미루고 기약 없이 부모에게 기대어 살아가는 젊은이가 증가하는 바와 유사하다.

한편 노년의 부모와 젊은 성인자녀 간의 기대 차이도 일본가족이 직면한 또 하나의 이슈이다. 나이 든 세대는 조상과 가족 거주권 및 개인적 피부양 욕구 충족을 위해 '이에'가 지속되기를 주장하는 반면, 성인자녀 세대는 세대 간 상호 호혜적인 체계를 기대하기 때문이다(Ingoldsby & Smith, 2006). 이는 일본 내 부양과 관련된 세대 갈등을 의미한다. 일본에서도 소자녀 추세가 지속됨으로 인해, 성인자녀는 성별이나 출생 순위와 상관없이 누구나 부모부양의 부담으로부터 자유롭지 않다(오치아이 에미코, 2004). 그런데 자녀 세대가 짊어져야 할 부양부담의 증가와 고령화가 맞물리면서, 가족동거부양이 현저히 감소해서 혼자 사는 노인들의 비율이 지속적으로 높아지고 있는 것이 현실이다.

5장

한국의 가족문화

　긴 세월 동안 한반도가 걸어온 문화적 발자취는, 평야가 넓지 않고 산이 많으며 삼면이 바다로 둘러싸인 자연환경과 무관하지 않다. 국토가 남북으로 길어서 북쪽 지방과 남쪽 지방 간에는 기후 차이가 크기 때문에, 주거문화 및 식생활 문화가 상이하게 발전했고 사람들의 행동양식 또한 다변화되었다. 북쪽 지방은 추운 기후로 인하여 사람들의 성격이 급하고 날씨가 따뜻한 남쪽 지방 사람들은 말투와 행동이 느린 편이다. 그리고 따뜻한 남쪽 지방은 음식이 상하기 쉬우므로 염장 음식이 발달한 데 비해, 냉한 기후로 인해 음식이 덜 상하는 북쪽 지방에선 음식의 간이 싱거운 특성이 있다. 또한 기온이 높은 남쪽 지방에서는 통풍을 중시하여 설계된 가옥이 발달한 반면 기온이 낮은 북쪽 지방에서는 열 손실을 막는 데 초점을 둔 가옥이 발달하였다.

　교통과 통신기술이 발달하지 않았고 사회적 신분이동 또한 가능하지 않았던 긴 세월 동안, 사람들은 거주 지역과 출생 신분의 범위 안에서 나름대로 살아가는 방식을 터득했을 것이므로 지역과 신분에 따라 가족문화도 달랐다. 오늘날에도 지역마다 특산 음식들이 존재하는 것은, 사람과 물류의 이동이 활발하지 않았던 시절 동안 해당지역의 기후 특성과 더불어 해당 지역에서 구할 수 있는 식재료를 기초로 한 음식들이

발달하고 전수되었기 때문이다. 또한 신분이 높은 층이 모여 살던 지역
에서는 손이 많이 가고 값비싼 식재료를 쓰는 정교한 음식이 발달하였
으며, 서민층이 모여 살던 지역에서는 흔한 재료를 사용하여 단순하게
만들 수 있는 음식이 발달하였다. 왕이 살던 대궐과 아흔아홉 칸을 넘
을 수 없다던 양반층의 기와집 그리고 서민들의 초가집 역시, 신분에
따라 구별되던 가옥 규범을 보여준다.

　　이동성이 증가하고 냉난방 및 저장 시설이 발달한 오늘날, 지역별 거
주양식 및 음식패턴 등 기후 특성으로 인한 일상 문화의 차이는 좁혀지
고 있다. 그런데 다른 한편에서는, 긴 세월을 내려오는 동안 발달된 주
거양식과 음식 등이 지역 고유의 특색이라는 이름으로 해당 지역을 소
개하는 전통문화로서 남아있다.

1. 한국가족의 특성과 변화

1) 한국가족의 기능 변화

　　산업화 이래로 한국가족은 다양한 기능상의 변화를 경험하고 있다.
우선 첫째, 생산기능이 약화되고 소비기능이 강화되었다. 둘째, 성애와
출산이 더 이상 결혼 안에 묶이지 않는 시대인데, 부부간 성생활이 가진
기능은 오히려 강화되고 있다. 그래서 성생활의 만족은 부부의 행복과
결혼의 안정성을 가늠하는 중요한 기준이다. 셋째, 소가족화 시대에 모
성의 중요성과 가족의 양육기능은 오히려 강화되고 있다. 그런데 엄부자
모(嚴父慈母) 및 장유유서(長幼有序) 등의 가족규범이 부재하는 자리를 대
체할 만한 새로운 규범은 아직 자리를 잡지 못한 아노미 상태에서, 오늘
날의 부모는 자녀와의 관계 정립에 어려움을 겪고 있다. 게다가 입시 위

주의 과잉 교육열로 인해 가족의 사회화 기능이 왜곡되고, 또래나 대중
매체 및 인터넷 등의 영향이 부모의 교육방향과 충돌하면서 부모자녀
간 갈등이 심화되고 있다. 넷째, 가족 구성원들 간 정서적 지원과 유대
의 중요성에 대한 인식이 확대되고 있지만 서구에 비해서는 여전히 '제
도적 가족'에 대한 기대가 중요하게 여겨지고 있다. 다섯째, 핵가족화와
맞벌이 증가로 인해 가족 내의 역할 수행을 위한 인적 자원이 현저히 부
족해졌음에도 불구하고 양육 및 부양과 관련하여 가족에게 거는 기대는
여전해서 가족이 짊어지는 경제적·심리적 부담이 과중해졌다. 여섯째,
교육과 결혼 및 상속을 통해 현재의 계층적 위치를 다음 세대에 계승하
고 구조화시키려는 경향이 뚜렷하다. 그리고 일곱째, 가사노동이 사회화
되고 상품화되며 기계화됨에 동반하여 가사노동에 대한 기대수준 역시
상승해서, 가사는 이전보다 더욱 정교화되고 이를 위한 비용 역시 증가
하였다(이여봉, 2017a).

2) 한국 가족관계의 특성과 변화

한국사회에서 부모자녀 관계의 중요성은 여전하다. 중년의 부부가 자
녀의 교육을 위해 장거리 분거를 감내하는 모습은, 부부관계에 못지않
게 자녀가 지니는 중요성을 대변한다. 그러나 부부간 위계구도는 많은
변화를 보이고 있다. 그 하나로서, 양 배우자가 가족의사결정과 가족역
할을 공유하는 경향이 증가하고 있다. 그리고 부계 중심의 규범에서 탈
피하여 남편의 원가족뿐 아니라 아내의 원가족과도 유대를 이어가는 양
계화가 진행되고 있다. 아내 쪽 원가족과의 유대가 정서적이고 일상적
인 지원교환을 중심으로 하는 데 반해, 남편 쪽 원가족과의 유대는 경
제적 지원교환 및 제사와 상속 그리고 명절 대이동의 중심에 자리해 온

것이 사실이다. 그러나 최근 들어 젊은 층을 중심으로 하여 이러한 구분 역시 점차 사라지고 있다. 자녀 부부가 설엔 시가를 방문하고 추석엔 처가를 방문하겠다거나 혹은 명절엔 각자 따로따로 자신의 원가족을 방문하겠다고 통고해 와서 당황스럽다는 시부모가 적지 않다. 노부모 세대는 여전히 부계 원가족을 우선시하는데 그들의 자녀 세대인 젊은 부부는 양가의 원가족을 동등하게 바라보는 사고로 변화했기 때문이다. 과도 시점인 현재로서는 이러한 차이로 인한 세대 갈등이 표면화될 가능성이 상존한다.

　정보화 시대를 맞아, 가족은 다시금 변화를 위해 꿈틀거리고 있다. 우선 첫째, 일인 생계부양자인 남편과 그에게 경제적으로 의존하는 현모양처로 이루어진 조합을 추구하는 낭만적 사랑(romantic love)은, 양성 간의 동등한 권리와 책임에 기초한 동반자적 관계를 전제로 하는 합의적 사랑(consensual love)으로 대체되고 있다(Giddens, 2001). 둘째, 여성의 모성적 사랑에 기초한 돌봄 전담을 전제로 해 왔던 자녀양육은 이제 양 배우자 간 그리고 가족과 사회 간 분담이라는 새로운 틀로 교체되고 있다. 셋째, 돈벌이를 제외한 대부분을 가족 안에서 해결하는 것을 당연시해 왔던 가내성(domesticity)의 정서는 식사와 세탁 및 양육과 부양 등 상당 부분을 가족 밖에서 해결하는 도시성의 정서로 대체되고 있다. 넷째, 가부장적 문화가 점차 약화되면서 가족 내에서 남편의 일방적 권위를 수용해 오던 문화가 부부 쌍방의 상호적 권위를 인정하는 방향으로 변화되고 있다. 다섯째, 서구의 근대적 정서를 받아들여서 자녀 중심의 가족생활을 이어오던 문화가 다시금 부부 중심으로 무게추를 이동하고 있다. 여섯째, 가족 전체의 결속을 중시하던 가족주의 문화가 점차 개인적 자아성취와 실현을 수용하고 중시하는 방향으로 변화되고 있다.

3) 한국 가족의식의 변화

가족의식 역시 변화되고 있다. 우선 첫째, 대가족적 집단주의가 약화되고 핵가족적 개인주의로 대체되고 있다. 이는 가족 단위의 조화를 중시하던 모습에서 개인의 이익을 우선시하는 방향으로의 변화를 의미한다. 그리고 '우리로서 함께'일 수 있는 내집단 성원과 '우리'에 포함되지 않는 외집단 인물들을 확연히 구분하여 내집단의 결속을 중시하던 집단주의 문화가 약화되고, 모든 사람을 동등하게 대하고자 하는 보편주의적 행위규범이 확산되고 있다. 둘째, 연령과 성에 따른 권위주의적이고 수직적인 질서가 점차 평등주의적이고 수평적인 관계로 변화되어 가고 있다. 그런데 이러한 변화가 부부관계에서는 성별 불평등을 완화시킨다는 점에서 이상적이지만 세대 관계가 소홀해질 가능성에 대한 우려를 배제하기 힘들다. 왜냐하면 부모는 여전히 자녀에 대한 권위와 자녀로부터의 공경을 기대하는 반면 자녀는 세대 간 평등과 자유를 당연시하는 등, 서로에 대한 기대 차이로 인한 갈등의 소지가 적지 않기 때문이다. 셋째, 가족 및 가문 중심의 귀속주의가 약화되고 점차 개인의 성취를 중심으로 하는 방향으로 변화되고 있다. 그리고 넷째, 가족이 지니는 부담과 구속이 많고 사적 자율성이 낮았던 과거로부터, 점차 개인의 사생활을 중시하고 인정하는 방향으로 변화되고 있다.

2. 한국식 가부장제와 가족주의

한반도는 지정학적으로 중국에 면하고 일본과 접해 있으면서, 긴 세월 동안 중국과 일본의 크고 작은 간섭과 침략을 견뎌왔다. 외세를 압도할 만큼 땅 덩어리가 크지도 국력이 강성하지도 못한 반도국으로서 대륙과 섬나라를 잇는 통로가 되면서, 양편에 위치한 나라들의 영향으로부터 자유로울 수 없었기 때문이다. 그 외에도, 삼면이 바다이므로 가까운 나라뿐 아니라 먼 나라로부터 접근해 오는 선박들에게도 열려있는 구조이다. 이러한 특성은 조선시대 내내 물길을 타고 오는 왜구의 침략에 시달리게 했고, 또한 구한말 개항을 요구하는 서구 선박들의 끊임없는 압박으로부터 자유로울 수 없게 했다. 이처럼 수많은 외침(外侵)과 더불어 여러 왕조가 통합과 분열을 반복하는 내란 그리고 식민시기와 한국전쟁에 이르기까지 거듭되는 생존의 위협을 겪으면서, 사람들은 살아남기 위한 방안을 다각도로 강구하며 살아왔다.

1) 가부장제

전통적으로 한국사회를 강력한 가부장제 사회로 평가해 왔다. 가부장제(patriarchy)란 가족의 가장 연장자인 남성(家父長)이 아내와 자녀를 포함한 모든 식솔들을 소유하고 다스리며 보호하는 제도로서, 가족 내 연령과 성에 따른 불평등을 당연한 것으로서 전제한다. 그런데 가부장제 사회에서는, 가족 밖의 사회관계에서도 가족 내의 관계와 마찬가지로 연령과 성에 따른 서열 및 불평등 즉 가부장적 서열과 권위가 적용된다. 또한 국가가 개별 구성원을 대상으로 직접 통치하지 않고 가족의 대표에게 가족구성원을 다스리고 보호할 권한과 책임을 부여하는 것 역시, 강력한 가부장제 사회의 특징이다. 따라서 개별 가족구성원의 안위는 가부장에게 맡겨지면서, 국가의 직접적인 보호와 책임 밖에 놓여있다. 국가는 가부장을 통솔하고 가부장으로 하여금 나머지 가족구성원들을 통솔하게 하는 분할통치 원리에 입각하여 효율성을 기하는 것이다. "여자와 북어는 사흘에 한 번씩 패야 한다"는 말이 아무렇지 않은 듯 회자되었음은, 가정폭력이 자행되더라도 가해자는 처벌받지 않는 치외법권(治外法權) 지역에 있고 피해자는 국가와 사회의 보호 밖에 두었음을 시사한다.

긴 세월 동안 농업을 기반으로 하던 사회에서의 생산이란 토지에 의존하는 것이었으므로, 가부장이 소유한 토지는 가족구성원들을 구속할 수 있는 막강한 권력 자원이었다. 그리고 토지라는 물적 기반을 토대로 했던 가부장권은 조선시대의 유교 사상에 의해 규범적으로 뒷받침되었으므로, 가부장은 가족 내에서 강력한 가부장권을 행사할 수 있었다. 또한 가부장에 의해 지배되는 수직적 가족관계는 곧 국가를 통치하는 질서이자 사회관계를 규정하는 기준으로 확대되면서, 가족 이외의 제반 공동체에서도 질서를 정함에 있어서의 가치 기준이 되었다. 아버지와 아들 간의 직접적이고 수직적인 관계(父子有親)가 임금과 신하 간의 복종관계(君臣有義)로 확장되었으며, 집안에서 형제간의 서열(長幼有序)과 "남편은 하늘이고 아내는 그 아래의 땅"이라는 식의 부부간 차별(夫婦有別)은 가족 밖의 관계에서도 연령과 성에 따른 불평등한 위계를 당연시하게끔 하면서 강력한 가부장제 사회를 안정적으로 자리매김시켰다.

일제 식민시대를 겪으면서도, 가부장제는 옷을 갈아입었을 뿐 여전히 강하게 유지되었다. 일제는 황국신민이란 이름을 붙여서 일본 왕을 가부장으로 하는 일본식 가부장제 구조에 한국인을 편입시켰다. 그리고 일본의 이에 제도(민적법, 조선 호적령)에 호주제란 이름을 붙여서 한국에 이식하고, 호주(戶主)로 하여금 가족의 혼인과 입양, 입적, 제적 등 중요한 신분 행위와 재산에 대한 동의 및 허가권을 갖는 강력한 가부장권을 행사하게 했다(유해정, 1999). 이는 한국인에 대한 감시와 통제를 효율적으로 행하기 위한 분할통치의 일환으로서, 한국사회에서 전통적으로 내려오던 친족 중심의 집단주의적 가부장권과는 달랐다. 즉 호주제는, 호주 한 사람에게 가족 내의 전권을 부여하여 개별 구성원들로부터 올라오는 불만의 화살을 대신 받도록 함으로써, 상층부인 일제 식민 지배계층에까지 올라오지 않도록 차단하는 기제로서 활용되었다. 그런데 이런 이유로 만들어졌던 호주제는, 1957년 폐지해야 한다는 주장이 공식화된 이후로도 2005년에 이르기까지 50년 가까이 한국사회의 가부장권을 옹호하는 제도적 장치로서 유지되었다.

2005년에 호주제가 폐지되고 2008년부터 새로이 시행된 가족관계등록법은 호주와 가족의 신분사항이 적힌 호적부를 폐지하고 개인별 가족관계등록부를 작성하도록 하였다. 이로써, 여성에게 삼종지도(三從之道)를 강요하고 결혼한 딸을 출가외인(出嫁外人)이자 시가(媤家)의 일원으로서 간주하게 했던 법적 뒷받침은 해체되었다(이여봉, 2017a). 이는 가부장제의 제도적 약화 내지 여성의 권익 회복이라는 의미를 지닌다. 그럼에도 불구하고, 우리 사회의 가부장성은 곳곳에서 모습을 드러내고 있다. 일례로, 코로나 바이러스의 창궐로 인한 경제적 타격 완화를 목적으로 했었던 2020년의 1차 긴급재난지원금은 동거하는 가구원의 수를 계산하여 가장에게 일괄 지급되었고 지원금의 액수 역시 한 가족당 4인까지를 최대로 하였으므로 신청한 가구의 가구원 수에 비례한 금액은 아니었다. 이는 재난지원금의 지급 단위가 개인이 아니라 가족이고 그마저 4인 핵가족을 기준으로 여긴다는 의미이다. 해당 정책 시행의 목적이나 정책 자체에 대한 찬반 및 효과성에 관한 논란과 별개로, 이는 우리 사회의 정책이 여전히 가장을 가족의 대표로 삼아 그를 통해서 개인에게 접근하는 가부장적 사고에 기초하고 있음을 시사한다.16) 그런데

---

16) 이에 대한 논란을 의식했기 때문인지, 2021년 9월에 지급된 재난지원금은 가구원 수에 상관없이 성인 가구원 개인별 각자 명의의 카드로 별도 지급되었다. 이 경우엔 하위 80%에게 지급했다는 점에서 지급 범위의 합리성에 대한 논란이 무성하지만, 그와 별개로 지급단위를 개인으로 삼았다는 점에서 1차 지원금의 경우와 차이가 있다.

미성년 자녀들조차 자신 몫으로 지급된 재난지원금을 달라고 부모에게 요구하는 경우가 많았다. 이는 개개인이 가부장의 처분에 무조건 순응하지 않고 자신의 몫에 대한 개인적 권리를 주장하게 된 인식 변화를 의미한다. 물론 가부장제 문화가 완화되는 속도가 가족 내 위치와 연령 및 성별 등에 따라 다양한 것이 사실이지만, 이와 같은 개별 가구원들의 권리 주장은 과거와 같은 가부장제가 더 이상 유지될 수 없으므로 우리 사회의 규범과 정책 역시 이러한 현실적 변화에 발을 맞춰야 할 필요가 있음을 시사한다.

2) 가족주의

(1) 한국 가족주의의 개념과 배경

가족주의(Familism)란 한 사회 속에서 가족의 위상과 관계를 규정하는 행위규범이자 가치양식이다(백광렬 외, 2018). 구체적으로 가족주의를 정의한 최재석(1999)은, "집(家)을 사회의 구성 단위로 여기고 중시하며, 개인은 집으로부터 독립적이지 않고 집안의 인간관계는 상하의 신분서열에 의해 이루어지며, 이러한 구도가 가족 외의 외부사회에까지 확대되는 조직형태"라고 규정하였다. 한국사회에서 가족주의란, 가족과 친족뿐 아니라 그 외의 공동체 구성원들을 울타리 안의 '우리'로서 하나로 엮어내고 울타리 밖의 타인들과 구별하는 이념이다.

한국인은 오랜 세월 동안 가족을 삶의 중심으로 생각하고 사회활동에서도 가족의 명예와 번영 등과 같은 가족 중심적 목표를 지향해 왔다. 그래서 한편으로는 가족을 위해 현재의 자신을 기꺼이 희생하고, 다른 한편으로는 가족에 의존해 왔다. 그래서 가족구성원들 중 한 사람이 이룬 성취는 그 자체로서 가족 단위의 계층 상승을 의미하고 그 성취로 인한 보상은 가족 안의 모두가 공유하는 것으로 여겼다. 부연하자면 가족 중 한 사람의 성취를 위해 나머지 가족구성원들이 희생하며 뒷바라지하면 추후 그 성취의 열매는 당연히 가족구성원들 모두에게 배분될 것이라 믿었으므로, 한 명의 구성원에게 가족자원을 집중적으로 투자하더라도 다른 가족구성원들은 현재의 희생을 감수할 수 있었다. 개인 단위의 성취사회인 오늘날에도 사람들은 자신의 사회경제적 지위를 자기가 속한 가족의 위치에 준하여 인식하는 경향이 강하다. 이는 가족주의적 사고가 여전히 이어지고 있음을 시사한다.

한편 가족 안에서 '나'와 '너'를 분리하지 않는 가족주의는, 가족적 친밀성이라는 미명하에 가족 내에서 서로를 존중하지 않게 할 위험성을 내포한다. 가족 안에서 흔히 일어나는 폭력과 학대 역시 '나'와 '너'를 분리하지 않고 뭉뚱그리는 정서와 무관하지 않다(홍주현, 2019). 상대방의 욕구를 무시하거나 상대방의 희생을 당연시하는 가해자뿐 아니라 끊임없이 참고 희생하는 피해자도, "가족이니까"라는 핑계로 혹은 "나만 참으면 모두가 편안하다"는 식으로 합리화하는 경향이 있다. 그런데 일심동체(一心同體)니 '무조건적 사랑'이니 하는 말에 기대어 가족 밖에서는 절대로 하지 않을 무례를 가족 안에서는 아무렇지 않은 듯 행하는 동안, 서로에 대한 서운함이 쌓여가고 가족관계는 망가지게 된다.

우리 사회는 가족주의 규범을 가족 외부의 관계에까지 확대 적용함으로써 심리적 만족과 정을 느끼고자 하는 경향이 강한데, 이를 유사 가족주의(Quasi-Familism)라고 부른다. 강대기(2001)는 연령이나 출신학교 등 유사한 배경을 가진 사람들과 함께 집단을 형성하여 '유사(類似)가족화'하는 경향에 관해 지적한 바 있다. 이는 연고를 중심으로 연결된 집단 안에서 서로를 '남이 아닌 우리'로서 대우하고 대접받을 수 있다는 믿음이다. 또한 가족 및 친인척 관계를 나타내는 호칭들 - 아버님, 어머님,

이모님, 언니 등 - 이 가족 밖에서 혈연관계와 상관없이 사용되고 거부
감 없이 수용되는 현상은, 상대를 가족처럼 간주함으로써 '우리끼리'라는
친근감을 공유하고자 하는 의도로 해석된다. 특히 젊은 층에서 이러한
경향 - 식당 종업원이나 아이 돌보미를 '이모님'이라고 칭하는 등 - 이
흔한 것은, 유사 가족주의적 사고가 새로운 색깔의 옷을 입고 젊은 층의
개인주의와 공존하고 있음을 엿보게 하는 대목이다.

그런데 이러한 가족주의 내지 집단주의적 사고는 '우리'에 속하지 않
는 타 집단에 대해서는 개인주의보다 훨씬 더 배타적이기 때문에 결과
적으로 범사회적 결속을 저해할 위험성이 크다(강대기, 2001; 이여봉,
2006; 장경섭, 2009). 한국사회에서 혼외 동거가족이나 동성애 가족 혹은
다문화 가족 등에 대한 수용성이 낮은 것도, 이러한 집단주의 사고에
기초하여 '우리'와 '너희'를 편 가르기 하는 데 익숙한 문화와 유관하다.
이러한 차이에 관해, 이여봉(2006)은 다음의 그림으로 가시화하였다.

▌그림 5-1 개인주의와 집단주의

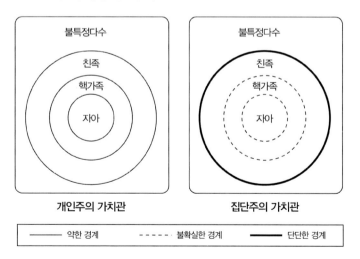

출처: 이여봉(2006). 탈근대의 가족들, 다양성, 아픔, 그리고 희망.

한국이 일제의 통치와 미군정 및 한국전쟁 그리고 압축적 산업화 등의 격동기를 지나는 동안 지역사회 기반의 안정적 공동체가 해체되었는데, 전통 공동체 조직이 해체된 자리를 대체할 만한 대안은 마련되지 않았고 국가는 사회구성원들을 효율적으로 통합하고 보호할 여력이 없었다. 이처럼 불안한 시기에 살아남기 위해, 민초들은 가족 및 친족 간의 유대와 상호 부양의식을 강화했다. 가족주의는, 가족을 위해서 개인을 희생하고 헌신하는 것을 당연시하며 가족 단위의 성공이 곧 가족구성원 누구나의 성공인 것으로 등치하고 공유하는 이념이다. 이러한 이념하에서, 젊은 여성들이 사창가에서 몸을 팔아 남동생을 공부시키기도 했고 또한 적지 않은 사람들이 자식뿐 아니라 공부 잘하는 조카의 학비를 대기 위해서 물지게를 지어 나르며 돈을 벌기도 했다. 모든 자원을 경제 성장에만 쏟아붓느라 사회적 부양체계는 부재하던 고속성장기에, 노인의 가족 내 권력 기반이던 토지 가치의 하락에도 불구하고 노인들이 가족 안에 머물며 부양욕구를 해결할 수 있었던 것도 가족 안에 내면화되어 있던 가족주의 규범 덕분이었다.

가족주의는 탈근대인 오늘날에도 여전히 우리 문화 안에 살아있다. 부모가 자산 이전을 통해 자녀 세대의 소득과 자산을 보충하고 손자녀 돌봄을 통해 기혼의 성인자녀를 지원하는 것 역시, 가족주의에 기초한 연대의식으로 설명할 수 있다. 이렇듯 경제적·도구적 지원과 이전이 가능한 가족에서는, 가족주의가 여전히 세대갈등을 완충하는 역할을 해오고 있다(박경숙 외, 2013).

(2) 압축적 산업화 과정에서의 가족주의

1960년대 이래의 경제개발계획으로 인해, 1970년대 후반부터 2차 산업 및 3차 산업 종사자가 농업인구를 압도했다. 전 사회가 본격적으로 자본을 모으고 경제개발 및 수출경쟁에 몰두하던 산업화 시기 동안, 개별 가족은 소비를 억제하고 저축하여 투자재원을 모으는 주체가 되었고 국가는 모인 자금을 기업들에게 저리융자의 방식으로 지원했다. 가족을 위해서 열심히 일하는 것이 개인의 입장에서는 삶의 보람으로서 당연시되고 사회적으로는 그러한 개인들이 경제성장의 추동력으로 추앙되면서, 개인들에게는 '가족을 위해 헌신하듯 기업을 위해 헌신할 것'이 끊임없이 요구되었다. 그리고 이 같은 '선성장 후분배' 정책하에서 후미로 미루어진 노동자들의 생존 및 복지 욕구를, 개별 가족들이 채우느라 고군분투했다.

　남자들에겐 사회적 성공이 곧 가족적 성공과 동일시되었으므로, 경제적 부양이 남성에게 기대되는 가족역할의 전부였고 그것만으로도 남자들은 집안에서 존중받았다. 게다가 가족구성원이 가족 밖의 사회에서 살아남기 위한 경쟁에서 여성의 보이지 않는 노동이 당연시되었는데, 구체적으로는 남편의 성공을 위한 아내의 내조와 자녀의 성취를 위한 어머니의 뒷받침이 '현모양처'라는 이름으로 이상화(理想化)되었다. 그래서 도시의 중산층 가족을 중심으로 하여, 남성 생계부양자와 그를 내조하는 전업주부 간의 성역할 분리가 명확했다. 그 과정에서 여성들은 가족 우선적 가치 지향의 선봉에 서서 가족집단의 이익을 극대화하기 위한 경쟁에 참여하였다. 그럼으로써 남편과 자녀의 사회적 성공을 뒷받침하고 그들의 성취를 통해 대리만족을 구하는 존재로서, 여성 스스로를 자리매김하였다. 이는 당시의 여성들이, 자신의 정체성을 내조와 모성역할에서 구했음을 의미한다. 그런데 한국의 산업화 과정에서 여성들이 택한 상기 방식은, 서구의 근대에 태동했던 페미니즘이 가족주의 이념의 허구성을 폭로하면서 주체적 존재로서의 자아실현을 위해 공적 영역에서 성평등한 기회를 주장했었던 바와는 매우 다른 그림이다.

산업화 과정에서, 가족 간 유대 및 결속은 오히려 강화되었다. 급격한 도시화 과정에서, 먼저 도시로 와서 자리를 잡은 친족은 후발주자가 이농 후 도시에서 자리를 잡기까지 기댈 수 있는 언덕이 되었다. 또한 사회복지체계가 확립되지 않았던 시절이었으므로, 도시로 온 사람들은 끊임없이 지방에 남아있는 가족 및 친지들로부터의 지원을 필요로 했다. 물론 주고받을 자원이 없던 하류층은 친족의 영향력으로부터 일찌감치 탈피했지만, 중·상류층은 친족으로부터의 지원이 중요했으므로 친족의 통제와 간섭을 감내하면서라도 유대를 유지하거나 혹은 강화하기까지 했다. 이처럼 한국의 산업화 과정에서 친족의 중요성이 강화되었던 경험은, 유럽의 각국이 산업화 과정에서 친족 및 지역사회가 해체되는 과정을 겪었던 바와 상반된다.

기업의 인력수급 방식 역시 "우리가 남이가?"[17) 식의 혈연과 지연 및 학연 등의 연줄망에 기초하여 이루어지는 경향이 강했다. 가족 연줄에 기초하여 사업을 운영하는 경향은 산업화 과정의 특정 시점까지는 긍정적 추동력으로 작용할 수 있었다. 그러나 연줄 및 가부장적 온정주의에 기초해서 비합리적으로 이루어지는 인력수급방식은, 최적 수준을 넘어서고 나면 오히려 연줄망에 의존한 결탁과 그로 인한 비리로 인해 한계를 드러내기 마련이다. 오늘날 전문경영인을 영입하는 추세가 증가하고는 있으나, 여전히 세습 경영체제를 고수하는 기업들이 노출하는 비효율성 및 기업비리는 가족주의에 함몰되고 연줄에 집착해온 기업문화의 단면이다.

어떻든 기업은 가족이고 기업주는 아버지로서 평생고용을 약속하고 노동자는 기업주를 따르는 가족구성원으로서 기업을 위해 충성하던 것이, 한국 고속성장기의 기업문화로서 '한강의 기적'을 일구는 데 적지

---

17) '우리는 하나'라는 믿음을 서로에게 확인하고자 하는 의미에서 흔하게 주고받던 말이었다.

않은 기여를 했다. 그런데 1990년대 후반 IMF 구제금융 시기의 대량 정리 해고를 계기로 하여 평생고용 신화는 여지없이 무너졌고, 고용의 안정성이 보장되지 않는 직장을 가족처럼 여기기는 불가능해진 것이 현실이다.

(3) 가족 피로와 가족이기주의

가족주의적 사고는 사회구성원이 당면하는 모든 문제를 가족이 해결해야 한다는 강박증으로 내면화되었다(이득재, 2001). 이러한 강박증은 부모로부터 자산을 이전받을 수 있는 계층과 그렇지 못한 계층 간 격차를 증폭시켰고(최유석, 2016), 가족 안에서 돌봄 욕구를 충족할 수 없는 사회구성원들을 보호막이 부재하는 사각지대로 내몰고 있다. 그 과정에서 국가는 가족에게 사회보장의 책임을 전가하고, 가족은 개별 가족 안의 사적 이익에 함몰되어 가족 밖의 공공성에는 무관심한 가족이기주의를 강화하는 악순환이 반복되어 왔다(강대기, 2001; 백광렬 외, 2018; 이득재, 2001).

안정된 생활을 보장하는 사회적 안전망이 없고 가족이 모든 책임을 져야 하는 가족주의 전통이 강한 사회에서, 가족은 사회적 경쟁의 기본 단위가 되기 쉽다(Kim, 1990). 한정된 자원을 내 가족 안에 챙겨두지 않으면 다른 누군가가 가져가 버려서 정작 내 가족이 필요할 때 가질 수 없을 것이라는 불안감이, 당장 필요치 않은 것까지 욕심을 내어 남에게서 뺏고 싶은 심리를 유발하기 때문이다. 공교육에서의 성취가 경쟁 목표가 된 상황에서, 자녀의 성적 조작을 위한 촌지와 향응, 부정입학을 위한 뇌물 수수, 부모의 지위와 권력을 활용한 편법 입학 등 극단적 가족이기주의에 기초한 탈법이 난무하고 있다. 그런데 개별 가족이 지닌 경제적 혹은 구조적 상황에 따라, 가족역할로 치부되어 온 것들을 감당할 수 있는 능력에는 차이가 있을 수밖에 없다. 어떤 가족은 사회적 지위와 금권력을 동원해서라도 최대한의 특혜를 자신의 자식에게 제공하고, 다른 한편에서는 자녀에게 충분한 지원을 해줄 만한 능력이 부족하다고 여기는 부모의 자괴감과 불공평한 사회에 대한 불만 그리고 공평한 기회를 제공받지 못함으로 인해 불리한 위치를 대물림해야 하는 자녀들의 불만과 좌절로 인해 개인과 가족과 사회가 흔들리고 있다.

'한강의 기적'을 일군 지 반세기가 흐른 지금도, 한국사회에서 '가족을 위한 복지'는 요원하다. 고용의 안정성도 국가의 지원도 열악한 상황에서, 가족은 구성원의 복지 욕구를 떠맡아 감당하는 주체로 남아서 '효의식'과 '가족사랑'이라는 미명하에 끝없는 헌신을 요구받고 있다. 예를 들면, 장기 부양을 필요로 하는 노인 및 치매 환자 혹은 중증 장애가 있는 구성원을 둔 가족이 어떤 삶을 살고 어떤 선택을 해야 하느냐에 대한 우리 사회의 고민은 여전히 부족하다. 과부담으로 인해 나타날 수 있는 가족관계의 질 저하를 개별 가족의 탓으로만 치부할 수 있을까? 무조건 가족이 해야 할 당연한 도리라고 강요해 온 사회문화적 시선은, 극심한 가족 피로로 인한 가족 해체와 죄책감을 유발할 뿐 실질적 해결책을 제시하지는 못한다.

최근 들어 데이케어 센터 및 요양시설 확충 그리고 재가 요양보호사 파견 등 요보호 사회 구성원들을 위한 지원책들이 다각도로 마련되고 있음은, 해당 가족들에게는 희망적 변화이다. 다만 이러한 지원책들은 국민 세금 및 의료보험료 등을 기초로 하여 운영되고 있는데, 서비스 전달체계 및 요양서비스의 질적 수준에 대한 검증이 철저히 이루어져야만 가족역할을 사회가 분담하는 새로운 문화가 안정적으로 정착될 수 있다. 가족부양의 사회적 분담 필요성에 부응하여 적절한 지원 방향을 설정하고 적용하느냐에 주목하는 '효과성' 이슈 못지않게, 지원이 적절한 곳에 적절한 만큼 제공되는지 혹여 '눈먼 돈'이 되어 낭비되고 있지

는 않은지 등과 같은 구체적 사안에 주목하는 '효율성' 이슈 역시 중요
하다. 후자를 간과하여 재정이 낭비되고 서비스의 질적 수준을 보장할
수 없을 경우, 이러한 지원책들 또한 국민적 공감대를 잃고 과도한 세
금 및 과도히 비싼 의료보험료를 감당해야 하는 개인과 가족들의 불만
과 계층 간 갈등이 심화될 가능성이 농후하다.

3. 한국 가족정서의 복합성

가족관계에 거는 기대나 행동의 기저에는 해당 문화권의 독특한 상황
과 경험이 자리한다. 그래서 가족을 우선시한다는 공통 개념으로 묶이
는 가족주의 정서는, 구체적으로는 문화권에 따라 다양한 특성을 드러
내면서 분기한다. 이러한 관점에서, 신용하와 장경섭(1996)은 한국사회
의 가족주의 정서를 유교적 가족주의, 도구적 가족주의, 그리고 서정적
가족주의로 나누어서 관찰하였다.

1) 유교적 가족주의

유교적 가족주의란, 조선 중기 이후의 세대 간 그리고 남녀 간 엄격
한 서열관계를 중심으로 하여 확립되었던 지배계층의 가치관이었다. 급
격한 사회 변동기를 겪으면서 유교적 가족주의는 '전통'이란 이름으로
전 계층에 보편화되고 전승되어서, 보수적 질서의 핵심으로서 자리를
잡았다. 즉 관혼상제(冠婚喪祭)를 통해 과시되는 친족 간 유대와 세대 간
수직적 질서 및 부양윤리, 그리고 삼강오륜(三綱五倫)을 내세워 성별과
연령 및 지위에 따른 차별을 당연시하는 문화 등이 유교적 가족주의에
기초한다. 그리고 구체적으로는, 사치성 혼례의식이나 호화 분묘, 부모

에 대한 획일적 효도 규범, 그리고 연령과 성별에 따른 수직적 위계 구
도 등으로 가시화된다.

유교적 가족주의는 사회 해체기에 일상생활에서의 도덕적 통합성을
유지하는 데 긍정적으로 기능했고, 경제적 혼란기에 효과적으로 대응할
수 있는 기제로 작용했다. 그 예로서, 선성장 후분배 정책하에서 사회
복지가 미비하던 산업화시기에 효 윤리에 기초하여 노부모에 대한 가족
부양이 이루어질 수 있었던 것, 그리고 IMF 구제금융 시기에 국가적 위
기 탈출을 위해 전 국민이 금모으기 운동에 한 마음으로 나설 수 있었
던 것 등을 들 수 있다. 그러나 오늘날 유교적 가족주의는 개별 가족이
처한 상황과 상관없이 부모봉양을 의무로 여기게끔 함으로써, 장기간에
걸친 병시중으로 인한 스트레스 및 부담이 가족피로로 이어져서 노부모
학대 및 가족 해체를 초래하는 원인으로 작용하고 있다. 부모부양을 자
식의 도리라고 여기는 유교적 가치관은 특히 50－60대 이상 연령층에
서 강해서, 다른 대안을 찾지 못한 채 노노(老老)부양의 힘겨움으로 인
해 가족 간 연대성마저 약해지면서 학대, 동반 자살 등과 같은 극단적
행동으로 나타나고 있는 것이 현실이다(네이트 뉴스, 2016. 5. 31.). 뿐만
아니라 유교적 가족주의는 성과 세대 및 연령에 기초를 둔 권위주의를
당연시하게 해서, 사회 전반에서 차별과 비효율성을 야기하고 평등 및
민주질서 확립을 저해하는 걸림돌로 작용한다. 호주제 폐지를 두고 미
풍양속(美風良俗)의 해체라며 격렬히 반발했었던 유림(儒林)의 목소리를,
유교적 가족주의가 지닌 권위주의의 예로 들 수 있다.

2) 도구적 가족주의

도구적 가족주의는 일제의 식민통치와 한국전쟁 및 전란(戰亂) 후의

절대 빈곤과 급격한 산업화 등 격동의 시대를 살아오면서 가족관계의 전략적 활용을 통해 생존과 성공을 추구하려는 과정에서 생겨난 이념이다(장경섭, 2009). 산업혁명 및 시민혁명 등을 통해 자연스럽게 봉건사회의 붕괴와 자본주의로의 이행을 경험한 유럽과 달리, 한국에서의 자본주의화 과정은 외세에 의해 뒤늦게 이식되어 급격히 진행되었다는 특징이 있다. 이러한 과정에서 사회구성원들은 변화의 속도와 방향성을 가늠하기 힘든 불안에 직면할 수밖에 없었다. 이러한 사회적 불확실성 속에서 서민들이 믿을 곳은 가족뿐이라고 여겼으므로, 사람들은 가족 및 친척들 사이의 상호 유대와 지원을 강화하는 방식으로 대응했다.

급격한 도시화로 인해 농촌을 떠나 도시의 공장에서 저임의 장시간 노동에 시달리며 살아가던 사람들에게, 농촌에 남은 가족은 여전히 힘들 때 기댈 수 있는 언덕이었다. 또한 학업을 위해 자녀를 도시로 보낸 농촌가족들은 스스로의 정체성을 농민이 아닌 '도시로 간 아무개의 부모'로서 자리매김했으므로, 농사의 수확으로 얻어진 자금은 농촌에 재투자되는 대신 도시로 보내졌고 심지어 농사짓던 소를 팔고 논을 팔아서 마련한 가족자원 역시 도시로 흘러들어갔다. 일단 도시로 떠난 자녀들은 대개의 경우 농촌으로 돌아오지 않고 도시에 정착하였으므로, 농촌자원을 도시에 투자해서 맺은 열매 역시 농촌으로 되돌아오지 않았다. 이렇게 농촌의 젊은 인력과 가족자원이 일방향적으로 도시로 향하면서, 농촌은 피폐해질 수밖에 없었다. 그러나 이러한 이농향도 현상은, 개별 가족 단위의 시각에서는 자녀들을 도시로 보내서 정착하게 함으로써 궁극적으로 가족 전체가 도시화의 대열에 합류한다는 도구적 가족주의 전략의 실천이었다.

가난한 가정에서 머리 좋은 아들 한 명의 학업을 위해 부모뿐 아니라 다른 자녀들까지 학업을 중단하고 돈벌이에 나서기도 했다. 이 역시 가

족자원을 한 명에게 집중해서 투자하고 추후 그의 성공에 힘입어 가족
전체의 계층 상승을 도모하며 그로 하여금 다른 자녀들의 삶을 지원하
게 하겠다는 도구적 가족주의 전략이었다.

한편 자녀의 교육과 취업 및 혼인에 대한 투자를 통해 세대 간 계층
상승에 집착하는 오늘날의 가족 행위 역시, 도구적 가족주의로 이해할 수
있다(장경섭, 2009). 뿐만 아니라 부정입학과 부동산 투기 등 가족을 단위
로 한 반공동체적 이기주의도, 도구적 가족주의 정서에서 싹튼 현상이다.

3) 서정적 가족주의

서정적 가족주의는 가족구성원 개개인에 대한 존중과 이들 간의 애정
적 유대에 기초한 정서적 상호관계에 주목하는 이념으로서, 부부간 그리
고 세대 간 기계적·도구적 상호의존을 중시하는 도구적 가족주의와 대
비된다. 이는 유럽의 근대화 및 산업화 과정에서 가정이 노동 현장과 분
리되면서, 남성과 여성 간의 낭만적 사랑 관념과 자녀에 대한 모성애를
중심으로 하여 대두된 가족 이념이다. 부연하자면, 어머니의 보호와 양육
을 받는 대상으로서의 아동 그리고 노동현장에서의 소외와 갈등을 위로
받고 심신을 충전하고자 하는 남성가장 등 가족구성원들을 위한 정서적
보호공간을 가정 안에 두고, 그 중심에 여성을 위치시키고자 했던 데서
유래하였다. 즉 서정적 가족주의는 유럽의 핵가족적 정서에 토대를 두고,
경제적 부양자와 피부양자 사이의 애정적 유대에 기초한 이념이다.

서구문화의 유입과 함께, 서정적 가족주의는 한국사회의 전 계층에
확산되었다. 서정적 가족주의 정서에 먼저 노출된 것이 상류 지식인 계
층이었으므로, 사회 전반에 미친 파급력이 컸다. 뿐만 아니라 서정적 가
족주의 정서는 여성과 아동을 경제적 피부양자로 규정하는 점에서 유교

적 가부장제 규범의 테두리를 벗어나지 않으므로, 한국사회의 가치관과 충돌하지도 혼란을 초래하지도 않고 받아들여질 수 있었다.

수출 위주의 경제성장기가 끝나고 내수 지향적 소비자본주의 사회가 도래하자, 가족은 기업의 이윤 추구대상이자 상업적인 소비 공간으로 간주되기 시작했다. 그 과정에서 서정적 가족주의는 피상적인 상품 소비 관계를 가족유대 및 행복의 실현인 것처럼 미화하는 데 활용되었다. 예를 들면, 우아하고 행복한 표정의 여성 모델이 표현해 내는 아파트 광고는 해당 아파트를 구매하는 것이 곧 가족의 행복으로 직결되는 것 같은 환상을 유포한다. 또한 멋진 외모의 남성모델이 지갑에서 카드를 꺼내어 결제하여 곁에 선 여성에게 건네는 다이아몬드 반지 광고는, 여성들로 하여금 해당 보석의 구매 및 신용카드의 사용이 곧 남편의 능력으로 그리고 사랑받는 아내의 행복으로 등치되는 것 같은 착각을 불러일으킨다. 그러나 정작 상품 소비활동 자체는 개별화되고 있어서, 가족 간 상호작용의 계기가 되지는 못한다(장경섭, 2009). 예를 들면, 부모가 요금을 지불하는 휴대폰을 들고 컴퓨터가 있는 자신의 방에 문을 닫고 들어가 컴퓨터 게임에 몰두하는 청소년의 그림에서, 부모에 대한 금전적 의존 외에 더 이상의 가족 유대를 떠올리기는 힘들다.

한편 남성 일인부양자와 전업주부가 일구는 가족을 기본적 틀로 삼는 서정적 가족주의는, 그 틀에 들어맞지 않는 가족에게는 상당한 부담을 초래한다. 일례로서 맞벌이 아내는 전업주부에게 기대되는 서정적 가족주의 정서를 실행하기 어려운 현실에도 불구하고 가족들뿐 아니라 취업주부 본인마저 이러한 정서를 내면화한 결과, 아내 스스로 가족구성원들에 대한 심리적 부담과 죄책감을 갖고 다른 가족구성원들 역시 애정성의 기대에 못 미치는 아내/어머니에 대해 불만을 갖기 쉽다. 또한 경제적 필요에 의한 맞벌이의 경우, 서정적 가족주의 정서를 내면화한 아내는 생업을 위해 노동 일선에 나서야 하는 상황 자체로 인한 심리적 박탈감을 느낀다.

　그리고 또 하나, 오늘의 청년층이 경험하는 성인기로의 이행 지체와 맞물려서 부모에 대한 자녀의 의존 기간이 길어지고 있는 것 역시, 자녀에 대한 부모의 무제한적 애정과 돌봄을 기본틀로 하는 서정적 가족주의 정서를 부모와 자녀 모두 내면화하고 당연시해 온 바와 무관하지 않다.

4) 다양한 가족정서의 선별적 적용과 모순성

　유교적 가족주의와 도구적 가족주의를 중시해 온 노년 세대의 수명이 연장되는 한편 젊은 세대를 중심으로 서정적 가족주의와 소비 지향성이 급속히 확산되는 등, 다양한 가족정서들이 공존하고 있는 것이 우리 사회의 현주소이다. 이들 중 어떤 가족정서를 어느 정도 수용할 것인지에 관한 선택은 각 개인이 처한 상황과 삶의 과정 그리고 연령 단계별 특성에 따라 다를 수밖에 없기 때문에, 가족 밖의 사회에서뿐 아니라 가족 안에서도 이러한 차이로 인한 갈등이 빈번하다. 2018년 다큐멘터리 형식으로 엮어진 <B급 며느리>나 2019년 리얼 예능 형식으로 방영된 <이상한 나라의 며느리> 등 젊은 부부와 그들의 부모 간 관계를 보여주는 대중 프로그램들은, 오늘날 가족관계에서의 역할구도에 관해 남성과 여성이 그리고 젊은 세대와 나이 든 세대가 얼마나 상이한 시각을 지니고 있는지를 극명하게 드러낸다. 젊은 시절 가부장적 가족규범을 수용했고 현재도 여전히 유교적 가족주의 정서를 지닌 시부모와 개인주의 및 평등주의에 익숙하되 서정적 가족주의 정서를 품고 있는 며느리가, 즉각적으로 서로를 받아들이기는 쉽지 않다. 서로 가족으로 묶였으나 서로를 이해하기 힘든 세대 차이로 인해 양 세대 모두 고군분투

함에도 불구하고 입장 차이는 좁혀지기 어렵기 때문이다. 또한 도구적 가족주의를 내면화한 부모와 서정적 가족주의에 기대고 있는 청소년 자녀의 소비 지향적 욕구가 빚는 세대 갈등 역시 만만치 않다. 이들은 사회문화적 급변기에 처하여, 한국의 가족이 겪는 아노미적 현상이다. 다양한 가족구성원들이 새로운 가족정서를 안정적으로 공유할 수 있기 위해서, 가족 내의 성별 및 세대별 가치관의 차이는 무엇인지에 대한 세심한 관찰이 필요하다. 또한 그러한 관찰에 기초하여 양 세대가 화합할 수 있는 길을 찾는 노력이 요구된다.

더 이상 평생고용 시대가 아닌 오늘을 살아가는 대부분의 가족들에게, 남성 일인부양자 가족체계는 경제적 불안을 동반하므로 비현실적이다. 또한 오늘의 젊은 부부들은 남편도 아내도 가족경제를 양 배우자가 함께 맞들고 가는 것을 당연시하는 추세이다. 그런데 우리 사회의 고용문화는 "가족을 벌어 먹이는" 주체인 남성과 "벌어 먹여 줄 남편이 있는" 존재인 여성이라는 이분법적 인식에서 여전히 벗어나지 못하고 있다. 그래서 노동시장에서 여성은 여전히 "가장 나중에 고용해도 되고, 가장 먼저 해고해도 되는" 대상으로 여겨진다. 그리고 가족 밖에서의 노동 여부와 상관없이, 집안일은 당연히 여성의 일차적 영역이라는 시선 역시 남아있다. 우리 사회의 문화 속에 유교적 가족주의 정서와 서정적 가족주의 정서가 교묘히 맞물려 있기 때문이다. 그런데 현실과 괴리된 가족정서는, 가족 안팎에서 여성들의 불만과 이중부담으로 인한 과로 그리고 그로 인한 가족 갈등을 부르고 있다.

한편 급속한 산업화를 일구어오는 동안 선택의 여지없이 '선가정 후복지'를 고수해 온 우리 사회는, '가족을 통한' 혹은 '가족에 의한' 복지 기조에서 크게 벗어나지 못하고 있다. 이는 유교적 가족주의에 기대어 사회적 비용을 줄이면서 한강의 기적을 일궈낼 수 있게 한 묘책이었으나,

소가족화 및 맞벌이 보편화 시대에 이르러 다양한 부작용을 노정하고 있다. 최근 들어서 사회적 분담에 관한 목소리가 커지고 다양한 지원책이 시도되고 있지만, 여전히 아이를 믿고 맡길 만한 양육체계는 완비되지 않았고 노인요양원에 대한 인식 역시 질적 수준에 대한 신뢰를 확보하지 못하고 있다. 그래서 맞벌이 가정의 어린 아이를 '피붙이에 대한 신뢰'라는 이름으로 조부모에게 떠맡기는 추세가 여전하고, 노부모를 부양시설에 맡기기를 주저하는 자녀의 부담과 죄책감 역시 만만치 않다.

우리 사회의 교육은 여전히 개별 가족의 경제적·문화적 자원에 기대어 이루어지고 있다. 공교육은 다음 세대의 성취를 위한 공정한 경쟁의 사다리가 되어줄 것이라는 신뢰를 얻지 못하고 있어서, 교육적 성취를 통해 사회적 지위를 획득했던 경험을 지닌 오늘의 기성세대는 자녀의 교육적 성취를 위해 가족자원을 불균형적으로 사교육에 투자하고 있다. 구체적으로는 가족계층의 상승 및 유지를 목표로 하여, 아버지뿐 아니라 할아버지의 경제력과 엄마의 정보력이 총동원된 가족 단위의 경쟁이 치러지고 있는 상황이다. 그러나 너나 할 것 없이 모두들 사교육에 뛰어들어 경쟁하는 운동장에서, 개별 자녀의 상대적 우위를 보장하기는 힘들다. 그래서 자신의 자녀에게만 특혜가 주어지도록 사회적 지위와 인맥을 활용한 입시 부정도 불사하는 것을, 마치 부모의 능력이자 자녀에 대한 사랑인 양 착각하는 상황까지 벌어지고 있다. 사교육 과열과 가족이기주의에 기초한 교육비리 등 가족 단위의 뜀박질 이면엔, 도구적 가족주의 정서가 자리한다. 그런데 이는 부모 세대의 부와 사회적 지위를 대물림함으로써, 사회적 기회를 공정하게 배분해야 하는 교육의 기본 가치를 왜곡하고 사회적 계층세습 내지 사회적 불평등을 심화시킨다.

지난 세기 동안의 소자녀화 정책은, "아이는 자기가 먹을 밥숟가락을 가지고 태어난다"고 믿었던 농경사회 다자녀 시대의 규범과 배치(背馳)

되는 반면 "자녀는 부모의 무제한적인 사랑과 정성으로 보호해야 한다"
는 근대 유럽의 서정적 가족주의 정서에 기초한다. 서정적 가족주의는
산업화 및 핵가족화 시기의 우리 사회에서, 출산억제 정책을 뒷받침하
는 논리로서 효과적이었고 오늘의 우리 사회에 뿌리 깊이 박혀서 실천
되고 있다. 특히 현재의 청년층은 성장기 동안 상대적으로 풍요로움을
경험한 세대이므로, 자신이 자녀에게 제공해야 한다고 생각하는 경제적
·도구적·애정적 기대치가 높다. 그런데 이와 같은 '완벽한 부모 되기'
신드롬(노컷뉴스, 2021)이 오늘날의 경제적 불황과 맞닥뜨리면서, 완벽한
부모역할을 할 자신이 생길 때까지 차라리 '부모 되기'를 늦추거나 포기
하게 만들고 있다.

  초저출산에 직면한 우리 사회는, 이번엔 효과적 출산부양책을 찾느라
골몰하고 있다. 그러나 서정적 가족주의로는 출산을 유도하는 논리를
설득력 있게 제시할 수 없다. 그렇다고 해서 노동력 중심의 농경시대에
통했었던 다자녀 규범을, 오늘의 젊은 세대에게 들이댈 수도 없다. 현재
궁여지책으로 쏟아붓고 있는 금전적 지원책과 보육 지원책만으로 젊은
세대들이 처한 현실적 상황의 어려움을 상쇄하여 결혼과 출산에 대한
의지를 되살릴 수 있는 것도 아니므로, 우리 사회는 앞으로도 상당히
긴 기간 동안 초저출산 시대를 견뎌내야 할 것이다. 다만 양육과 부양
으로 인한 경제적·도구적 부담의 실질적 감소와 더불어 다음 세대의
삶에 대한 낙관적 전망이 가능해질 사회를 위한 다각적 노력이 지속되
고, 그로 인해 '부모 됨'에 관한 새로운 가치가 우리 사회 속에 안정적
으로 자리 잡을 때, 비로소 출산율의 반등을 기대할 수 있을 것이다.

4. 한국사회의 가족에 관한 이중성

지난 세월 동안, 한국사회에는 가족만이 자신을 보호하고 배신하지 않는다는 인식이 강했다. 이는 농지를 중심으로 하여 가족과 친족이 모여 살면서 일상사의 대부분을 '우리' 안에서 해결해 왔던 익숙함과 더불어, 외침과 내란 등의 불안한 삶을 견뎌오면서 터득한 생존 전략이었다. 그러나 이는 오늘에 이르러 다양한 부작용을 낳고 있다.

우선 첫째, 우리 사회와 개인들은 가족에 대해 서로 과도히 기대하고 또한 그러한 기대를 충족하기 위해 과중한 역할부담을 떠안은 채 버티고 있다. 그러나 서로에 대한 기대치가 높을수록, 그 높아진 기대치를 만족시킬 가능성은 낮아진다. 결과적으로 과도한 역할수행을 요구받는 가족구성원들 간의 갈등 그리고 당연히 수행해야 한다고 생각되는 역할과 수행할 수 없는 현실 간 괴리로 인해, 가족은 힘들어 하고 있다. 가족에 대한 과잉기대 및 과잉부담을 당연시해 온 가족 인식은 가족문제가 사회구조적으로 초래되었다는 사실을 간과하고 개별 가족이 초래한 문제로 축소하여 진단하는 식의 왜곡을 초래하고 있다.

둘째, 우리 사회는 가족에 관한 규범과 오늘의 가족이 처한 현실 사이에서 혼돈 상태에 처해 있다. 우선 오늘날의 도시화되고 익명화된 가족을 여전히 지역공동체 안에서 살아가던 시절의 사적 자치단위 내지 자급단위로 보는 전통 관념이 존재한다. 게다가 서구에서 도입된 서정적 가족주의 이념이 덧입혀져서, 행정 관료들조차 현실보다는 규범적 차원의 이상이나 희망을 기반으로 하여 가족을 재단하는 경향이 있다. 예를 들면, 전통적 대가족 제도하에서의 부양기준을 적용한 '효자효부상'은 오늘날 동거부양 능력을 상실한 맞벌이 핵가족에게는 비현실적 모델이다. 해당 상을 시상하는 의도가, 노인 부양을 가족에게 떠맡겨서 가족 안의 누군가에게 희생을 요구하고 그렇게 하지 못하는 가족에게 죄책감을 지우려는 것인지 그리고 사회는 노인 부양의 사회적 비용을 줄이고자 하는 것인지 의심스럽기조차 하다. 사회변화와 더불어 가족역할 역시 변화될 수밖에 없는 상황에서, 전통적인 가족상을 고수하는 것은 우리 사회의 가족들에게 부담과 고통만 줄 뿐이다.

셋째, 가족에 대한 사회적 지원은 부족한 채로 사회는 노동력 공급과 재생산을 여전히 가족에게 의존하고 있다. 우리 사회에서 육아 및 부양 지원은 질적·양적으로 현저히 부족하고 개별 가족의 능력에 따라 차등화되고 있는데, 현실적으로는 결혼율과 출산율을 높여야 한다는 사회적 과제에 직면해 있다. 그런데 해당 연령층의 개인적 선택은 저출산 및 1인 가구의 증가 등 가족부담으로부터의 회피인 것이 현실이다. 결혼과 출산을 선택하는 사회구성원들에 대한 경제적 보상과 제한적 수준의 육아 및 부양 지원만으로는, 우리 사회가 필요로 하는 방향의 가족문화가 정착될 것 같지 않다. 가족을 일구어 배우자이자 부모로서의 역할을 하고자 하는 마음이 다시금 문화 속에 자리 잡을 수 있으려면, 결혼과 출산에 동반되는 삶이 훨씬 더 행복할 것이라는 믿음을 줄 수 있어야 한다. 그러한 믿음은 사회의 다방면에 걸쳐서 미래에 대한 희망이 자리를 잡고, 부모이자 부부로서의 삶이 행복할 것이라는 낙관을 갖게 하는 사회적 지원이 장기간에 걸쳐서 이어질 때 비로소 가능할 것이다.

넷째, 개인들은 현실적 차원에서 여전히 자신의 가족을 위해서는 드러나지 않게 철저히 헌신하는 삶을 살아간다. 그러나 우리 사회에는 공직인 자리에서 가족부양과 일상생활상의 필요에 관한 논의를 금기시하고 그 대신 가족경시적인 태도와 행동을 하는 것이 바람직한 사회인의 자세인 양 여기는 문화가 있다. 이는 "집안일이 담 밖을 넘어가선 안 된다"고 믿어온 관념 즉 가족의 폐쇄성을 강조했던 근대적 사고에 기초한

다. 문제는 이러한 문화가 사람들로 하여금 가정사를 공유할 수 없게
함으로써, 가족적 삶의 여건 향상을 위한 집단적 노력을 가로막는다는
데 있다. 가족에 대한 이 같은 이중성은 안정된 가족부양과 건강한 가
족생활이 전체 사회의 복리와 직결되는 공공재라는 인식의 부재와 맞닿
아 있어서, 사회복지 정책의 본격적 확립을 위한 대비책을 마련하는 데
있어서도 어려움을 초래할 수 있다. 가족 문제는 외부사회와의 연관성
하에서 초래되는 것이므로, 가족 안에서 고민하는 것만으로 해결에 이
르기는 쉽지 않다. 따라서 가족의 폐쇄성을 허물고 가족문제를 공론화
하여, 사회와 가족 그리고 개인이 가족적 삶의 어려움을 해결하기 위해
함께 분담하고 공조하는 문화가 정착되어야 한다.

Ⅲ
———

의식주 문화와 가족

21세기 한국 가족과 문화:
과거와 현재 그리고 미래의 화해

6장
의생활 문화와 가족

집에서 기르는 강아지에게도 옷을 입히는 광경이 흔한 요즘이지만 그것은 인간의 시선으로 강아지를 다루는 결과일 뿐이고, 대부분의 동식물들은 타고난 몸 자체만 가지고 자연환경과 맞서며 살아간다. 구약 성서는, 아담과 이브가 선악과를 따먹은 시점부터 인간이 부끄러움을 알게 되어 몸을 가리기 시작했다고 전한다. 몸을 덮어 보호할 만큼 털이 충분치 않기 때문에 인간이 다른 동물과 달리 옷을 필요로 할 수도, 혹은 인간이 옷을 입고 살다 보니 털은 무용지물이 되어서 점차 퇴화했을 수도 있다. 이처럼 인간이 옷을 입기 시작한 것이 언제부터인지 어떤 이유에서인지를 확인할 길은 없으나, 분명한 사실은 인간이 오랜 세월에 걸쳐서 옷을 입는 것을 당연시해 왔다는 것이다.

인류의 초기에는 동물의 가죽을 벗겨 입는 등의 단순한 형태로 신체의 일부를 가리는 수준이었을 것이나, 오늘날의 의복은 몸을 가리거나 보호하는 것 외에도 용도가 다양하다. 즉 집안에서는 평상복을, 운동할 때는 운동복을, 외출할 때는 외출복을, 그리고 잠을 잘 때는 수면복을 입는데, 이들은 각각의 목적에 부합하도록 만들어진 것들이다. 또한 옷의 디자인이나 장식품 등을 통해 자아를 표현하고 주변 문화에 동조하거나 혹은 스스로의 이미지를 드러내 보이기도 한다. 따라서 의복이란,

옷뿐 아니라 신발과 모자 그리고 장신구 등 몸에 부착하는 물품 일체를
의미한다.

의복은 인간의 태도와 행위 및 신념과 규범 등 문화를 표출하는 수단
이다. 따라서 이들을 만드는 기술상의 발달단계와 옷을 대하는 사회적
시선까지를 총칭하여 의생활 문화라고 한다. 즉 의생활 문화란, 인간의
의복을 형성하는 양식과 내용 그리고 이에 관련된 사고방식과 가치체계
를 포함한다(계선자 외, 2009).

1. 의복의 목적

의복을 착용하는 데 한 가지의 목적만 있는 것은 아니다. 예를 들면
밍크코트를 입는 것은 단지 가볍고 따뜻하기 때문만은 아니고, 장식성
과 과시성 등 다양한 이유들 때문이기도 하다. 또한 선글라스를 쓰는
목적은 자외선으로부터 눈을 보호하기 위함이기도 하지만, 얼굴을 작아
보이게 하려는 이유도 있고 때로는 타인의 시선으로부터 눈의 표정 혹
은 눈 주위의 상처를 감추기 위해서인 경우도 있다. 그리고 여성들이
드는 가방의 기본 목적은 물건을 담아서 편하게 운반하기 위함이지만,
굳이 특정 브랜드와 특정 디자인의 가방을 찾는 것은 장식성과 과시성
등의 욕구를 충족하기 위함이다. 또한 전투복은 신체를 보호하고 활동
이 편하며 적군의 눈에 잘 띄지 않도록 몸을 숨기는 데 적합하다는 이
유를 지니지만, 동일한 옷을 구성원들 모두가 똑같이 입도록 함으로써
해당 집단을 일사분란하게 통제하기 위한 획일성과 더불어 외부인 내지
적군과 구별되도록 하는 목적도 있다.

하나의 의복을 입으면서 필요한 목적들이 모두 동시에 충족될 수 있
다면 이상적이지만, 그렇지 못한 경우 어느 하나의 목적이 우선시되고

다른 것들은 후순위로 처지도록 하는 선에서 타협적으로 의복을 선택하는 것이 일반적이다. 예를 들면, 추운 겨울날 두꺼운 파카 대신 얄팍한 코트를 입은 여성은, 날씬해 보이려는 의도 즉 장식 목적을 보온 목적보다 우선순위에 놓는 선택을 한 것이다.

1) 신체 보호

추위나 더위 혹은 비와 바람 등 비우호적인 자연환경과 외부의 물리적 자극으로 인한 가해로부터 인체를 보호하는 것은, 의복 착용의 일차적 목적이다. 그래서 추위를 막기 위한 방한복이나 더위를 막기 위한 방서복이 널리 보급되고 있다. 안쪽에 기모를 넣어서 보온성을 강조한 '기모 바지'나 차가운 느낌을 가진 천으로 만든 일명 '냉장고 바지'가 그 예이다. 화마와 싸우는 소방관들이 입는 방화복과 방열복 역시, 신체 보호라는 목적에 부합한다. 예로부터 총탄을 막아내기 위해 다양하게 고안되고 발전해 온 방탄복도 마찬가지이다. 바다 속 깊은 곳까지 잠수해야 하는 잠수사를 보호하기 위한 잠수복이나 우주인들에게 필수적인 우주복 및 건설 작업 시 두상을 보호하는 안전모 등도, 몸을 보호하기 위한 용도라는 점에서 공통적이다. 그리고 코로나 감염병의 확산으로 인해 온 세상이 들썩이는 요즘, 코와 입을 가리는 방역 마스크도 바이러스로부터 몸을 보호하기 위해 필수적인 의복이다.

2) 활동 편의

직조 및 의복 디자인의 발전과 더불어, 신체 보호라는 기본적 기능에서 한 걸음 더 나아가서 각종 활동을 함에 있어서 신체 기능을 최적화하는 데 도움을 주는 의복들이 세분화되어 등장하고 있다. 잠을 자는 동안 땀을 적절히 흡수하고 숙면을 취하도록 돕는 수면복, 수영할 때 물의 마찰을 줄여주는 기능성 수영복, 등산을 할 때 땀을 잘 흡수하고 보온성을 높여주는 등산복, 경사지고 미끄러운 길을 오를 때 미끄럼을 방지하고 발목을 보호하는 등산화 등이 이에 해당된다.

3) 장식 욕구

아름다움을 추구하는 인간의 욕구에 비추어 볼 때, 자신을 가능한 한 아름답게 표현하고 개성을 드러내는 것 역시 의복을 착용함에 있어서 경시할 수 없는 부분이다. 외출복의 경우 계절별로 한두 벌씩만으로는 충분치 않고 장식과 유행 그리고 색깔 조화를 위해 여러 벌이 필요하다고 여겨지는 것은, 이러한 이유에서이다. 또한 옷뿐 아니라 목걸이나 브로치 그리고 가방 등을 다양하게 소유하고 싶어 하는 것도, 장식과 개성 표현을 위한 욕구 때문이다. 이는 자신을 드러내 보이고 싶은 심리를 충족하기 위한 수단으로서 의복이 지니는 기능이다.

생활수준이 높을수록 의복을 여러 벌 소유하고 장식품 역시 다양하게 구매하는 경향이 있다. 신체 보호가 기본적인 욕구임에 반해, 장식에 대한 욕구는 신체 보호라는 기본적 욕구가 충족되고 난 다음에 생겨나는 상위 단계의 욕구이기 때문이다.

4) 사회윤리 및 의례

사회마다 각종 의례에 부합하는 의복에 관한 일종의 암묵적 약속이 존재한다. 그리고 그러한 약속에서 벗어나지 않는 옷차림을 하는 것이, 타인과 무난하게 섞이기 위한 순응 행위로 간주된다. 상견례 장소에 나가는 사람들에게는 정장이 당연한 옷차림으로 여겨지기 때문에, 그에 부합하지 않는 경우 예의에 벗어나는 것으로 간주되어서 상대방은 불쾌감을 느끼기 쉽다. 또한 결혼식에서 신부는 흰색 드레스를 착용하는 것을 당연시하고, 하객은 흰색 옷차림을 하지 않는 것을 신부에 대한 예의로 여긴다. 마찬가지로, 장례식에서 유족과 조문객은 검은색 옷을 착용하고 장식품을 최소화하는 것이 고인과 유족에 대한 예의이다.

그런데 의복에 대한 규범이 시대와 사회를 가로질러 공통적인 것은 아니다. 조선시대의 신랑신부는 진한 색으로 만든 울긋불긋한 옷들을 의례복으로 입었고, 유족은 물들이지 않은 삼베옷이나 흰색 옷을 입었다. 오늘날 결혼식의 흰색 웨딩드레스와 장례식의 검정색 옷은 서구문화가 유입된 이후에 보편화된 의례복이다. 이는 의례절차뿐 아니라 의례복에 대한 규범 역시 시대와 사회에 따라 변화해 왔음을 예증하고, 또한 앞으로도 변화할 수 있음을 예측하게 한다. 의복 역시 해당 시점에 해당 사회 내에서 공유되는 상징이고 약속이다. 그럼에도 불구하고 현재의 시점과 상황에서 시류에 부합하는 의복을 착용하는 것은, 상대방과 상황을 존중한다는 의미를 지닌다. 의복과 연관된 행위 역시, 동시대를 살아가는 사람들이 공유하는 문화에 기초할 때 서로 예측할 수 있고 상호 오해를 줄일 수 있는 의사소통 방식이기 때문이다.

5) 사회통제

집단생활에서 개개인의 지위와 역할을 표시하거나 혹은 일괄적 통제를 하려는 목적에서 의복과 표식을 사용하기도 한다. 단체복은 개별 구성원 각자가 지닌 개성을 누르고 집단적 규율과 의무에 순응하도록 통제하며 구성원들의 단합을 유도하는 목적을 지닌다. 교복은 해당 학교의 구성원들에게 요구되는 규율에 대한 순응을 기대하고 요구하는 상징이다. 또한 군복은 집단 내의 획일성을 강조하고, 군인으로서의 책무를 받아들여서 수행하게 하는 기능을 지닌다. 그리고 감옥에서 동일한 죄수복을 입도록 하고 이름 대신 번호표를 붙여서 부르는 것은, 각자의 이름으로 대표되는 개인적 독특성을 인정하지 않는다는 의미이며 일사불란한 통제를 의도하는 것이다. 한편 계급장이나 완장 등의 표식은 해당 집단 내의 지위와 역할을 가시화하고 집단 내의 서열을 명확히 함으로써, 구성원들 및 관련자들로 하여금 질서와 명령 체계를 확고히 인식하게 하려는 것이다.

중·고등학교 학생들 중 일부에서 교복의 치마나 바지의 길이와 폭을 줄여서 몸에 꼭 맞게 입으려는 경향은, 획일성을 탈피하고 자신의 개성을 드러내 보이려는 청소년기의 시도로 해석될 수 있다. 그런데 무리를 통제하고 질서를 유지해야 하는 집단적 필요에 입각해서 보면, 이러한 시도는 일탈적 행위로서 질서와 통제를 위협하는 것으로 간주된다. 이처럼 자신의 독특성을 드러내고자 하는 개인적 욕구와 무리를 통제해야 하는 집단적 필요는 상충되는 가치를 지닌다. 따라서 이들을 양 극단에 놓고 중간의 어느 지점에서 절충할 것인지가 관건이다.

2. 의생활 문화의 형성

1) 문화적 요인

(1) 사회적 가치관의 반영

의복은 개인이 속한 사회의 가치를 반영한다. 금욕을 강조하던 시대에는 몸을 노출하지 않는 의복이 유행했었다. 오늘날에도 이슬람 여성들의 머리카락을 가리는 히잡이나 얼굴만 내놓고 팔다리까지 가리는 차도르, 눈만 내놓고 다 가리는 니캅, 그물망으로 눈까지 모두 가리는 부르카 등은, 강한 가부장성을 드러내고 여성들을 속박하는 복장으로 이해된다. 성리학적 분위기가 강했던 조선시대 여성들의 한복 역시 긴 치마로 다리를 가리고 저고리 역시 목 아래부터 팔과 다리까지 모두 가리는 디자인이다. 게다가 반가의 여성이 외출할 때 얼굴을 가리게 했던 '쓰게치마'는, 성별 규범이 엄격하고 여성에 대한 규제가 심했던 당시의 가부장 문화를 반영한다. 오늘날 천주교의 수녀복 역시 얼굴과 종아리의 일부만 보일 뿐 머리카락에 이르기까지 몸을 대부분 가리는데, 이는 인간적인 노출을 피하고 성성(聖性)을 강조하고자 함으로 해석된다.

한편 오늘날 남성들의 공식 복장으로 알려진 양복은, 17세기 후반 영국의 명예혁명과 18세기 프랑스 대혁명을 계기로 한 근대화 과정에서, 부르주아 남성들의 의복으로 자리를 잡았다(설해심, 2017). 당시의 계몽주의 사상은 남성복에 장식을 달지 않고 단순한 색조로 만드는 데서 금욕의 가치를 찾고 몸에 꼭 붙지 않는 편안한 형태에 노동의 가치를 부여하였는데, 이는 이전 시대 귀족 남성들의 화려하고 사치스러웠던 패션과 차별화되면서 노동과 검소를 중시하는 부르주아 남성의 도덕적 우월성을 과시하는 것이었다(설해심, 2017). 반면 동시대 여성의 옷은, 남성복과 반대로, 화려함과 사치스러움의 극치였다. 이에 관해 베블렌은, 근대의 여성은 독립적 주체가 아니라 남성에게 의존하는 존재로서 남편의 사회경제적 지위를 과시하고 계층적 '구별 짓기'를 가시화하는 역할을 했던 때문이라고 지적하였다(Veblen, 1899). 즉 남성들은 아내를 화려하게 치장해 줌으로써, 스스로의 사회경제적 지위를 드러내는 방식을 택했다는 것이다. 그래서 당시의 부르주아 여성은 노동에 적합하지 않은 가느다란 외모와 코르셋으로 허리를 조이고 화려한 장식이 달린 치렁치렁한 의복을 통해, 남성의 성취를 드러내는 트로피(trophy) 아내의 역할을 수행했다.

철수 씨의 자존심

국내 굴지의 대기업에서 근무해 오던 철수 씨가 50대 초에 명예퇴직을 했다. 다른 직장을 알아볼 생각이었고 가능성이 전혀 없는 것도 아니었으나, 일단 우울하고 불안하기는 철수 씨도 아내인 경미 씨도 마찬가지였다.

그런데 철수 씨가 갑자기 아내를 보석상에 데리고 가더니, 반지를 고르라고 했다. 더 이상 월급이 나오지 않을 테니 퇴직금을 아껴야 하는 것이 현실이었는데 수백만 원에 달하는 반지를 산다는 것이, 경미 씨로서는 마음에 걸렸다. 그러나 자꾸만 사주고 싶어 하는 남편이 원하는 대로, 경미 씨는 평소 마음에 두어 왔던 반지를 골랐다. 그날 밤, 철수 씨가 말했다. "아직 이 정도는 당신한테 해 줄 수 있어. 그리고 이건 내 자존심이야!"라고.

철수 씨의 자존심은 아내에게 보여주고 싶은 자존심이었을까, 혹은 아내를 치장해 주면서 스스로에게 보이고픈 자존심이었을까? 아니면 곧 있을 퇴임식에 함께 갈 아내가 초라해 보이지 않아야 한다는 자존심이었을까?

남성 정장에 넥타이 핀이나 와이셔츠 핀을 사용하고 윗저고리 주머니에 행커치프를 꽂아서 장식하는 것은 비즈니스 집단의 의복 코드로 알려져 있을 뿐, 의복과 장신구 등의 사치는 여전히 여성의 몫으로 여겨진다. 그런데 최근 들어서 남자들의 양복에 브로치를 장식하는 경우가 종종 눈에 띄고 있다. 이러한 경향이, 근대 이전 화려했던 남성복 문화로의 회귀 심리 때문인지 아니면 장식욕구에 있어서 여성과 남성 간의 수렴현상이 일어나고 있는 것인지에 관해서는 좀 더 두고 볼 일이다.

(2) 여성복의 활동성과 성적 노출에 관한 문화적 변천

1920년대 신여성의 모습이란, 무릎 바로 아래까지 내려오고 종아리를 드러낸 치마와 흰 양말에 하이힐 그리고 곱슬곱슬하게 펌을 한 단발머리로 대표된다. 이들의 복장은, 팔다리를 모두 가리고 발목을 덮는 긴 한복치마로 상징되던 조신함을 이상적 여성상으로 여겼던 당시의 문화적 통념에 대항하였다는 의미로서 평가된다. 그래서 그들의 소위 '짧은 치마'는 활동성을 드러내는 상징이었다.

1960년대 후반 서구의 영향으로 한국사회에 유입된 미니스커트 역시, 1920년대와는 다르지만 당시 정숙한 여성의 복장으로 여겨졌었던 무릎 아래 길이의 치마를 거부함으로써 다시금 사회적 통념을 벗어던진 상징이었다. 그런데 1960년대 미니스커트의 길이는 무릎 위로도 한참 올라가 있어서, 1920년대 신여성의 치마와는 달리, 활동성보다는 성적 노출을 의미하는 것으로 간주되었다. 그래서 1960년대의 미니스커트는 미풍양속을 해지는 풍기문란 행위로 간주되어 경범죄에 해당되는 처벌 대상이었다. 이처럼 활동성에 초점을 두느냐 아니면 성적 노출로 간주하느냐에 따라, 미니스커트를 바라보는 시각은 많이 다르다.

한편 1990년대에 등장한 배꼽티는 배와 배꼽 그리고 허리의 맨살을 드러내므로, 강도가 훨씬 센 노출이다. 그렇지만 이번에는, 1960년대 미니스커트의 등장 때와 달리, 별 저항 없이 젊은이들의 유행코드로서 쉽사리 수용되었다. 심지어 갓을 쓴 할아버지와 배꼽티를 입은 손녀를 나란히 등장시키는 TV 광고는 세대 간의 어울림을 표현하는 상징으로 여겨졌다. 또한 한복 치마를 아이디어로 삼아 디자인한 드레스는, 어깨와 가슴골을 모두 노출했음에도 불구하고, 서구뿐 아니라 한국의 패션쇼에서도 한국적 미를 살려냈다는 찬사를 받는다. 이들은 오늘날 우리 사회의 의복에 대한 도덕적 가치 기준이 달라졌음을 시사한다. 의복을 통한 자아 표현을 개인적 선택의 문제로 받아들이는 오늘의 한국사회는, 몸의 노출조차 자기를 표현하는 하나의 방법이자 현대적 문화코드로서 수용하고 있다.

(3) 문화적 정체성

오늘날 민족의상을 고수하는 것은, 많은 경우에 문화적 정체성과 민족적 자부심을 드러내고자 하는 의도로 이해된다(계선자, 2009). 그래서 세계 미인대회에 출전하는 각국의 대표들은 대회의 진행순서 중 한 번씩은 민속전통의상을 입고 나와서 자국 의상의 전통미를 과시하곤 한다. 한복치마의 디자인을 활용하여 재창조한 드레스 혹은 한국 전통 문양을 활용한 옷감을 현대적 디자인에 접목하여 세계무대에 선보이려는 시도 역시, 전통에서 현대적 미를 찾아내려는 노력이자 한국 문화의 정체성을 알리려는 행위이다.

색상에 대한 보편적 선호와 해당 사회의 역사적 경험에 기초한 문화적 특징 간 연관성도 존재한다. 백의민족(白衣民族)이라고 불리며 흰색 옷을 입어온 한국 전통은, 염색 기술이 보편화되지 않았던 시절 서민들이 가장 쉽게 구할 수 있었던 천이 무염색의 삼베나 광목이었던 데서 비롯되었을 것이다. 왕가 및 관료들은, 평민들과 달리, 선명하게 물을 들인 비단옷을 입었던 데서 그 근거를 찾을 수 있다. 그러나 이후로도 무채색은 한국을 대표하는 의복색깔로 여겨져 왔다. 한국 갤럽의 조사에서, 한국인들 사이에 검정색 옷은 오염 및 변색 가능성이 적어서 관리가 용이하며 또한 수축색이어서 몸매를 날씬하게 보이게 한다는 이유 때문에 호응을 얻는 것으로 나타났다(연합뉴스, 2018). 요즘 청소년들 사이에 유행하는 벤치파카의 색상이 검정 일색인 것도 이와 연관된다. 그런데 개개인의 피부색이나 색상에 대한 선호도와 관계없이 천편일률적인 색상과 디자인의 옷에 치중하는 우리 사회의 경향이, 주변에 대한 동조심리 때문은 아닌지 생각해 볼 일이다.

외국문화와의 접촉이 잦고 인터넷을 통해 전 세계의 패션코드가 거의 실시간으로 공유되는 오늘날, 다양한 색상과 디자인의 옷들이 출시되어 호응을 얻고 있다. 의복은 문화적 정체성뿐 아니라 개인적 정체성의 표현으로서, 이제 사람들은 의복을 통해서 자신을 드러내는 여유를 누리기 시작했다. 개인의 피부색이 쿨톤(cool-tone)인지 웜톤(warm-tone)인지 등을 검사해서 자신에게 더 잘 어울리는 색상의 의복을 골라 입음으로써 외모의 장점을 부각시키려는 노력도 드물지 않다. 이러한 변화에는, 경제수준이 높아졌고 의복과 장신구의 가격대가 다양해져서 선택의 폭이 넓어진 것이 큰 몫을 한다.

2) 사회경제적 요인

(1) 과시 효과

신분에 따른 귀속 지위가 보장되던 사회에서, 의복 또한 신분에 따라 차등화되었다. 또한 이웃들이 서로 알고 왕래하며 지내던 전통 사회에서, 의복치장을 통해 됨됨이나 신분을 과시할 이유는 존재하지 않았다. 가령 명문가의 구성원이 해진 옷을 기워 입으면 청렴한 성품이라고 존경을 받던 시절이었다.

지리적 이동이 활발하고 익명성으로 대표되는 도시사회에서 살아가는 오늘의 사람들에게, 과거의 신분사회에서와 같은 기대를 할 수는 없다. 오히려 몸에 걸친 옷과 장신구는, 개인과 가족이 지닌 계급적 지위를 타인에게 알릴 수 있는 효과적 수단이다. 그래서 사람들은 비싸다고 알려진 브랜드의 옷이나 장신구를 착용함으로써, 상대적으로 우월한 지위를 과시하고 그에 상응하는 사회적 대접을 받고자 한다. 남편 혹은 집안의 사회경제적 지위를 과시하기 위해 값비싼 옷과 가방 및 보석으로 치장하는 여성의 심리나 사치스러운 장신구와 비싼 의복으로 치장한 아내를 내세움으로써 자신의 사회경제적 성취를 과시하려는 남자의 심리는 공통적으로, 의복이 지닌 사회적 과시 효과에 기초한다. 경제적 능력을 훨씬 상회하는 의복과 가방 등을 구매하거나 심지어 유명 상표와 모양을 도용하여 만든 옷과 가방 및 장신구를 착용하는 행위를 통해서라도 자신의 사회적 위치를 과대 포장하여 과시하려는 심리 역시, 성취 중심의 계급 사회 그리고 익명성 중심의 도시 사회가 지닌 특성과 무관하지 않다.

(2) 사회경제적 상황과 의복 유행

서구의 여성의복으로서 허리를 조이는 코르셋과 활동성을 제약하는 긴 치마가 상당히 오랫동안 보편화되었던 것은, 근대에 이르러서조차 여성들을 보호의 대상으로 삼아서 생활 영역을 주로 집안에 한정하고 노동시장은 남성들의 영역으로 삼았던 바와 유관하다. 한반도에서도 여성들의 한복이 활동하기 불편한 형태를 유지했던 것은, 여성들에게 집

밖에서의 활동적인 삶이 허용되지 않고 집 울타리 안에서 살아가는 것을 당연시했던 바와 관련성이 깊다.

두 차례에 걸친 세계대전으로 인해 참전국에서는 전장에 투입되었던 남성들 대신 여성들을 노동인력으로 활용할 수밖에 없었다. 1차 세계대전 당시 가슴과 허리곡선을 강조하지 않는 소년 같은 모양(boysh style)의 여성복 패션이 유행했고, 2차 세계대전은 여성복에 밀리터리룩과 바지 정장을 일반화시켰다. 즉 전장(戰場)에 동원된 남성인력을 대신하여 무기와 생필품 생산에 여성을 동원할 수밖에 없었던 사회적 필요로 인해, 여성들의 의복 역시 불필요하고 거추장스러운 장식을 배제하고 여성성보다는 기능성을 강조하는 방향으로 전환되었던 것이다.

호황기에는 여성들의 치마길이가 짧아지고 불황기에는 치마길이가 길어진다는 속설이 있다. 이는 1929년 뉴욕 증시가 붕괴되면서 시작되었던 대공황기에 길이가 긴 치마가 유행했고 호황이던 1960년대에는 미니스커트처럼 짧은 치마가 선호되었던 점에 착안한 이론이다(치마길이 이론; Ann Mabry, M, 1971; 정경원, 2015에서 재인용). 한편 잠깐 동안의 불황에는 미니스커트와 하이힐 그리고 진한 색 립스틱 등과 같이 기분 전환을 위한 스타일이 유행하지만, 불황이 장기화되면 우울한 사회분위기를 반영하듯 스커트 길이가 길어지고 과도한 장식을 줄이며 무거운 옷차림을 하게 된다는 설명(뷰티경제, 2015) 역시 설득력이 있다. 또한 경제 위기가 닥치면 여성의 하이힐 굽이 높아지고 경제가 좋아질수록 구두 굽이 낮아지더라는 경험치가 소개되기도 하는데, 경제가 어려울수록 여성들이 자신을 드러내는 쪽으로 치상함으로써 현실적 어려움을 잊고 남보다 돋보여서 기회를 잡을 가능성을 높이려는 심리 때문이라는 설명이 덧붙여진다(뷰티경제, 2015). 이러한 속설들은 사회경제적 상황이 사회구성원의 심리에 영향을 미치고 순차적으로 그들이 입는 의복에 반영됨을 시사한다.

남성 정장의 매출이 감소하는 것이 불황기의 특징이라는 주장도 있다 (뷰티경제, 2015). 왜냐하면 가정에서 아이 옷을 먼저 사는 반면 남편의 옷은 후순위로 처지기 때문이라는 것이다. 이는 가족자원의 배분에 있어서 자녀가 우선시되기 때문이기도 하고, 여성들이 남성보다 치장에 더 민감한 문화가 조성되어 있기 때문이기도 하다. 이로써 가족구성원의 의복 구매와 관련하여 가족 소비에 관한 결정이 이루어지는 단면을 엿볼 수 있다.

3. 가족 의생활 문화의 다양성과 변화

1) 의복의 제작 및 소비패턴의 변천

인류가 물품 제조를 수작업에 의존해 오던 긴 세월 동안, 집에서 직조틀로 실을 뽑아서 옷감을 만들고 그 감으로 옷을 짓는 식의 자급자족이 이루어졌다. 당시엔 실을 뽑아 옷감을 만들고 가족들의 옷을 짓는 것도 주부가 수행해야 하는 가족역할 중 하나였다. 그러다가 장인에게 맞춤복을 주문하여 입기 시작했고, 점차 치수별로 미리 만들어 놓은 의복을 골라 사는 기성복 시대로 접어들었다. 오늘날 우리 사회에는 고가의 맞춤복과 다양한 가격대의 기성복이 병존하고 있다.

경제수준이 낮고 생산수준 역시 낮던 시절, 사람들은 옷을 해질 때까지 입고 해진 부분은 다른 천을 덧대어 기워 입기도 했었다. 1960-1970년대에도 한국사회에는 어린 아이용 바지의 구멍 난 부분에 덧대는 무릎장식 및 엉덩이 장식이 유행했다. 또한 털실로 뜬 바지의 엉덩이나 무릎에 구멍이 나거나 아이가 자라서 옷이 작게 느껴지면, 옷을 풀어서 구불

구불해진 털실에 수증기를 쐬어서 편 후에 다시 뜨개질을 해서 입히곤
했다. 그래서 뜨개질은 중산층 주부의 일상 중 하나였다. 자녀를 많이 낳
던 시절에는 형이나 언니의 옷을 동생이 물려받아서 해질 때까지 입는
것을 당연시했으므로, 요즘의 50-60대 연령층에선 자신이 첫 자녀가 아
니어서 새 옷을 입어보지 못하고 자랐다는 푸념 섞인 회고담이 흔하다.
합성섬유가 개발되면서 질긴 옷감들이 출시되고 공장에서 대량생산이 이
루어지면서, 옷을 해질 때까지 입거나 기워서 입는 일은 드물어졌다. 그
리고 1980년대 들어서 내수 진작의 필요성이 증가하자 '소비가 미덕'이라
는 새로운 가치가 홍보되면서, 의복은 더 이상 계절별로 하나씩만 있으면
되는 것이 아니라 색깔과 모양을 다양하게 소지하여 바꿔 입는 것이라는
문화가 보급되었다. 자신을 표현하는 수단으로서의 의복 즉 의복의 장식
성에 가치를 두는 인식이 보급된 것이다.

　최근 들어서 의복소비와 관련해서도 새로운 움직임이 일어나고 있다.
한편에서는 의복 유행이 자주 바뀌는 점에 착안하여 오래 입을 것을 기
대하지 않고 유행에 맞추되 얼마 지나지 않아 유행이 지나고 나면 폐기
할 것을 예상하는 움직임이 있다. 그래서 저가에 제작된 옷을 사서 단
기간만 입고 버린다는 의미의 패스트 패션(fast fashion)이 등장했다. 반
면 다른 한편에서는 오래된 옷을 버리지 않고 고쳐서 재활용함으로써
낭비를 줄이자는 목소리가 확산되고 있다. 또한 천연 섬유와 천연 염색
법을 활용하거나 인조 모피 혹은 인조 가죽 등으로 제작된 친환경 의류
에 대한 관심이 증가하고 있다. 옷을 재활용하자는 목소리나 친환경 의
류에 대한 관심은 인간과 자연이 공존해야 한다는 자각에서 출발한 새
로운 문화 운동이다. 화학섬유를 제조하는 과정에서의 환경오염과 모피
를 얻는 과정에서의 동물 학대 진상을 고발하고 인간과 자연이 공존할
수 있는 방식의 소비 즉 '지속가능한 소비'에 가치를 부여하는 운동이,

새로운 의복문화를 정착시키는 계기가 될 수 있다. 일각에서 모자 뜨기 등 간단한 뜨개질에 관심을 돌리는 모습들이 관찰되고 있다. 모두가 어렵던 시절에 뜨개질을 해서 입고 몸에 맞지 않게 되면 실을 풀어내어 다시 떠서 입던 모습이, 오늘에 이르러 새롭게 돌아오는 것처럼 읽히기도 한다. 과거엔 가족자원의 부족으로 인해 생겨났던 의생활 문화였지만 오늘은 시대의 의식 흐름을 선도하는 의복 패션으로서 자리 잡기를 기대한다.

2) 의복유행과 세대 차이

여러 세대가 함께 살아가는 기간이 길어진 오늘날, 의복에 대한 감각과 유행 역시 세대에 따라 다양해졌다. 출생동기집단(cohort)별로 삶의 경험과 옷에 대한 가치관이 다르고, 전통 가치를 고수하는 나이 든 연령층과 새로움에 빠르게 적응하는 젊은 연령층의 감각과 선호도 간에는 차이가 크다. 교복 한 벌로 청소년기를 보냈던 부모는 청소년 자녀에게도 절약할 것을 기대하는데 교복 자율화 시대를 살아가는 청소년 자녀들은 또래의 의복문화에 동조하여 부모에게 새로운 것을 사달라고 졸라대는 것이, 일상적 가정의 모습이다. 청소년들은 과소비와 또래로부터의 소외감 사이에서 줄타기를 하고, 부모는 자녀의 요구에 '울며 겨자 먹기'식으로 지갑을 열곤 한다. 그래서 한동안은 특정 브랜드의 겨울파카를 입는 것이 유행이라 '교복'이라고 불릴 정도로 팔리더니, 다음엔 수십만 원이 넘는 해외 브랜드의 패딩이 청소년들 사이에 유행했고, 최근 들어서는 중고생들 사이에 청바지와 운동화뿐 아니라 티셔츠 및 반바지에 이르기까지 특정한 수입 브랜드가 '연예인 패션'이라고 불리면서 부모들의 '등골 브레이커' 역할을 하고 있다. 그런데 모두 똑같아 보이는 검정 롱 파카 혹은 똑같은 상표의 청바지나 티셔츠들의 어디에서 자신만의 개성을 드러내려 하는 것인지 이해하기 힘들다. 또래 집단에 소속되는 것을 중시하고 그 영향을 크게 받는 청소년기의 특성을 고려할 때, 개성보다는 오히려 몰개성을 추구하는 것일 수도 있다. 그런데 기성세대인 부모가 청소년 자녀의 이러한 의생활 문화를 어떻게 이해하느냐에 따라서, 부모의 대처방식과 부모자녀 관계는 달라질 수 있다. 청소년 자녀의 이러한 요구를 유별난 사치성향으로 받아들여서 무조건 거부하는 것도 혹은 자녀가 원하는 대로 무조건 끌려가는 것도 바람직하다고 볼 수는 없다는 데, 부모들의 고민이 자리한다.

젊음과 실용성의 상징인 청바지는, 미국 서부의 금광촌 노동자들이 덜 찢어지고 덜 해지는 바지를 필요로 해서 질긴 군용 천막을 소재로 삼아 징을 박아서 입었던 데서 유래하였다.[18] 그런데 요즘 젊은이들 사이에 유행하는 수십만 원짜리 고가의 청바지들은, 얇고 부드러운 천으로 만들어져서 몸의 맵시를 살리려는 목적엔 부합하겠으나 일반적인 세탁조차 조심스러울 정도이다. 그래서인지 청바지는 더 이상 노동복으로만 여겨지지 않고, 자켓과 함께 입으면 준 정장으로 활용되기도 한다. 게다가 아랫부분이 넓어지는 부츠컷 스타일부터 바지통 전체가 넓은 힙합 스타일 그리고 몸에 천을 대고 꿰맨 듯이 꼭 끼는 스키니 진 등 "날씬해 보이게" 혹은 "다리가 길어보이게" 하는 장식성에 초점을 둔 다양한 디자인들로 끊임없이 변화하고 있다. 그래서 오늘의 청바지는 닳거나 해지지 않았어도 유행의 변화에 맞추어서 사고 또 사야 하는 옷으로 인식되기에 이르렀다. 이에 관하여, 육체적 노동의 비중이 높지 않은 사회로의 진행이 의복이 가져온 변화인지, 아니면 사회의 양극화에 맞추어 청바지 역시 마구 입어도 될 만큼 질긴 노동복과 어느 곳에나 잘 어

18) http://blog.naver.com/PostView.nhn?blogId=n828256&logNo=222221
565728

울리고 몸매를 예쁘게 살려주는 장식성 강한 준 정장바지로 양극화되는 현상인지 생각해 볼 일이다.

상대적으로 풍요로운 성장기를 보낸 오늘의 젊은 세대가 비싼 브랜드의 의복과 장신구를 구입하는 추세가 늘었고, 다른 한편으로는 나이 든 세대 역시 젊어 보이고 싶은 욕구를 의복에서 찾기도 한다. 그래서 한편으로는 젊은 세대의 전유물로 여겨져 왔던 디자인의 옷이 중·노년층에 확산되고, 나이 든 세대의 체형과 취향을 반영한 기성복이 폭넓게 등장하고 있다. 이는 자녀에게 모든 것을 양도하고 뒷방으로 물러나던 과거의 노인들과 달리, 구매력과 활동력을 갖추고 젊음을 추구하는 노년층이 많아졌음을 반영한 판매 전략이다. 그리고 다른 한편에서는, 과거 경제력을 갖춘 중장년층을 대상으로 했던 고가의 의류 및 장신구 브랜드의 디자인이 젊은 층의 취향을 반영하는 방향으로 변화하고 있다. 이는 젊은 층이 고가의 의류와 장신구를 소비하는 집단으로 부상했다는 의미이다. 이러한 경향은 젊은 층이 고소득을 올릴 수 있는 산업 환경이 조성되었으므로 젊은 고소득자가 늘어났기 때문이기도 하고, 부(富)의 양극화로 인해 부모의 신용카드를 자녀에게 주어서 소비하게 하는 부유층 가족이 증가했기 때문이기도 하다. 후자는 개인별 경제능력뿐 아니라 개인이 속한 가족의 계층에 따라서 의복의 소비 수준이 결정되고 있음을 시사한다. 이런저런 이유들로 하여 특정 연령대에 맞춘 의복 재질 및 디자인이라는 획일적 공식이 무너지고, 의복과 장신구들 역시 다양한 연령대의 다양한 취향을 반영하는 방향으로 흐르고 있다.

과거에 비해, 저렴한 가격대의 의복이 많이 생산되고 이들을 싼값에 구매할 수 있는 길이 넓어졌다. 그래서 몸을 보호하는 기능만을 중심으로 한다면, 의복에 있어서 계층 간 불평등은 과거에 비해 감소한 것이 사실이다. 그러나 장식성과 과시성의 욕구 충족을 위한 기능을 핵심으로 보면, 의복에서 드러나는 불평등은 여전히 만만치 않다. 경제적 여유를 갖춘 계층에서 고가의 의류와 장신구를 선호하는 문화가 이어지고, 경제적 여유가 없는 층에서는 과시욕구 및 또래문화에 대한 동조성향으로 인한 과소비가 일어나고 있다.

　다양성으로 특징지어지는 금세기, 사람들의 의생활은 유행과 동질화에 대한 욕구로부터 얼마나 자유로울 수 있고 가족경제에 과잉 부담을 주지 않을 수 있는지 고민해 봐야 한다. 의복을 통해 얻을 수 있는 자기만족과 의복을 통해 드러나는 정체성 그리고 의복을 둘러싼 가족구성원들 간 자원배분 사이에서 균형을 잡는 것이 쉽지 않은 시대이다. 그럼에도 불구하고 경제적 여력에 따른 의생활의 선택폭이 넓어졌을 뿐 아니라 타인의 의복에 대한 사회적 시선 역시 관대해진 것이 사실이다. 이는 의생활 문화 역시 탈근대의 특성에 걸맞게 다양성과 실용성 그리고 독자성을 확보하고 실천하는 방향으로 변화하고 있음을 시사한다.

7장

식생활 문화와 가족

배고픔을 느낄 때 음식을 찾는 것은, 생존을 위한 본능이다. 식욕은 수면욕 및 배설욕 등과 더불어서 그 자체로서 인간이 갖는 가장 기본 단계의 욕구이지만(Maslow, 1943), 식욕을 다시 세분화하면 허기를 충족하려는 욕구로부터 시작하여 순차적으로 상위단계의 욕구들이 생겨난다. 즉 먹거리가 부족하던 시절에는 허기를 채우려는 기본적 단계(1단계)에 머물렀지만, 굶을 걱정을 하지 않게 되면서 맛있는 음식을 찾아 미각의 즐거움을 느끼려고 하고(2단계), 영양학적 균형을 고려하여 염분이나 당분 혹은 포화지방 등을 절제하는 식단을 추구하게 되었으며(3단계), 또한 유전자 변형식품이나 인스턴트식품을 피하고 가격이 다소 비싸더라도 건강하게 키운 식품을 선택하려는 경향(4단계)을 보이게 되었다. 뿐만 아니라 이국적 음식들을 통해 다양한 문화를 맛보려는 욕구들(5단계) 또한 생겨났다(박명희 외, 2006).

식생활 문화란 인간이 식욕을 충족하기 위해 먹을 수 있는 재료를 찾아내고 먹을 수 있도록 가공하여 섭취하는 과정에서 시행착오를 겪으며 전승되어 온 삶의 양식이다. 단순히 생명 유지뿐 아니라 심신의 건강과 연관된 식습관, 식사와 관련된 사회적 관계, 그리고 각 사회마다 독특하게 개발되고 전승되어 온 음식의 상징성 등을 모두 식생활 문화로 포괄할 수 있다. 음식은 문화를 읽는 하나의 상징 코드여서, 식생활을 통해 해당 사회의 구성원이 중시하던 관심사 및 의식을 파악하는 것이 가능하다(정혜경, 2015).

1. 구미와 인접국의 식생활 문화

인류는 먹거리를 쉽게 구할 수 있는 지역을 중심으로 모여서 살아왔다. 이는 해당 지역에서 가용한 자원을 활용한 음식이 발달하였음을 의미한다. 바닷가 지역에서 수산물 중심의 음식이 발달하고 산이 많은 지방에서 나물류가 발달하는 것은 자연스러운 현상이다. 또한 먹거리가 풍부한 지역에서는 천연재료 그 자체로서 맛있는 것을 택하여 그대로 섭취하는 반면, 먹거리가 빈약한 곳에서는 식재료를 가공하여 맛을 내는 방식과 양념이 다양하게 발달하였다. 그리고 부를 누리는 사람들이 모여 사는 지역에서는 화려하고 손이 많이 가는 음식이 발달하고, 서민들의 밀집지에서는 가진 재료가 빈약하고 조리시간을 충분히 할애할 수 없으므로 소박하고 거친 음식들이 많다.

삶의 경험이 축적되는 과정에서 형성된 의식이, 해당 사회의 음식 및 식사도구와 그릇에 반영된다. 음식의 발달이 먼저이고 음식에 맞추어 식사도구와 그릇이 발달한 것인지 역으로 해당 지역에서 만들 수 있는 식사도구의 발달에 따라 그에 적합한 음식이 발달한 것인지, 인과관계의 방향성은 명확하지 않다. 어떻든 인도처럼 손을 사용하는 문화권에서는 손으로 먹기에 적합한 음식이, 포크와 나이프를 주로 사용하는 서구 문화권에서는 먹기 전에 잘라야 하는 음식이, 일본과 중국 등 젓가락을 사용하는 문화권에서는 국수처럼 젓가락으로 건져서 먹는 음식이, 그리고 젓가락 못지않게 숟가락이 중요한 한국에서는 숟가락으로 떠먹는 국물요리가 발달하는 등, 해당 사회의 음식과 식사도구는 상호성을 지닌다.

식사예절 역시 사회마다 차이가 있다. 예를 들면, 한국에서는 밥그릇과 국그릇을 모두 상에 놓은 채 젓가락과 숟가락을 사용해서 음식을 입으로 가져가는 것이 예의이지만, 일본에서는 밥그릇을 손에 들고 젓가락을 사용해서 먹으며 국그릇은 입에 가져다 대고 마신다. 그런데 중국에서는 국그릇과 접시를 식탁에 놓고 먹는 반면 밥그릇을 손에 받쳐 들고 먹되 입에 대지는 않는다. 또한 유럽인들은 왼손에 든 포크로 음식을 찍어 고정하고 오른손에 든 나이프로 음식을 잘라서, 왼손의 포크로 집어먹는 것을 예의로 여긴다. 한편 미국에서는, 편의상 왼손의 포크와 오른손의 나이프로 음식을 한꺼번에 다 자르고 난 후 포크를 오른손으로 옮겨들고 음식을 집어먹기도 한다. 그렇지만 서구인들도 햄버거 및 샌드위치와 피자 등은 손으로 집어 들고 먹는다. 이처럼 음식의 형태와 식사도구 그리고 식사예절은 상호 밀접하게 연관되어 있으므로, 이들 중 어느 한 가지만을 따로 떼어서 선진 문화와 후진 문화로 구분하여 평가할 수는 없다. 각 사회의 식생활 문화를 총체적으로 이해하고 존중하는 것은 문화 상대주의적인 입장으로서, 민족과 민족 간 이해의 폭을 넓히는 데 있어서 중요하다(김정준, 2019).

1) 유럽의 식생활 문화

유럽은 여러 나라들로 이루어져 있고, 각 나라들이 처한 자연 환경뿐 아니라 역사적 배경 역시 상이하다. 다만 유럽의 나라들은 빵과 육류 중심의 음식으로서 포크와 나이프를 사용한다는 점에서 아시아 지역과 구별되고, 또한 격식을 중시한다는 점에서 실용성 위주인 북미의 식사문화와 차이를 보인다.

유럽의 음식은 목축을 통한 고기와 젖, 밀을 주재료로 만든 빵, 잼이나 마아말레이드 등의 과일 저장식, 그리고 맥주 및 포도주와 차 등으로 대표된다. 역사적으로 농업을 주로 하던 그리스 및 로마의 빵과 채소 및 포도주와 치즈가 식재료의 중심을 이루다가, 게르만족이 유럽의 중심 세력이 된 이후엔 육류를 중심으로 한 식재료에 버터와 맥주 등을 먹었는데, 기독교화 과정에서 다시금 빵과 올리브유 및 포도주 문화로 회귀하면서 육류와 빵의 조화 그리고 포도주 문화와 맥주 문화의 융합이 일어난 것으로 전해진다(맛시모 몬타나리, 2001).

먹거리가 넉넉지 않고 조리법이 발달하지 않았던 시기의 유럽에서 정제된 밀을 주재료로 한 부드러운 식감의 '흰 빵'과 신선육은 소수의 상류층만 누릴 수 있는 호사였고, 농민과 하인에겐 채소 위주의 식사와 저장육 그리고 '검은 빵'이 주어졌었다. 오늘날 거친 곡류로 만든 '검은 빵'이 건강식으로서 선호되는 바와는 다른 시절이었다. 한반도에서 쌀이 귀하던 시절에 흰쌀밥은 부의 상징이고 잡곡밥은 가난한 집안에서 먹던 음식이었는데, 오늘날 잡곡밥이 건강식으로서 각광을 받는 것도 이와 마찬가지이다.[19] 유럽 전역에 육식이 보편화된 것은 흑사병으로 인해 인구가 감소되어서 실질 임금이 상승된 14세기부터이고, 다시금 인구가 증가해서 자원이 부족해진 16세기엔 육류 대신 빵 소비가 증가했으며 대체 작물로서 쌀과 메밀, 옥수수, 감자 등이 재배되어 식재료로 활용되었다(맛시모 몬타나리, 2001). 중세 이전에는 주로 굽거나 물에 삶는 등의 단순한 요리 방식을 취했으나, 르네상스기(14-16세기)에 이르러 건조 및 훈제 그리고 염장(鹽藏) 및 당장(糖藏) 등의 저장법이 발달한 것으로

---

19) 1970년대에도 쌀 부족 상황을 해소하기 위해서 잡곡을 많이 섞어서 밥을 짓거나 빵을 먹도록 하는 혼·분식 장려정책이 실시되었다. 그래서 학교에서는 학생들의 도시락에 잡곡이 충분히 섞였는지 여부를 검사하곤 했다.

알려져 있다(맛시모 몬타나리, 2001). 또한 17세기 이래로 포도주와 맥주 외에도 증류주와 커피, 차 그리고 초콜렛 음료가 보급되었다(맛시모 몬타 나리, 2001).

(1) 남유럽

이탈리아와 스페인 등 지중해 연안의 국가들을 남유럽으로 분류하는 데, 이들 지역은 지중해성 기후에서 자라는 산물 특히 올리브를 활용한 요리를 발달시켰다. 그리고 아랍 등지로부터 레몬과 오렌지, 샤프란, 후 추 등을 받아들여서 다양한 요리법을 개발했다. 올리브유에 새우와 마 늘 그리고 고추를 함께 넣어 끓여먹는 감바스와 샤프란을 넣어 해물볶 음밥과 유사하게 만든 빠에야 등은 한국에도 잘 알려져 있는 스페인의 음식이다. 또한 파스타를 비롯한 이탈리아 음식은, 오늘날 한국의 젊은 이들 사이에서 그리고 중년 여성들의 낮 모임에서도 자주 선택되는 식 사메뉴이다.

이탈리아는 남북으로 긴 장화 모양이므로 남쪽의 지중해성 기후와 북 쪽의 대륙성 기후 등 다양한 기후 조건으로 인해 식재료 또한 다양하다. 게다가 19세기에 이르러서야 통일이 되었으므로, 음식 역시 지역별로 다양하게 발전했다. 알프스와 고원지대를 끼고 있는 북부 이탈리아는 육 류와 버터 및 크림소스 등의 고열량 음식이 발달했고, 밀라노 인근에서 는 리조토가 특산 음식으로 발달했다. 그리고 북부에 위치하면서 물의 도시로 알려져 있는 베네치아에서는, 모시조개를 주재료로 한 봉골레 파 스타가 발달하였다. 한편 나폴리로 대표되는 남부 이탈리아는, 어업 지 역이고 올리브와 포도의 산지여서 해산물과 조개류 그리고 지중해 작물 인 올리브를 주 식재료로 사용하며, 남미로부터 들여온 토마토를 활용한 음식이 많다. 전 세계적으로 이탈리아 음식을 대표하는 파스타와 화덕피

자 그리고 와인이 발달된 대표 지역이, 남부 이탈리아이다.[20]

면발을 포크로 끼워 올려서 포크의 머리 부분을 접시 가장자리나 숟가락에 대고 시계 방향으로 돌려 말아서 입으로 가져가는 것이, 스파게티류의 파스타를 먹는 올바른 식사법으로 알려져 있다. 포크를 시계 반대방향으로 돌리는 것은 불운을 가져온다는 속설이 있어서, 이탈리아 사람들 사이엔 금기로 여기는 문화가 있다.[21] 한편 이탈리아의 음식 나눔 문화로서 '피자의 날'이나 '카페 소스페조'에 주목할 필요가 있다 (Kostioukovitch, 2010). 이는 커피 5잔 값을 지불하되 자신은 한 잔만 마시고 나머지는 돈이 부족한 사람들이 마실 커피값으로 적립해 두거나, 피자 3판에 해당하는 값을 지불하되 자신은 한 판만 먹고 나머지는 가난한 사람들에게 먹을 기회를 주도록 남겨두는 등의 방식으로 덜 가진 타인에 대한 배려를 실천하는 문화이다. 우리 사회의 일각에서도 이와 유사하게 일상에서 나눔을 실천하려는 노력들이 있다. 그러한 시도가 카페 소스페조를 경험한 사람들이 들여 온 문화전파의 결과인지 아니면 우리 사회에서 자생적으로 생겨나고 있는 것인지 알 수 없으나, 더불어 살아가는 공동체 사회를 향한 바람직한 문화적 시도임에 틀림이 없다.

(2) 서유럽

전 세계적으로 미식요리를 대표한다고 여겨지는 프랑스의 요리는, 16세기 전반 이탈리아 피렌체 가문의 딸 카트린느 드 메디시스가 프랑스

---

20) https://terms.naver.com/entry.naver?docId=3579890&cid=59045&categoryId=59045
https://terms.naver.com/entry.naver?docId=2805399&cid=42807&categoryId=55604
http://chomns.cafe24.com/food/main02-01.html
21) http://chomns.cafe24.com/food/main02-01.html

의 앙리 2세와 결혼한 것을 계기로 하여 이탈리아의 요리법을 들여오면
서 시작되었다(쓰지하라 야스오, 1999). 특히 루이 14세가 통치했던 18세
기, 왕실의 식탁은 화려함의 극치를 이루었다. 그러다가 프랑스 대혁명
이 일어나서 왕권이 와해되자, 왕실 요리사들이 밖으로 나와서 고급 레
스토랑을 열게 되었고 새로이 상류 사회를 구성하게 된 시민계급에서
정교한 요리를 향유하기 시작했다(쓰지하라 야스오, 1999).

　프랑스는 지리적으로 바다에 면함으로 인한 해양성 기후와 대륙의 한
끝에 있는 평지로 인한 대륙성 기후 그리고 유럽의 남쪽 지중해와 가까
움으로 인한 지중해성 기후를 두루 갖추고 있어서, 다양한 식재료를 활용
하기에 적합하다. 아침식사용으로 식탁에 오르는 초승달 모양의 크루아
상과 바게트 빵은 전 세계적으로도 널리 보급되어 있다. 미식의 나라답게
긴 시간에 걸쳐서 저녁식사를 푸짐하게 하는 전통을 지켜오고 있는데, 다
양한 종류의 치즈와 더불어 보르도 지방의 적포도주 및 알자스 지방의
백포도주, 프로방스의 분홍색 포도주 그리고 상파뉴의 스파클링 와인 등
이 유명하다. 1900년부터 시작해서 매년 봄마다 출간하는 <미슐랭 가이
드>에서 요리와 서비스의 수준을 심사해서 주는 별점은, 전 세계 음식
점과 요리사들의 꿈이기도 하고 자부심이기도 하다.[22] 프랑스는 과자와
빵 종류도 발달했으므로 세계 각지로부터 파티셰(patissier)를 꿈꾸며 유학
을 떠나오기도 하고 '르꼬르동 블루' 등과 같이 프랑스식 제빵과 제과 및
와인을 가르치는 교육기관이 전 세계에 지사를 두고 있는데, 한국도 예외
가 아니다. 특히 프랑스의 와인문화는 한국에도 자리를 잡아서, 치즈와
과일을 안주로 하여 와인을 즐기는 모습이 드물지 않고 심지어 와인에
대해 배우고 즐기며 서로 어울리는 와인 모임이 일종의 사교문화로서 보
급되고 있다.

---

22) https://terms.naver.com/entry.naver?docId=2805402&cid=42807&cat
　　egoryId=55604

한편 영국은, 프랑스와 달리, 비교적 서늘한 기후로 인해 감자 농사
가 발달했다. 영국의 음식은 프랑스 요리의 섬세함과 달리 자연스러움
을 강조하는데, 스튜나 파이와 팬케이크 그리고 으깬 감자 등이 주를
이룬다. 다만 영국의 아침식사(English breakfast)는 소시지와 달걀, 훈제
청어와 토마토, 베이컨과 달걀, 그리고 과일주스와 시리얼 등으로서, 빵
과 커피 위주로 먹는 유럽 대륙의 아침식사(continental breakfast)보다
풍성하다. 한편 영국은 차(tea)가 발달해서, 점심과 저녁 사이의 식간에
티타임을 갖는 특징이 있다.[23] 오늘날 전 세계의 고급 호텔에서 차와
더불어 샌드위치와 케이크 및 마카롱 등을 다양하게 제공하는 '애프터
눈 티 세트'는, 영국식 식사문화이다.

(3) 기타 유럽 국가들의 식생활 문화

게르만 민족이 주류인 독일의 음식은 단순하고 검소한 것을 특징으로
한다. 소시지와 감자 그리고 맥주가 주인데, 특히 감자는 1800년대에 구
황작물로서 키우기 시작한 것으로 알려져 있다. 또한 쇠고기보다는 돼지
고기를 많이 먹는다는 점에서, 폴란드와 유사하고 서유럽이나 남유럽 국
가들과 다르다. 아침은 빵과 버터, 햄과 치즈, 그리고 삶은 계란을 먹고
커피나 홍차 및 우유와 주스 등을 마신다. 점심을 중요시해서 육류와 감
자 및 쌀과 국수 그리고 야채 등을 따뜻하게 조리해서 먹는데, 이러한 풍
습은 19세기 중반 산업화와 도시화 시기의 장시간 노동에 필요한 에너지
를 보충하려는 목적으로 시작해서 자리를 잡은 것으로 알려져 있다.[24]
한편 스칸디나비아 3국으로 불리는 북유럽의 나라들은, 추운 기후와

---

23) https://terms.naver.com/entry.naver?docId=2805406&cid=42807&cat
    egoryId=55604
24) https://terms.naver.com/entry.naver?docId=2805403&cid=42807&cat
    egoryId=55604

산성 토양이라는 자연 환경으로 인해 수온이 낮은 바다에서 자라는 청어와 연어 그리고 그 지방의 순록을 재료로 한 음식들로 대표된다. 그리고 해로를 통해 유럽의 각지로 진출하였던 바이킹들이 고향에 돌아왔을 때 육류와 치즈 및 해산물로 풍성한 식탁을 원했던 데서, 뷔페(buffet)의 전통이 시작되었다고 알려져 있다. 북유럽을 여행하는 패키지 상품에 선상 뷔페가 끼워져 있는 것은, 이러한 전통에 근거한다.[25] 뷔페식 식사법은 우리 사회에도 소개되었는데, 음식의 선택 폭이 넓어서 여러 사람이 각자의 취향에 맞게 즐길 수 있다는 장점으로 인해 널리 활용되고 있다.

2) 북미의 식생활 문화

역사와 전통이 길지 않은 미국과 캐나다는 자체적으로 음식을 발달시켰다기보다는, 유입된 여러 민족의 모국 음식들이 모자이크처럼 조합되어 이루어졌다고 봄이 타당하다. 구체적으로는 신대륙 발견 이전의 원주민들(American Indian)이 먹던 음식과 더불어 초기 식민세력인 스페인과 프랑스 및 영국의 음식, 이민자들로서의 독일과 유태계 및 이탈리아의 음식, 그리고 아시아의 음식 등이 섞여서 변형되기도 하면서 토착화되었다. 독일에서 들여온 햄버거와 핫도그, 이탈리아로부터의 파스타와 피자, 그리고 아프리카에서 노예로 팔려온 흑인들이 들여왔다는 바비큐 역시, 오늘날 북미 전역에서 보편적인 음식들이다. 뿐만 아니라 옥수수와 호박, 토마토, 칠면조, 블루베리, 땅콩 등의 신대륙 작물에 유럽의 조리법을 직용해서, 북미의 식생활 문화가 만들어졌다. 칠면조 구이와 으깬 감자, 그리고 크랜베리 소스와 호박파이 등 추수감사절의 가족 모임에 등장하는 대표적 음식들이 그 예이다. 그리고 해안지역에서 많이 먹

---

25) https://m.blog.naver.com/PostView.naver?isHttpsRedirect=true&blogId=scandicplaza&logNo=130156112084

는 클램 차우더(clam chowder)는 북동부의 대서양 연안에 이주했던 청교도들이 그 지역에서 흔히 구할 수 있던 조개를 활용하여 만들어 먹기 시작한 것이다.[26] 요즘도 미국 동부의 해안가 마을에는 클램 차우더를 주 메뉴로 하는 음식점들이 많다.

미국은 비옥하고 광대한 토지와 광범위한 기후권역 덕분에 다양한 농산물이 생산되고 낙농업이 발달하였다. 또한 삼면이 바다로 둘러싸여 있어서 해산물과 수산물 자원 또한 풍부하다. 게다가 도로와 물류 마케팅이 발달해서 남미의 식재료까지 자유롭게 확보할 수 있다. 이처럼 다양하고 풍부한 식재료를 구할 수 있는 환경 그리고 이민자들로 구성된 다인종 국가라는 점은, 여러 국가들로부터 다양한 음식이 유입되고 보편화될 수 있는 토대가 되었다. 그래서 특정한 이민자들의 비중이 높은 지역에는 그들이 떠나온 모국의 음식 특성을 지닌 식생활 문화가 자리를 잡았다. 히스패닉 인구의 비중이 높은 캘리포니아 지역에는 타코, 나초, 또띠아, 화히타, 부리토 등의 중남미 음식들이 많고, 유태인들이 많이 활동하는 뉴욕에는 베이글이나 훈제연어 및 크림치즈 등의 음식들이 많은 것이 그 예이다.

미국인들의 끼니는 오트밀이나 시리얼 혹은 빵과 오믈렛 및 베이컨에 우유나 주스 및 커피를 곁들인 아침식사와, 햄버거나 핫도그 혹은 샌드위치 등 걷거나 운전하면서도 편하게 먹을 수 있는 점심식사, 그리고 스테이크 및 굽거나 튀긴 생선에 빵과 감자 그리고 야채와 수프를 곁들여 먹는 저녁식사로 구성된다. 미국 식생활 문화의 특징으로서, 20세기 후반 패스트푸드의 보급과 더불어 차에 탄 채 음식을 주문하고 받아서 떠나는 드라이브 인(Drive in) 및 드라이브 쓰루(Drive through) 그리고 음식을 주문해 놓았다가 포장된 상태의 음식을 받아서 떠나는 테이크아

---

26) https://terms.naver.com/entry.naver?docId=2805415&cid=42807&categoryId=55604

웃(Take-out) 방식의 확산을 들 수 있다. 또한 햄과 치즈를 끼우거나 땅콩버터와 젤리를 바른 샌드위치를 갈색 종이봉투(brown bag)에 넣어 가지고 다니며 회의나 강의 중에 먹는 것도, 미국식 점심식사 문화이다. 미국은 개척과 근면 정신을 토대로 발전해 온 경쟁 위주의 성취사회이 므로, 식사시간을 아껴서 일에 투자하자는 움직임이 식사문화에 영향을 미쳤다고 볼 수 있다. 식당에서 먹고 남은 음식을 싸서 가지고 가는 것 역시 실용성을 중시하는 미국의 대중식당에서 흔한 일이어서, 남은 음 식을 포장해가는 봉지를 '더기 백(doggy bag)'이라고 부르기도 한다.

미국은 이민자들의 모국 음식들을 받아들여서 음식문화의 다양화를 이 루었을 뿐 아니라, 미국 내에서 보편적인 음식과 식사문화를 전 세계로 확산시키고 있다. 선진 문물이 여타 국가들로 전파되는 경로를 따라서, 식생활 문화 역시 매우 빠르게 퍼져나갔다. 강대국으로서의 미국이 가지 고 있는 영향력이 음식세계에도 적용된 것이다. 그래서 전 세계는 미국발 패스트푸드와 드라이브 인(drive-in) 및 드라이브 쓰루(drive-through) 그리고 테이크아웃(take-out) 시대를 살고 있다. 코로나 감염병의 급격한 확산 및 장기화로 인해, 이처럼 간편한 방식으로 음식을 구입하고 개별적 으로 식사하는 문화는 더욱 확산되고 자리를 잡을 전망이다.

한편 미국의 대표 음식들은 고칼로리 위주여서 기름지고 달다는 것을 특징으로 한다. 신대륙을 개척하느라 육체적 활동이 많았던 시기엔, 소 모된 열량을 보충하느라 고열량·고단백 음식이 필요했을 것이다. 그런 데 육체적 활동량이 예전 같지 않은 오늘에까지도 그러한 식사전통이 이어져서, 미국은 비만으로 인한 문제에 직면해 있다. 그래서 지방과 소 금과 설탕을 비만의 주범으로 보고 핫도그와 햄버거와 피자 그리고 콜 라 및 아이스크림 등을 정크 푸드(junk food)로 지정하여, 범사회적으로 식단을 바꾸려는 노력을 하고 있다. 그 틈새에서, 상대적으로 지방이 적고 야채와 신선한 생선을 활용하는 아시아의 요리가 환영을 받고 있다.

한편 차(茶) 문화가 발달한 유럽과 달리, 미국인들은 커피를 많이 마신다. 영국 정부의 식민지 간섭에 대한 저항으로서 동인도회사의 선박에 실려 있던 차 상자들을 바다로 던져버렸던 보스턴 차 사건(1773년)이 계기가 되어, 영국으로부터 독립한 이후에도 차보다는 커피를 주로 마시는 전통이 확립된 것으로 알려져 있다.[27]

3) 중국의 식생활 문화

중국은 광대한 토지의 다양한 지형과 다양한 기후 그리고 다양한 문화적 전통을 지닌 소수 민족들이 공존해 온 다민족 국가이다. 이는 다양한 재료를 폭넓게 사용하여 풍성하고 다양한 식생활 문화를 만들어낸 배경이 되었다. 원나라와 명나라 및 청나라의 수도였고 문화의 중심지였던 북경은 궁중요리를 발달시켰고, 양자강을 끼고 있는 상해에서는 생선류를 중심으로 한 요리가 발달하였으며, 흐리고 습한 기후를 지닌 사천 지역은 매운 향료나 양념을 많이 쓴 자극적 요리를 발달시킨 반면, 16세기 이래 외국 선교사 및 상인들의 왕래가 빈번했었던 광둥 지역에서는 전통과 서구의 요리를 결합한 음식이 발달하였다(푸드 칼럼, 2017). 상해 요리가 자연환경의 이점으로 인해 쉽사리 구할 수 있는 음식재료의 특성을 살린 반면, 사천 요리는 음식 보존이 불리한 기후의 특성을 상쇄하기 위해 향료와 양념을 많이 활용한다. 왕족과 관료가 모여 살았던 북경이 고급요리를 발달시켰고, 외국인과의 접촉이 잦았던 광둥 지역이 퓨전 음식을 발달시킨 것 역시, 자연스러운 일이다.

중국의 식생활 문화에서 주목할 점은, 음양의 조화 그리고 차 문화이

---

27) https://ceaser5712.tistory.com/144

다. 음과 양이 서로를 보충하여 균형과 조화를 이루어야 하는 것으로서
보았던 점은 한의학과 맥을 같이 한다. 기름을 많이 사용하는 중국 음
식에 기름기를 제거해 주는 차를 함께 마시는 문화가 발달한 것도, 이
러한 차원에서 이해할 수 있다.

중국은 전 세계에 이주한 화교들을 통해서 중국요리를 각 지역의 취
향에 어울리는 방식으로 변형시키면서, 중국풍의 음식을 전 세계에 확산
시키고 있다. 한국에 정착한 화교들은 한국식 중국음식을 개발했는데,
짜장면과 짬뽕 등을 예로 들 수 있다. 그리고 미국에 정착한 화교들은,
미국인의 입맛과 식사습관에 맞도록 맛과 간을 조절하고 종이 상자에
넣어 테이크아웃이 가능하도록 변형한 미국식 중국음식을 정착시켰다.

4) 일본의 식생활 문화

일본 음식은 식재료를 중심으로 몇 가지 특징을 지닌다. 첫째, 일본은
난류와 한류가 마주치는 지역에 위치한 섬나라로서 수산국이므로, 생선
요리를 대표음식으로 한다. 생선회는 자연 본래의 맛을 중히 여기는 '자
연존중 정신'에서 유래했다고 한다. 일본의 생선요리는, 생선의 몸통을
횟감이나 구이용으로 생선의 머리를 조림이나 튀김으로 그리고 생선뼈를
우려서 국물 요리로 만드는 등의 방식으로, 버려지는 부분이 없게 한다는
점이 특징이다. 둘째, 사계절이 분명한 기후의 특성을 살려서 제철 야채
를 활용한 식생활 문화를 발달시켜 왔다. 그리고 셋째, 일본은 2,000년
전 쌀 재배법을 도입하여 주곡으로 삼았고 에도시대(1603-1867)에 이르
러 제철 채소와 생선 및 여러 해산물에 쌀밥을 조화시킨 요리를 완성시
켜서 보급해 왔다(Web-Japan, 2017). 한편 일본의 서부와 동부는 수산물
이 다를 뿐 아니라 토양이 달라서 야채도 다르므로, 음식의 전통 역시 다

르다.

일본은, 외국의 음식을 그대로 들여오지 않고 자국민의 입맛에 맞게 변형하여 토착화시키는 경향이 강하다. 영국을 통해 수입된 인도 카레를 되직한 일본식 카레로 변형시켜서 밥 위에 얹어먹는 카레라이스를 개발한 것은 대표적 예이다. 또한 스페인과 포르투갈의 튀김 기술에 기름을 사용하는 채소요리법을 결합하여 덴푸라를 만들었으며, 독일과 오스트리아 및 체코 등지의 슈니첼을 약간 변형하고 일본식 간장과 물엿 소스를 곁들여 돈까스(pork cutlet) 및 비후까스(beef cutlet) 등의 일본 경양식으로 만들어냈다(Web-Japan, 2017). 일본의 경양식 요리는 한국에도 이식되어, 1980년대 젊은이들 사이에서 유행했었고 그들이 중년에 이른 오늘날 그들 세대가 기억하는 추억의 맛집으로 남아있다.

한편 일본은 고유의 전통음식이든 외국의 것을 변형시켜 일본화한 음식이든, 해외로 전파할 때엔 현지의 입맛에 맞출 수 있는 방식으로 절충해서 현지화시키고 있다. 세계인들의 입맛에 맞추면서 일본의 색을 입힌 음식이라는 물질문화의 전파에 곁들여서, 일본의 비물질문화를 전세계에 효과적으로 전파하고 있는 것이다.

농경을 중심으로 한 사회로서 밥을 주식으로 한다는 점에서, 일본은 한국과 유사하다. 그러나 밥을 섞어 비비거나 여럿이 한 그릇을 공유하여 같이 떠먹지 않는다는 점에서, 한국의 집단주의 전통과는 색채가 다르다. 서로 고민을 나누기보다는 자신 안에 가두고 주변에 민폐를 끼치지 않는다는 일본 문화의 특징이, 개인 단위의 식사습관으로 나타난 것으로 볼 수 있다.

2. 한국의 식생활 문화

신석기 시대 중기부터, 한반도에서도 정착 농경이 시작된 것으로 추정된다. 삼한시대에 중국으로부터 보리가 전파되었고, 삼국시대에 저장기술과 양조기술이 발달하면서 곡류나 채소 및 어패류를 활용한 저장발효 음식이 개발되었으며, 통일신라에 이르러 쌀 중심의 곡류 농업이 확대되면서 떡 종류와 강정 및 유밀과 등을 만들어 먹기 시작한 것으로 알려져 있다(김정준, 2019). 또한 고려시대 숭불(崇佛)사상으로 인해 육식을 절제하는 대신 채식과 사찰음식 그리고 정과류와 차 문화가 발달했고 면요리가 등장했다(김정준, 2019). 그러다가 조선시대의 배불숭유(排佛崇儒) 정책과 더불어서 불교에서 즐겨마시던 차 문화가 쇠퇴하고, 숭늉 및 화채 그리고 약주와 탁주 및 소주 등의 술 문화로 대체되었다(김정준, 2019).

1) 한국의 환경과 식생활 문화

한국은 국토가 넓지 않음에도 불구하고 땅이 남북으로 길어서 남쪽과 북쪽 간에는 상당한 정도의 기후 차이가 있다. 그래서 온난한 남쪽 지방은 음식이 상하기 쉬우므로 염장 음식이 발달한 데 비해, 추운 기후로 인해 음식이 덜 상하는 북쪽 지방에선 음식의 간을 싱겁게 한다. 뿐만 아니라, 삼면이 바다여서 해산물을 활용한 식생활 문화가 발달했다. 사시사철이 뚜렷하되 쌀을 비롯한 대부분의 농산물을 1년에 한 번만 수확할 수 있는 기후 조건 그리고 땅이 넓지 않아 육류가 부족했던 지역적 특성이 한국의 음식문화에 녹아있다.

한국의 전통 식생활 문화는 몇 가지 특징으로 대변된다. 우선 첫째,

신분에 따른 서열이 뚜렷한 유교사회였으므로 궁중과 반가 그리고 서민의 음식문화 사이에 차별이 존재하고 한 집안에서도 가부장적 서열에 따른 식사습관이 뚜렷하다. "생선을 뒤집어 먹으면 집안이 뒤집힌다"던 속설은, 성별과 장유(長幼) 그리고 신분에 기초한 위계에 따라 순서대로 식사를 하던 시절이었으므로 생선의 윗면만 먹고 아랫면은 다음에 먹을 사람들을 위해 남겨두라는 배려의 의미였다. 둘째, 여름이 고온다습하고 겨울이 냉량 건조한 기후는 쌀농사에 적합했으므로 밥이 주곡이 되었고, 산이 많은 지형이므로 산채 음식이 발달했다. 셋째, 일 년에 한 번만 농산물의 수확이 가능한 기후의 특성상 저장발효법과 염장법 및 건조법이 발달했는데, 이는 김치와 장류 등 발효식품과 염장 및 건조생선이나 미역과 다시마 혹은 김 등과 같은 건조수산물의 발달로 이어졌다. 그리고 넷째, 영토가 넓지 않아서 육류가 풍부하지 않았던 지역적 조건으로 인해, 소는 농사를 위해 중요한 일꾼이었고 닭은 정기적으로 달걀을 낳아주므로 항상성이 있는 자원이었다. 그래서 장모가 사위를 위해 "씨암탉을 잡아준다"고 하던 얘기는 그만큼 귀한 것을 대접한다는 의미로 해석된다. 반면, 집에 풀어놓고 키우던 개는 비교적 쉽게 구할 수 있는 단백질원으로서 활용되었다. 오늘날의 개고기 및 개소주는 이러한 배경에서 발달한 음식문화이다.

2) 한국 음식의 상징성

한국사회에서 중시해 온 가치를 음식과 식사전통에서 찾을 수 있다. 우선 첫째, 육체 노동을 하던 전통 사회의 특성이 밥을 중심으로 "아침을 든든하게 먹는다"는 식사전통으로 나타났다. 고열량의 육류를 충분히 섭취할 만한 환경이 아니었으므로, 그 대신 곡류를 많이 먹음으로써 에너지원을 보충하는 방식이었을 것이다. 둘째, 섭산적과 타락죽 등과 같이 치아와 소화기가 부실한 노인들을 배려한 음식들은 노인 공경을 강조해 온 사회적 맥락과 맞닿는다. 셋째, 한국의 식생활 문화에서 중시되는 것은 발효음식들이 상징하는 '기다림'의 미학이다. 김치를 필두로 하여 장류와 젓갈류 그리고 절임류 등으로 대표되는 발효음식들이 많은데, 이들은 만들어서 금방 먹을 수 있는 것이 아니고 상당한 기간 동안의 숙성과정을 필요로 한다. 넷째, 한국의 전통음식은 곡류 즉 밥을 중심으로 한다는 점에서 일본과 유사하지만, 섞음과 조화를 특징으로 한다(정혜경, 2015)는 점에서 하나씩 젓가락으로 집어서 개별적으로 먹는 일본 음식과 구별된다. 그 예로서 비빔밥과 탕평채 및 잡채와 구절판 등이 거론된다. 비빔밥은 동물성과 식물성 재료가 섞이고 음양과 오행이 조화를 이룬 음식으로서, 개성이 다른 재료들이 섞여서 공동선에 이를 수 있다는 의미로 해석된다. 또한 구절판은 오색(청, 적, 황, 백, 흑)과 오미(신맛, 쓴맛, 단맛, 매운맛, 짠맛)를 지닌 음식들을 고루 모아서 동시에 먹는 것이어서 조화의 미를 지닌 음식으로 여겨진다. 이들은 '나'보다 '우리'를 중시하고 함께 어울림을 중시해 온 집단주의 전통과 맥이 닿는다.

3) 한국의 술 문화와 집단주의

집단주의 전통이 음식과 함께 녹아있는 것이, 한국의 술 문화이다. 곡주를 빚어서 이웃과 음식을 나누면서 곁들여 마시는 반주의 의미로서 발달해 왔기 때문이다. 이처럼 농경사회에서 이어져 온 이웃 간 음식과 술 나누기가, 산업 사회에 이르러 회식문화로 발달했다. 같이 밥을 먹고 술을 마시고 가무를 즐기는(노래방) 과정을 통해서, 감성과 연대의 공동체 가능성을 타진하고 연대감을 확인하는 것이다(박재환, 1999).

한국의 전통주는 곡물에 누룩을 섞어 곰팡이에 의해 발효시킨 것에 밥을 지어 넣어 다시 발효시키는 과정을 거쳐서 만들어진다. 농본 사회였으므로 술의 주재료로서 쌀이 사용되었던 것은, 포도가 많이 나는 나라에서 포도주가 발달한 것과 마찬가지로, 자연스러운 일이었다. 술을 거르는 정도에 따라, 술의 빛깔이 뿌연 상태인 것은 탁주이고 맑은 색이 나도록 거른 것은 청주이다. 의례에는 청주를 사용하지만, 일상적으로는 "술 찌꺼기를 막 걸렀다"는 의미에서 막걸리라 불리는 탁주를 보편적으로 마신다.

전통 사회는 절기에 따라 술을 빚고 해당 시기의 특성을 붙여서 술의 이름을 지었다. 청명일에 빚는 청명주, 배꽃 필 무렵에 빚는 이화주, 차례 상에 올리는 햅쌀주 등이 그 예이다. 오늘날에는 각 지역의 특산물을 첨가하기도 하는데, 그 예로서 잣 막걸리 혹은 땅콩 막걸리 등을 들 수 있다. 뿐만 아니라 꽃이나 잎을 첨가하여 발효시킨 술로서 매화주나 국화주 혹은 머루주나 복분자주 등, 한국 술의 지평을 넓히려는 시도도 호평을 얻고 있다.

그런데 술을 낭만과 등치시켜 온 우리 사회는, 과도한 음주로 인한 문제들로부터 자유롭지 않다. 술은 적당한 수준으로 마실 경우엔 대인관계를 부드럽게 풀고 가족 안에서도 부부간의 낭만적 분위기를 살리는 데 도움을 주는 순기능이 있으나, 음주량을 조절하지 못함으로 인한 건강상의 문제나 대인관계상의 문제 그리고 가정폭력 가능성 등 수많은 역기능들이 존재한다. 따라서 우리 사회는 술에 대해 지나치게 관대해 온 문화를 수정해야만 하는 과업에 직면해 있다.

4) 지역별 음식과 식생활 문화의 수렴

(1) 지역별 음식

서울은 조선왕조 오백 년 동안의 도읍이었으므로 왕족과 양반이 모여 살던 곳이자, 오늘에 이르기까지도 전국 각지에서 생산된 여러 식재료가 모이는 곳이다. 따라서 고급스럽고 화려한 요리가 많으나, 지역적 특수성보다는 여러 지역을 아우르는 통합성이 두드러진다. 신선로와 구절판, 탕평채, 너비아니, 갈비찜, 전복초 등 비싼 재료를 쓰는 전통 음식들 그리고 설렁탕과 떡국이 서울의 대표 음식이다(김정준, 2019). 이들 중 설렁탕은 선농단에서 제사의식이 끝난 뒤에 제상에 올린 쇠고기로 국을 끓여 나눠 먹었던 데서 유래했다는 설이 있다. 반면 탕평채는 탕탕평평(蕩蕩平平)이라는 말에서 유래한 것으로서, 음과 양의 두 기운이 오행을 생성했다는 음양오행 사상을 기초로 하여 중앙과 동서남북을 아우른다는 의미를 지닌다(김정준, 2019).

경기도는 서쪽에 바다가 있고 또한 산과 강과 평야가 어우러져 있어서, 해산물과 농산물 그리고 산채가 고루 풍부한 지역이다. 여기에 고려의 도읍이었던 개성(개경)과 조선의 도읍이었던 서울(한양)을 품고 있어서, 궁중요리에 버금가게 손이 많이 가는 음식들이 발달할 수 있었다. 그래서 보쌈김치, 여주산병, 조랭이 떡국 등 정교하고 손이 많이 가는 음식들이 특산 음식으로서 발달했다(김정준, 2019). 한편 정조 때 수원화성을 건설하면서, 당시로서는 예외적으로 소의 도축을 허용한 것을 계기로 하여 수원지역에 우(牛)시장이 형성되었다. 그래서 오늘날까지도 수원의 왕갈비가 향토음식으로 자리를 잡고 있다. 또한 미군정 시기 의정부 지역에 주둔하던 미군 부대에서 쓰고 남은 햄과 소시지 등을 구하여 끓여먹었던 부대찌개가, 여전히 해당 지역의 특색 있는 음식으로 알려져 있다.

강원도는 동해에 접하고 태백산맥으로 이어지는 산이 많은 지형이어서, 옥수수와 감자 및 메밀 등의 잡곡과 산채 그리고 해산물이 많은 곳이다. 영서 지방인 산악과 고원지대는 밭농사가 발달하여 감자와 옥수수, 메밀, 도토리와 곤드레 등 산채(山菜)가 많았으므로 이들을 활용한 음식이 발달하였다. 감자옹심이와 칡국수, 메밀묵, 도토리묵, 막국수, 곤드레밥 등이 그 예이다(김정준, 2019). 또한 동해에서 잡히는 다양한 생선들을 활용한 음식들이 발달하였는데, 곰치국이나 도루묵찜과 황태국 등을 들 수 있다. 오징어순대는, 한국전쟁 때 함경도에서 내려온 실향민들이 돼지 막창이나 명태에 속을 채워 만들던 함경도 순대 대신 속초에서 쉽게 구할 수 있었던 오징어에 속을 채워 만들기 시작하면서, 속초지방의 토속음식으로서 자리를 잡았다. 그 외에도 한국전쟁 당시 강릉 일대의 젊은 남자들 중 상당수가 동부전선 전투에서 전사한 후 남편을 잃은 젊은 아내들이 생계를 위해 두부를 만들어서 장에 내다 팔았던 것을 계기로 하여, 초당두부가 강릉의 명물로 알려져 오고 있다. 초당두부는 다른 지역과 달리 간수 대신 바닷물을 부어 만드는 것을 특징으로 하는데, 1980년대 이래 이를 생계 수단으로 삼는 사람들이 많아져서 초당두부 마을이 형성되었다.

바다에 면하지 않고 육지로 둘러싸인 충청북도에서는, 해산물 대신 강 주변을 따라 맑은 민물에서 잡히는 올갱이(민물 다슬기)를 활용한 올갱이국이나 피라미를 튀겨서 매콤하게 조려낸 도리뱅뱅이, 그리고 민물고기를 활용한 매운탕과 찜이 발달하였다(김정준, 2019). 이와 달리 서산이나 당진 등 서해에 면한 충청남도에서는, 굴을 활용한 어리굴젓과 태안반도 등지의 게를 활용한 게국지 등이 향토음식으로 알려져 있다. 또한 금산과 부여 등 인삼재배를 많이 했던 지역에는, 보양식으로서 인삼과 민물고기를 주재료로 한 인삼어죽이 특산 음식이다(김정준, 2019).

넓은 호남평야와 서해를 끼고 있는 전라도는, 곡류와 해산물 등 식재료가 풍부한 지역이다. 특히 여러 종류의 음식들과 짜고 매운 젓갈들을 상위에 빼곡히 차려내는 것으로 유명하다. 전주는 조선왕조 전주이씨의 본관으로 고급 음식이 발달한 지역이며, 전주비빔밥과 콩나물해장국이 대표적인 토속음식이다. 전라남도 벌교의 꼬막과 영광의 굴비 그리고 영암의 세발 낙지가 유명하고 또한 여수 등지의 갓김치와 남원의 추어탕 등이 많이 알려져 있다. 추어탕은 섬진강 지류의 하천에서 잡은 미꾸라지를 재료로 만들어 서민층에서 즐겨먹던 음식이지만, 건강에 좋다고 알려지면서 남원에 추어탕 거리가 형성될 정도로 유명세를 타고 있다. 그리고 담양 지역엔 떡갈비와 더불어 대나무가 많은 토양과 기후의 특성을 살린 죽통밥이 멀리서부터 찾아가게 하는 음식이다.

경상도는 남해와 동해의 풍부한 어장을 끼고 낙동강을 품고 있어서, 싱싱한 생선과 곡류를 쉽게 구할 수 있는 지역이다. 영덕의 대게, 통영의 도다리 쑥국, 마산의 아귀찜, 포항의 과메기 등은 동남 해안의 수산물을 활용한 음식들이다. 영덕의 대게와 통영의 도다리는 신선한 채로 먹는 반면, 아귀찜과 과메기 등은 바닷바람에 말리거나 혹은 얼렸다 녹였다 하는 식의 가공을 거쳐서 개발한 음식이다. 또한 자반고등어는 지금도 안동의 특산물로 알려져 있는데, 냉동시설이 없던 시절 바다에서 잡은 고등어를 내륙에 위치한 안동까지 상하지 않은 채로 운반하기 위해서 어획 즉시 선상에서 염장했던 데서 비롯되었다. 또한 충무 김밥은, 어부의 아내들이 고기잡이를 나가는 남편을 위해 음식이 상하지 않도록 밥만 김에 말고 반찬은 따로 담았던 데서 시작되었다(김정준, 2019). 그리고 부산의 밀면은, 한국전쟁 당시 실향민들이 구호품인 밀가루를 활용하여 냉면을 만들어 먹었던 것으로서 1990년대 중반 무렵부터 부산의 향토음식으로 부상하였다(김정준, 2019).

한편 제주도는 상대적으로 따뜻한 기후에서 풍부한 해산물과 해초를 재료로 한 음식을 발달시켰다. 옥돔, 오분자기 및 전복, 성게, 갈치, 흑돼지, 그리고 말고기와 꿩고기 등이 제주도를 대표하는 식재료이다. 그래서 다양한 해산물 회 외에도 갈치를 자르지 않고 기다란 팬에 통째로 조리하는 통갈치 구이 및 통갈치찜과 전복죽 그리고 제주에서 키웠다는 흑돼지 구이 등이 알려져 있고, 제주 여행객들이 선물용으로서 옥돔과 오메기떡을 구매하곤 한다.

70년 가까이 남북으로 갈라져서 단절된 채 살아오는 동안, 북한 음식이 어떻게 변화해 왔는지에 관해서는 별로 알려진 바가 없다. 실향민들의 기억 속에 존재하고 또한 탈북민들에 의해서 남한 사회에 전달되는 정보에 의존하여 가늠할 뿐이다. 다만 살얼음이 낀 동치미와 평양냉면 및 함흥냉면과 녹두전 그리고 숙주와 고기 및 김치를 넣은 손만두와 이북식 순대는, 남한 사회에도 비교적 널리 알려진 북한 음식들이다.

(2) 식생활 문화의 수렴

교통수단이 발달되지 않았던 시절, 식재료를 운반하거나 보관하는 데 있어서의 제약으로 인하여 각 지역을 대표하는 음식들이 해당 지역 내에서 독자적으로 발달해 왔다. 오늘날, 각 지역의 특산물은 물류의 신속한 이동과 냉장·냉동기술 덕분에 전국으로 확산된다. 그리고 대중매체를 통한 음식 소개 프로그램과 지역적 음식을 대표하는 식당의 전국적 보급 그리고 홈쇼핑 채널을 통한 광고로 인해, 소비자들은 전국 각지의 음식 및 재료에 관한 정보에 쉽사리 접하고 또한 신속히 배달받을 수 있다. 특히 서울과 대도시는 전국의 식재료 및 음식이 몰려드는 곳이어서, 전국의 음식뿐 아니라 외국의 음식들까지 다양하게 경험할 수 있다.

뿐만 아니라, 자동차 문화의 보급과 도로 교통의 발달에 발맞추어, 사람들은 맛있다고 소문난 음식을 맛보러 멀리까지 찾아가기도 한다. 그래서 전국 각지에서 찾아온 미식가들의 경험과 품평을 통해, 지역의 음식들이 쉽사리 전국에 알려진다.

이처럼 사람들이 새로운 음식을 찾아서 해당 지역으로 이동하거나 혹은 반대로 지역 특성을 지닌 음식들이 전국으로 찾아가는 방식을 통해서, 한국의 식생활 문화는 점차 통합되고 있다.

3. 가족 식생활 문화의 다양성과 변화

1) 자문화 중심주의와 문화 상대주의

오늘날 교통과 통신 기술이 발달하고 문화 간 접촉이 늘어나면서 전 세계가 수렴되는 경향이 나타나는데, 식생활 문화 역시 예외가 아니다. 그럼에도 불구하고, 여전히 사회마다 자신들만의 고유한 음식 전통을 이어가려는 시도는 계속되고 있다. 이는 식생활 문화의 전승을 통해 지역적 자긍심 내지 민족적 정체성을 지키려는 노력이다. 그런데 각 사회가 지닌 독특한 음식문화는, 타 사회에 알려지면서 문화 충돌을 부르기도 한다. 한국의 개고기 문화에 대한 혐오는 그 대표적인 예이다.

사람들은 자신의 어린 시절부터 익숙해 왔고 주변에서 많이 보아왔던 삶의 방식을 당연한 것으로 여기고 그 틀에서 벗어나는 경우를 "틀렸다"고 평가하기 쉽다. 특히 자기 문화의 우월성에 대한 신념이 강할 경우, 자문화 중심주의에 빠지게 된다. 개를 애완동물이자 반려동물로 여겨온 서구의 자문화 중심주의 시각에서 바라보면, 개를 먹는 행위는 야만으로 보일 수 있다. 그러나 소와 더불어 농사지으며 살아온 농본 사회에서 바라보면, 오히려 소를 먹는 행위가 야만으로 보일 수도 있다. 문화란 절대 진리가 아니라, 사람들이 오랜 세월에 걸쳐서 주변 환경에 적응해 오는 과정에서 만들어진 삶의 방식이다. 무엇을 애완동물로 삼고 무엇을 인간이 먹을 수 있는 먹거리로 보느냐 역시 특정 사회와 문화에 따라 다양할 수 있다는 문화 상대주의적 시각에서 바라보면, 영토가 좁고 육류를 구하기 힘든 한국의 자연환경에서 개는 쉽게 구할 수 있는 단백질원이자 양질의 먹거리로 여겨져 왔음에 대한 이해가 어렵지 않다.[28]

　식생활 문화는 지역마다 다양하고 이질적이어서 상충되곤 한다. 오른손으로 음식을 집어먹는 인도의 식사문화는, 오른손과 왼손에 부여하는 문화적 상징의 차이에 기인한다. 소를 신성시하는 힌두 문화권에서는 쇠고기 섭취를 금하는 반면, 유대와 이슬람 문화권에서는 돼지고기를 금기시한다. 뿐만 아니라 북유럽과 게르만 민족은 문어와 오징어를 악마의 물고기로 여겨서 금하는데, 이는 수중생물 중 비늘과 지느러미가 있는 어류만 먹을 수 있다고 규정한 구약성서의 영향이다. 그런데 한국의 제사상에서 문어와 낙지는 비늘과 지느러미는 없지만 먹물을 지녔으

---

28) 개는 현행 축산법상 가축으로 분류되어 있다. 가축이란 축산물을 얻고자 사육할 수 있는 동물이라는 의미이다. 그러나 축산물위생관리법상으로 개는 도축할 수 있는 가축의 범주에서 빠져있다. 식용 목적으로 개를 기르는 것은 '합법'이지만 식용을 위해 개를 도축하는 것은 위법이라는 모순이, 오히려 개 도축과 관련하여 불법을 양산하고 있다. 개를 가축에서 제외하여 공장식으로 사육하는 것을 금지하는 축산법 일부개정안과 개를 가축의 범위에서 제외함으로써 식용으로 도살하지 못하게 하는 동물보호법 일부 개정법률안이, 2021년 국회에 발의된 상태이다. 그런데 다른 한편에선 오히려 축산물위생관리법상 도축할 수 있는 가축의 범위 내에 개를 포함해야 한다는 주장이 제기되고 있다. 후자는 합법적으로 도축·유통·판매할 수 있을 때, 식용 개고기를 더욱 위생적으로 관리할 수 있다는 입장이다.

므로 귀한 대접을 받는다. 왜냐하면 먹을 갈아 글을 쓰는 문(文)을 우대했던 유교사회에서 먹물은 중요하고 귀하게 여겨졌으므로, 먹물과 유사한 색감의 액체를 지닌 문어와 낙지 역시 귀한 것이라고 믿어졌기 때문이다(마빈 해리스, 1998). 이들은 다른 사회의 음식문화를 바라보는 시선과 관련해서도, 해당 사회의 역사와 경험 그리고 음식문화의 배경과 전통을 존중할 필요가 있음을 시사한다.

그렇지만 다른 한편으로는, 전 세계가 활발히 소통함으로써 문화를 공유하는 오늘날 특정 음식에 대한 주변 사회의 혐오감 또한 도외시할 수 없는 부분이다. 따라서 전통 사회와는 달라진 오늘의 한국 상황에 비추어 볼 때, 굳이 주변사회에서 혐오하는 음식을 고수해야 하는지 생각해 보고 어떻게 절충할 수 있을지에 관해서도 숙고해 봐야 한다. 애완견 및 반려견을 가족의 일원으로 여기는 문화가 도입되어 점차 보편화되어 가고 있음에 비추어서, 개식용을 금지해야 한다는 주장이 점점 설득력을 얻고 있다. 반면에 반려견과 식용견을 구분하여 인식해야 한다는 주장 역시 만만치 않다. 후자는, 쟁기를 끌어 밭을 가는 농가의 소와 식용으로 키워지다가 도살되어 식탁에 오르는 소가 다르듯이 가정에서 인간과 교감을 하며 살아가는 개와 식용으로 키워지는 개는 다르게 봐야 한다는 입장이다. 한편 동물권과 동물복지 이슈에 관한 논의가 활발히 이루어지고 있다. 동물들이 스트레스 없이 위생적으로 사육되도록 규정을 엄격히 적용하고 감시하는 것은, 개고기만이 아니라 닭과 계란 그리고 돼지 등의 경우에도 그리고 윤리적 이슈를 빼고라도, 인간의 건강과 직결되는 중요한 사안이다.

2) 식사문화의 변화

(1) 침 나눔의 문화

우리 사회에서 익숙한 식사 풍경 중 하나가, 상 한가운데 찌개그릇과 반찬그릇들을 놓고 여럿이 숟가락을 넣어 공유하는 모습이다. 하나의 술잔을 가지고 주거니 받거니 돌려가며 마시는 모습 역시 낯설지 않다. 이에 관하여, 상호 신뢰하는 존재들끼리 하나가 되는 의미의 '침 나눔' 행위(오세영, 2005)로서 '나'와 '너' 사이의 구분이 없고 '우리'로서 하나임을 강조하던 집단주의 전통을 의미한다는 주장이 있다. 반면 조선시대까지는 작은 소반에 한 사람씩 차려 먹는 것이 일상적이었는데, 일제 강점기와 한국전쟁을 거치면서 한정된 식량을 가지고 한편에서는 모자라서 굶고 다른 한편에서는 남아서 버리는 낭비를 막기 위한 방안으로서 한 그릇에 숟가락을 여러 개 꽂아서 공유하는 풍습이 생겼다는 주장도 있다. 언제부터 어떤 이유에서 비롯된 것인지에 관한 논란과 별개로, 해당 풍습은 '우리' 안에서 서로 양보하고 공유한다는 의미를 지니는 것은 사실이다.

그러나 '침 나눔'과 '술잔 돌리기' 문화는, 위생상의 문제로부터 자유롭지 않다. 특히 2019년에 시작된 신종 코로나 바이러스의 확산으로 인해 사회적 거리두기의 중요성이 부각되는 것을 계기로 하여, 개인 접시에 미리 음식을 덜어놓고 먹는 움직임이 급격히 확산되고 있다. 이는 '침 나눔' 및 '술잔 돌리기' 문화가 바뀌는 신호탄일 수 있다. 문화는 특정한 사회적 상황이 계기가 되어 일반에 퍼지고 새로운 규범이 기존의 것을 대체하는 과정이 일어나는데, 식생활 문화 역시 예외가 아니다.

(2) 가족식사의 의미와 혼밥 문화

어떤 종류의 음식이 식탁 위에 올라가는지는, 해당 가족에서의 권력과 존중이 누구에게 향해 있는지와 연관된다. 중년의 부부가 자신들의 미성년 자녀뿐 아니라 노부모를 모시고 함께 살아가는 3세대 가족이 드물지 않던 시절, 식탁의 반찬 꾸밈은 당연히 노인들의 식성과 필요에 주안점을 두었다. 이는 노인이 실질적 권력자원을 지녔는지에 상관없이, 당시의 가족 내에서 노인들의 지위가 높았음을 의미한다. 그런데 핵가족이 보편화되면서 가족식사의 메뉴를 어린 자녀들의 입맛에 맞추어 정하는 가족이 증가하였다. 이는 서정적 가족주의 정서의 보편화와 더불어 집안에서 자녀의 위상이 높아졌음을 의미하는 한편, 노부모와 동거하는 3세대 가구가 감소한 데 따른 현상이기도 하다. 뿐만 아니라, "어른이 수저를 드시기 전까지는 먼저 수저를 들지 않고 기다리고, 식후 어른이 수저를 놓으실 때까지 수저를 내려놓거나 식탁을 떠나지 말라"던 식사예절 역시 흔들리고 있다. 오늘의 중년은 자신들의 성장기에 익숙했던 예절 중 많은 부분이 자녀들에 의해 수용되지 않는 현실에 직면하고 있다.

음식에는 생존에 필요한 영양분을 섭취하는 것 외에 마음을 다독이고 치유하는 기능도 있다. 예로부터, 식사를 함께 하면서 서로 관심과 배려를 표현하고 힘을 북돋우거나 상처를 치유한다는 의미로서, 가족을 식구(食口)라고 불렀다. 함께 식사하는 시간은 단지 음식을 섭취하는 것만이 아니라 공동체 의식을 다지고 정을 나누며 가족문화를 전승하는 소통의 시간이기 때문이다. 가족과의 식사 빈도가 잦을수록 행복도 및 건강 수준이 높고 가족생활 만족도가 높다는 연구(김경미 외, 2012)뿐만 아니라 가족이 함께 식사함을 통해 결속과 유대 및 동질감과 문화적 정체성을 강화시킬 수 있다는 영국 통계청의 발표(코리안 위클리, 2014)는, 동서양을 막론하고 가족 식사가 구성원들의 정서적 건강과 가족 응집력을 강화시키기 위해 필요함을 시사한다. 가족이 함께 식사하는 횟수가 많을수록 가족응집성 및 의사소통이 원활하고 특히 청소년들의 학교적응성이 높다는 연구(이현아·최인숙, 2013) 또한 의미심장하다. 가족들이 한 자리에서 식사를 같이 하는 행위가 단지 배고픔의 해결이라는 차원을 넘어서, 의사소통을 원활하게 하고 정을 나누며 가족 공동체 의식을 확인하는 밑그림임을 확인할 수 있기 때문이다.

   요즘은 온 가족이 둘러앉아서 함께 식사를 하는 가정이 드물다. 아침 식사를 거르는 사람들이 많고, 저녁식사 역시 스케줄이 다른 구성원들이 한 자리에 모여 앉기가 쉽지 않기 때문이다. 자녀들은 학교와 학원에 다니느라 바쁘고 가장은 일찍 출근하고 직장에서 늦게 귀가하므로 식사시간을 맞추기 힘들다. 게다가 1인 가구의 증가는 혼밥이 일상이 되는 시대를 열었다. 더구나 코로나 바이러스의 확산 기간이 길어지면서, 직장동료나 친구들의 식사모임이 주저되는 반면 혼밥과 혼술이 오히려 이상적인 것처럼 여겨지기까지 한다. 이에 발맞추어, 음식재료의 소포장 판매가 확대되는 추세이다. 그러나 이러한 편리성의 증가에도 불구하고, 혼자 먹는 밥이란 그저 배고픔을 해결하는 것일 뿐 그 이상의 긍정적 의미를 지니지 못한다. 따라서 가족 밖의 일상으로 인해 제각기 바쁜 현대의 가족구성원들이 함께 하는 식사 횟수를 늘리는 방안을 강구해야 할 시점이다. 그 하나는 가족구성원들이 정해진 시간에 즐거운 마음으로 모여 앉고 싶게 할 방안을 찾는 개별 가족 차원의 노력이지만, 그에 못지않게 중요한 또 하나의 방안은 직장 등 가족 밖의 사회가 사람들을 일정한 시간 외엔 가족으로 돌려보내서 가족과 함께 할 수 있도록 하는 것이다. 야근이나 저녁 회식 등을 지양하고 일찍 귀가하도록 해야 한다는 데 대한 사회적 공감대가 이루어지고 가족 친화적

기업 분위기가 조성되면, 가족구성원들이 식사를 함께 하면서 가족 안
에서 위안을 찾고 자연스럽게 안정감을 누리게 될 것이다.

(3) 외식문화와 배달문화

소득수준이 늘면서 식생활에 대한 가치관 역시 변화하고 있다. 여가
문화가 확산되면서 가족들이 집 밖에서 여가를 즐기는 기회가 늘어나는
것 역시, 외식문화의 발달과 연관이 있다. 오늘날 성별을 불문하고 요리
를 취미로 여기는 움직임이 일어나고 또한 대중매체에서 요리대결과 맛
집 탐방 및 미식 평가 등 요리와 연관된 프로그램이 넘쳐나는 것은, 음
식을 그저 허기를 채우는 것으로 여기던 과거와는 달라진 사회 분위기
를 시사한다.

한편 외식을 가족 행사이자 여가로 여겨오던 틀이 바뀌고 있음이 감
지된다. 오늘날의 외식은 여가의 일환으로서 평소에는 잘 먹지 않는 음
식을 찾아가는 이색적 경험이기만 한 것은 아니다. 즉 바쁜 일상으로
인해 집에서 음식을 준비하는 번거로움을 피해 단순히 한 끼를 해결하
는 방안이 되기도 한다. 맞벌이 부부의 증가로 인해 음식을 준비할 시
간이 부족해서 혹은 함께 음식을 나눌 사람이 없는 1인 가구가 그저 끼
니를 때우기 위해, 외식을 선택하는 경우가 늘었다. 그래서 한편에서는
완전 조리된 식품을 배달하는 업체들이 우후죽순처럼 생겨나고 있다.
게다가 최근엔 코로나 감염병의 대유행으로 인해, 이전에는 배달을 하
지 않던 음식점들마저 경쟁적으로 배달음식을 준비하고, 또한 음식배달
대행업체들이 성황리에 활동하고 있다. 이제 외식이란, 집 밖에서 사먹
는 식사뿐 아니라 집 밖에서 조리된 음식을 집으로 배달시켜 먹는 식사
까지 포함하는 의미로 들린다. 외식을 하나의 가족 이벤트가 아니라 조
리시간 및 에너지를 절약하는 차원으로 여기는 문화가 지속되는 한, 상

기와 같은 경향은 코로나 감염병으로 인한 위기 상황이 진정된 이후에
도 지속될 것이다.

　다른 한편에선 아파트 밀집 지역을 중심으로 반찬가게의 수효가 늘어
나고, 밀키트(meal kit) 즉 반조리 식품의 판매 또한 급증하였다. 이는
음식을 준비하는 시간과 노력을 줄이면서도 집에서 식사를 하려는 욕구
에 대한 시장의 반응이다. 뿐만 아니라 조식 포함 혹은 석식 포함 아파
트들이 늘어나고 있다. 가족들의 식사를 해결하기 위해서 혹은 집에서
손님을 치르기 위해서 주부가 직접 음식을 만들던 시기를 지나서, 음식
은 사서 먹거나 배달해 먹는 등으로 다각화되고 집에서의 직접 조리는
하고 싶을 때만 하는 일종의 여가활동 내지 가족 이벤트로 여기는 방향
으로 변화되고 있다.

3) 식습관과 건강에 관한 문화

(1) 섭식장애

　한국사회가 빈곤의 세월을 겪어내는 동안, 기름진 얼굴과 복부 비만
으로 인해 불룩 튀어나온 배는 부(富)의 상징으로 여겨졌다. 그런데 끼
니를 때우기 힘들던 보릿고개가 옛 이야기로 치부되고 그 자리를 비만
에 대한 경고가 대체하고 있다. 이제 식사량을 줄이고 칼로리를 낮춰야
한다는 규범이 당연하게 받아들여진다.

　마른 몸을 이상적으로 여기는 현상이 지속되면서, 마른 몸을 갖기 위
해 음식을 거부함으로 인한 극단적 영양실조가 문제시되고 있다. 근대
이래로 여성의 잘록한 허리와 가느다란 몸을 아름다움과 등치시키는 문
화가 자리를 잡으면서, 여성들은 날씬한 몸에 대한 문화적 환상에 자신
을 맞추기 위해 노력해 왔다. 근대와 달리 여성들 역시 노동현장에서 일

하며 살아가고 있으므로 마른 몸보다는 근육이 있는 튼튼한 몸을 필요
로 함에도 불구하고, 이러한 문화적 틀은 여전하다.

거식증은 체중 증가에 대한 두려움 때문에 극단적으로 음식 섭취를
제한하거나 거부하고 건강을 해칠 정도에 이르러도 상황의 심각성을 제
대로 인지하지 못하는 질병이다. 반면에 폭식증이란 먹고자 하는 욕구
를 조절하지 못해서 포만감을 느낀 이후에도 계속 먹고, 스스로를 통제
하지 못하는 자신에 대한 혐오감과 신체 이미지에 대한 불안 때문에 폭
식 후엔 목에 손가락을 넣어서 인위적으로 토해내는 행위를 반복하는
질병이다. 거식증과 폭식증은 왜곡된 신체상에 사로잡혀 있어서 건강이
위험해진 단계에 이르러서도 그 위험성을 깨닫지 못한다는 점에서 공통
적이다. 둘 다 날씬한 몸에 대한 사회문화적 기준으로 인한 압박감이나
집단 안에서의 부정적 경험 그리고 완벽주의 및 낮은 자존감 등과 같은
원인에 기인하지만, 가족 환경과도 연관된다. 가족은 개인에게 가장 의
미 있는 존재(significant other)이기 때문에, 음식과 식사에 관한 가족문
화가 몸에 대한 이미지나 음식을 대하는 태도에 영향을 미칠 수 있기
때문이다.

최근 들어 패션쇼에서 깡마른 모델을 퇴출하고 큰 사이즈의 모델을
내세운다거나 하는 식으로, 여성의 몸매에 대한 사회적 시선을 교정하려
는 움직임이 일어나고 있다. 그리고 여성들에게도 그저 마른 몸이 아니
라 건강한 근육을 지닌 날씬함이 새로운 미의 기준으로 도입되고, '덜
먹어서 살빼기' 대신 '양질의 음식을 섭취하고 운동을 통해 균형 잡힌 몸
매 만들기'를 강조하는 분위기이다.

한편 남성들 역시 몸에 대한 사회적 시선으로부터 자유로운 것은 아
니어서, 근육을 키워서 크고 강인해 보이도록 몸을 만들어야 한다는 강
박에 시달린다. 물론 여성들의 '마른 몸'에 대한 억압만큼은 아니지만,

이를 추구하는 남성들로 하여금 체지방률을 낮추고 근육을 키우기 위해 지방과 탄수화물을 극도로 제한하고 단백질 섭취에만 편중하는 식사와 더불어 단백질 보충제나 스테로이드 약물 등을 복용하게 함으로 인해 다양한 부작용을 만들어내고 있다.

(2) 쿡방과 먹방의 시대

음식을 직접 만들어 먹는 '쿡방(cook＋방송)'과 음식을 먹는 것을 보여주는 '먹방(먹기＋방송)'이 흔한 시대이다. 전문요리사들이 요리를 가르치고 유명인들이 직접 요리를 해서 평가를 받는 프로그램이 호응을 얻는 것은, 우리 사회가 더 이상 허기를 걱정하지 않아도 되고 식욕이 허기를 채우는 수준을 벗어난 시대에 이르러 맛있는 음식 그리고 보기 좋은 음식을 만들어서 사랑하는 사람들에게 먹이는 데서 즐거움을 찾는 여유가 생겼음을 의미한다. 그래서 음식 만들기는 여성에게 주어지는 집안일이자 허드렛일이라는 기존의 이미지에서 벗어나서 남녀노소 누구나 즐겁게 참여하는 행위라는 이미지로 대체되고 있다. 뿐만 아니라 전국을 돌면서 맛있는 음식을 찾아서 소개하고 먹는 프로그램을 통해 각 지역의 특색 있는 음식문화를 알리는 긍정적 파급 효과를 무시할 수 없다. 이를 통해 알려진 맛집 정보는, 가족들로 하여금 함께 새로운 음식문화를 즐기러 떠나게 유도하기도 한다.

한편 유튜브 등의 개인 방송 시스템을 중심으로 하여, 과도히 많은 양의 음식을 먹어대는 모습을 보여주는 '대식형 먹방'이 주목을 끌고 있다. 그런데 일반적 식사량을 벗어나는 '대식형 먹방'이 나름대로 호응을 얻는 데는 어떤 정서적·심리적 배경이 작용하고 사회적으로 어떤 문제를 낳는 것인지에 관한 해석이 분분하다. 우선 첫째, 정서적 허기 즉 사회적 외로움을 메우기 위한 수단으로서 먹방을 시청한다는 주장이 제기된다(최영준, 2017). 즉 누군가가 엄청난 양의 음식을 먹어대는 먹방을 봄으로써 자신도 함께 먹는 것 같은 기분과 대리만족을 느낀다는 것이다(문영은 외, 2020; 백상경제연구원, 2019). 혼밥이 유행하는 시대이지만 여전히 누군가와 같이 식사를 하고 싶은 욕구가 있으므로, 화면을 사이에 두고라도 누군가와 '함께'라는 동지 의식을 가짐으로써 외로움을 잊을 수도 있다. 같은 의미에서, 미국의 공영방송 CNN은 한국의 먹방을 '사회적 먹기(social eating)'로 번역하였다.29) 이는 음식물 섭취 자체보다 먹는 화면을 통해 타인과 연결됨에 방점을 찍는 의미이다. 1인 가구가 증가하고 가족들의 생활 스케줄이 각각 달라지면서 혼밥이 일상화된 오늘날, 함께 식사하는 가족의 부재가 먹방의 출현에 일조했을 수 있다. 둘째, 실제로 자신은 음식을 섭취하지 않으므로 과식 및 비만으로부터 안전한 상태에서 화면 속의 누군가가 먹어대는 모습을 보면서 대리만족을 느끼려 한다는 주장이다. 그러나 먹는 모습과 음식을 보는 것은 식욕을 자극하기 때문에, 먹방을 계속 볼 경우 스스로 통제하지 못하고 먹는 행위에 집착하게 된다(이솔비 외, 2017; Strand & Gustafsson, 2020). 왜냐하면 음식 사진이나 먹는 모습을 계속해서 보게 되면 식욕을 촉진하는 뇌 부위가 자극되어 활성화되고, 먹고 싶은 욕구를 참는 행위는 또 다른 종류의 스트레스를 유발하기 때문이다.

개인과 사회가 잊지 말아야 할 것은, 음식 섭취의 기본은 신체의 건강을 유지하는 것과 더불어 '먹는 즐거움'이라는 심리적 쾌락을 느끼는 데 있다는 사실이다. 따라서 남성과 여성을 불문하고 사회적으로 이상시하는 신체 이미지에 과도히 집착하지 않을 수 있는 '중심 잡기'가 필요하다. 물론 이러한 '중심 잡기'가 가능하기 위해서는 개인적 차원에서뿐 아니라 사회적 차원에서도 몸에 대한 획일적 이미지를 교정하고 몸

---

29) http://tongsangnews.kr/webzine/1907/sub_10.html

의 다양성을 수용하는 문화가 자리를 잡아야 한다. 그런데 "먹고 싶은 대로 자유롭게"라는 핑계로 과도한 양의 음식을 섭취하는 것도, 행복한 삶을 위한 정답은 아니다. 먹고 싶은 음식을 즐기는 것도 신체적 욕구에 반응하는 솔직함이지만, 영양학적으로 균형 잡힌 음식을 과도하지 않게 섭취하고 적당히 멈추는 것도 자기 존중이다.

(3) 건강한 식재료를 향한 움직임과 가족

식량 생산량을 늘리는 것이 최우선이던 시절에는, 개인적으로뿐만 아니라 사회적으로도 과학기술을 동원해서 "보다 크게, 보다 많이" 수확하여 값싸게 공급할 수 있는 작물을 개발하는 데 이의가 없었다. 유전자 변형을 통해 만들어진 작물 그리고 항생제를 사용해서 키운 고기와 생선이 먹이사슬의 꼭대기에 있는 인간에게도 해로울 수 있다는 사실이 밝혀진 것은, 비교적 최근의 일이다. 일본 후쿠시마의 원자력 발전소 사고로 인한 오염수를 바다에 방류하기로 한 결정(2021. 4. 13.)은, 인류의 생존을 위협하는 결과를 초래할 것이라는 우려가 적지 않다. 미역과 김 및 다시마뿐 아니라 생선과 조개류 그리고 소금 등 우리네 식탁을 책임져 오던 수많은 식재료들과 완전히 결별하기는 쉽지 않을 터인데, 그에 대한 대처는 결국 개별 가족들의 선택으로 남게 될 형국이다. 그래서 한편에서는 온 가족이 꽤 오래도록 먹을 만큼 많은 양의 소금을 미리 사서 쌓아두기도 하고, 다른 한편에서는 가족들이 좋아하는 수산물을 대체할 먹거리를 찾느라 고심하고 있다.

일상에 바쁜 젊은 층을 중심으로 패스트푸드 물결이 한바탕 휩쓸고 지나갔다. 음식을 준비하는 시간과 식사시간을 줄이고 심지어 운전이나 일을 하면서도 먹을 수 있는 햄버거와 핫도그 등의 패스트푸드는, 바쁜 현대인의 생활 패턴에 잘 맞는 듯 여겨졌다. 햄버거와 핫도그 등이 서양에서 동양으로 들어와서 보급된 반면, 라면류는 동양에서 서양으로 전달되면서 보편화된 패스트푸드이다. 꽤 긴 세월 동안 너나 할 것 없이 간편 음식들의 편리성에 취하여, 그러한 음식들이 장기적으로 인체에 해로울 가능성을 우려할 겨를이 없이 살아왔다. 영양 균형을 고려하지 않은 고칼로리·고지방·고당분의 패스트푸드가 우려의 대상이 된 것은, 비만과 영양 불균형으로 인한 부작용이 건강상 심각한 문제를 초래한다고 알려진 이후의 일이다. 건강에 대한 관심이 높아지면서, 슬로우 푸드와 건강음료 및 자연주의 음식 등에 관심이 집중되고 있다. 음식과 재료의 가격보다는 품질에 주목하고, 유전자 변형식품 등을 거부하며, 천천히 순리대로 그리고 친환경적으로 키워진 식재료를 선호하는 문화가 형성되고 있다.

8장

주거문화와 가족

1. 한국의 환경과 주거 특성

한반도는 남북으로 길어서, 북쪽 지방과 남쪽 지방은 기후 차이가 있으므로 주거문화가 상이하게 발전했다. 기온이 높은 남부 지방에서는 맞바람이 통할 수 있고 아래 공간의 틈새를 통해 시원한 바람이 올라오도록 설계된 대청마루가 발달한 반면, 함경도 등의 추운 지방에서는 열 손실을 막기 위해 방들의 벽이 서로 붙은 밭 전(田)자 모양의 가옥이 발달하였던 것은, 그러한 예이다.

뿐만 아니라 각자가 처한 신분에 따라, 주거 공간도 뚜렷이 달랐다. 서민들의 초가집과 양반층의 기와집 그리고 왕이 살던 궁궐이 보여주는 규모의 차이 및 화려함과 소박함 등이 이를 가시화한다. 특히 궁궐이 아닌 경우에는 아흔아홉 칸을 넘으면 안 된다고 했던 조선시대의 가옥 규범은, 경제적 여력이 있어도 신분의 벽을 뛰어넘는 규모의 주택은 허락되지 않았던 중세까지의 유럽과 유사하다.

■그림 8-1 기후에 따른 한국 가옥 구조

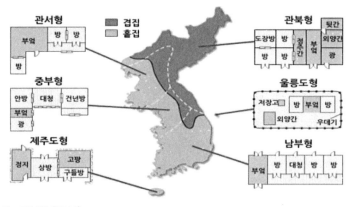

출처: 기상청 (2016)

지역적·계층적 이동성이 허락되고 특히 도시화된 오늘날, 한 집에서 평생을 살아내는 일은 드물고 상황적 필요와 경제적 능력의 변화에 따라 여러 차례 이사를 하는 것이 상례이다. 즉 사람들은 사회경제적 능력과 직장과의 거리 그리고 취향에 따라 주거지와 가옥 규모 및 가옥 모양을 자유롭게 결정한다.

2. 집의 의미

1) 보호와 휴식공간으로서의 집

사람들은 왜 집을 중심핵으로 한 행동반경 안에서 살아가는 것일까? 집이란 기본적으로, 외부와 내부가 물리적으로 나뉘어서 눈과 비를 피하고 외부의 위험이나 원하지 않는 존재와의 접촉을 피하기 위해 고안된 구조물이다. 인간의 욕구를 다섯 단계[30]로 구분한 매슬로(Maslow,

---

30) 매슬로(Maslow, 1943)는 인간의 욕구를 피라미드형의 5단계로 구분하고, 하위

1943)에 따르면, 안전에 대한 욕구 즉 위험으로부터 피하고자 하는 욕
구는 식욕과 성욕 및 배설욕과 수면욕 등에 이어서 매우 보편적이고 중
요한 욕구이다. 안전에의 욕구란 눈과 비 및 추위와 더위 그리고 맹수
등 외부의 물리적 위험으로부터 안전하고 싶은 욕망을 의미하기도 하지
만, 경쟁사회에서 지치고 위축된 몸과 마음이 물러나와 편히 쉴 수 있
는 커튼 뒤의 사적 공간에 대한 욕망이기도 하다. 그리고 집은 그러한
총체적 안전에 대한 욕구를 충족할 수 있게 하는 수단이다.

2) 과시공간으로서의 집

과거의 신분사회에서 집의 크기와 구조는 신분에 따른 차별을 가시화
하는 것이었다. 조선시대에 양반이 취할 수 있는 집의 최대 크기가 아
흔아홉 칸이었던 것은 궁궐이 아니라면 백 칸짜리 집을 지닐 수는 없다
는 규범 때문이었다. 또한 기와집은 양반층에게만 허락되었으므로, 서
민들의 집을 초가삼간이라 불렀던 것은 경제적 능력 때문만은 아니었
다. 서구도 마찬가지여서, 중세까지는 신분에 따라 지닐 수 있는 집의
크기나 모양에 제한이 있었다. 그런데 계급사회가 도래한 이래로 집의
크기와 구조를 결정하는 것은 오로지 개인이 소유한 경제적 능력과 취
향이고, 여기엔 어김없이 자신이 지닌 재산과 지위를 과시하고 싶은 심

욕구가 충족되고 나면 심리적으로 바로 다음의 상위 욕구가 생겨나는 과정이 진행
된다고 설명하였다. 즉 가장 기본적 욕구로서 식욕과 성욕과 수면욕 및 배설욕이
충족되고 나면, 이어서 위험 회피 및 안전에 대한 욕구가 나타나고, 또한 안전에
대한 욕구가 충족되고 나면 비로소 타인과 만족스러운 관계를 맺고자 하는 애정과
소속에의 욕구가 생긴다고 보았다. 그리고 이러한 것들이 모두 충족되고 나면 비
로소 가치 있는 인간으로 평가되고자 하는 자존에의 욕구가 생겨나며, 인격적으로
완성된 최고위의 자기실현 욕구는 다른 모든 욕구들이 충족되고 난 이후에 최종적
으로 생겨날 수 있다고 설명하였다.

리가 꿈틀거린다. 시민혁명이 성공하고 집이 사생활의 공간이 된 이래로 외부인에게는 집의 내부 중 일부만 공개하는 문화가 자리를 잡았는데, 이는 가족의 내외부 간 경계가 확고해진 문화적 배경과 연관된다.

한국에서도 산업화 및 도시화가 급속도로 이루어지던 20세기 초·중반, 집의 대문을 크고 웅장하게 장식하고 담을 높게 둘러치는 문화가 확산되었다. 이는 방범을 위한 목적 외에도, 외부인에게 공개되는 부분에 집중적으로 치장을 해서 재력을 과시하려는 심리가 작용한 결과였다. 오늘날 아파트 문화가 확산되어 공동주택이 대세를 이루면서, 거주 지역 뿐 아니라 아파트의 평수가 경제적 계층을 과시하는 표식이 되었다. 그래서 초등학생들끼리도 "너희 집은 몇 평이냐?"는 질문들을 한다는 자조 섞인 이야기가 오간다. 또한 동일한 아파트 단지 안에 섞여있는 임대아파트 주민의 상대적 박탈감과 일반 아파트 주민의 불만이 문제시되는데, 이 역시 경제적 계층에 대한 과시 심리 및 '구별 짓기'와 연관된다.

3) 자산으로서의 집

집에 대해 갖는 생각은 사회마다 다를 수 있다. 집값 중 일부(down payment)만 지불하고 나머지는 장기간에 걸쳐서 이자와 함께 갚아나가는 모기지 제도(mortgage system)가 발달한 미국의 경우, 매월 일정한 수입이 있는 중산층 가장이 집을 사는 것 자체는 그리 어려운 문제가 아니지만 이후의 긴 세월 동안 모기지 상환액을 갚아나가야 하는 부담을 무시할 수 없다. 이러한 사회에서, 집을 구입할 때 중요하게 고려해야 할 것은 현재 및 향후의 소득 전망이다. 실직을 하거나 경상수입에 문제가 발생해서 모기지를 정기적으로 상환하지 못하는 상황이 발생하면 더 이상 집을 유지할 수 없기 때문이다.

집 구입비용을 한꺼번에 지불해야 하고 집값의 변동폭이 상대적으로 큰 한국에서는, 집의 소유 여부 그리고 거주하는 집값의 차이는 현재 시점에서 '있는 자'와 '없는 자' 사이의 계층 차이를 명확하게 가시화하고 심리적으로 각인시키는 잣대로 작용한다. 특히 집의 매매가(買賣價)뿐 아니라 전세 및 월세 가격의 변동이 심하고 임대차 계약 역시 불안정한 오늘날, 집을 소유하지 못한 가족은 생활의 터전을 확보하지 못한 채 비자발적으로 옮겨 다니며 살아야 하는 불안에서 벗어나기 힘들다. 한편 수입이 안정적이지 않은 노년기에, 소유하고 있는 집은 중요한 자산으로서 매월 일정한 생활비를 확보할 수 있는 근거(역모기지 제도)가 되기도 한다. 그래서 집은 사회경제적 신분을 상징하는 정태적 특징뿐 아니라 축재 수단으로서의 동태적 특징을 지닌다(계선자 외, 2009).

한국사회에서 집을 투자 대상으로 바라보는 개념은, 1970년대 이후의 아파트 분양 열기와 더불어 시작되었다(김양희 외, 2009). 특히 1988년 서울 올림픽을 계기로 하여 집값이 폭등하면서 집을 가진 자와 그렇지 못한 자 사이의 빈부 격차가 확대되었고, 이후에도 신도시 개발정책 및 주택정책의 변화에 따라 부동산 가격은 오르락내리락하면서 전체적인 오름세를 지속해 왔다. 노무현 정부는 집값 안정화를 위해 종합부동산세 강화 등의 증세 정책을 폈지만, 해당 정부하에서 집값은 오히려 더 폭등했다. 이는 정책적이고 인위적인 통제가 미처 생각지 못했던 부작용을 초래할 수 있음을 시사한다. 문재인 정부 또한 '집값 잡기'라는 목표에 총력을 기울이느라, 보유세 및 양도세와 취득세 그리고 종합부동산세를 모두 올리는 등 수많은 부동산 대책을 거듭 쏟아내며 혼란을 부추겨 왔다. 그런데 이러한 시도가 결국 의도한 대로 '집값 잡기'라는 목표를 달성한 것 같지는 않다. 더 가진 층으로부터 세금을 많이 걷어서 덜 가진 층에 재분배하는 효과보다는, 오히려 평생 일군 집 한 채를 지닌 노년층으로 하여금 세 부담을 이기지 못해 평생 살아온 동네를 떠나게 하고 이제 막 가정을 일구려는 젊은 층에게는 집 소유에 대한 희망 대신 좌절감만 안기게 된 데서 오는 우울함이 훨씬 크다. 잊지 말아야 할 것은, 집을 투자로서 바라보게 된 문화 역시 짧지 않은 기간 동안 집이 자산 축적 및 증식을 위한 효과적 수단이라는 경험치가 축적되면서 자리 잡힌 결과라는 사실이다. 따라서 집을 투자로 바라보지 않는 문화로 변화되려면, 현재의 시각을 대체할 수 있는 새로운 경험치가 자연스럽게 쌓일 만큼의 기간이 다시 필요하다.

3. 집의 변화

1) 근대 이전에서 근대 이후로

(1) 근대 이전 유럽의 집

사적 행동에 대한 자유로움이나 연인 간의 친밀성이 보장되지 않던 중세에, 집은 친척이나 도제 및 노동자와 하인들을 포함한 모두의 공동체적 삶이 이루어지는 개방적 단위였다(Mumford, 1990). 노동과 가정생활이 구분되지 않던 당시의 분위기에서, 주거와 작업장은 하나로 뭉뚱그려져 있었고 주거 공간의 내부와 외부 사이의 경계 역시 모호했다. 즉 집은 외부에 대해 개방되고 빈번히 소통하며 방랑자에게도 음식과 잠자리를 제공하는 열린 공간이었다(Aries et Duby, 1985; 이진경, 2007에서 재인용).

르네상스기(14세기-16세기 말)의 저택에서, 1층에 위치한 살롱과 식당은 손님들과 대화를 하거나 게임을 하는 장소이자 만찬을 제공함으로써 미각적 능력을 과시하는 장소였고, 2층에 위치한 남자주인의 공간(great chamber)과 여자주인의 공간(gallery) 역시 가문의 영화를 외부에 과시하는 장소였다. 바로크 시기(16세기 말~18세기 중엽)의 내실 또한 공적인 과시의 공간이어서, 개인 및 부부만의 사적 공간으로서의 특징은 찾아볼 수 없었다. 이는 봉건사회였던 당시에, 자신의 신분을 과시하고 지지자들을 끌어 모아서 더 높은 경제적·신분적 이득을 획득하기 위한 합리적 투자방식이었다(이진경, 2007). 그러다가 18세기 중반에 이르러 비로소 집의 과시성이 축소되기 시작했다. 이는 유럽 전역에서의 시민혁명으로 인한 봉건 신분사회의 몰락, 그리고 사적 친밀성의 혁명[31]과 맥을 같이 한다.

(2) 근대 이후의 집

근대에 이르러 집은 내부와 외부 간 경계가 명확해지고, 노동공간으로부터 분리되었으며, 외부인의 출입이 제한되는 사적 공간으로서의 특성이 부각되었다. 이는 가족 외부의 모든 사회적 관계에 대립되는 세계로서, 집의 가정성이 강조되었음을 의미한다. 구체적으로, 집의 내부 중에서 응접실은 외부인이 방문할 때 접대하는 공간이고, 거실과 식당은 가족구성원들이 모여서 '가족'임을 확인하는 공간이며, 침실은 부부만의 밀폐되고 독립적인 장소로서 여겨지게 되었다.

길을 가던 나그네가 남의 집 처마 밑에서 비를 피하거나 혹은 하룻밤 잠을 청하던 모습은, 우리 사회에서도 더 이상 기대할 수 없다. 범죄율의 상승으로 인해 방범이 중요해져서든 혹은 사생활을 중시하는 개인주

---

31) 친밀성의 혁명이란, 개인의 내면적 자아와 공적 영역 간의 긴장과 괴리가 확대되고 사생활 영역에서 친밀한 관계의 필요성이 증대된 것을 의미한다(Lasch, 1997). 결혼이 경제적 조건에 기초한 계약에서 벗어나서 사랑에 기초하여 스스로 선택하는 친밀한 관계 맺음으로 변화되면서, 외부사회로부터 구별되는 집의 가정성이 중요해졌다.

의 문화 때문이든, 집에 대한 외부인의 접근이나 방문은 아주 친밀한 사이 혹은 상호 친밀감을 키우고 싶은 사이 즉 매우 제한적인 범위 내에서만 허용되고 있다.

집이 가족구성원만의 사적 영역이 되었으므로 상업화된 만남의 장소가 늘어난 것인지 혹은 집이 아니어도 외부인을 만날 수 있는 장소가 즐비하므로 굳이 집에서 만나야 할 필요성이 줄어든 것인지, 그 인과관계의 방향성은 뚜렷하지 않다. 그렇지만 상업화된 만남의 장소가 다양하게 발달되는 추세와 외부인과의 만남을 집 밖의 장소에서 행하는 경향 간 상관성이 높은 것은 사실이다. 그런데 집에 초대하고 초대받는 빈도의 희소성으로 인하여, 집에서의 만남을 통해 나누는 친밀감은 오히려 더욱 각별해졌다. 집은 자신의 사적인 삶을 드러내는 공간으로서, 자신의 존재를 남에게 적극적으로 알리는 수단이기 때문이다(전상인, 2009).

2) 집합주택의 주거문화

(1) 아파트와 획일성의 문화

근대 이전의 집이 남과 다른 차별성을 보이기 위한 장식적 과시의 대상이었던 반면, 근대에 이르면 집은 표준화된 규범적 코드로서 동일화되었다(이진경, 2007). 동일성의 추구란 대량생산이 가능해진 근대에 배태된 문화코드이다. 한편 산업화로 인해 인구가 도시지역으로 집중된 데다 도시의 비싼 땅값이 더해지면서, 최소한의 공간에 최대한의 인구를 수용할 수 있는 주거지를 만들려는 건축적 공리주의가 작동해서 고안된 것이 고밀도 주거양식 즉 집합주택이다(이진경, 2007; 한경애, 1998). 집합주택은 외관 및 내부 구조에 있어서 근대의 동일성 추구 문화와 절묘하게 어울리면서, 세간의 호응을 얻었다.

한국에서도 도시로의 인구집중은 개량된 형태의 도시형 한옥에 이어
서 아파트 및 다세대 주택이나 연립주택과 주상복합건물의 확산을 불러
왔다. 한국의 아파트는 한국전쟁 이후의 도시과밀화로 인한 주택부족
문제 해결 및 토지 이용의 효율성을 위한 목적에서 건설되기 시작했고,
따라서 초기의 거주대상은 서민층이었다. 그러다가 1970년대의 강남개
발계획에 의해 아파트가 본격적으로 중산층의 거주문화로 자리를 잡았
고 1980년대에 들어서면서 이러한 추세가 더욱 활성화되었으며(전상인,
2009), 오늘날에는 상류층을 대상으로 한 초고가 아파트가 급격한 증가
추세에 있다.

아파트는 이웃 간의 단절과 고립을 함축하는 주거양식이어서, 전통적
이웃 개념을 찾기는 힘들다(신용재·김종인, 1984; 신언학, 1985). 아파트의
구조적 환경은, 거주민들로 하여금 각 호의 현관문 안에서 펼쳐지는 삶
에 집중하는 개인주의 내지 개별 가족 중심의 가치관을 강화시킨다. 과
거의 집 대문마다 붙어있던 문패는 아파트 대중화 시대에 이르러 사라
지고 그 자리를 '호수(number)'가 대체하였다. 그래서 '누구네 집' 대신
'몇 호'라는 호칭이 더 익숙하게 들린다. 아파트의 복도나 엘리베이터
등의 공용공간은 지나가는 통로로서의 기능만 할 뿐, 올망졸망한 집들
이 늘어서 있던 골목길에서 삼삼오오 자연스럽게 모여 상호작용하던 공
동체 문화를 만들어내지는 못한다. 아파트는 사생활의 안전 및 보호를
위한 방어적 공간의 기능이 강해서, 이웃사촌을 규범화하는 압력으로부
터 자유롭다는 주장(전상인, 2009)이 타당해 보인다. 그러나 아파트는 사
회경제적 지위가 동질적인 사람들을 일정한 공간에 집중적으로 배치하
고 있다는 점에서(홍두승, 1991), 이웃 공동체를 형성할 조건을 갖추고
있는 것도 사실이다. 그런데 아파트 거주민들 간의 상호작용은 과거의
옆집이나 앞집 혹은 윗집이나 아랫집 등과 같은 지리적 인접성에 기초

한 이웃사촌이 아닌, 사회문화적 동질성이나 필요에 입각한 '선택적 공동체'를 통해 이루어진다. 예를 들면, 단지 내 골프 모임이나 와인 모임 등 사회경제적 동질성에 기초하여 모이되 상호 탐색을 통해 유지 및 탈퇴 등의 과정을 거치면서 인맥을 형성하고 상호작용하는 것이다. 이와 같은 선택적 공동체는 최상류층이 거주하는 초고가 아파트촌에서부터 활성화되고 있는데, 사회경제적 지위 면의 동질성을 과시하고 '구별 짓기'를 통한 '우리' 의식을 공유한다. 한편 비슷한 또래의 어린 자녀를 둔 부부가 살아가는 아파트촌에서 공동 육아를 하거나 각자가 지닌 장기나 전공을 살린 품앗이 교육 모임을 만들어 상부상조하는 것이, 또 다른 선택적 공동체의 모습이다. 이처럼 선택적 공동체가 사회 통합에 도움이 될 것이냐 아니면 '구별 짓기'를 통해 사회 분열에 일조할 것이냐에 관한 판단은, 선택의 잣대를 어디에 두느냐에 달려 있다. 그 '우리' 안에 들어가기 위한 조건이 사회경제적 계층인지 아니면 생활상의 필요와 공감대인지에 따라, 끼리끼리 모여서 상대적 우월감을 즐기는 '구별 짓기'일 수도 혹은 '서로 돕기'를 통한 통합의 과정일 수도 있다.

아파트 단지 내 평수를 다양화함으로써 통합적 주거환경을 추구하려는 것이, 우리 사회의 규범적 가치로 통한다(전상인, 2009). 그런데 계층 간 통합을 유도하고자 하는 목적과 달리, 이질적인 계층들 간 무리한 주거 혼합은 오히려 더 가진 계층의 '구별 짓기'를 부추기고 덜 가진 계층의 상대적 박탈감과 좌절을 심화시킬 가능성이 크다.

(2) 오피스텔과 원룸

오피스텔이란 오피스와 호텔의 합성어로서, 일터와 주거공간으로서의 복합적 용도를 위해 설계된 건물을 의미한다. 물론 한두 개의 방과 거실로 구획을 지어서 내부를 분리한 오피스텔도 있지만, 평형이 작은 경우엔 욕실만 따로 분리하고 나머지 공간을 하나로 묶어서 사용하는 경우가 많다. 한국에서는 1980년대에 처음 등장한 이래로 점차 건물들이 대형화되면서 저층부에는 대규모 지원시설이 마련되어 편의성을 강조하고 있다. 또한 사적 공간의 내부는 시스템 가구를 설치하여 공간의 활용성을 극대화하고 생활의 편의를 꾀하는 방식으로 구성된다. 그래서 독신가구 및 신혼부부의 주거지로 선택되는 추세이다. 한편 고층건물이 아닌 소규모 건물을 작게 구획하여 내부를 오피스텔과 유사하게 만들어 놓은 것을, 편의상 원룸이라고 부른다.

인구수는 감소하기 시작했음에도 불구하고, 1인 가구의 증가로 인해 가구수 자체는 증가하고 있는 것이 우리의 현실이다. 그래서 홀로 살아가는 사람들이 넓지 않은 공간에서 경제적·실질적 편의를 누릴 수 있는 거주공간으로서, 오피스텔과 원룸은 앞으로도 많이 공급되고 선택될 것이다.

4. 집의 구조와 가족문화

1) 한옥과 아파트

조선시대의 한옥은 개방형 구조여서, 일자(一)에서 시작하되 기역자(ㄱ)로 그리고 디귿자(ㄷ)로 가옥을 덧대어 지을 수 있었다. 그리고 그렇게 덧대어진 가옥들은 담으로 둘러쌓여 다시금 하나가 되었다. 이는 세대 간의 독립성을 유지하면서도 여러 세대가 한 울타리에서 살아갈 수 있도록 고안된 구조이다.

반면에, 산업화시기에 인구의 도시집중과 더불어서 등장한 도시형 한옥은 미음자(ㅁ)형의 폐쇄적 구조를 기본으로 하여, 부부와 미성년 자녀로 이루어진 핵가족적 삶에 부합하도록 만들어졌다. 대문을 열면 바로 보이는 중문을 거쳐서 안마당으로 이어지고 마당을 중심으로 하여 안방과 대청, 건넌방, 부엌, 문간방에 바로 연결될 수 있도록 구조화된 것이 도시형 한옥이다. 도시형 한옥의 구조에서, 가족의 경계가 확고해지고 생활이 이웃과 분리된 폐쇄적 가정중심적 핵가족의 특징을 찾을 수 있다.

한편 도시형 한옥의 마당에 천정이 덧씌워지고 높이가 돋워져서 실내화된 것이 오늘날 아파트의 거실이다. 신발을 벗는 장소가 현관으로 일원화되었을 뿐 중문을 열고 들어서는 실내에서는 신발을 벗고 생활하는 습관이 아파트에서도 이어지고, 바닥에 온열판이 설치되어 있으므로 온돌방에서처럼 좌식생활이 가능하다. 또한 아파트의 베란다에 빨래를 널고 작은 화단을 꾸며놓거나 실내에 두기 힘든 물건들을 놓아두는 것 역시, 도시형 한옥의 장독대와 마당을 활용하는 바와 유사하다. 한국형 아파트는 이와 같은 방식으로 전통적 공간에서의 행동을 아파트에서 재현할 수 있도록 허용함으로써 우리 사회에 수용되고 토착화될 수 있었다 (최재필, 1991). 교육 및 정치뿐 아니라 모든 편의시설의 핵심이 도시에 집중되어 있는 한국사회에서, 인구의 도시집중 현상은 단기간에 해소될 것 같지 않다. 그런 점에서, 도시의 토지 부족과 생활의 편리함을 충족할 수 있는 효율적 대응방안이 아파트임을 부인하기 힘들다. 따라서 아파트는 앞으로도 한국사회의 대표적 주거 양식으로서의 위상을 유지할 것으로 생각된다.

2) 집의 내부구조 변화와 가족문화

현대의 집 특히 아파트의 공간 구성은, 가족적 삶의 특징을 고스란히 드러낸다. 특히 여성의 경제력이 신장되고 맞벌이 부부가 증가하면서,

집의 공간 역시 가족관계의 변화를 반영하여 변화되고 있다.

과거의 방은 밤에는 요를 깔아서 침실로 사용하고, 아침에는 요와 이불을 개어 이불장에 넣고 음식상을 놓으면 식당이 되며, 앉은뱅이책상을 펴고 앉으면 공부방이 되는 등 다용도로 활용되었다. 반면 침대와 소파 및 식탁 등의 붙박이식 가구가 보편화되고 침실과 거실 혹은 식당 등과 같이 방마다 용도별 가구가 배치된 오늘의 집은, 과거에 비해 훨씬 큰 면적을 필요로 한다.

(1) 안방의 변화

개개인의 공간 점유는 가족 내 권력과 무관하지 않다. 한옥의 공간은 남자 성인 중심이어서, 방안에서도 남성과 여성은 공간적으로 분리되어 있었다. 안방의 따뜻한 아랫목은 앉은뱅이 책상 위에 책과 라디오 그리고 신문과 도장 등이 놓인 아버지의 공간으로, 구들장의 온기가 전달되지 않는 윗목은 식당 및 거실이자 간이 화장실(요강) 등 모든 역할을 수행하는 만능공간인 동시에 어머니의 공간으로 구분되었다(전인권, 2003). 이러한 공간 구분은 집안의 권력이 가부장에게 편중되었던 가부장적 권력 구조를 가시화한다. 반면에 윗목과 아랫목이 구분되지 않는 아파트의 안방은, 성별 위계를 파괴한 부부공용의 공간으로서 성평등적 사회로의 변화를 상징한다.

온돌문화에서는 바닥이 가장 따뜻하므로 요를 깔고 이불을 덮고 자는 것이 효율적이었다. 그런데 서구의 침대문화가 도입되고 보편화되면서, 안방 즉 부부의 침실에도 침대가 들어왔다. 침대가 차지하게 된 안방에는 달리 사용할 여분의 공간이 별로 남지 않았으므로, 명실 공히 부부만의 방이 되었다.

(2) 사랑방이 거실로

오늘날의 거실은, 가족들이 모이고 집을 방문하는 외부인 모두에게 공개되는 장소이다. 그래서 가족들은 거실을 장식하는 데 신경을 많이 쓴다. 그런데 거실은 가장만을 위한 공간이거나 가장의 손님들에게만 공개되는 공간이 아니므로, 전통가옥의 사랑방을 대체한다고 볼 수는 없다. 그렇다고 해서 아파트에서 가장의 방을 따로 둘 공간적 여유를 찾기는 쉽지 않다. 부부와 두 명의 자녀를 둔 핵가족이 사는 아파트를 예로 들면, 우선적으로 자녀들 각각의 방을 마련해 주는 것이 상례이므로 부부 침실 외에 가장의 방을 따로 두려면 최소한 네 개의 방을 필요로 한다. 그런데 네 개의 방이 있는 크기의 아파트에서 살려면 상당한 수준의 경제력이 필요하기 때문에, 중산층 가족에서 '아빠의 서재'라는 이름으로 가장의 방을 따로 두기는 쉽지 않다. 따라서 사랑방의 거실화는 남자 성인의 공간 축소를 의미한다(전남일, 2002).

경훈 씨의 작은 바람

이십여 년 전 결혼해서 두 자녀를 둔 경훈 씨는, 한강변의 방 세 개짜리 아파트를 가진 50대의 가장이다. 안정된 직장과 행복한 가정을 일구고 중상층의 삶을 살고 있다고 자부하지만, 아직 이루지 못한 꿈이 하나 있다. 자신만의 방을 꾸며서 오디오 설비를 해 놓고 여유시간을 즐기는 꿈이 그것이다.

어릴 때 식구 수대로 각각의 방을 차지할 수는 없어서 여러 형제들이 방 하나를 공유했지만, 아버지의 서재는 따로 마련되어 있었다. 그런데 방 세 개짜리 집에 아이들이 각각 방 하나씩 차지하니 부부의 침실밖에 남지 않아서, 경훈 씨가 서재를 갖는 일은 꿈도 꿀 수 없었다. 아이들의 학업이 가장의 독립된 공간보다 우선시되는 문화 속에 살고 있으니까.

아이들이 모두 장성했으므로 경훈 씨의 가족에겐 '좋은' 학군이 더 이상 중요하지 않다. 그래서 경훈 씨 내외는 현재의 집을 전세 놓고 집값이 다소 저렴한 지역에 가서 방 네 개짜리 아파트 전세를 얻기로 했다. 큰 방을 자신만의 공간으로 꾸밀 생각을 하니, 경훈 씨는 생각만으로도 가슴이 벅차다.

한국에서도 근대화와 더불어 좌식생활보다는 입식생활을 선호하기 시작한 이래로, 집집마다 거실에 소파를 놓게 되었다. 특히 베이비붐 세대의 주도로 이루어진 소가족화는 부모와 2명의 자녀로 이루어진 4인 핵가족을 보편화시켰는데, 이들의 거실에는 가족들이 다 함께 모여 앉을 수 있는 소파가 붙박이 가구로서 큰 자리를 차지했다. 그런데 1인 가구 비율이 가장 높은 오늘날, 이러한 모습에도 변화가 일어날 수밖에 없다. 소파에 누워서 TV를 보거나 혹은 소파에 기대어 바닥에 앉는 생활패턴에 맞추어, 1인 가구의 거실에 침대를 두어 쉬거나 잠을 자는 용도로 두루 사용하는 경우가 늘고 있다(유현준, 2021). 이는 침실과 거실의 경계가 유연해지고 있는 모습으로서, 가족구성이 다양화되고 있는 추세와 연동한다.

(3) 부엌의 변화

마당보다 움푹 파인 곳에 위치해서 "남자가 들어가면 고추가 떨어지는" 여자만의 공간으로 여겨지던 부엌은, 안방을 덥히기 위한 구들 난방과 취사가 함께 행해지던 곳이었으므로 방보다 높이가 낮은 실외에 위치했다. 이처럼 부엌은, 가옥 내의 구조상 위치만으로도, 그곳에서 일하는 존재의 '낮은 지위'를 상징하는 곳이었다. 농촌에서 올라온 어린 여성들이 도시의 중산층 가정에서 '식모'라는 이름으로 고용되는 일이 흔했던 1960년대의 도시형 한옥에서, 부엌은 이들의 주 노동공간이었다.

경공업 중심의 수출 산업이 본격화된 1970년대에 이르면, 저학력의 여성들이 공장으로 흡수되면서 중산층 가정에서 '식모'를 고용하기 힘들어졌다. 그런데 부엌이 주택 내의 다른 공간과 동일한 높이의 실내로 편입되면서 또 하나의 '방'으로 승격한 것 역시 1970년대이다. 즉 중산층 가정에서 부엌이 '식모'들의 공간이 아니라 주부의 공간이 된 시기와, 부엌의 높이가 여타 공간과 동일해진 시기가 일치하는 것이다. 또한 가스가 난방 및 취사용 연료로 보급된 것은, 나무를 때서 불을 지피던 시절뿐 아니라 연탄불을 피워서 방을 덥히고 음식을 마련해야 했던 시절로부터도 벗어남을 뜻한다. 더 이상 부엌의 아궁이를 통해 방바닥을 데울 필요가 없어졌으므로, 부엌이 방보다 낮게 움푹 파인 곳에 위치할 필요가 없어진 것이다. 난방 방식의 변화는 불씨를 꺼뜨리지 않기 위해 여성이 집에 묶여 있어야 했던 시절로부터의 해방을 의미하기도 한다.

한편 음식이 덜 상하도록 부엌을 가장 서늘한 북쪽에 배치하던 습속은 냉장고의 보편화로 인해 불필요해졌고, 부엌용 가구 및 식탁 등의 장식성이 증가하여 깔끔해진 부엌이 남들의 눈에 띄지 않는 구석에 있어야 할 이유도 사라졌다. 거실을 등지고 벽을 향해 서서 조리를 하게끔 되어 있던 획일적 부엌구조로부터, 최근에는 거실의 가족들을 바라보면서 움직일 수 있도록 조리대와 화덕을 배치하는 식으로 변화되고 있다. 이는 음식 조리 자체가 가족적 활동으로서 자리매김되고 있음을 시사한다. 전면을 향해서 배치된 부엌은, 주부만이 아니라 가족구성원 모두 그리고 외부인에게도 개방되고 조리와 소통이 동시에 이루어지는 공간이 되고 있다(전상인, 2009). 이처럼 개방된 부엌은 요리를 일종의 여가로 인식하게 하고, 조리와 식기세척 등의 제반 역할 역시 나이와 성별을 떠나 가족구성원들이 함께 참여하도록 유도한다. 또한 이는 가족역할 수행이 성별과 연령의 구별을 무색하게 하는 방향으로 통합되고 있음을 반영한다. 게다가 1980년대 이후 커피 메이커 및 식탁용 화덕 등 다양한 부엌 가전의 사용과 더불어서 부엌과 식당의 경계도 모호해지고 있다.

그런데 매일의 식사를 집에서 조리하던 시절이 지나가고 간단한 외식과 배달음식 및 밀키트 등이 다양하게 보급되면서, 실상 부엌에서 긴 시간을 소비해야 할 필요는 감소하고 있는 것이 사실이다. 다양성의 시대인 오늘날, 한편에서는 요리를 취미로 삼는 젊은이들이 증가하지만 다른 한편에선 집에서 조리를 하지 않고 식사를 모두 직장에서 혹은 외식으로 해결하는 부부들이 늘어나고 있다. 전자에 속하는 사람들은 다양한 조리도구가 구비된 넓은 부엌을 필요로 하겠으나, 후자는 부엌이 차지하는 공간을 줄여서 다른 공간으로 활용하고 싶을 수 있다. 요리와 관련된 취향의 다양화가, 주택 구성에 있어서 부엌의 위치와 구조 및 크기에도 반영되어 다시금 큰 폭의 변화를 초래할지 지켜볼 일이다.

(4) 식당의 변화

사람이 붙박이로서 좌정(坐停)하여 기다리고 음식상이 운반되어 오는 것을 당연시하던 과거의 긴 세월 동안, 붙박이는 남성이고 밥상을 운반하는 존재는 여성이었다. 그런데 한국에서도 산업화 이후 점차 남녀노소를 불문하고 가족구성원 모두가 대등하게 식탁을 향해 움직이게 되었다. 이 역시 가부장적 가치관이 희석되고, 평등 지향적 가치관이 설득력을 얻게 된 추세와 무관하지 않다.

가족들의 식사를 위해 매번 상을 펴서 식탁을 차리고 식사 후엔 상을 다시 접어서 치워놓던 과거와 달리, 식탁이 놓인 식당은 주부의 일손을 덜어 주는 것이 사실이다. 특히 8 - 10인용 식탁이 놓인 넓은 식당에서는 손님 대접을 해야 할 때조차 교자상을 펴지 않아도 되니 편리하다. 여전히 양가의 원가족과 긴밀한 유대를 이어오고 있는 한국사회에서, 명절이나 기념일 등 집에서 친지들과 식사모임을 치러야 할 경우가 적지 않기 때문이다. 서구의 집들도, 부엌에 놓인 작은 가족용 식탁 외에 10인용 이상의 기다란 식탁이 놓인 방(dining room)을 따로 두고 있어서 추수감사절이나 크리스마스 등의 가족모임에 활용하곤 한다.

한편 1인 가구가 증가하면서, 하나의 가구가 하나의 용도로만 사용되던 방식에도 변화가 일어나고 있다. 그래서 식사 때는 식탁으로 사용하되 책을 볼 때는 책상으로 사용하고, 이도 저도 아닐 때엔 접어서 벽에 붙일 수 있도록 고안되기도 한다. 이런 방식으로, 식탁이 놓이면 식당이고 식탁을 접으면 부엌공간이 되기도 혹은 거실공간이 되기도 한다. 이는 가구 활용의 효율성을 기하고 좁은 공간을 넓게 사용하려는 시도이다.

(5) 화장실의 변화

부엌과 마찬가지로 화장실 역시 실내로 통합되었고, 이제 더 이상 신발을 신고 마당을 가로질러 변소를 가지 않아도 되며 방의 한쪽 구석에 자리를 잡고 있던 요강도 사라졌다. 수세식 변기의 보급은 화장실 문화의 획기적 변화를 초래했다. 이와 함께, 옛날 어린 아이들에게 공포의 대상이던 재래식 변소는 극빈층 가정의 경우를 제외하고는 역사의 뒤안길로 사라지고 있다. 특히 매일 샤워하는 문화가 보편화되면서, 화장실은 샤워커튼 혹은 샤워부스와 더불어 청결하고 예쁘게 장식되는 공간으로 변모하고 있다.

초기의 아파트와 달리 요즘 짓는 아파트들은, 소형 평형에도 화장실을

2개 이상 배치하는 경우가 많다. 이는 한 집안에 변소 한 개를 두고 남성 홑벌이 가장의 스케줄을 우선으로 하여 장유유서와 남녀유별을 지키던 과거와 달리, 맞벌이 부부가 늘어나는 상황적 필요에 부합한다. 그런데 한 걸음 더 나아가, 방마다 화장실을 두는 주거 디자인이 확산되고 있다. 이는 화장실에서 행하는 배변과 샤워 및 화장 등 외모를 갈무리하는 행위 일체를 방을 나서기 전에 마치도록 하는 의미로서, 화장실을 타인과 공유하지 않는 개인적 공간으로 바라보는 시각에 기초한다.

(6) 개인 공간 확보와 프라이버시의 강조

방 하나를 여러 형제가 공유하던 시절과 달리, 가족 내부의 공유 공간이 축소되고 개인 공간을 확보하는 쪽으로 변화되고 있다. 한옥집에서 창호지를 붙였던 미닫이문은, 손가락에 침을 묻혀 구멍을 내고 눈을 가져다대면 방 안의 광경을 볼 수 있었고 문을 닫아두어도 방 안의 두런거리는 소리를 들을 수 있었으며 그림자를 통해 방 안의 동정을 엿볼 수도 있는 구조였다. 반면 오늘날 흔히 사용되는 여닫이문은 잠금장치가 단단하고 나무 재질이어서, 일단 들어가서 잠그면 밖에서는 아무 소리도 들을 수 없고 아무런 움직임도 느낄 수 없는 밀폐된 구조를 만들어 낸다. 과거의 창호지를 바른 미닫이문과 오늘날의 나무로 된 여닫이문은, 가족 안에서는 너와 나의 구별이 크지 않았던 집단주의 사고가 수용되던 시절과 가족 안에서도 개인의 프라이버시를 중시하는 개인주의 사고가 보편화된 현재 사이의 문화 차이를 반영한다. 그런데 미닫이문의 허술한 잠금장치와 방 하나를 형제들과 공유해야 했던 경험이, 프라이버시가 없다는 불편함만 주었던 것은 아니다. 형제 혹은 자매들끼리의 대화와 사소한 다툼 그리고 화해의 경험이 어린 시절의 끈끈한 정을 쌓게도 했기 때문이다. 형제들과 공유하지 않는 자신만의 방 그리고

외부와의 완벽한 단절이 가능한 여닫이문의 잠금장치 등이 주는 편리함
과 독립성 이면에, 가족 관계의 단절을 초래할 수 있다는 역기능을 도
외시할 수 없다. 청소년 자녀가 하도 방문을 걸어 잠궈서 엄마가 아예
문고리를 빼버린 채 동그란 구멍만 남겨두었다는 푸념 섞인 이야기는,
가족 내 관계 단절의 심각성을 상기시킨다.

   공간구조와 가족구성원의 생활방식은 쌍방향적 연관성을 지닌다. 가
족구성원들의 개인주의적 생활이 개인 공간들로 나뉜 분절적 구조에 대
한 선호를 초래했을 수도 있으나, 역으로 오늘날의 분절적 가옥구조의
특성으로 인해 가족구성원들이 뿔뿔이 흩어져서 개인 공간으로 들어가
는 것일 수도 있다. 일각에서는, 일정한 정도의 사생활 보호 수준만 남
기고 문이나 프레임을 없애서 열린 평면을 설계에 도입하는 방안에 관
한 논의가 활성화되고 있다.

5. 미래의 집에 관한 단상

1) 소가족화와 노령화 시대의 집

   집의 모습은 가족과 이웃 간의 관계 그리고 가족 내 구성원들 간 관
계 및 삶의 양식 등의 변화와 발맞추어 변화해 왔고 앞으로도 그럴 것
이다. 특히 인구의 노령화 추세와 노인 단독 가구의 증가 및 급속한 가
족규모의 축소 내지 1인 가구의 증가가, 주택의 구조와 규모에 영향을
미치게 될 것임은 쉽사리 예측된다. 소가족화 및 1인 가구의 증가는, 큰
평수보다는 작은 평수 주택의 수요 증가와 연관된다. 또한 같은 평수의
주택이라도 방의 수효를 줄이는 대신 방의 크기 및 거실의 크기를 넓히
는 추세 역시, 소가족화 경향을 반영한다.

베이비붐 세대의 노년기 진입과 더불어서, 노인을 대상으로 한 주택이 늘어나고 있다. 우선 첫째, 일반 아파트 단지에 노인동을 건설하는 방안이 고려되고 있다. 노인동 아파트의 내부 구조는 문턱을 없애고 미끄럼 방지와 손잡이 등의 안전시설을 설치하며 휠체어를 탄 채로도 제반 생활이 가능하도록 설계하되, 위치상으로는 일반동들 틈에 섞여있게 함으로써 젊은 세대와 어울려서 살아갈 수 있도록 한다는 아이디어이다. 그리고 성인자녀가 해당 단지의 일반 아파트를 분양받고자 할 경우 혜택을 주는 방안을 마련함으로써, 노부모와 성인자녀가 가까이에 거주할 수 있도록 하는 것이다. 둘째, 실버타운과 고아원을 인근에 배치하는 시도이다. 이는 세대 간 어울림을 유도해서, 집단시설에서는 애정을 덜 받을 수밖에 없는 어린 아이들에게 노인들이 애정 섞인 보살핌을 주고 또한 노인들은 어린 아이들이 지닌 활력을 나누어 가질 수 있게 하고자 함이다. 그리고 셋째, 종합병원 옆에 노인 요양병원과 요양원 그리고 노인 전용 아파트를 짓는 사례가 늘고 있다. 이는 노인층을 대상으로 하여 위기 시에 재빨리 대처할 수 있도록 하되, 가능한 한 독립적 삶을 유지하도록 하고 의존성 정도에 따라 단계적으로 옮겨갈 수 있도록 하려는 목적을 지닌다.

2) 코로나 감염병의 대유행과 집에 대한 욕구 변화

2020년 초부터 전 세계적으로 대유행에 돌입한 코로나 감염병은, 삶의 제반 영역에서 새로운 경험을 하게 하였다. 고밀도의 집합주택은 엘리베이터나 커뮤니티 센터 등 공용공간에서의 바이러스 확산 위험으로부터 자유롭지 않다. 또한 거리두기의 일환으로 재택근무를 실시하는 기업과 비대면 수업이 늘어나서 가족들이 동시에 집안에 함께 머무르는 시간이 길어지게 되면서, 닫혀있는 구조로 된 아파트 안에서 각자의 스트레스가 표출되어 부딪히며 갈등할 가능성이 높아졌다. 이는 가족구성원 대부분이 아침에 등교나 출근을 했다가 저녁에 만나던 것이 일상일 때 아파트가 편리한 주거공간으로 느껴졌던 것과는 전혀 다른 상황을 만들어내고 있다. 그래서 코로나 시대의 집은 예전 수준의 155%에 해당하는 면적을 필요로 하게 되었다는 주장이 제기되었다(유현준, 2021). 집이라는 한정된 공간과 폐쇄적 환경에서 가족구성원들이 하루의 대부분을 함께 지낼 경우 간섭과 잔소리 등 상호 침범이 잦아지게 되고 그로 인한 갈등수준이 높아지기 때문에(이유경·이현주, 2021), 가족구성원 간 상호 거리가 더 멀어져야 한다는 것이다. 재택근무가 많아지면 개인적 공간 확보가 더 필요해지고, 순차적으로 가족 수가 적더라도 넓은 집을 원하는 경향 그리고 마당 있는 집에 대한 희구가 증가할 가능성이 있다. 또한 재택근무 시간이 늘면 개인적 공간에 대한 욕구가 커질 수밖에 없으므로, 방의 수효를 늘리고자 할 가능성 역시 배제할 수 없다.

집의 평수를 늘리거나 방의 개수를 늘리고 혹은 마당이 있는 집으로의 이사를 결정하는 일은 구매력을 전제로 하기 때문에, 집에 대한 욕구 변화가 곧바로 이주로 이어지기는 쉽지 않다. 그렇지만 코로나 감염병의 확산이 재택근무 및 비대면 일처리 방식의 근본적 원인이라기보다는, 재택근무 및 비대면 상호작용 방식은 이미 진행되어 오고 있었는데 코로나 감염병의 확산으로 인해 변화가 가속화되었을 뿐이라는 주장도 일리가 있다. 따라서 코로나 대유행이 종료된 이후에도 재택근무 및 비대면 일처리 등으로 인해 가족들이 집에 머무르는 시간이 길어질 것이므로, 넓은 집과 방의 개수 늘리기 그리고 마당이 있는 집 등에 대한 선호는 지속될 수 있다.

전술한 바와 같이 한편에서는 소가족화로 인한 집의 규모 축소가 그

리고 다른 한편에서는 넓은 집을 찾는 경향이 동시에 진행될 수 있는
데, 이는 집과 관련된 욕구의 다양화로 요약된다. 다양성의 시대로 특징
지어지는 탈근대의 특성이, 주택과 관련된 욕구와 필요성 면에도 나타
나고 있는 것이다. 따라서 이처럼 다양한 욕구를 담을 수 있는 주택공
급 방안을 마련하는 것이 사회적으로 당면한 과제인 반면, 개별 가족
차원에서는 거주 욕구와 구매력 간의 간극을 절충하는 방안을 강구해야
할 시점이다. 아파트의 테라스에 소형 화단을 만들어 휴식 공간을 마련
한다든지 혹은 가구가 차지하는 면적을 줄여서 빈 공간을 확보할 방안
을 찾는 것 등이 개별 가족적 차원에서 시도할 수 있는 방안이다. 또한
직장과의 거리가 멀더라도 개인 마당이 있어서 가족구성원 간 거리를
유지하고 텃밭 가꾸기 등을 통해 스트레스를 해소할 만한 주거형태를
찾는 것이 다른 하나의 가능성이다. 다만 이러한 시도들이 주거 문화의
다양성으로 안착할 수 있을지는 좀 더 지켜봐야 한다.

3) 대안적 주거의 출현 가능성

일각에서는 일찌감치 도심의 생활을 정리하고 인구밀도가 낮은 곳을
찾아 떠나는 귀촌현상이 나타나고 있다. 특히 어린 자녀를 키우는 부부
들이 서로 가까이에 집을 짓고 모여 살면서 아이들을 함께 자라게 하
고, 각자의 재능을 살려서 아이들을 가르치는 품앗이 혹은 등하교나 출
퇴근 시 차량을 함께 타고 다니는 카풀(car pool)을 하면서 상부상조하
는 삶을 시도하고 있다. 또한 빈 둥지기의 부부들이 함께 귀촌을 하여
작은 마을을 일구고 '따로 또 같이' 어울려 살아가는 시도 역시 시작되
고 있다. 이들은 폐쇄적 가족 안에서 채우지 못했던 부분을 보완하려는
적극적 움직임으로서, 근대 이래로 견고하게 닫혀있던 가족의 경계를

다시금 느슨하게 여는 시도이다.

도심에서 익숙해졌던 문화와 친밀성을 공유하는 사람들이 함께 귀촌을 할 경우, 개별 가족 단위의 귀촌보다는 새로운 장소에 정착하기에 유리하다. 왜냐하면, 새로운 삶의 적응과정에서 겪는 어려움을 공유할 존재들끼리의 어울림은 서로에게 정서적으로도 실질적으로도 의지가 되기 때문이다. 다만 함께 귀촌한 사람들끼리의 응집에 머물지 않고 지역사회의 이웃들과도 적극적으로 섞이려는 노력이 동반될 경우, '따로 또 같이'의 경계가 확장되어 이웃과 함께 하는 공동체 문화의 복원으로 이어질 것이다.

4) 과학기술의 진보와 주거문화

과학과 기술의 진보는, 삶의 방식이 변화하는 모습과 상호작용한다. 지금까지 주거양식의 변화가 주로 집의 형태나 구조에 초점을 두고 있었다면, 앞으로 주거와 관련된 변화는 첨단기술이 주거와 관련된 삶의 질을 어떻게 바꿔갈 것인가와 연관될 것이다. 유니버설 디자인(universal design)과 로하스(LOHAS) 주거방식 내지 유비쿼터스(ubiquitous) 주거환경을 조성하는 시도는, 그 대표적인 예이다. 이처럼 주거와 관련하여 장식성이나 과시성보다 사용의 편리함에 주안점을 둔 변화가 진행되고 있다.

우선 첫째, 유니버설 디자인이란 장애로부터의 해방(barrier-free)을 신조로 삼아 성별이나 연령 내지 장애 유무와 상관없이 원하는 사람이면 누구나 공평하게 사용할 수 있도록 상품과 공간을 디자인하는 것이다(김양희 외, 2009). 휠체어나 보행기 등이 편히 다닐 수 있도록 문턱을 없애는 것, 센서를 이용한 자동 수도꼭지 등을 그 예로 들 수 있다. 특히 노령화 시대에 이르러 노인단독가구 내지 노인독거가구가 증가하고 있는 상황에서, 유니버설 디자인을 활용한 노인주택은 주거 공간 내에서 조력자의 도움에 대한 필요를 최소화할 수 있는 방안을 제시한다.

둘째, 웰빙 즉 건강과 행복에 대한 관심이 높아졌다. 건강과 지속적 성장을 추구하는 생활태도라는 의미의 로하스(Lifestyle of Health & Sustainability)는, 개인의 건강과 행복뿐 아니라 공동체를 중심으로 하여 사회적 웰빙을 추구하는 주거방식이다(김양희 외, 2009). 구체적으로, 새 집 증후군 예방을 위한 친환경 건축자재가 개발되고 주택단지 내에 조경과 산책로가 중시되고 있으며 정수 시스템 및 미세먼지 저감(低減) 시스템을 갖춘 주택에 대한 선호 추세가 가속화될 것이다. 그리고 커뮤니티 공간 역시, 주택의 가치를 높이는 요소로서 점점 더 중시될 것이다.

셋째, 언제 어디서나 네트워크에 접속할 수 있는 환경을 뜻하는 유비쿼터스란, 사물 자체가 지능을 갖게 됨으로써 인간과 주택이 적극적 교감을 하며, 디지털 기술이 주택 내에 구축되어 주거의 성능을 높이고, 주거 공간 내부뿐 아니라 외부에서도 가전기기를 모니터링하고 제어할 수 있는 것을 의미한다(조정현 외, 2005). 지문인식이나 방문자 모니터링과 같은 방범 서비스와 가스누출감지 서비스 등이 안전성을, 가전기기 원격제어 서비스나 자동청소 및 요리정보 서비스 등이 편리성을, 원격 건강관리 서비스 등이 의료 서비스를, 그리고 환기 및 냉난방 등의 자동 환경 조절 시스템이 주거 쾌적성을 제공하게 하는 것이다(김양희 외, 2009). 이로써, 스스로 알아서 관리하고 가족들의 생활을 지원하는 "똑똑한" 집으로의 거듭남이 계속될 것이다. 그런데 기술의 도입을 통한 주거문화의 변화를 꾀할 때, 그 장점뿐 아니라 부작용의 가능성도 고려해야 한다. 자동화 기술 등 물질문화의 첨단화가 가져올 사생활 침해의 문제를 어느 선까지 허용하고 어떻게 통제할 것인지는, 비물질적 문화의 영역으로서 여전히 사회적 고민거리이다. 또한 이러한 기술들의 보급과 활용에 있어서 계층적·연령적 불평등 내지 소외 문제를 어떻게

다룰 것인지에 관한 고민 역시 필요하다. 물질문화가 첨단화되는 시대에 역설적으로 더욱 중요해지는 것은, 인간이 기술을 주도해 가야 한다는 원칙이다.

5) 주택공급과 환경에 관하여

상류층에서는 집을 몇 채씩 지니고 곳곳에 별장을 가질 수 있겠으나, 서민들이 한 채의 보금자리를 마련하고 그 주거의 질을 일정 수준 이상으로 유지하는 일은 쉽지 않다. 전세자금 대출이나 임대주택 그리고 중소형 주택 분양 할당제 등이 서민들의 집 마련을 위한 지원 차원에서 시행되고 있는 정책들이다. 특히 '보금자리 주택 건설 등에 관한 특별법'은 2009년부터 시행되고 있는 지원 방안이다. 보금자리 주택이란 국가나 지방자치단체, 대한주택공사, 한국토지공사, 주택사업을 목적으로 설립된 지방공사 등이 서민의 주거안정과 주거수준 향상을 도모하기 위하여 건설하는 국민주택규모(전용면적 85㎡) 이하의 분양주택과 임대주택이다. 입주자의 나이와 가구 구성원 수에 따라 신혼부부 주택, 다자녀 가구 주택, 1~2인 주택 등으로 구분하여 짓는 것으로 알려져 있다. 2009년 11월에 사전예약 방식으로 첫 분양을 실시하였고, 2012년 하반기에 첫 입주가 이루어졌다. 정권이 바뀔 때마다 다소의 수정이 있겠지만, 이러한 논의와 시도는 앞으로도 지속될 것이다. 그런데 이 역시 개별 가족의 경제력이 어느 정도 뒷받침되어야만 혜택을 받을 수 있으므로, '살 집'을 필요로 하는 모든 가족을 끌어안을 수 있는 것은 아니다.

한편 인구밀도가 높지 않은 외곽에서도 몇 동씩 모여 있는 아파트가 불쑥불쑥 솟아 있는 경관은 기이하기까지 하다. 아마도 아파트 생활이 가진 편의성이 중산층의 대표적 삶으로 여겨지면서, 지역 환경에 상관없이 아파트 수요를 창출했을 것이다. 그러나 이제 우리 사회도, 건물의 높이뿐 아니라 외벽과 지붕의 색깔에 이르기까지 아름다운 조화를 꾀함으로써 그 자체로서 관광 상품으로 만들어내는 유럽의 여러 나라들을 벤치마킹할 때이다. 자연경관과 주택의 조화, 그리고 생활의 편의성과 상업적 이익 등을 두루 고려한 주택정책 및 허가제를 통해 이를 조율해야 할 것이다.

더욱 걱정스러운 것은, 주택공급을 늘려서 주택가격을 안정시킨다는 명분하에 여기저기 땅이 파헤쳐지고 있는 모습들이다. 서민들의 주거불안도, 편리한 주택에 살고 싶은 욕구도, 그리고 계층 간 주거 불평등도, 빠른 시간 안에 해결할 수 있으면 더할 나위 없이 좋을 것이다. 그러나 사람들이 살아가는 주변엔 산도 필요하고 녹지도 필요하다. 주거 문제란 사회의 여러 부분들과 복합적으로 연관되어 있으므로, 어느 하나만을 건드리는 정책은 오히려 실패의 도미노를 불러올 수 있다는 단순한 논리가 잊히지 않기를 바란다.

IV

일상생활 문화와 가족

21세기 한국 가족과 문화:
과거와 현재 그리고 미래의 화해

9장

가족과 노동문화

가족은 경제적 부양역할을 하는 임금노동과 가족구성원들의 심신을 재생산하는 가사 및 돌봄 노동을 양축으로 하여 유지된다. 그런데 이러한 역할들을 가족 안에서 분담하는 방식은, 시대와 사회에 따라 달라져왔다.

1. 한국의 전통 사회 및 산업화 시기의 가족노동

1) 전통 사회의 가족과 노동

한반도에서도 삼국시대와 고려시대에는, 여성도 상업에 종사하는 등 공식적 경제활동을 할 수 있었다. 그런데 조선 중기에 도입된 성리학적 가부장제히에서 여성의 역할은 집안의 대소사를 관장하고 양육과 부양 그리고 봉제사에 전념하는 것에 제한되면서, 공식적 경제 활동은 남성만의 영역으로 자리매김되었다. 물론 몰락한 양반이나 평민과 천민들의 경우엔 "목구멍에 풀칠하기 위해" 여성들이 가사뿐 아니라 품삯을 받을 수 있는 다양한 노동으로부터 자유롭지 않았다. 그러나 그 경우에도 여성이 자신의 경제활동을 전면에 내세울 수 있는 분위기는 아니었으므로, 여성의 경제활동이란 남편을 돕는 역할에 한정된다는 것이 당시의 주류 문화였다. 반면 가사 및 돌봄은 어느 신분에서나 전적으로 여성의 몫이었다. 그런데 남성도 여성도 이러한 분담이 합리적인 것인가에 관한 판단 없이 그저 당연한 것으로 받아들였다.

2) 근대화 및 산업화 시기의 가족노동

농업 중심의 경제체제하에서 가정과 농사일 간의 경계는 명확하지 않았으므로, 경제활동과 재생산 활동 간의 경계 역시 뚜렷하지 않았다. 남녀노소를 불문하고 농사일에 동원되었고, 특히 여성들은 새참을 만들어서 나르는 것이 일반적이었다. 그러나 대개의 경우 가족농사를 통한 경제적 수익의 대표는 남성 가장이었으므로, 남의 집 농사에 동원되어 품삯을 받는 것 외에는 여성이 자기 몫의 경제적 수익을 따로 얻을 수 없었다.

산업화 시기 동안, 남편이 혼자 벌어서 가족을 먹여 살릴 수 있다는 것은 도시 중산층 가족이 갖는 자부심이었다. '한강의 기적'이라고 불리는 압축적 근대화를 경험해 오는 동안, 가장들은 새벽별을 보고 출근해서 다시 별이 뜬 밤에야 퇴근하는 것이 일상일 만큼 일 중심의 삶을 살았으므로 경제적 활동 외의 모든 일들은 아내의 몫이었다. 남편의 생계부양과 아내의 가사 및 돌봄이라는 근대 낭만주의 시대의 핵가족적 역할분담이, 20세기 중반 한국의 중산층 가족에게 당연시되었다. 고속경제성장 시기였으므로 가장의 평생고용이 보장되긴 했으나, 노동조합이 부재했으므로 근로조건은 우호적이지 않았다. 그러나 가장들은 가족을 위해 밖에서 일하는 것을 숙명이자 자부심으로 여겼다.

당시의 도시 중산층에 일명 '식모'라고 불리면서 입주하여 집안일을 돕던 시골출신 여성과 그녀의 고향에 남아있는 가족 또한 주목할 만한 존재들이다. 도시에서는 경제개발붐이 한창이었으나 다자녀 시대의 빈농에서는 매년 끼니를 때우기 힘든 '보릿고개'를 보내야 했으므로, "먹는 입을 하나라도 줄이자"는 가족전략으로서 10대의 어린 딸을 도시 중산층에 식모로 보내는 일이 흔했었다. 그래서 그녀들은 밥과 빨래와 청소 등의 가사를 보조하는 대신 잠자리와 식사 그리고 소액의 임금을 제공받으며 지냈었다. 가전제품이 보급되기 이전이고 다자녀 시대였으므로 많은 가사를 감당해야 했던 당시의 중산층 주부들에게, 저임(低賃)의 식모를 고용하는 것은 가사노동을 줄일 수 있는 실질적 방안이었다. 추후 "공장임금이 식모살이보다 낫다"는 분위기가 퍼지게 되자 일반 가정에서는 식모를 구하기 힘들어진 반면, 공장으로 간 그녀들은 열악한 노동환경에서 장시간 반복노동을 하면서 공적으로는 '수출 산업의 역군'이라고 추켜세워지고 일상적으로는 '공순이'라고 불리게 되었다.

한편 도시의 변두리에 편입된 노동자 계층 가족들이 생계를 꾸리려면 남성 가장의 홑벌이만으로는 가능하지 않았다. 아들은 미래의 노동력이므로 투자대상으로 여겨졌지만 딸은 당장의 노동력으로 활용되었으므로, 아내와 딸은 공장에서 단순노무직에 종사하며 생계를 보조하고 퇴근 후에는 가사를 담당했다. 물론 정규직은 드물었고 행상을 하거나 공장의 단순노동에 투입되거나 아니면 집안에서 할 수 있는 부업이 노동자 계층 여성들의 몫이었다. 특히 아내들은 대학가 주변에서 방이 많은 집을 구해 살면서 지방에서 올라온 학생들에게 방을 빌려주고 식사와 빨래를 해주는 하숙을 운영하거나, 인형에 눈 붙이기 혹은 봉투 붙이기 등의 단순 노동을 하여 생계를 보조하였다.

2. 가족 안팎의 노동과 경제

오늘날 여성들의 교육수준이 높아졌고 여성의 취업을 바라보는 사회적 시선 역시 과거와는 달라졌다. 남편을 위한 보조적 삶과 남편에 의한 대리성취에 만족하기보다는 스스로의 직업적 성취를 원하는 여성들이 경제 활동을 지속하고, 또한 그 결과물로서 경제적 독립성을 확보하고 있다. 결혼보다 경제적 자립이 우선이라는 목소리가 호응을 얻는 것은, 경제력이 곧 권리를 주장하고 존중받을 수 있는 개인 자원이라는 인식 때문이다. 또한 고용 불안정 시대인 오늘날, 대부분의 남성들은 혼자 벌어서 가족을 부양하는 삶보다는 아내와 함께 경제적 부양역할을 맞들고 갈 수 있기를 원한다. 이러저러한 이유로 인해 맞벌이가 새로운 문화로서 자리를 잡고 있다.

1) 임금노동의 공유와 가사노동의 성 편중

임금노동이란 화폐로 환산되는 노동을 의미한다. 반면 가사 및 돌봄은, 가족구성원들의 필요를 충족시키기 위한 무급의 노동이므로 화폐로 환산되지 않고 또한 가족 안에서 끊임없이 소비되므로 축적된 결과물을 남기지 않는다.

서구의 산업혁명 및 도시화와 더불어 일터와 가정이 분리되면서, 임금노동은 집 밖의 노동으로 자리매김되었다. 그리고 일터와 가정의 분리는 부부간 성역할 분리를 가속화시켰다. 그런데 자본주의 사회에서 화폐로 환산되는 임금노동의 가치가 가사 및 돌봄 노동보다 우위를 점하게 되면서, 화폐가치로 환산되지 않고 사회적으로 축적되지 않는 가사노동은 평가 절하될 수밖에 없었다. 그래서 임금노동과 가사/돌봄 노동

간 불평등한 위계가 지속되어 왔다. 맞벌이가 보편화되면서 가사와 돌봄 역시 양 배우자가 함께 감당해야 한다는 목소리가 공감대를 얻고 있지만, 경제적 부양역할의 공유를 수용하는 수준만큼 가사 및 돌봄역할 공유의 당위성이 개인들 안에 내면화되거나 가족들 안에 자리를 잡은 것 같지는 않다. 즉 가족구성원들을 보살피고 지원하는 가사노동이 부드럽고 친밀하며 관용적인 여성성에 더 부합한다는 성역할 고정관념에 기대어, 가사노동은 여전히 여성의 주 영역으로 간주된다. 그래서 남편의 가사 및 돌봄 행위에 관해서 "당연한 분담"이 아닌 "아내를 돕는다"는 차원으로 여기는 경향이 여전하다. 2016년에 수집된 자료를 분석한 연구에서, 아내가 가사 및 돌봄에 투자하는 시간의 비율이 평균 90%에 달하고 남편의 기여는 10%에 한정된다고 보고되었다(이여봉, 2019). 맞벌이 부부의 경우에도 가사 및 돌봄 역할은 아내에게 편중되면서, 취업주부의 이중부담으로 인한 역할 갈등과 과로가 문제시되고 있다. 우에노 치즈코 (1994)는 맞벌이 경향에도 불구하고 가사 및 돌봄이 아내 쪽에 편중되는 상황을 '신성별분업' 내지 '신자본주의 단계로의 이행'이라고 진단한 바 있다.

한편 가사 및 돌봄 노동의 가치를 객관적으로 평가하려는 움직임이 있다. 산출된 자료는 특히 전업주부일 경우 소득세의 인적 공제, 남편 명의의 재산을 아내에게 증여할 시 증여세 감면, 이혼 시의 재산 분할권 행사, 그리고 재해 및 상해 관련 보험료 산정 시의 근거 자료 등으로 활용될 수 있다(이여봉, 2017a). 한편 가사/돌봄 가치를 계산하는 방식은, 전업주부 역할수행으로 인해 잃어버린 기회에 대한 비용(기회비용)에 준하는 산출법과 주부가 행하는 가사 및 돌봄 역할을 외부로부터 구매한다고 가정할 경우 지불해야 할 비용(시장비용)에 준하는 산출법으로 이분된다. 전자의 경우 교육 수준과 더불어 경력지속을 가정했을 때 예상되는 직업적 지위와 소득 등 해당 주부가 지닌 인적자원의 특성에 따라 가사 및 돌봄의 가치가 상이하게 평가된다. 반면 후자의 경우엔 개별 가구마다 다른 가사 및 돌봄 노동의 양과 기대치에 따라 평가된다.

이처럼 가사노동의 가치평가가 이루어져야 한다는 사회적 인식에도 불구하고, 가사 및 돌봄의 가치는 저평가되고 이로 인한 취업 공백과 손실은 여성 개인이 감당해 오고 있다. 이를 목격하며 성장한 후속 세대 여성들이 개인적인 대처 전략으로서 결혼 회피 내지 출산 회피를 선택하면서, 우리 사회의 초저출산이 초래되었다고 볼 수 있다. 즉 결혼 회피 및 저출산 등과 같은 사회문제의 근저에, 가사 및 돌봄 분담의 불공평성이 중요한 원인으로서 자리한다. 가사 및 돌봄은 당연히 부부가 공유하는 것이라는 문화를 정착시키기 위해서, 가족 안에서는 부부간 역할 공유의 당위성에 관한 인식이 필요하고, 사회적으로는 직장인으로서의 남성과 여성을 동등하게 바라보고 출산과 양육 역시 남성과 여성 모두의 역할이자 우리 사회의 구성원을 제공하는 사회적 역할로서 인정하여 지원하는 방향으로의 변화가 이루어져야 한다.

2) 가족노동 분담의 다양화

급속한 경제성장기를 살아온 중·노년층 남편은, 대부분의 시간과 에너지를 직업에서의 역할수행에 쏟으면서 자신의 사회적 성취가 곧 가족을 위한 것이므로 가족의 앞날을 위해 현재를 희생한다고 여기며 살아왔다. 그리고 아내는 남편의 출세와 자녀의 교육적 성취를 위해 뒷바라지하고, 그들의 성취에 의한 대리만족을 구하고자 했다. 이처럼 성별 역할 분리가 당연시되는 문화에서, 가족은 개인의 사회적 성취를 뒷받침하는 도구로서 기능해 왔다. 그런데 그러한 가치관이 위협을 받고 있다.

2003년 근로기준법 개정안이 국회를 통과하면서, 주 5일 근무제의 시행과 더불어 법정 근로시간이 주당 44시간에서 40시간으로 단축되었다. 이는 생산성 향상과 고용창출 그리고 소비증가라는 사회적 목표를 지니는 한편, 개인적 차원에서는 가족적 삶의 질을 향상시킬 수 있을 것으로 기대되었다(문숙재 외, 2005). 주 5일 근무제와 고용 창출을 연결시키는 주장은, 근로시간의 단축분을 메울 만큼의 인력 충원이 가능하다는 논리로서 일자리 공유(job sharing) 개념에 기초한다. 또한 국가는 이를 통해 실직 증가로 인한 세금 손실과 실업수당 지급을 방지하여 예산을 절감한다는 아이디어이다. 그리고 근무일수와 근무시간 단축은, 개인들에게 가족과 함께 지내는 시간을 길게 허용한다는 의미가 있다.

경제적 성취를 위해 시간과 에너지를 임금노동에 쏟아붓기보다는, 임금을 덜 받더라도 시간적 여유가 있는 일자리를 찾는 분위기가 확산되고 있다. 이와 아울러 '좋은 아버지가 되기 위한 모임'이나 '아버지의 요리교실' 등과 같이, 남성들이 가족적 일상에 관심을 갖는 문화가 형성되고 있다. 이러한 현상을 일과 가족 간 균형 잡기로 해석할 수 있고, 또한 이를 통해서 가사 및 돌봄 등에 있어서도 부부간 역할공유 문화가 정착해 갈 것이라는 희망을 엿볼 수 있다. 부성육아휴직 역시 부부간 돌봄의 분담을 현실화하기 위한 목적과 무관하지 않다. 다만 이러한 문화가 어느 정도 가족을 부양할 경제력을 지닌 중산층 이상에만 국한되지 않기를 바란다. 부족한 수입을 보충하기 위해 퇴근 후 혹은 주말 연휴를 이용해 부업을 하는 가장이, 2019년 월평균 47만 3천 명에 달하는 것으로 보고되었다(연합뉴스, 2020). 불황으로 인해 고용여건이 악화될 경우 부업을 하려는 시도는 증가할 수밖에 없고, 이러한 가정에서 부부간 가사와 돌봄 역할의 공유를 기대하기는 힘들다. 생계를 위해 부업을 해야만 하는 저소득층 가족의 경우, 남편도 아내도 "목구멍에 풀칠하기 위해" 뛰느라 바빠서 가족 안의 돌봄은 분담이나 공유가 아니라 아예 공백으로 남을 위험을 배제할 수 없다.

젊은 층을 중심으로 성역할 고정관념이 희석되면서, 아내가 가족의 경제적 부양을 하고 남편이 가사와 돌봄 역할을 행하는 가족도 증가하고 있다. 이는 양 배우자의 성별과 상관없이 각자의 욕구와 상황 그리고 부부간의 합의에 따른다는 점에서, 경제적 부양역할을 남편에게 그리고 가사 및 돌봄 역할을 아내에게 고정시켜 온 전통적 역할 분담과 다르다. 그런데 정작 이러한 가족들이 경험하는 불편함은, 이들을 둘러싼 주변의 문화가 아직 성역할 고정관념에서 벗어나지 못한 데서 비롯된다. 예를 들면, 유치원에서 돌아온 자녀들을 데리고 근처 놀이터에 간 남편이 아이들을 데리고 나온 엄마들 사이에서 경험하는 부정적 시선이나 토큰 효과(token effect)[32] 같은 것들이다. 이러한 가족들은 지역사회의 불편해하는 시선을 극복하느라 개인적 차원에서 고군분투하고 있다. 그러나 시간이 지나면서 이 또한 다양한 가족적 삶 중 하나로서 우리 사회 속에 정착해 갈 것이다.

3) 맞벌이 가족의 가사 및 돌봄 전략

맞벌이 가족의 경우에도 가사와 돌봄은 누군가에 의해서 충족되어야 한다. 그런데 핵가족 문화가 자리를 잡은 오늘날, 부부 외에 가사와 돌봄을 대신해 줄 존재를 찾기는 쉽지 않다. 그래서 젊은 부부는 가사 분담이라는 이슈를 가지고 끊임없이 타협과 절충을 시도하고, 혹은 휴일에 가사를 한꺼번에 처리하면서 대처해 나간다. 그런데 돌봄은 가사와 달리 미뤄두었다가 할 수 있는 일이 아니고, 청소나 정리를 덜 한다거

---

32) 토큰 효과란 다수 속에 섞인 소수임으로 인해, 과도히 눈에 띄고 주목을 받게 되는 현상을 의미한다.

나 혹은 반찬과 밥을 미리 해두었다가 데워 먹는 식으로 타협할 수 있는 사안도 아니다.

그래서 새로운 경향이 문화적 트렌드로서 자리를 잡아가고 있다. 그 첫째가, '부모 됨'을 늦추거나 혹은 '자발적 무자녀'를 선택하는 것이다. 그런데 이러한 개인적 선택은 사회적으로 극단적인 출산율 저하를 초래했다. 현재까지 시도되고 있는 경제적 유인책들에도 불구하고 출산율은 반전의 기미를 보이지 않고 앞으로 더 낮아질 전망이다(통계청, 각 년도). 그런데 개인적 차원에서는, 출산율 감소에 대한 사회적 위기 극복에 동참해야 한다는 집합적 당위성보다는 당장 예측되는 어려움을 피하려는 선택에 치우칠 수밖에 없다. 그래서 경제적 지원과 보육 지원 위주의 현 출산장려정책은, 막대한 재정지출에도 불구하고 별 효과를 내지 못한 채 겉돌고 있다. 두 번째 경향은, 노부모를 대리양육자로서 활용하여 세대 간 양육분담을 통해 돌봄 문제를 해결하려는 시도이다. 노부모로서는, 맞벌이하는 성인자녀로부터 손자녀 돌봄 요청을 받을 때 거절하기가 쉽지 않다. 그러나 나이 든 노부모의 입장에서 다시금 손자녀 양육에 매달려야 하는 것은, 적지 않은 희생을 필요로 한다.

난주 씨의 제2 양육기

3년 전 난주 씨의 큰 딸이 첫 아이를 낳았다. 공부를 잘 해서 전문직을 가진 큰 딸이 자랑스러운 난주 씨는, "아기는 엄마가 키워 줄 테니, 너는 걱정 말고 사회활동을 하라"고 했다. 딸과 사위는 친정 근처에 전세를 얻어 이사를 했고, 난주 씨 내외는 아침에 딸네 집으로 출근을 해서 딸과 사위가 퇴근할 때까지 손녀를 애지중지 키웠다. 손녀는 "눈에 넣어도 아프지 않을 만큼" 예뻤지만, 황혼기의 육아는 생각보다 훨씬 힘들었다. 난주 씨는 수년 째 평일에 친구를 만나는 것은 꿈도 꾸지 못할 만큼, 아기에게 매여 살고 있다. 그런데 큰 딸이 둘째를 임신했다. 이번엔 입덧이 심하고 임신상태가 불안정해서, 딸은 휴직을 하고 누워있다. 60대 중반의 나이에, 어린 아기를 돌보면서 아픈 딸을 간병하는 일은 쉽지 않다. 그런데 "둘째까지 키워줄 수는 없다"는 말은 차마 못하겠고, 앞으로 딸이 출산 후 복직을 하게 되면 아기를 둘씩이나 돌볼 일이 난감하다.

설상가상으로 작은 딸이 임신 소식을 알려왔다. 작은 딸에게선 아직 아무 말이 없지만, 작은 딸 내외 역시 맞벌이를 하고 사돈은 지방에 거주하는데 아이를 어찌 키우려는 것인지 벌써부터 걱정스럽다. 큰 딸의 육아는 도와줬고 지금도 전적으로 돌봐주고 있으면서 작은 딸을 나 몰라라 할 수도 없는데, 그렇다고 이 딸네 저 딸네 돌아다니면서 육아 도우미 역할을 할 자신도 없다. 친구들을 못 만나는 답답함은 차치하고라도, 60대 중반이 된 몸이 견딜 것 같지도 않다.

4) 가족 내 세대 간 부양지원의 변화

농경시대의 자녀는 "자기가 먹을 건 스스로 가지고 태어나는" 존재로 여겨졌었다. 열 살만 넘으면 농사를 거들 수 있었고 어린 동생을 업고 다니며 돌보기도 했기 때문이다. 근대 이래로 자녀는 성인기에 이르도록 교육과 보호를 받아야 하는 존재로 여겨지면서, 부모가 긴 세월에 걸쳐서 돌보고 투자해야 하는 부담이 되었다. 콜드웰(Caldwell, 1982)은 이러한 변화를 가리켜서 "자녀에게서 부모에게로 향하던 부의 흐름이 역전되었다"고 설명하고 이러한 변화를 소가족화의 근본적 원인으로서 지목하였다. 한국사회에서 농본시대야 말할 나위도 없지만, 압축적 산업화를 경험하고 경제가 호황이던 시절의 자녀는 교육기간을 마침과 동시에 취업을 해서 경제적 능력을 갖추는 것이 예사였고 또한 취업한 자녀는 부모에게 매달 일정한 수준의 돈을 주는 것을 당연하게 여겼었다.

탈근대인 오늘의 청년층은, 풍요로운 성장기를 뒤로 한 채 불황의 시대에 맞닥뜨리고 있다. 이러한 상황 속에서도 교육기간을 마치고 이어서 직장생활을 무리 없이 해내고 있는 자녀는, 부모에 대한 경제적 지원 유무와 상관없이, 부모의 자랑거리이자 위안이다. 그런데 학업을 마친 이후에도 직장을 구하지 못한 채 유휴인력으로서 대기 중인 성인자녀들이 많고, 이들은 독립적인 성인기로의 진입을 미룬 채 여전히 부모에 대한 의존을 이어가고 있다. 거시경제적 불황이 청년실업의 근본적 원인이긴 하지만, 열려있는 일자리와 눈높이 간의 괴리(job-skill mismatch)가 한편으로는 구직난을 그리고 다른 한편으로는 구인난을 동시에 초래하는 것도 사실이다. 전문직이나 대기업 혹은 공기업 등의 일차 노동시장에서 일하고 싶은 것이 인지상정이지만, 현 시점에서는 개개인의 능력과 자격에 눈높이를 맞추거나 혹은 열려있는 일자리에서 활로를 모색하는 식의 타협도 필요하다. 근대 이래로 가족 안에 내면화된 서정적 가족주의 정서가, 부모에 대한 청년층의 장기 의존을 초래하고 마음에 드는 직업이 나타날 때까지 '버티기'를 하거나 혹은 직장에 다니다가도 마음에 들지 않으면 쉽사리 포기하게 하는 것은 아닌지 생각해 볼 일이다. 부모에게도 자녀양육기가 끝나는 시점 그리고 자녀로서도 부모의존기가 끝나는 시점에 대한 상호 동의가 명확히 이루어지는 것이, 양 세대가 서로에게 부담을 덜 주고 각자의 삶을 살아나가기 위해 필요하다.

더욱 고민인 것은, 청년층 중 취업 자체를 포기한 니트족(not in education, employment, or training)의 비율이 현저히 높고 빠른 속도로 증가하고 있어서 2019년을 기준으로 할 때 OECD 평균(12.9%)의 2배에 육박하고 있다는(22.3%) 사실이다(데일리안, 2021). 한국경제연구원에 따르면, 취업을 할 의지도 없고 노력도 하지 않으면서 "그냥 시간을 보내는" 니트족으로 인한 경제적 손실이 62조 원에 가깝다(데일리안, 2021). 이는 불황이라는 거시경제적 상황과 아울러 교육과 직업을 통해 미래세대의 성취에 진력해 온 부모의 눈높이를 맞출 수 없는 현실 앞에서, 스스로 움츠러든 젊은 층이 많은 데서 비롯된 것으로 여겨진다. 학력수준이 높을수록 니트족의 비중도 높음에 기초할 때 과잉 대학진학을 지양하는 문화를 정착시켜야 한다는 주장(유진성, 2019)도 설득력이 있다. 어떻든 미래에 대한 계획이나 기약이 없는 니트족으로서의 삶은 개인적 실패이자 사회적 차원에서의 경제적 부담일 뿐 아니라, 가족 갈등을 부르고 심지어 가족을 와해시키는 요인이 되기도 한다. 장기적으로는, 개개인의 잠재력과 상관없이 획일적 성취를 목표로 삼아 진력해 온 문화가 바뀌어야 한다. 그리고 무엇보다 이미 니트족으로 주저앉은 청년층이 겪는 사회에 대한 두려움과 취업의욕 상실 및 가족의 흔들림에 대한 사회적 지원이 필요하다. 우선적으로는 그들이 다시 일어설 수 있도록 그리고 눈높이를 현실에 맞추어 수정하도록 지원하는 심리적 상담이 필요하고, 다음 단계로서 취업훈련과 인턴 및 취업알선에 초점을 둔 실질적 지원이 이어져야 한다.

3. 가족 노동문화의 지향

1) 가족노동의 부부공유를 위하여

　산업화 과정에서 가족과 일터가 분리되고 임금노동과 가사노동이 분리되었던 반면, 탈근대의 특징인 정보화는 이 두 가지가 다시금 융합될 만한 여지를 보여주고 있다. 누구나 원하는 대로 재택근무를 하거나 유연근무를 택할 수 있는 것은 아니지만, 근무형태 및 근무시간을 조절할 수 있는 가능성이 열린 것은 사실이다. 그래서 경제적 부양과 가사 및 돌봄을 분리된 영역으로 나누지 않고 양 배우자가 함께 넘나들며 공유할 수 있는 여지가, 과거에 비해 증가했다.

고용이 불안한 시대에 가족이 경제적으로 순항하기 위해서, 맞벌이가 필요하다는 인식이 보편화되고 있다. 그런데 맞벌이 여성들이 직장일과 가사/돌봄의 이중부담으로 인한 에너지 고갈 때문에 일터에서 능력을 제대로 발휘하지 못하고 승진에서 처질 수밖에 없는 상태를 의미하는 '마미 트랙(mommy track)'이라는 용어가 드물지 않게 회자된다. 또한 과로로 인해 건강이 위협을 받는 것 역시 간과할 수 없는 문제이다. 나이 든 세대는 집안에서의 성불평등한 문화에 도전하고 타협할 엄두를 내지 못했으나, 맞벌이가 대세인 오늘을 사는 젊은 여성들은 임금노동과 가사/돌봄이라는 양 영역 모두에서 부부간 역할공유를 요구하고 있다. 이러한 상황에서 가사 및 돌봄의 아내 편중이 장기적으로 지속될 수는 없을 것이다. 그런데 남성들의 직장생활이 융통성 있게 조절 가능한 경우는 많지 않아서, 아내들의 상황적 필요와 요구가 생길 때 남편들이 적시에 반응하기도 쉽지 않은 것이 현실이다. 게다가 가부장적 노동시장의 특성상, 퇴근 후의 회식이나 야근 등이 남성에게 더 많이 요구된다.

친가족적 직장문화에 대한 요구가 끊임없이 제기되고 있다. 부성육아휴직, 직장 보육시설, 재택근무, 유연근무제, 그리고 저녁 회식 문화의 지양 등이 그러한 요청에 대한 답변일 수 있다. 물론 가부장적 성역할 태도가 사라지지 않은 상황에서 부성육아휴직이 남성의 개인적 휴식이나 취미활동 시간으로 사용될 것이라는 우려도 있고, 육아휴직 후 직장으로 돌아온 남성들이 직장에서의 자리를 잃어버렸다는 후회담을 말하기도 한다. 그러나 변화는 이미 시작되었고, 이제 남은 것은 경제적 활동과 돌봄 역할을 양손에 쥐고 감당하는 존재로서 당당함을 주장하는 개인과 가족들을 사회와 기업이 수용하고 지원하는 일이다. 이에 더하여, 양질의 돌봄 시설을 확대하는 등의 사회적 준비가 필요하다. 돌봄에 대한 사회적 지원들이 어우러지고 친가족적 직장 문화와 인식 변화가 시너지를 일으키면서, 부부간 역할 공유 역시 나름의 방식으로 자리를 잡아갈 것이다.

2) 부모와 자녀가 건강하게 홀로서기 위하여

성인기에 이른 자녀란 가족 밖의 사회 속으로 나아가 홀로서기를 하는 것이 정상이라는 틀은 여전히 유효하고, 그 기대에서 크게 벗어나지 않아야 부모도 자녀도 심리적·실질적으로 건강할 수 있다. 그런데 최근 이슈화되어 온 다양한 방식의 캥거루 가족들에서, 성인이 된 이후로도 부모에 대한 의존을 이어가는 자녀와 이들을 끝없이 끌어안고 늙어가는 부모들이 행복하지 않은 몸부림을 보이고 있다. 맞벌이를 위해 노부모에게 대리양육을 맡기는 기혼자녀도, 취업을 했음에도 불구하고 부모에게 의탁하여 일상생활의 편리함을 추구하는 미혼자녀도, 그리고 경제적 독립을 하지 않거나 못한 채 전적으로 부모에 대한 의존을 이어가는 니트족도, 해결되어야 할 사회문제이자 가족문제이다. 이들은 서구의 근대화 이후로 내면화되기 시작한 서정적 가족주의 정서와 무관하지 않은데, 탈근대인 오늘에 이르러 더욱 증가하고 있다. 개별 가족적으로는, 소자녀화 시대의 부모자녀 간 과도한 밀착에서 벗어나서 독립된 삶을 살아가는 것을 자연스럽게 여기는 가족문화를 홍보하고 정착시켜야 한다. 그리고 사회적으로는, 자녀 세대가 부모의 도움 없이도 성인으로서 살아갈 수 있는 인프라와 안전망을 구축하는 것이 필요하다.

우선 첫째, 맞벌이 부부가 아이를 스스로 키울 수 있도록, 믿을 만한 육아 도우미 시스템이 마련되고 또한 양 배우자가 직장생활을 하면서도 양육을 위해 실질적이고 구체적인 협조가 가능할 만한 직장여건 그리고 친가족적 직장문화가 보급되어야 한다. 둘째, 개개인의 잠재력과 상관없이 획일적으로 규정된 성취목표를 가지고 너도나도 진력해 온 문화가 바뀌어야 한다. 학력에 기초한 지위와 보상의 격차를 줄여나가는 정책적 노력을 통해서, 각자가 지닌 잠재력에 맞는 목표를 설정하여 삶을 개척하면 행복한 삶을 살아갈 수 있다는 신뢰가 쌓일 것이다. 그렇게 함으로써, 한편으로 노후를 자녀에게 의탁하기 힘든 사회에서 부모 자신의 노년을 위한 경제적 준비 대신 자녀의 입시준비를 위한 사교육에 자산을 쏟아붓는 비합리적 행위를 줄일 수 있고, 다른 한편으론 이 시대의 젊음들이 타고난 잠재력과 상관없이 획일적으로 대입 하나만을 바라보고 청소년기를 부대끼며 보내지 않아도 될 것이며 궁극적으로 과잉 학력과 높아진 눈높이로 인해 취업에 어려움을 겪느라 누구에게도 떳떳하지 않은 상태에서 오래 버티지 않아도 될 것이다. 그리고 셋째, 눈높이에 맞는 직업훈련과 인턴제 및 일자리가 확대되어야 한다. 그런데 이러한 준비를 위해서, 사회경제적 상황과 인구학적 상황 등 다양한 영역을 고려한 다차원적 논의가 선행되어야 한다. 왜냐하면 어느 한 부분만을 고려하고 다른 영역을 도외시한 정책은 오히려 다양한 사회 문제를 불러일으킬 수밖에 없기 때문이다.

10장

가족과 여가문화

　인류가 태초부터 노동과 여가를 양손에 들고 저울질하면서 살았던 것
은 아니다. 삶이 단순하던 원시사회에서 노동과 여가는 독립된 별개의
범주가 아니라 통합된 전체였다. 그러나 노예제 및 농노제를 토대로 한
신분제가 강고하던 고대와 중세에, 평민과 노예 및 농노는 노동 중심의
삶을 살았던 반면 귀족은 노동을 천시하고 여가를 찬양하는 문화 속에
살았다. 한 시대를 풍미하는 지배계급의 이념이 곧 그 시대의 주류 문
화를 이루는 것이므로, 고대와 중세의 노동관은 부정적 의미로 그리고
여가관은 긍정적 의미로 읽힌다(김문겸, 1993). 그러나 이처럼 노동을 천
시하던 중세까지의 문화는, 르네상스 및 종교개혁과 산업혁명 등을 거
치면서 합법적 노동에 높은 가치를 부여하는 문화로 대체되었다. 자본
주의 체제에서 인간은 '생산적 노동' 즉 교환 가치를 지니고 부를 창출
하는 행위를 하는 존재로서 존중되었다. 그런데 오늘에 이르러, 쉬지 않
고 일만 하는 것은 '일중독(workaholic)'이라는 말로 표현되면서 바람직
하지도 지속가능하지도 않은 것으로 여기는 문화가 확산되고 있다. 이
는 노동과 여가의 균형에 대한 사회적 요구이다.

1. 여가의 개념

노동과 여가는 연장선상에 존재하는 것으로 볼 수도 있고 대립적인 관계에 있는 것으로 볼 수도 있다. 특히 사업가나 전문직 등 자율성이 많이 보장되는 일을 하는 사람들은, 노동에 호의적이고 일과 여가 간의 구분을 명확히 하지 않는다. 반면 육체노동과 같이 자율성 보장 수준이 낮은 일을 하는 사람들은, 노동과 여가를 명확히 구분하여 상호대립적 관계에 있는 것으로 인식한다(문숙재 외, 2005).

카플란은 여가(leisure)를 경제활동과 반대되는 활동, 즐거운 기대 및 추억을 만드는 활동, 자발적인 사회적 역할 수행, 심리적으로 자유로운 활동, 문화적 가치에 위배되지 않는 활동, 중요성 및 관심 정도가 다양한 활동, 그리고 놀이의 요소를 갖는 활동이라고 정의하였다(Kaplan, 1960; 문숙재 외, 2005에서 재인용). 또한 여가는 가정과 직장 및 사회로부터의 의무에서 벗어나 자발적으로 선택하여 자유와 휴식 및 즐거움을 느끼는 행위로 규정된 바 있다(이지연·그레이스 정, 2015; Dumazedier, 1967; Kelly & Godbey, 1992). 이들을 종합하면, 여가란 일상생활 중 노동이나 학업에 종사하는 사회적 필수시간과 수면 및 식사 등의 생리적 필수시간을 제외하고, 의무에서 벗어나서 자발적 참여를 통해 만족을 얻는 행위이다(문숙재 외, 2005).

1) 여가의 유형과 만족도

여가는 무엇을 기준으로 구분하느냐에 따라서, 다양하게 나뉠 수 있다. 우선 취미와 운동, 여행, 스포츠 관람, 친구 및 동료와의 만남, 가족 외식 등의 적극적 여가와 TV 시청 및 라디오 청취, 잡담 등의 소극적 여가로 구분할 수 있다(이기영 등, 1995; 한경미, 1995). 정적 여가와 동적 여가로 구분하는 것(Kaplan, 1960) 역시, 활동 정도에 따른 분류이다. 그리고 능동적 여가인 '하는 여가'와 수동적 여가인 '보는 여가'로 구분되기도 한다(Iso−Ahola, 1980). 이들은 모두 신체적 활동 정도를 기준으로 한 분류이다.

한편 활동에 참여하는 사람 수에 따라 개인 여가와 단체 여가로 구분하고, 규칙의 정도에 따라 게임과 예술로 구분할 수도 있다(Kaplan, 1960). 여가의 동기와 표현양식에 따라, 신체적 활동과 사교적 활동 및 문화적 활동 그리고 자연적 활동과 정신적 활동으로 구분된다(Lutzin & Storey, 1973). 또한 여가활동의 참여빈도를 근거로 분류할 수도 있고 (Lounsbury & Hoopes, 1988), 여가를 통한 충족 욕구에 따른 분류 (Dumazedier, 1967; 성영신 외, 1996) 역시 가능하다. 그리고 여가활동의 성격에 따라, 개인적 활동인지 가족적 활동인지 혹은 가족 외부의 사회적 활동인지로 구분된다. 뿐만 아니라, 쾌락적인 면을 강조하는 캐주얼 여가(casual leisure)와 만족감 및 보상의 개념이 포함되는 진지한 여가 (serious leisure)로 구분되기도 한다.

여가유형에 따라 만족도는 상이하다. 안혜영(1996)에 의하면, 스포츠 활동이 여가만족과의 연관성에 있어서 가장 높고, 이어서 사교활동, 취미와 교양활동, 관광, 오락, 관람 및 감상의 순서로 만족도에 연관된다. 한편 윤익모 등(1997)은 사교활동이 심리적 · 교육적 · 사회적 측면에서의 만족도를 높이고, 스포츠 활동이 생리적 · 휴양적 · 환경적 만족도를 높이는 것으로 보고하였다. 또한 임번장과 김홍설(1996)에 의하면, 활동적 여가가 수동적 여가에 비해 만족도를 더 효과적으로 높인다.

2) 여가의 기능과 위험

여가가 지니는 기능에 관해, 개인적·사회적 차원에서 논의가 있어 왔다. 김광득(1990)에 의하면 여가는, 긴장과 피로를 풀고 신체의 균형 과 건강을 유지하여 신체적·정신적 스트레스를 해소하며 질병을 예방 하고, 사회적 책임에서 오는 일상적 압력과 불안 및 욕구 불만 등을 해 소하여 활동력을 재생시키며, 기계문명에 의한 피지배 상태로부터 인간 성을 해방시켜서 자기실현의 조건을 제공하고, 개인이 지닌 재능과 지 적 능력을 발전시킬 기회를 제공하며, 자연스런 사회관계 속에서 사회 적 가치와 역할을 배우고 자신의 위치를 정립하게 하여 사회적 결속과 통합을 유지시키고, 심신이 자유로운 상태에서 창조의 기쁨을 개인적으 로 충족시킴으로써 문화적 진보를 촉진하고 인내심을 증가시켜서 생산 성을 높이며, 새로운 능력을 개발하여 인적 자원을 강화하는 등과 같은 긍정적 기능을 지닌다.

반면 현대사회에서 여가가 지니는 위험성이 지적되기도 한다. 첫째, 유행심리에 따른 맹목적 모방으로 유도할 위험성과 과시적 소비로 이끌 가능성이다. 여가가 소비 지향적으로 흐르면 여가의 상품화 및 계층 간 불평등을 부추길 가능성이 있다. 중산층 주부들 사이에 골프가 경제적 지위를 과시하는 수단으로 여겨지면서 너도나도 값비싼 골프복 및 골프 채를 구입하는 식으로 사치성향이 번져온 것은, 이에 해당한다. 둘째, 대중매체 전성시대에 여가문화가 몰개성 내지 인간성 상실로 이어지기 쉽다. 즉 유행하는 여가를 무조건 따라하는 경향이 그것이다. 예를 들 면, 해외여행 붐으로 인해 휴가는 해외로 가는 것으로 여겨지면서 너도 나도 경쟁적으로 떠나곤 했다. 또한 청소년들 사이에 특정한 가상 게임 을 하지 않으면 또래들로부터 소외되는 것처럼 여기기도 했다. 셋째, 여가가 향락적으로 흐를 경우 오히려 올바른 가치관 형성을 저해할 수 있다. 유흥비 조달을 위해 범죄를 저지른다든지, 혹은 카지노 게임에 과다 몰입하여 파산 지경에 이르는 등이 그 예이다(문숙재 외, 2005).

3) 여가의 장애

개인의 여가 행동을 방해하는 제약 요인으로서, 시간 부족, 흥미 부족, 자신감 부족, 정보 부족, 시설 부족, 비용 부족 등이 지목된다(권영완, 1989; Romsa & Hoffman, 1980). 한편 김외숙(1991)은 여가를 제약하는 원인으로서 시간과 비용 및 능력 등의 개인적 요인뿐 아니라 시설과 기회 그리고 가족 및 대인관계 등의 사회적 요인이 포함되어야 함을 지적하였다. 그런데 여가를 제약하는 요인(leisure constraint)은, 여가 선호 자체에 영향을 미칠 뿐 아니라 여가에 대한 선호가 있더라도 실질적으로 여가에 참여하지 못하게 하는 장애로 작용한다(김외숙, 1991).

(1) 내재적 여가 제약

여가를 제한하는 내재적 제약(intrapersonal constraint)이란, 스트레스나 우울 등의 상태 혹은 자신의 능력에 대한 부정적 지각 등의 심리적 특성을 의미한다(김외숙, 1991). 이러한 제약 요인은 여가 선호에 영향을 미쳐서, 순차적으로 여가 참여를 제한하는 변수가 된다(Crawford & Godbey, 1987). 한 예로서, 신체적 운동능력에 대한 자신감이 낮은 경우 신체 활동적 여가를 선호하지 않아서 신체적 운동을 포함하는 여가에 참여하지 않는 것을 들 수 있다.

(2) 대인적 여가 제약

대인적 제약(interpersonal constraint)은 대인관계에 기인하는 제약을 의미한다(김외숙, 1991). 예를 들면, 청소년의 경우 부모의 공부 강요 및 간섭이 여가 참여를 제약하는 요인이 될 수 있다(이철원·조상은, 2001). 또한 함께 할 파트너가 없는 것은 공동 여가활동 선호도에 부정적 영향을 미쳐서 순차적으로 해당 활동에의 참여를 저해한다. 예를 들면, 팀을 이루어야 하는 골프나 테니스 등을 같이 할 상대가 없는 경우, 점차 해당 운동에 대한 선호도가 낮아지고 실제 참여도 역시 낮아진다.

(3) 구조적 여가 제약

구조적 제약(structural constraint)이란 경제적 자원이나 시간적 제약, 춥거나 더운 날씨 및 나쁜 건강상태 등과 같이 여가를 선호하더라도 실질적 참여로 이어지는 것을 방해하는 상황을 의미한다(김외숙, 1991). 학령기의 청소년에게는 시간부족이 여가를 제한하는 구조적 제약 요인일 수 있다. 그리고 퇴직 후 경제적 자원이 부족해진 경우엔 비용이 많이 드는 여가활동에 참여할 수 없고, 건강상태가 좋지 않은 노인은 활동성이 강한 여가를 즐길 수 없다. 이처럼 상황별 특성에 따르는 구조적 제약 요인이 존재한다.

2. 근대 이후 여가문화의 변천

1) 근대의 여가

산업혁명과 더불어 일터와 가족이 분리되면서 일터에서의 노동시간이 극단적으로 길어지자, 노동시간 단축이라는 이슈를 놓고 노동자와 자본가 간 대립이 시작되었다. 그리고 노동자들에게도 여가가 필요하다는 인식을 시작으로 하여, 점차 노동과 여가를 각각 독립된 영역으로 인정하게 되었다. 근대 자본주의 경제체제하에서 생산노동과 비생산 활동 즉 노동과 여가를 구분하고, 일터와 가정을 나누며, 생산노동과 가사노동을 분리한 것이다. 그 과정에서 생산노동이 비생산 활동보다 우월한 것으로 보고, 노동이 여가에 우선하며, 일터가 가정보다 우위에 있다고 간주하는 식의 수직적 위계가 자리를 잡았다(최정은정, 2002). 부연하자면, 여가는 노동을 잘하기 위해 휴식하고 충전하는 부차적 활동이고, 가정은 일터로 복귀하기 위해 쉬는 공간이며, 가사노동은 가족구성원들이 에너지를 충전해서 생산노동을 잘할 수 있도록 보조하는 그림자 노동으로서 간주된 것이다.

19세기 중반 유럽의 자본가 계급에 보급된 여가 방식은, 독서 및 피아노 연주 그리고 소인극 관람 등이 주였다(김문겸, 1993). 아울러 디너파티와 가든파티 및 바자회가 상류층의 여가로서 성행했고, 정원에서 즐기는 놀이 문화로서 크로켓과 테니스 등의 스포츠 그리고 실내경기로서 당구가 보급되었다(김문겸, 1993). 당시 이러한 여가는 일정한 계층 이상에 속하는 사람만 누릴 수 있었으므로, 여가활동에 참여하는 것은 계층적 과시 효과를 지녔다(김문겸, 1993). 반면 노동자 계급의 능동적 여가로서 뮤직홀과 클럽 및 축구 경기 등이 확산되었는데, 이 역시 계급 내의 동질성을 확인하고 노동시장에 관한 정보 교환이 이루어지는 장으로서 기능했다(김문겸, 1993).

그러다가 19세기 말 방송매체와 영상매체가 대중오락의 공급원으로 등장하면서, 여가문화는 산업화 및 상업화의 시기를 맞게 되었다. 특히 20세기 초 미국 사회의 소비수준이 큰 폭으로 상승하면서, 자동차가 대

량 보급되는 것을 계기로 하여 여행 및 외출 등과 연관된 여가 산업이
발전하였다(김문겸, 1993).

2) 탈근대 여가의 변화

노동 및 생산 중심의 삶에서 벗어나서 여가 및 소비 중심적 삶으로의
변화는, 후기 산업사회 즉 탈근대에 이르러 선진자본주의 사회에서 일어
난 획기적 사건이다(문숙재 외, 2005). 즉 근대에 중시되던 생산성과 효율
성 및 금전적 보상보다 개인적 삶의 질에 가치를 두는 분위기가 퍼지면
서, 가족과 여가 및 소비 그리고 자아실현을 중시하는 분위기가 조성되
고 있다. 근대 산업사회에서의 여가가 노동력을 재생산하는 의미를 지녔
던 반면, 탈근대인 오늘의 여가는 단지 노동을 보조하는 개념에서 나아
가 개인적 삶의 질을 평가하는 핵심 요소이자 인간의 권리로서 받아들
여진다(문숙재 외, 2005). 같은 맥락에서 근대 산업사회의 여가가 전통적
이고 폐쇄적이며 계급적으로 분화되었던 반면, 오늘의 여가는 대중적이
고 개방적이며 계급적인 면에서도 평준화를 추구한다(후쿠다, 1982; 곽한
병, 2010에서 재인용). 그리고 근대 여가에 대한 시선이 부정적이고 비판
적이었던 반면, 오늘날 여가는 문화적 필요 요건으로 받아들여진다(후쿠
다, 1982; 곽한병, 2010에서 재인용). 또한 과거의 여가가 지역사회를 중심
으로 이루어진 반면, 현대 여가의 중심축은 가족이다(후쿠다, 1982; 곽한
병, 2010에서 재인용). 가족 밖에서 동료 및 친구들과 음주나 골프 및 등
산 그리고 낚시 등으로 시간을 보내며 에너지를 재충전하던 여가로부터,
점차 부부동반 활동 및 가족 여행 등 가족 단위로 여가를 보내는 방향으
로 변화하는 추세이다. 이는 정보화 사회에서의 기술적 변화 및 의료의
발달로 인해, 자동화 및 재택근무 그리고 퇴직 이후 가족 중심으로 돌아

가는 삶이 연장된 바와 무관하지 않다.

한국사회에서도 여가는 노동과 밀접한 관계에 있는 것으로 이해된다. 즉 노동만이 생산성을 높이는 것이 아니라 여가를 통한 재충전이 생산성으로 직결된다는 시각이 설득력을 얻고 있다.

3. 한국의 여가문화

1) 한국의 전통 여가문화

(1) 농경사회의 절기 문화

한국은 전통적으로 농경에 기반을 둔 문화를 발달시켜 왔다. 기온과 일조량 및 강수량 등과 밀접히 관련되어 있는 농사의 특성상, 태양의 움직임에 근거하여 매 계절마다 6 절기씩 총 24 절기로 구분하고 각각의 의미를 담은 이름을 붙여서, 농사에 활용하는 계기로 삼았으며 또한 이를 기념하는 놀이 문화를 정착시켰다.

봄을 알린다는 '입춘'과 비가 내리고 싹이 튼다는 '우수', 겨울잠을 자던 개구리가 깨어난다는 '경칩', 낮과 밤의 길이가 동일하고 이후로부터 낮이 길어지기 시작하는 '춘분', 가래질과 밭갈이 등 한 해 농사의 준비를 시작할 때라는 '청명', 곡식을 기름지게 하는 봄비가 내린다는 '곡우' 등이 봄을 알리는 6 절기이다. 농작물과 해충이 왕성해지므로 농사일이 바빠진다는 '입하', 햇볕이 좋아서 만물이 성장하며 보리가 익어 온 세상이 푸르게 된다는 '소만', 보리를 베어내고 모내기를 하며 씨앗을 뿌릴 때라는 '망종', 한 해 중 낮이 가장 길고 밤이 가장 짧다는 '하지', 여름 더위가 시작되고 장마가 온다는 '소서', 그리고 장마가 끝나고 무더위가 시작된다는 '대서'가 여름의 6 절기이다. 곡식이 여문다는 '입추',

여름의 열기가 가시고 일교차가 커지기 시작한다는 '처서', 농작물에 흰 이슬이 맺힌다는 '백로', 낮과 밤의 길이가 같되 이후부터 낮의 길이가 짧아지기 시작하는 '추분', 찬 이슬이 맺히며 철새들이 가고 온다는 '한로', 그리고 서리가 내리므로 곤충들이 겨울잠에 들어간다는 '상강'이 가을의 6 절기이다. 또한 동물들이 겨울잠에 들어가니 김장을 시작할 때라는 '입동', 첫눈이 내리기 시작한다는 '소설', 눈이 많이 내린다는 '대설', 한 해 중 낮이 가장 짧고 밤이 가장 긴 날이며 귀신과 액운을 물리치려고 팥죽을 먹는 '동지', 그리고 작은 추위가 온다는 소한과 매서운 추위가 온다는 '대한' 등이 겨울의 6 절기이다(안철환, 2011).

(2) 세시풍속으로서의 여가문화

전통 사회에 토착화되어 있던 무속신앙과 불교 및 유교 등의 종교가 한국의 여가문화에 녹아있다(계선자 외, 2009). 옛날에 비해 단순화되었지만 오늘날에도 여전히 명맥을 이어오고 있는 세시풍속, 즉 설과 정월 대보름 및 사월초파일과 단오 및 추석 등을 그 예로 들 수 있다.

음력 정월 초하룻날인 설에는 심신을 정갈히 한 뒤 설빔을 차려입고 돌아가신 조상들께 차례를 지낸다. 복조리를 만들어서 마을을 돌아다니며 팔던 풍속은 외부인의 출입이 쉽지 않은 아파트의 확산과 더불어 거의 사라졌고 친척집과 이웃을 돌며 웃어른께 세배를 하던 풍습 역시 드물어지고 있지만, 나이 든 세대의 기억 속에는 어린 시절의 추억으로 자리하고 있다. 윷놀이, 널뛰기, 제기차기, 연날리기 등이 설날의 놀이문화이다(박명희 외, 2003). 특히 윷놀이는 남녀노소 상관없이 가족 모두가 같이 하는 놀이로서, 삼국시대 이전부터 있어 왔던 것으로 전해진다. 반면 널뛰기는 젊은 여성들이 주축이 되어 설날뿐 아니라 단오 및 추석 등 큰 명절마다 행하던 놀이인데, 고려시대부터 전승되어 왔다. 여성들의 삶이 집안에 한정되어 있던 조선시대에, 널뛰기는 담 밖의 세상을 구경하는 탈출구 역할을 했었다(계선자 외, 2009). 한편 제기차기는 남자 아이들이 겨울철에 하던 놀이로서, 기원전 2700년경 중국에서 무술연마를 위해 고안된 이후 한반도에도 전해졌다(계선자 외, 2009). 또한 연날리기 역시 주로 남자들이 하던 놀이로 알려져 있는데, 삼국시대부터 전해져 왔다. 겨울철에 부는 북서풍이 연날리기에 적합하기 때문에, 정월 초하루부터 대보름날까지 즐기던 놀이이다(계선자 외, 2009).

정월 대보름의 달은 물을 상징하는 것으로서, 농경문화와 연관된다. 대보름 전날 새벽, 논에 퇴비를 가져다 부으면서 풍년을 기원하던 풍습이 있었다(계선자 외, 2009). 또한 말려놓았던 채소로 만든 나물과 각종 곡식으로 만든 오곡밥으로, 대보름 전날 일찌감치 저녁을 먹었다. 그리고 대보름날 아침에는 밤과 호두 및 땅콩 등 딱딱한 견과류를 깨물면서 "내 더위 가져가라"고 외치면 한 해 동안 더위를 먹지 않고 부스럼이 나지 않으며 이가 단단해진다고 믿었다. 또한 한 해 동안 귀가 밝아지고 좋은 소식을 듣는다고 알려져서 귀밝이술이라 부르던 청주를 마시기도 했다. 마을의 공동축제행사로서, 쥐불놀이, 달맞이, 지신 밟기, 다리 밟기, 줄다리기, 편싸움(석전) 등이 있었다(계선자 외, 2009). 쥐불놀이란 동네 사람들이 참여하여 빈 깡통에 바람구멍을 뚫고 장작개비나 솔방울에 불을 붙여 빙빙 돌리다가 논두렁 밭두렁의 마른 짚에 불을 놓던 행사인데, 해충을 없애고 풍작을 기원하는 의미가 있었다(계선자 외, 2009). 달맞이란 높은 곳에 올라가 달을 보며 소원을 빌며 농사를 점치고 또한 대나무로 기둥을 세워 만든 달집에 짚으로 만든 달을 걸어두고 농악대가 풍물을 울리며 태우는 것으로서, 이웃마을과 경쟁을 하는 마을 단위의 놀이였다(계선자 외, 2009). 지신 밟기란 땅을 다스리는 신을 달래고 복을 비는 놀이로서, 서낭당[33] 앞에서 시작해서 마을을 돌면서 집집마다 방문을 하는데, 집 마당과 대청마루 및 방 그리고 부엌과 곳간 각각 존재한다는 지신을 발로 밟아서 잡귀를 제압하는 행사를 했다(계선자 외, 2009). 이때 집주인은 술과 음식 그리고 금전과 곡식으로 사례했는데, 이들을 모아 마을의 공동사업에 활용했다(계선자 외, 2009). 다리 밟기는 정월 대보름 밤에 남녀노소를 가리지 않고 모두 나와서 개천이나 강의 다리를 밟는 행사인데, 이렇게 하면 다리의 병을 예방하고 액을 면한다고 믿는 풍습으로서 고려시대부터 이어져 왔다(계선자 외, 2009). 한편 줄다리기는 대부분의 농경사회에서 많이 행해지던 것으로서, 이긴 쪽의 풍작을 점치는 놀이이다. 이때 사용하는 줄은 집집마다 모은 짚으로 새끼를 꼬고 이들을 합하여 완성하는 것으로서, 준비과정부터 마을 주민들의 단결과 협동심을 유도하는 의미가 있었다(계선자 외, 2009). 그래서인지 요즘도 운동회나 단합대회를 할 때 줄다리기를 하는 경우가 많다. 그리고 석전은 마을의 젊은 남자들이 편을 나누어 서로 돌을 던져서 후퇴하는 쪽이 지는 방식으로서, 공동으로 무예를 연마하는 민속놀이였다. 이는 개방적이고 수평적이며 적극적인 공동체 문화로서, 혈연과 친족 중심의 폐쇄적인 설 풍속을 이웃으로 확장하는 의미를 지녔다고도 해석된다(두산동아편집부, 2000). 그런데 일제가 우리 민족의 투쟁성을 없애기 위해 금지하면서, 이러한 풍속들도 사라지게 되었다(계선자 외, 2009).

사월 초파일(음력)이라고도 불리는 석가탄신일은, 숭불정책을 펴던 고려 공민왕 시대에 왕조가 연등제를 주관하는 큰 명절이었다. 그러다가 억불숭유(抑佛崇儒) 정책을 펴던 조선시대에는 공식적인 연등제 대신 민간에서 관등놀이라는 이름의 야외 축제를 했다(박명희 외, 2003). 집집마다 등대를 세우고 가족구성원의 수효대로 등을 밝히며 밤새 놀던 행사로서, 오늘날에는 사찰이 주관하여 거리나 공원에 연등을 밝히고 절마

33) 마을을 지켜준다는 서낭신을 모신 집.

당에 가족의 복을 기원하는 등을 달며 전통사찰음식과 풍물놀이를 하는 문화행사로서 이어지고 있다(계선자 외, 2009).

예로부터 우리 민족은 음력 3월 3일 삼짇날, 5월 5일 수릿날(단오), 7월 7일 칠석, 9월 9일 중양절 등, 홀수달 홀숫날이 겹치는 것을 중시했다. 특히 단오는 일 년 중 양기가 가장 왕성한 날이라고 여겨서, 파종이 끝난 뒤 농경의 풍작을 기원하며 제사를 지내고 밤낮에 걸쳐서 음주가무를 즐겼다(두산동아편집부, 2000). 단오에는 더위 시작 전에 원기를 돋운다는 의미에서, 여자들은 약초인 창포로 머리를 감고 창포 뿌리로 비녀를 만들어 꽂았으며 남자들은 창포 뿌리를 허리에 차고 다녔다(계선자 외, 2009). 그네뛰기와 장대 위에 방울을 달아서 방울을 차는 놀이 그리고 마을을 대표하는 힘자랑으로서 씨름대회 등을 하고 놀았다(계선자 외, 2009). 특히 씨름에서 이긴 자에게 농사일을 열심히 하라는 뜻에서 황소를 부상으로 주곤 했었는데, 오늘날에도 씨름대회의 우승자를 황소에 태워서 모래판을 돌게 하는 행사를 통해 그 명맥을 이어가고 있다.

한편 한가위 혹은 중추절이라고 불리는 추석(음력 8월 15일)은, 농경사회에서 만물이 풍성한 절기에 이르러 한 해의 풍작에 감사한다는 뜻에서 햇곡식과 햇과일을 차려 놓고 조상께 차례를 지내는 명절이다. 추석의 대표음식인 송편을 가족들이 모여 앉아서 빚는 풍습이 이어져 왔으나, 최근에는 떡집에 주문해서 구입하는 경우가 대부분이다. 풍년을 축하하며 흥을 돋우기 위해 꽹과리와 징, 장구와 북, 대평소 등의 악기를 연주하며 빙빙 도는 농악놀이, 추석날 저녁에 여자들이 단장하고 모여서 손을 맞잡고 탑 주위를 돌며 노는 강강술래 등은 모두 마을 공동체 놀이이다. 이 외에도 3월이면 꽃을 따다가 전을 부치는 솜씨를 겨루는 화전놀이와 활쏘기, 9월이면 함께 모여 즐기던 단풍놀이 등이 있다.

전통적인 세시풍속으로서의 마을 공동체 여가문화는 조선 후기에 이르기까지 이어져 왔으나, 일제의 민속 문화 탄압으로 인해 쇠퇴하였다 (김문겸, 1993). 그리고 그 빈자리를 채울 대안적 여가문화가 자생적으로 만들어질 시간적 여유를 갖지 못한 채, 일본과 서구의 문화가 쏟아져 들어왔다. 그래서 토착적 여가문화와 새로운 여가문화가 자연스럽게 접 목될 기회를 잃어버린 채 분절적으로 양립하고, 여러 세대가 공유할 만 한 여가문화는 부재하는 상황이다.

2) 한국사회의 변화와 여가문화의 변화

여가문화 역시 해당 사회의 기술 및 경제 수준과 밀접히 연관되어 있 다. 한국전쟁 후 경제수준이 낮았고 교통수단이 발달하지 않았던 1950 년대에는 창경궁 나들이[34]가 대표적인 가족 여가였다. 또한 한국영화가 만들어지기 시작하면서부터 극장 나들이, 그리고 사상계 및 현대문학 등이 창간되면서 독서 등이, 대중적 여가로서 보급되었다.

철도 및 국도 등 교통 인프라가 건설되기 시작한 1960년대 후반에는 서해안 해수욕장이 개발되면서 바닷가에서의 피서, 음악다방에서 커피 와 팝송 즐기기, 그리고 TV가 있는 집에 모여서 함께 시청하기 등이 일 반적인 여가문화였다. 또한 1970년대에는 경부고속도로 및 영동고속도 로 등이 개통되면서 동해안 및 남해안 그리고 온천 등으로 여행을 떠나 기 시작했다. 그러다가 1980년대 집집마다 차를 소유하게 된 소위 '마 이카(my car) 시대'에 이르러 여가공간이 전국으로 확대되었고, 1980년 대 말의 해외여행 자유화 조치로 인해 여가 공간은 해외로 확산되기 시

---

34) 일제가 조선의 궁궐을 모욕하려는 목적에서, 1907년 이씨 조선의 대표적인 궁궐 이자 임금과 왕비가 거주하던 창경궁에 동물원과 식물원을 만들고 창경원으로 명 칭을 바꾼 이후 유원지로 이용하게끔 했다. 1983년에 이르러서 동·식물원을 서 울대공원으로 옮기고, 창경궁이란 이름으로 복원하였다.

작했다(여성신문, 2003).

한편 1990년대에 등장한 노래방은 한국의 방 문화가 가무를 즐겨온 전통과 결합된 형태인데, 다양한 연령층이 즐기는 문화로서 뿌리를 내렸다. 이는 방이 거주의 개념에 국한되지 않고 여가와 유흥의 공간으로 확장되었음을 의미한다. 한국사회에서 노래방 문화가 자리를 잡은 것은, 방을 통해 이루어져 온 전통적 생활양식으로 인해 방이 친밀하고 따뜻한 곳으로 인식되고 아울러 방안에 함께 모인 '우리끼리'라는 느낌이 전통적인 집단주의 문화와 어울려서 수용되었기 때문이다.

2000년대에 들어오면서, 방 중심의 여가문화는 노래방에 한정되지 않고 비디오방, DVD방, PC방, 찜질방, 보드게임방, 점술방, 디지털 녹음방, 스트레스 해소방 등으로 다양화되고 있다. 이들은 영화, 게임, 식음료 등 카페와 합쳐놓은 구조로서 복합적 기능을 제공한다. 그러나 이렇듯 다양한 방들은 외부와 단절된 공간이 갖는 폐쇄성으로 인하여 범죄와 탈선의 온상이 될 가능성을 배제할 수 없다(문숙재 외, 2005). 한편 청년들이 온라인상에서 개인 홈페이지나 카페, 블로그 등의 방을 통해 자신을 노출하는 현상 역시, 오프라인에서의 방 문화와 무관하지 않다. 그런데 온라인 방 문화의 활성화는 양면적 가능성을 지닌다. 즉 이들이 방문을 닫고 들어가서 온라인 방에서 활동하는 시간이 늘면서, 오프라인에서는 오히려 가족과의 상호작용을 줄임으로 인해 가족관계가 단절될 수 있다. 반면 가족 홈페이지나 가족 채팅방 등 가족전용 방을 만들어 의사소통을 활성화시킬 경우, 온라인에 익숙한 젊은 세대의 상호작용 방식과 가족화합을 원하는 나이 든 세대의 욕구가 조화를 이루어 가족 응집력을 도모할 수도 있다.

젊은 층 일부에서 즐기는 '클럽 문화'는, 영국의 청년문화에서 수입된 것으로서 저녁 늦게 시작되어 새벽까지 음주가무 및 사교를 즐기는 파티문화이다(고경운, 2004; 김양희 외, 2009에서 재인용). 한국에서는 2000년대 초 클럽 문화가 젊은 층에 보급되었고 오늘날 이성교제의 공간으로서 활용되기도 한다(김양희 외, 2009). 그런데 개방적인 청년층의 클럽 문화는 부모 세대와의 문화적 차이로 인해서 가족갈등을 유발하고 있다. 특히 2020년부터 코로나 바이러스의 확산으로 인해 사회적 거리 두기를 행하고 있는 와중에 클럽을 순회한 젊은이들의 코로나 집단 확진 사례는, 클럽 문화가 초래할 수 있는 실질적 위험뿐 아니라 세대 및 계층 간 분열의 상징으로 보이기도 한다.

청년층의 또 다른 여가로서, '공연 문화' 및 대중가수들에 대한 팬덤(fandom) 활동을 들 수 있다. 이들은 청소년 시기의 '오빠부대' 활동에서 끝나지 않고 나이가 든 후까지도 이어져서 '이모부대' 및 '삼촌부대' 등의 신조어를 만들어 냈다. 팬덤 형성과 활동은 국내인들에만 한정되지 않고, 한류 가수를 따르는 외국인 팬덤이 형성되어서 한국의 대중문화를 전 세계에 확산시키는 데 한 몫을 하고 있다. 가족이 함께 특정한 가수의 팬이라는 공통 관심사를 구심점으로 하여 활동한다면, 팬덤활동 자체가 가족 여가생활로 자리를 잡고 가족응집성을 강화시키는 수단이 될 수도 있다.

여러 곳을 돌아다니는 관광 대신 호텔 내 시설을 이용하여 휴식을 취하는 상품(호캉스)과 멀티플렉스 영화관 등이 새로운 놀이공간으로 등장하여 호응을 얻고 있다. 그리고 마라톤과 조깅, 등산, 자전거 타기, 수영, 테니스, 골프 등의 스포츠에 자발적으로 참여하는 경향 역시 증가하였다. 이처럼 적극적이고 행동적인 여가의 증가 및 다양화가 한 축이라면, 2002년 월드컵 당시의 길거리 응원과 야구관람 등을 통해서 긴장과 흥분을 경험한 이래로 운동경기를 관람하고 응원하는 등의 수동적 여가를 통해 소속감과 대리만족을 느끼는 경향이 증가한 것이 변화의 다른 한 축이다.

3) 노동여건의 변천에 따른 여가문화의 변화

우리 사회의 여가문화는, 직장의 회식과 음주 및 휴식과 수면 등의 소
극적 여가에 한정되던 시절로부터 이제는 동호회 활동이나 가족 여행
등 적극적 여가에 이르기까지 다양해지고 있다. 또한 아버지 역할에 대
한 기대치에 변화가 일어나면서, 가족 단위의 여가활동에 대한 관심이
높아지고 있다. 이는 주 5일 근무제로 인해 주말이 이틀로 늘어난 바와
무관하지 않다. 노동시간이 긴 사회에서는, 한정된 시간동안 서비스를
소비하는 금전 중심형 여가가 주를 이룬다(문숙재 외, 2005). 그런데 주 5
일 근무제로의 변화 및 유급휴가제는, 금전 중심형 여가 대신 시간 소비
형 여가로의 전환을 가져왔다(문숙재 외, 2005). 또한 이를 계기로, 자기
계발을 위해 시간을 효율적으로 활용하면서 즐길 수 있는 여가가 주목
받게 되었다. 주말을 이용한 여행 및 암벽 등반이나 해양 스포츠 등의
레포츠 활성화가 그러한 변화이다. 교양 및 미래의 인적 자본 개발을 위
한 학습형 여가뿐 아니라 요가나 명상과 삼림욕 등 정신수양과 휴식을
중심으로 한 웰빙형 여가 역시 저변을 확대하고 있다.

그러나 개인의 자유 시간 증가가 곧 여가시간의 증가로 이어진다는
보장은 없다(김진탁·김원인, 2001). 개인적 성향 및 소득수준에 따라 노
동시간 감소로 인해 만들어진 시간적 여백을 여가 대신 또 다른 경제활
동이나 가사 등으로 메울 가능성을 배제할 수 없기 때문이다. 특히 수
입이 충분치 않거나 수입을 늘려야 한다는 절박감이 있는 경우, 주 5일
제 근무나 근무시간 단축으로 인한 시간 여력은 여가가 아닌 부업 활동
으로 이어질 가능성이 높다. 그런데 노동과 여가가 균형을 이루는 것이

장기적으로 바람직하다는 관점에 비추어 볼 때, 여가를 필수적인 것으로 인식하고 활용할 수 있는 방안이 강구되고 문화적으로 정착될 필요가 있다.

한편 적극적 여가는 어떤 경우든 금전적 지출을 수반할 가능성이 높으므로, 불황의 지속 여부에 의해 영향을 받을 수밖에 없다. 그리고 가족구성원의 다양한 여가 욕구를 충족시킬 비용이나 심리적 여력이 없는 경우에는, 적극적 여가를 고집하는 것이 오히려 가족 스트레스를 증가시킬 수도 있다(문숙재 외, 2005). 스트레스를 완화하고 심신을 전환할 수 있는 활동이, 최선의 여가이다. 따라서 특정한 여가방식을 고집할 것이 아니라, 상황에 맞추어 여가의 종류와 소요 시간 및 비용을 결정하고 유연한 태도로 여가를 선택하는 것이 바람직하다.

4. 여가와 가족

1) 가족 여가의 개념과 기능

가족 여가란 가족 단위의 여가활동을 의미한다. 홍성희(1996)는 핵가족 및 동거하는 부모형제 중 2인 이상이 참여하는 것을, 가족 여가로서 폭넓게 정의한 바 있다. 그런데 한국사회에서 가족 여가는 가족 중 한 두 명이 아니라 가족 전체가 참여하는 것이라는 인식이 과반수를 훌쩍 넘어선다(이호경, 1994). 이 경우, 부부 여가를 가족 여가의 범주에 넣을 것인지 혹은 자녀들을 포함하지 않으므로 가족 여가에서 제외할 것인지가 논란이 될 수 있다. 본 장은, 가족 여가의 개념에 관하여 상기와 같은 불일치를 염두에 두되, 넓은 의미에서 가족 중 2인 이상이 참여하는 경우 모두를 포함하기로 한다.

개인 단위의 여가를 즐길 것인지 혹은 가족 단위의 여가를 추구할 것인지는, 개인적 선택이기도 하지만 해당 사회의 문화적 트렌드와 연관된다. 노동시간의 단축 및 유연화가 가족 단위의 여가에 관심을 돌리는 분위기를 조성하고 있지만, 다른 한편에서는 젊은 세대의 개인주의화로 인해 개인 단위의 가족 밖 여가에도 관심이 쏠리고 있다. 동일 인물이도 그/그녀가 어떤 인생발달단계 및 가족발달단계에 있는지에 따라, 개인 단위의 여가와 가족 단위의 여가 사이에서 선호도가 변할 수 있다.

(1) 가족 여가의 순기능

가족 여가는 가족의 심리적 만족과 안정성 및 결속력을 높인다고 알려져 있다(Orthner & Mancini, 1990). 가족 여가를 계획하고 즐기는 과정에서, 가족구성원들 간 의사소통이 활발하게 이루어지고 결속이 증진되며 가족위기에 대처하는 역량을 키울 수 있기 때문이다(홍성화, 2003). 부부가 함께 여가활동을 하는 부부는 결혼 만족도가 높다(김정운·이장주, 2003). 물론 결혼 만족도가 높으면 여가활동을 함께 즐기게 되는 것이 사실이다. 그런데 역으로 부부가 즐거운 활동에 같이 참여함으로 인해 상호친밀감을 높일 수 있다는 주장도 제기되었다(Harford, 2001; Markman et al., 2010). 이처럼 결혼만족과 부부 여가 간 인과관계는 쌍방향적일 가능성이 많다. 한편 부모와 자녀가 함께 하는 여가활동은, 개인적 발달 및 학습 면에서의 직접적 교육 효과가 있을 뿐 아니라 타인에 대한 배려와 책임감을 습득하게 함으로써 간접적으로 사회 통합에 긍정적 역할을 한다(Shaw, 1990).

이들을 종합하면, 가족 여가의 기능은 다음과 같이 요약된다(계선자 외, 2009). 우선 첫째, 가족과 함께 하는 여가를 통해 정신적·육체적 건강을 회복할 수 있다. 둘째, 즐거움을 둘러싼 가족 간 상호작용을 통해 긴장을 완화하고 행복감을 높일 수 있다. 셋째, 가족 간 의사소통 및 가정교육의 장으로 활용할 수 있다. 넷째, 가족 여가를 통해 쌓여있던 감정의 응어리를 털어내고 마음을 정화시킴으로써 구성원의 일탈을 줄일 수 있다. 왜냐하면, 가족 여가는 건전한 방향으로 이루어질 가능성이 높기 때문이다(Kelly, 1983). 다섯째, 가족 간 공감대와 친밀감 및 소속감을 함양함으로써 가족 응집력을 강화시킬 수 있다. 그리고 여섯째, 가족 여가를 통해 가족 공동의 경험을 축적하여 가족문화를 형성하고 계승할 수 있다(계선자 외, 2009).

(2) 가족 여가의 딜레마

우리 사회의 가족 안에 잔존하는 가부장적 특성으로 인해, 가족 여가를 행하는 과정에서 성과 세대 간 불평등이 발생할 가능성을 배제할 수 없다. 예를 들면 짐을 싸고 가족들의 식사를 챙겨야 하는 주부는 가족 여행을 휴식보다는 노동으로서 경험하고, 또한 여행지 선택 등과 관련하여 가족구성원마다 다른 의견이 있을 수 있는데 자신의 뜻을 관철시키지 못하는 구성원은 불만을 느낄 수도 있다. 이러한 이유들로 인해, 가족 여가를 긍정적 가족경험과 무조건 등치시킬 수는 없다는 주장도 제기된다(Freysinger, 1994).

전통적인 남성생계부양자 모델에 비추어 볼 때, 남성들은 가족과의 일상적 시간을 개인적 휴식시간으로 사용하는 것을 당연시해 왔다. 한편 여성들은 실제 취업 유무와 상관없이 돌봄 역할을 감당해 왔으므로, 가족 여가 역시 가족들을 치다꺼리하는데 에너지를 쓰면서 개인적 여가를 희생하는 경향이 있다(Thrane, 2000). 주부들은 여가에 대한 선택의 기회가 제약된 채로 남편 및 자녀들의 여가 욕구를 우선순위(Shaw, 1999)에 놓고, 스스로 내면화한 '돌봄 윤리'로 인해 자신도 여가를 즐길 권리가 있다는 생각을 드러내지 않기 때문이다(Shaw, 1994; Green et al., 1990). 그래서 여성에게 가족 여가는 의무처럼 여겨지기도 한다(Shaw, 1994). 이는 가족주의 이념이 여성의 여가를 제약하는 기제로서 작용한다는 설명과 통한다(Hunter & Whitson, 1992). 또한 부모는 자녀들의 욕구를 충족시키기 위해 나들이에 나서는 등, 가족 여가에 대한 의무감으로 인해 개인 생활을 희생하곤 한다. 일주일 내내 야근과 과로에 지친 가장이 휴일엔 종일 잠을 자거나 누워서 쉬고 싶은데도 불구하고 놀이공원에 가자고 조르는 자녀를 위해 집을 나서는 경우를, 예로 들 수 있다. 이 경우 놀이공원에서 보내는 시간은, 그에겐 또 하나의 노동일 뿐 내일을 위한 충전일 수는 없다.

이들로 미루어 볼 때, 개인적 여가가 내재적 자발성에 기초하는 반면, 가족 여가는 가족역할과 책임감이라는 측면과 개인적 자유와 행동이라는 측면 사이의 모순적 관계에 있다(윤소영·윤지영, 2003). 문숙재 등(2005)은, 가족 여가란 본질적으로 일과 여가, 비자발적 동기와 자발적 동기, 그리고 부정적 결과와 긍정적 결과를 모두 지니는 것으로 규정하였다. 그런데 바람직하기로는, 가족 여가와 개인 여가는 상호보완적이어야 한다(Kaplan, 1975). 그리고 가족 여가와 개인 여가가 충돌하지 않으려면, 가족 여가에 대해 가족구성원들 개개인이 어떻게 인식하고 해석하며 의미를 부여하는지 그리고 어떤 과정을 거쳐서 참여하는지 등에 관해 충분한 의사소통과 타협을 거치고 난 이후에 비로소 실행에 옮겨야 한다(문숙재 외, 2005).

오늘날의 가족 여가는 획일적으로 상품화된 여가문화를 모방적으로 소비하면서 타인에게 보이기 위한 과시적 경향으로 흐르고 있다(계선자 외, 2009). 그런데 이 경우, 가족 여가는 비용의 과소비 내지 경제력에 대한 과시로 이어지고 '덜 가진' 가족에게 상대적 박탈감을 안겨줄 가능성을 배제할 수 없다.

2) 가족 여가활동 유형과 만족도

오스너는, 가족구성원 간의 상호작용 정도를 기준으로 하여, 가족 여가활동의 유형을 공유 활동(joint activity)과 병행 활동(parallel activity) 그리고 개별 활동(individual activity)으로 분류하였다(Orthner, 1975). 공유 활동이란 높은 수준의 상호작용과 활발한 의사소통을 필요로 하는 것으로서, 가족게임이나 캠핑 등이 이에 해당한다. 병행 활동은 최소한의 상호작용만 있는 경우로서, 가족이 함께 TV를 시청하거나 같이 음악을 듣는 것 등이다. 그리고 개별 활동이란 상호작용이 전혀 없는 개별 여가를 의미한다. 또한 이기영 등(1995)은 상호작용 정도에 따라 적극적 공유와 소극적 공유로 구분하였다. 적극적 공유란 운동이나 여행 혹은 스포츠 관람뿐 아니라 친구 및 친지와의 만남이나 관혼상제에의 참가 및 가족 외식과 종교 활동 등을 포함하고, 소극적 공유란 TV 시청 및 대화 등을 포함한다.

한편 가족의 안정성과 변화 추구라는 두 가지 욕구를 기준으로 삼아 가족 여가를 구분하면, 핵심여가(core family leisure)와 균형여가(balance family leisure)로 구분된다(Zabriskie & McCormick, 2001). 핵심여가는 TV 시청이나 집 앞마당 및 공터에서 뛰거나 공을 차는 등과 같은 일상적 활동으로서 덜 계획적이고 더 충동적이며 비형식적이고 자원을 덜 필요로 하는 활동이다. 이들은 정기적이고 익숙한 환경에서 가볍게 즐기는 활동이면서 가족구성원들에게 위로와 보상 및 재충전의 기회를 제공한다(문숙재 외, 2005). 반면 균형여가는 일상적이지 않고 새로운 경험을 제공하는 활동으로서 시간과 노력 및 비용의 투자를 필요로 한다. 즉 캠핑이나 낚시 혹은 놀이공원에 가기, 스포츠 관람, 스포츠 활동 참가 등 계획을 필요로 하는 균형여가는, 일상 탈출의 의미를 지니므로 가족구성원들에게 새로운 도전과 경험에 대한 적응 및 타협을 요구한다(문숙재 외, 2005).

3) 가족 여가의 제약요인

가족 여가는 개별 여가보다 훨씬 더 많은 제약을 지닐 수밖에 없다. 왜냐하면 가족은 성별과 연령 면에서 이질적 구성원들이 모여 있는 집단이므로, 가족구성원들마다 각각 지니고 있는 여가제약 요인들이 서로 일치하지 않을 가능성이 높기 때문이다. 윤소영과 차경욱(2003)에 의하면, 청소년 자녀들은 장기적인 참여형 스포츠 혹은 쉬거나 잠을 자는 휴식활동을 원하고, 노인은 강습형 스포츠나 여행 및 종교 활동과 사회봉사활동을 원하며, 중년의 부모는 TV 시청과 라디오 듣기 및 가족활동 중심의 여가를 원한다. 이처럼 각 세대가 원하는 여가유형이 다를 뿐 아니라, 가족 여가에 거는 기대에 있어서도 부모와 청소년 자녀는 다르다. 청소년들은 가족 밖에서 또래 친구들과 함께하는 즐거움을 선호하고(이철원·조상은, 2002), 가족과의 여가는 잉여시간으로 인식한다(윤소영·차경욱, 2003). 즉 청소년들은 가족 여가에 대한 내적 동기가 낮고 개인 여가를 지향하는 것이다(문숙재·천혜정, 2003). 그래서 여가를 통해 스트레스 해소와 휴식 및 오락을 얻고자 하는 청소년 자녀와 여가시간을 가족과 함께 보내면서 서로 대화를 많이 나눌 수 있기를 바라는 부모 사이에는, 간극이 존재할 수밖에 없다(문숙재·천혜정, 2003).

5. 가족 여가문화의 지향

　오늘의 기성세대가 절대 빈곤을 탈피하고 산업화를 일구어 오는 동안 여가를 사치로 여겨온 바와 달리, 젊은 세대의 여가선호 현상은 노동관에도 변화를 가져오고 있다. 젊은 세대 내에서는 일중독(workaholic)을 바람직한 삶으로 여기지 않는 분위기가 형성되고 있다. 젊은 세대와 나이든 세대 간 여가에 대한 시각에 있어서의 차이는, 양 세대가 겪어온 경험과 삶의 방식이 다른 데 기인한다. 그런데 이러한 차이는 가족 안에서 여가를 둘러싼 갈등을 부르곤 한다.

　생애주기별 차이 및 성별 차이 역시 가족 여가에 있어서의 어려움을 초래한다. 우선 자녀는 구체적 활동 자체에 초점을 두는 반면 부모는 자녀와의 시간 공유를 통해 가족으로서의 응집력과 건강성을 키우고자 한다. 또한 남자 청소년의 경우, 가족 간 유대와 화목을 위한 여가 참여 동기가 여자 청소년에 비해 낮다(천혜정, 2004). 또한 부부간 성역할 차이로 인해 아내는 가족 여가를 일로 인식하면서 의무적으로 참여하고, 따라서 만족도가 남편에 비해 낮다(Freysinger, 1994).

　그럼에도 불구하고, 여가를 가족과 공유하지 않는 청소년들의 비행 가능성이 상대적으로 높다는 연구(Robertson, 1999)에 주목할 필요가 있다. 물론 가족관계가 원만하지 않음으로 인해 가족이 여가를 함께 즐기지 못하고, 원만하지 않은 가족관계로 인해 자녀가 비행에 빠질 가능성이 높을 수 있다. 반면에 역으로 가족 여가를 보내려는 노력을 통해 가족 간 상호작용과 의사소통을 활성화시킬 수 있고, 또한 여가를 활용한 의사소통 활성화를 통해 자녀의 비행 가능성을 차단할 수도 있다. 성인이 참여하는 여가의 60% 이상이 어린 시절 가족과 함께 했던 활동이라는 선행 연구(Kelly, 1977)는 가족 여가의 중요성과 자녀의 성장에 미치는 부모역할의 중요성을 설명한다. 가족 지향적 여가와 신체적 여가활동에 많이 참여하는 것이 부모자녀 관계의 질에 긍정적 영향을 미친다는 연구(문숙재 외, 2005) 역시 마찬가지이다. 부모는 자녀와의 여가활동을 통해서 가족관계를 발전시키고 자녀에게 긍정적 역할모델을 제공하며 일상적 걱정과 스트레스로부터 해방되고자 한다(Freysinger, 1988). 자녀 또래가 관심을 갖는 활동을 찾아 자녀와 함께 참여할 방안을 찾는 노력을 통해서, 부모자녀 관계를 발전시키며 자녀에게 긍정적 역할모델을 제공하는 가족 여가를 누릴 수 있을 것이다.

부부 여가활동을 하는 부부가 그렇지 않은 부부에 비해 결혼 만족도가 높다(김혜영, 2004; 김정운·이장주, 2003; Smith et al., 1988). 사회 체육과 댄스 스포츠 등에 부부가 함께 참여하는 것이 결혼 만족도에 긍정적 영향을 미친다는 연구도 있다(김갑수, 2001). 또한 결혼 만족도 및 결혼 안정성을 높이기 위해, 부부가 여가를 공유하는 시간을 늘리는 것이 중요하다는 연구가 보고되었다(Hill, 1988). 뿐만 아니라, 여가활동 중에 의사소통을 많이 할수록 결혼 만족도가 높다(Holman & Jacquart, 1988). 즉 부부가 함께 대화하면서 여가활동을 하는 것이, 만족스러운 부부생활을 위해 그리고 결혼생활의 안정성을 위해 중요하다. 그런데 부부공유 여가는, 부모로서의 역할에 집중하는 자녀 양육기보다는 부부 단독으로 살아가는 시기 즉 신혼기와 빈 둥지기에 더욱 필요한 것으로 나타났다(Duvall, 1977).

전술한 바와 같은 가족 여가의 이점에도 불구하고, 일상적 삶에서 가족 여가는 후순위로 밀리기 쉽다. 가족 여가를 제한하는 가장 큰 요인으로서 '마음의 여유 부족'이 지목되었다는 선행연구(지영숙·이태진, 2001)가, 이를 시사한다. 그렇지만 전 연령층을 대상으로 현재 여가활동을 누구와 함께 하는지 그리고 누구와 함께 하고 싶은지를 묻는 조사에서, 두

질문 모두 '가족'이라는 응답 비율이 가장 높게 나타났다(신화경, 2005). 이는 개인의 삶과 행복에 있어서 가족관계가 갖는 중요성을 의미한다. 아울러 가족 응집성 유지 및 회복을 위해서 함께 즐기는 여가가 갖는 순기능이 적지 않음을 고려할 때, 의도적으로라도 가족 여가를 계획하고 실행할 필요가 있다. 다만 가족 여가를 결정하기 전에, 모든 가족구성원이 참여하여 구체적으로 가족 여가에 대한 의견과 현실적 상황 등에 관해 충분한 의사소통을 해야 한다. 가족 여가에 관한 의사결정에 가족구성원 모두가 참여하고 설득하며 절충하는 과정을 통해, 가족관계를 돈독히 하고 가족 응집성을 높일 수 있을 것이다.

이호경(1994)은 오늘날 가족 여가를 제약하는 요인으로서, 가족 모두가 함께 모일 시간이 부족하다는 점을 수위에 놓고 있다. 이는 현대 생활이 갖는 구조적 어려움이다. 그런데 다음 순위로서, 가족 여가 프로그램이나 이용시설 및 경제적 여유 부족과 가족구성원의 무관심 및 이해 부족 그리고 가족여가 방안에 관한 정보 및 지식 부족 등이 지목되었다(이호경, 1994). 이는 사회적 차원에서 가족 여가 프로그램의 마련 및 홍보와 시설 확충이 이루어져야 한다는 의미이다. 따라서 지속적이고 선택 가능한 가족 여가 프로그램, 가족 가치를 지닌 여가 프로그램, 부모 자녀 관계뿐 아니라 신혼기와 중년기 및 노년기 등 각 생애주기를 반영한 여가 프로그램, 직장 중심의 개별적 여가를 선호해 온 남성들의 참여를 유도할 만한 가족 여가 프로그램의 개발이 필요하다고 지적되었다(이기숙 외, 2014). 이와 아울러, 가족 여가의 소외계층을 줄여가려는 사회적 노력이 경주되어야 한다.

11장

가족의 자원관리와
소비문화

소비란 경제학적으로 욕망을 충족하기 위해 재화와 서비스를 소모하는 것을 의미한다. 그리고 "어떤 욕망을 어떤 재화 및 서비스를 소비함으로써 충족하는지?"는, 개인의 정체성을 평가하는 기준이 된다. 소비취향과 소비양식을 통해서 계급적 차이와 정체성이 형성되고 분류되며 인식되기 때문이다(함인희 외, 2001).

농경시대의 가정은 생산과 소비가 동시에 이루어지는 공간이었고, 가족구성원 모두는 생산자이자 소비자였다. 그러나 산업화와 더불어 가족과 일터가 분리된 이래, 가족의 생산기능이 노동시장에 양도되면서 자급자족 경제가 위축된 자리를 소비가 메우기 시작했다. 그래서 오늘날의 가족은 일터에서의 노동에 대한 보상으로서 주어지는 한정된 소득을 가지고 가족구성원들의 욕구를 최대한 충족시킬 수 있도록 합리적으로 소비해야 하는 과업을 지닌다.

1. 교환과 화폐 그리고 소비

1) 화폐의 생성과 변화

인류는 자신이 가진 것과 아직 갖지 못했으나 필요하고 원하는 것을 교환하려는 욕구로 인해 물물교환을 시작하였다. 물물교환이란, 화폐라는 중간단계를 거치지 않고 물건과 물건을 맞교환하는 거래를 의미한다. 그러다가 운반 및 교환의 편의를 위해서 특정 물건에 객관적이고 상징적인 가치를 부여하여 교환과정을 매개하도록 한 것이, 원시적 화폐의 등장이다. 화폐란 가지고 다니기 편하고 나누기 쉬우며 누구나 갖기를 원하고 가치가 불변하는 것이어야 함은, 예나 지금이나 마찬가지이다. 신석기 시대에는 소금이나 조개, 볍씨, 토기, 피륙 등이 중간 화폐의 역할을 했다. 그런데 이들은 일정한 기간이 지나면 썩거나 깨질 수 있는 것들이었으므로, 금속문화 시대에 이르러 썩지 않고 반영구적으로 보존될 수 있는 금속화폐로 대체되었다. 중국의 춘추전국시대인 기원전 8세기에 칼 모양의 금속화폐인 명도전이 사용되기 시작했고, 기원전 7세기엔 터키 지역에서 사자머리가 새겨진 동전이 제조되었으며, 기원전 6세기에 그리스 아테네에서도 동전을 만들기 시작했다(먀오엔보, 2021). 그런데 금속화폐는 무거워서 갖고 다니기 힘들고 눈에 띄기 쉬우므로 도난의 위험이 크다는 단점이 있었다. 그래서 기원후 15세기 말에는 원나라에서 최초로 종이화폐 즉 지폐를 제작했다(먀오엔보, 2021).

한반도에서도 고조선 시기에 조개에 구멍을 뚫어서 화폐로 사용하기 시작했다. 금속문화 초기에는 물병 모양으로 만들어진 은병이 있었지만 일반화되어 통용되지는 못했고, 상업이 발달했던 고려에 이르러 최초의 동전인 해동통보가 만들어졌다. 이후 농업을 중시하고 상업을 천시하던 조선 전기에는 쌀과 베 등의 물품 화폐가 다시 사용되다가, 개항 직후 서양의 주화 형태를 모방한 대동은전과 당오전이 발행되었고, 화폐 조례 제정을 계기로 하여 은화 및 지폐가 만들어져서 유통되었다(장상진, 2014).

경제 규모가 확대되고 물품 판매의 규모가 커지면서, 신용 화폐 즉 어음과 수표가 등장했다. 그리고 20세기 후기에 이르러 '플라스틱 머니(plastic money)'라고 불리는 신용카드(credit card)가 대중화되었다. 신용카드의 확산은 현금을 가지고 다니지 않아도 구매에 지장이 없는 세상을 가져왔다. 그런데 이는 편리함을 제공한 대신 지불 능력 이상의 소비를 하게 함으로써 신용불량자를 양산하는 데 일조하고 있다. 오늘날 카드회사가 갚을 능력이 부족한 사람에게도 신용카드를 발급하고 현금서비스를 가능하게 함으로써 가계부채를 심화시킨다는 비판으로부터 자유롭지 않은 이유가 여기에 있다. 그래서 은행계좌의 잔액 한도 내에서만 지불이 가능한 직불카드(cash card)가 대안으로서 등장하였다. 정부는 연말정산 시 신용카드에 비해 직불카드 사용액에 대한 소득공제혜택을 더 많이 제공하는 방법을 통해 직불카드 사용을 장려해 오고 있다.

스마트폰의 보편화와 더불어 소비의 플랫폼이 오프라인에서 온라인으로 무게추를 이동하면서, 신용카드를 휴대폰 안에 심어서 사용하거나 혹은 ***페이 또는 **페이 등의 결제방식이 확산되고 있다. 더 이상 지폐뿐 아니라 신용카드도 들고 다닐 필요가 없어지면서, 휴대폰이 지갑의 구실까지 하게 된 것이다. 그러나 신용카드 및 개인정보를 휴대폰 안에 심어놓다 보니, 피싱이나 파밍 등 휴대폰 해킹으로 인한 사기피해의 위험이 도처에 널려있다. 물론 피해를 예방하고 범죄를 적발하기 위한 방안이 다각도로 강구되고 있지만, 범죄방식 또한 지능적으로 다양화되고 진화하고 있어서 피해자를 양산하고 있다. 이 또한 비물질문화가 정보화 시대의 과학기술이라는 물질문화의 진행속도를 따라가지 못해서 부작용을 효과적으로 통제하지 못하는 '문화지체' 현상이다. 한편 평균수명 증가로 인해 여러 세대가 함께 살아가는 오늘날, 새로운 방식의 화폐와 지불 방식에 적응하지 못하는 나이 든 세대가 소비생활에서 소외되고 있다. 온라인을 통해 보급되는 할인정보나 쿠폰 등을 찾거나 활용하기 힘든 나이 든 세대가 동일한 물품을 더 비싸게 소비하거나 혹은 아예 접근조차 못 하는 경우가, 그러한 예이다.

2) 소비방식 및 소비경로의 변화

　물물교환 시대를 지나 화폐경제 시대에 돌입한 이래, 장인에 의한 소량의 수제품과 제한된 구매층을 위해 주문제작 방식으로 판매하는 맞춤 서비스 시대로부터, 가가호호 방문하여 판매하는 보따리장수 시대를 거쳐서, 대중을 상대로 한 공간 안에 다양한 상품들을 구비하여 종합적인 소비를 유도하는 시장과 백화점이 형성되었다. 일반적으로 전통시장은 실외 공간에서 그리고 백화점은 실내 공간에서 이루어지는 매매의 장이다. 이후 여러 백화점들을 닻으로 삼아 그들 사이의 복도를 상점들로 채워 연결한 대형 몰(mall)이 보급되기에 이르렀다. 이들 백화점이나 대형 몰은, 상품들이 진열된 공간 안에 소비자를 가능한 한 긴 시간 동안 머물게 하면서 구매를 유도하기 위해 절치부심한다. 백화점 건물에 창문을 설치하지 않고 시계를 걸어두지 않는 것은, 소비자로 하여금 시간의 흐름에 둔감해져서 오래 머물도록 하려는 하나의 방안이다.

　인터넷의 발달은 신용카드 및 전자화폐 그리고 택배문화와 맞물리면서, 유통경로를 다양화시켰다. 그래서 판매자와 소비자가 직접 만나는 장소를 필요로 하지 않는 홈쇼핑과 인터넷 쇼핑이 확산되고 있다. 이를 통해서, 소비자는 판매자와 대면접촉을 하지 않고 혹은 전화통화도 필요 없이, 몇 번의 마우스 클릭만으로 물건을 사고 반품과 교환을 할 수 있다. 이제 굳이 시장이나 백화점에 가지 않더라도 집에 앉아서 필요한 물건을 사는 일이 어렵지 않다. 온라인을 통한 비대면 구매 방식은, 구매자와 판매자 간 거리의 한계를 허물어서, 해외 물품의 직접 구매 역시 흔한 일로 만들었다. 전 세계가 코로나 감염병의 위협에 장기간 노출되면서, 비대면 구매 추세는 더욱 가속화되고 있다. 실물을 직접 보고나서 구매하는 데 익숙한 나이 든 연령대에서는 여전히 비대면 소비를 주저하지만, 젊은 연령대일수록 대인 접촉의 필요 없이 그리고 시간에 구애받지 않고 구매하고 물품을 받은 후 만족스럽지 않으면 주저 없이 반품하는 등 온라인 구매가 지닌 편리함을 취하는 경향이 높다. 세대 간 차이는 있겠지만, 코로나 바이러스의 대유행이 종식되더라도 장기적으로 비대면 소비가 대면 소비의 상당부분을 대체할 것으로 예상된다.

물론 물건의 정교함이나 세분화된 질적 기호와 상징성이 중요한 고가의 물건은, 실물을 직접 만져보거나 착용해 보고 나서 구매하려는 경향이 여전하다. 그러나 정보화로 대표되는 21세기의 초입은 글로벌 불황과 맞물려 있고 불황의 장기화는 일반 대중으로 하여금 필수품 외의 사치품에 소비할 여력을 감소시키며, 점점 번다해지는 일상은 사람들로 하여금 물건 구매에 소비할 시간을 줄이게 한다. 결국 백화점을 중심으로 한 오프라인 공간은 값비싼 명품을 구매하려는 계층을 주 대상으로 삼고 나머지 물품의 판매 축소를 감수하는 전략을 구사하며, 온라인 공간은 일반 대중들을 대상으로 하여 필수적 욕구를 충족하되 저렴하게 공급할 수 있는 상품을 제시함으로써 구매층을 확보하고 있다.

3) 소비행위와 소비심리 그리고 소비문화

(1) 소비행위와 소비문화

소비를 하는 주관적 이유를, 물질적 욕구와 정신적 욕구 그리고 사회 내의 인간관계에서 비롯되는 욕구 등 세 가지 차원의 욕구 추구로 설명할 수 있다. '소비행위'는 개개인에 국한되지 않고 해당 사회의 가치관과 결합하면서 주변의 모방과 동참을 통해 확산되어 소비문화를 형성한다. 따라서 '소비문화'란, 해당 사회 속에 존재하고 학습되며 소비행동의 지침이 되고 사회적으로 공유되는 '소비와 관련된 문화'를 의미한다.

'소비행위'는 소비욕구를 충족하기 위한 행동이지만, 소비욕구 자체가 자생적이기보다는 한 사회의 가치관과 제도 및 규범과 연관된다는 점에서 사회문화적 행동이다(이승신 외, 2010). 즉 소비행위는 단순히 물건이나 상품 혹은 서비스를 소비하는 것을 넘어서 사회관계를 형성하는 개인과 집단의 행동 양식이자 정체성을 형성하는 기제로서의 의미를 지닌다. 개인과 집단은 라이프 스타일을 구성하고 자신을 실현하며 자신의 정체성 및 타인과의 차별성을 확립하고 타인을 평가하는 수단으로서, 소비행위를 하는 것이다(이승신 외, 2010).

(2) 소비심리

소비행위를 유발하거나 억제하는 심리를, '소비심리'로 개념화할 수 있다. 그런데 이와 관련하여 다음의 용어들이 주목된다.

첫째, 베블렌 효과(Veblen effect)란 계급과 성취를 드러내려는 목적에서 행하는 과시적 소비로서, 비싼 물건일수록 오히려 더 잘 팔리는 현상을 의미한다(이승신 외, 2010; Leibenstein, 1950). 판매자 측에서는 소비자들의 이러한 심리를 이용하여, 물건 가격을 올려서 더 많이 구매하도록 유도한다. 몇몇 해외브랜드들이 한국의 백화점에서 매년 혹은 매 시즌마다 물건 가격을 올리는 전략을 활용하는 것을 예로 들 수 있다. 해당 브랜드가 언제부터 가격을 올릴 것이라고 공지하면, 조금이라도 더 싸게 사기 위해 서둘러야 할 것 같은 구매심리가 발동한다. 또한 해당 브랜드의 동일 상품이 미래에 더욱 오를 것이라는 확신이 있으면, 현 시점에 구매했다가 미래의 오른 가격에 팔아서 이익을 볼 수 있다는 계산이 생겨서 더욱 구매를 서두르게 된다. 그래서 '재테크'라는 단어의 앞글자인 '재'가 특정 브랜드의 이름(*)으로 대체된 '*테크'라는 신조어까지 생겨났다.

둘째, 속물 효과(snob effect)란 희소성 있는 상품을 소유함으로써 남보다 구매력이 높음을 과시하는 행위이다(이승신 외, 2010; Leibenstein, 1950). 이는 남이 아직 갖지 않은 물건을 먼저 지닐 수 있는 구매력과 경제적 지위를 과시하고자 하는 심리에 기초한다. 한편 '신상녀'라는 유행어는, 신제품이 나오자마자 남이 갖기 전에 먼저 구매하려는 여자[35)를 속물로 폄훼하여 부르는 용어이다.

셋째, 편승 효과(bandwagon effect)란 다른 사람의 소비성향을 그대로 수용하여 따라하는 소비행동을 의미한다(이승신 외, 2010; Leibenstein, 1950). 연예인이 입은 옷을 따라서 사거나 헤어스타일을 따라 하는 행위에서부터, 주변의 사교육 분위기 및 조기유학 분위기에 휩쓸려서 무조건 동참하는 행위 등이 이에 해당한다.

그리고 넷째, 터부 효과(taboo effect)란 개인적으로 갖고 싶은 물건이라도 사회적으로 바람직하지 못하다고 여겨지는 경우 해당 소비행동을 미루거나 포기하는 경향을 의미한다(이승신 외, 2010). 예를 들면, 사회적으로 동물애호 분위기가 퍼지면서 모피코트를 사거나 입고 나서기를 주

---

35) 부정적인 소비행태를 지칭하는 용어에 특정한 성을 지칭하였으므로, 여성비하 용어라는 비판이 제기될 수 있다.

저하는 심리가 이에 해당된다. 또한 최근 반일감정이 고조되면서 일본 브랜드의 옷이나 자동차에 대한 구매를 주저하는 분위기가 형성된 것 역시, 터부 효과에 해당된다.

전술한 바와 같은 소비심리 중 어느 차원이 어느 정도 발현되어 소비 행위를 결정하는지에 관하여, 정해진 공식이 존재하는 것은 아니다. 그 역시 타고난 기질 및 성장하고 살아오는 과정에서 형성된 인성의 일부 이므로, 개인마다 다르기 때문이다. 그런데 개인의 성장과정에서 사회 화의 주요 매체인 가족이 지닌 문화는 소비심리에 적지 않은 영향을 미 친다. 그리고 소비심리의 향방과 개인 및 가족이 처한 경제적 상황이 맞물려서 소비행위를 결정하고, 소비심리와 소비행위 간의 간극이 소비 와 관련된 만족 및 불만족 수준을 좌우한다.

4) 유행과 소비문화

비교적 장기간에 걸쳐서 순차적으로 사회 전반에 의해 수용되고 공유 되는 스타일을 유행이라고 한다. 유행은 사회구성원들에 의해 시기 및 상황에 적합하다고 인식되어 일시적으로 채택된 소비재의 스타일 및 행 동방식이다(Sproles, 1979). 일부 소비자가 타인과 구별되는 새로운 것에 관심을 갖고 소비하기 시작하다가, 이를 살펴본 다른 사람들도 관심을 갖게 되어 사용하는 사람들이 늘어나면 대량생산 및 대량소비 붐이 일 어나서 유행이 되는데, 시간이 지나서 새로 나타난 다른 유행에 밀리면 해당 유행은 서서히 쇠퇴한다. 즉 개인이 자신의 취향을 밖으로 드러내 기 시작하는 것이 유행의 첫 단계이다(외화, externalization, 外化). 물론 개인적 취향이나 행위가 주변 사람들의 주목을 끌지 못하거나 동조를 얻지 못하면, 그 시도는 조용히 묻히거나 사라지게 된다. 그런데 개인적 취향 및 행위가 주변 사람들의 관심을 끌고 그에 동조하는 사람들이 늘어나서 일반 대중에게도 내면화(internalization)되면, 해당 취향이나 행위는 개인 차원을 넘어서서 보편적이고 비개인적이며 대중적인 유행이 된다. 그리고 한 번 생성된 유행은 또 다른 새로운 유행에 의해 대체될 때까지 한동안 해당 사회 구성원들의 소비패턴이 되어서 소비행위를 구속한다.

음식이나 의복 및 주택 장식 그리고 결혼식이나 돌잔치 등 삶의 모든 영역에서, 유행이 미치는 영향은 적지 않다. 그런데 어떤 사람은 기존의 유행을 뒤집는 새로운 양식을 시도하고, 다른 누군가는 새로운 시도에 누구보다 빨리 동조하며, 또 다른 누군가는 주변사람들 대부분이 그 변화를 받아들일 때까지 기다리다가 나중에서야 그 대열에 합류한다. 이렇듯 새로운 시도를 받아들이는 시점은 개인에 따라 다를 수 있다. 또한 새로운 시도가 해당 사회의 구성원들에 의해서 받아들여지는 범위와 지속되는 기간에 따라서, 어떤 유행은 금방 사라지는 반면 어떤 유행은 오래 지속되다가 해당 사회의 문화로서 뿌리를 내리기도 한다.

특정한 유행이 오래 지속되어 해당 사회의 기본적 삶의 패턴으로 흡수되면, '문화화'되었다고 한다. 가족 소비와 관련된 문화 역시 변화해 왔다. 우리 사회가 경제적 도약을 목표로 압축적 산업화를 거치는 동안 가족 소비는 억제되고 최대한 절약하여 저축하는 것이 당연시되었으나, 1980년대에 들어 내수 진작의 필요성이 제기된 이래로 무조건적 검약이 아니라 적당한 수준의 소비를 통해 개인과 가족의 욕구를 충족시키고 경제가 순환되도록 하는 것이 필요하다는 논리가 호응을 얻고 그에 부응하는 소비문화가 생겨났다. 그러나 거시경제에 대한 전망이 어두울 때 가족의 소비심리는 위축될 수밖에 없고, 불황이 장기간 지속되면 다시금 극도의 절약을 통한 저축이 바람직한 행위라는 문화가 자리를 잡게 된다.

2. 한국의 소비문화

1) 집단 동조의식 및 체면의식

집단주의에 익숙한 한국사회에 배태된 의식 중 하나가 자신이 속해 있 거나 혹은 속하고자 하는 집단 즉 비교의 기준이 되는 준거집단(reference group)의 행위에 동조하려는 '집단동조 의식'이다. 그래서 타인의 평가에 의미를 부여하고 타인의 영향을 받는 수동적 소비행동을 취하게 된다. 구 체적으로, 구매를 결정할 때 가족이나 이웃 및 주변 사람들의 결정에 동 조하거나 획일적 유행에 따르는 것이다. 이는 준거집단에서 소외되지 않 으려는 소속 욕구로 인한 소비행동이다(이승신 외, 2010).

다른 하나는 '체면의식'으로서, 다른 사람이 자신에 대해 내리는 평가 에 큰 의미를 부여하여 체면치레를 중시하는 성향이다. 이는 '과시소비' 내지 '과소비' 경향으로 나타난다. 과시소비란 타인에게 보이기 위한 소 비를 의미하는 사회적 차원의 개념이다. 따라서 구매한 상품의 사용가 치에 의한 만족도보다는 과시된 부에 대한 타인의 반응에 의해 만족도 가 결정된다. 반면에 과소비란 소득에 비해 과도한 소비를 의미하는 행 동적 차원의 개념이다. 예를 들면, 부유층이 사용가치를 위해서가 아니 라 경제적 지위를 과시하기 위해 비싼 차를 사는 것은 과시소비이긴 하 지만 과소비라고 할 수는 없다. 그러나 집을 살 경제적 능력이 없어서 월세를 내고 사는 사람이 "주변에 무시당하지 않기 위해" 비싼 외제차 를 산다면, 그것은 과시소비이자 과소비이다. 즉 개별 가족의 경제적 상 황에 따라서, 과시소비가 과소비일 수도 있고 그렇지 않을 수도 있다.

한국사회는 뒤늦은 따라잡기식의 종속적 발전과정에서 부동산 투기 와 부정부패 및 극심한 빈부 격차를 경험하면서 경제적 성취가 곧 사회적 성공인 것처럼 여기게 된 풍조로 인해, 남에게 보이기 위한 과시소비 문화가 뿌리를 내렸다. 그런데 경제적 상류층에서 사회적 지위를 인정받고자 하여 시작된 과시소비는 중류층으로 하여금 상대적 박탈감을 느끼게 하고, 다시금 저소득층에까지 영향을 미친다. 이는 짐멜(Simmel, 2005)의 낙수효과 이론(trickle down effect)에 부합한다. 정작 문제는 상류층의 과시소비가 경제적으로 그에 미치지 못하는 계층의 과소비를 유발한다는 데 있다. 즉 상류층에 비해 상대적으로 경제력이 약한 중류층은 모방심리로 인해 시중에 비싸다고 알려진 상품을 구매하기 위해 과소비를 하고, 또한 하위 계층은 중류층이 사용해서 알려진 제품들을 구매하기 위해 과소비를 하게 된다. 그런데 해당 상품이 보편화되거나 유사 상품들이 시중에 퍼지게 되면, 상류층은 중·하위 계층과의 '구별 짓기' 즉 차별화를 위해 다시금 더 희귀하고 비싼 제품을 찾아내서 과시소비하고, 중류층은 또 다시 이를 따라잡으려고 과소비를 하게 되는 식이다. 이처럼 모방과 차별화를 위한 시도가 되풀이되면서, 사회 전반에 과시소비와 과소비가 심화되어 왔다.

2) 명품 열풍

'명품(名品)'은 본래 뛰어나거나 유명한 작품이라는 뜻이다. 그러나 요즘 명품이란 단어는 비싸다고 알려진 브랜드의 제품을 가리킬 때 사용되고 있다.

유명 브랜드의 이름과 디자인을 도용하여 진품과 구별하기 힘들 만큼 유사하게 만들어서 팔고 사는 일이 성행하고 있다. 즉 진품을 살 여력은 없지만 해당 제품을 갖고 싶은 욕망을 누르지 못해서 혹은 "있는 척" 과시하고 싶어서, 훨씬 싼 값에 가짜 명품 즉 '짝퉁'을 구매하는 것이다. 사회 내 빈부 격차가 확대될수록, 비싸다고 알려진 물건을 소유하는 것이 곧 사회경제적 지위를 드러내는 것으로 여겨진다. 그래서 경제적 능력이 부족한 계층에서는, 소위 '명품'의 짝퉁이라도 소유함으로써 상위 집단에 소속된 것처럼 보이고 싶어 한다. 과시를 통해 특정 집단에 소속되고 싶은 욕구가 큰 문화일수록, 가짜 명품을 생산하고 매매하는 지하경제가 활성화된다.

최근 몇 년 사이에 1980년대 이후 출생한 밀레니엄 세대(M세대)와 1990년대 중반에서 2000년대 초반에 걸쳐 출생한 디지털 네이티브 세대(Z세대) 즉 MZ세대의 명품 구매 비율이 급격히 증가하고 있다(중앙일보, 2021. 2. 3.). 경제 불황으로 인해 청년층의 실업률이 어느 때보다도 높은 상황이므로, 그들의 명품 소비가 현재의 경제력이나 앞으로의 경제적 가능성에 기초하는 것은 아니다. MZ세대의 명품 열풍은 명품을 사기 위해 열심히 돈을 모으는 것을 당당하다고 여기고 귀중품을 과시하여 인정을 받으려는 플렉스(flex) 문화의 일면이다. 치솟은 부동산 가격으로 인해 "돈을 모아 집을 사는 것이 불가능하다"고 느끼는 데서 오는 박탈감으로 인하여, 허리띠를 졸라매어 돈을 모으기보다는 차라리 현재의 소비를 즐기겠다는 심리의 발현이기도 하다. 갚을 능력을 생각하지 않은 채 신용카드로 명품이나 고가의 차를 구매했다가 얼마 지나지 않아 손해를 떠안은 채 되팔거나, 사채 빚의 악순환에 허덕이는 자녀로 인해 가족문제가 초래되기도 하고, 좀 더 흔하게는 수입이 없는 10대의 자녀가 또래문화의 영향을 받아 명품을 사달라고 부모에게 요구하는 일이 벌어지고 있다.

코로나 바이러스의 확산이 장기화되면서, 다양한 방식의 명품 사재기가 벌어지고 있다. 비행기를 타되 어딘가에 내려서 관광을 하는 것이 아니라 해외의 하늘길만 돌다가 출발지로 돌아오는 기이한 여행 패키지는, 공항 면세점에서 쇼핑을 하기 위한 방편으로서 주객이 전도된 채로 세간의 호응을 얻고 있다. 그리고 백화점의 명품관은 아침부터 기다랗게 줄지어 서 있는 구매 희망객들로 인해 인산인해이고, 해외로부터 들여온 명품들은 "없어서 못 팔" 지경이다. 코로나 감염병으로 인해 위축되어 있던 소비심리가 한꺼번에 터져 나온 '보복 소비'라는데, 그 보복의 방식이 왜 하필 명품소비인지 생각해 볼 일이다. 경제력 있는 구매층의 이러한 소비행위가 사회 전반에 미칠 부정적 파급효과 역시 우려되는 시점이다.

3. 한국가족의 자원관리와 소비

1) 경제적 공동체로서의 가족

(1) 맞벌이 부부의 경제권

남편이 혼자 벌어서 가족들을 부양하는 것을 당연시하던 시절, 사업을 하는 남편은 일정한 정도의 생활비만 아내에게 주고 나머지는 자신이 관리하며 아내는 위임받은 범위의 경제권만 지니는 것이 일반적이었다. 반면 월급을 받는 직업에 종사하는 중산층 남편들 중엔 월급을 모두 아내에게 맡겨서 관리하도록 위임하는 경우가 많았고, 이 경우 아내는 빠듯한 월급을 쪼개서 생활하고 저축하며 혹시 모자라는 경우엔 외상 등 빚을 내서라도 가계를 꾸리느라 동분서주하곤 했다. 그리고 대부분의 가정에서, 집이나 땅 등의 큰 투자는 남편의 명의로 하는 것을 당연시했다. 이는 개인보다는 가족 단위의 경제를 우선시하는 가족주의와 재산권에서도 남편을 우위에 놓는 가부장적 사고에 기초한 문화로서, 결혼의 안정성을 믿던 세대에게 수용되던 방식이었다.

어린 시절부터 개인주의적 사고에 익숙하고 맞벌이를 당연시하는 오늘의 젊은 부부는, 경제권을 무조건 어느 한편에게만 맡기려고 하지는 않는다. 각자 자신의 수입을 관리하고 일정한 금액만을 공동의 통장에 넣어 생활비로 사용하는 부부가 많다. 그리고 일상적 생활비 외의 특별한 지출은 부부간 합의에 의해서 결정하거나 혹은 해당 지출을 원하는 배우자가 지불한다는 것이다. 그런데 이는 양 배우자가 모두 경제적 활동을 하는 동안에는 합리적이고 각자의 독립성을 보장하는 듯 하지만, 어느 한편이 실직을 하는 등의 이유로 인해 수입이 없어지면 경제 관리 및 생활비 지출 등에 관해 재협상을 해야 하는 상황에 직면하고 직장을 잃은 배우자의 입지는 현저히 약화된다. 그래서 양 배우자가 합의한 용돈 액수만 제외하고 모든 수입을 어느 한편이 관리하되, 가계부와 통장 내역 등을 투명하게 공개한다는 부부가 늘고 있다. 또한 집이나 땅의 소유는 부부공동명의로 하는 추세가 자리를 잡고 있다. 이는 재산세 면에서 단독명의보다는 공동명의가 유리하다는 판단 때문이기도 하지만, 결혼이 불안정해지고 가부장제가 현저히 약화되었으며 개인적 권리와 평등에 예민하게 반응하게 된 사회 분위기와 무관하지 않다.

(2) 가족자원의 관리

20세기 중후반까지도 소비할 가족자원이 충분치 않거나 수입이 불안정한 가족들이 생활을 이끌어나가는 방식으로서, 동네의 단골가게에서 필요한 물품을 먼저 가져다 쓰고 나중에 돈이 생길 때 갚는 것은 흔한 일이었다. 그래서 가게마다 외상 장부에 기록해 두었다가 돈을 갚으면 줄을 그어 지우곤 했다. 주부들이 목돈을 마련하는 방안이었던 '계모임(ROSCA; rotating, saving, and credit association)' 역시, 또 하나의 목돈 마련 방식이었다. '계'란 계주 즉 주선자가 계원을 10 - 20명씩 모아서 모임을 만들고 제비 뽑기 등을 통해 목돈을 타는 순서를 정하면, 매달 계원들이 일정한 돈을 내서 한 명에게 모두 몰아주고 다음 달에 모은 목돈은 또 다음 번호를 가진 사람에게 몰아주는 방식이다. 한편 곗돈으로서 목돈을 받은 계원은 이후 마지막 번호를 지닌 계원이 목돈을 받을 때까지 매달 계모임에 참석해서 갚아나가는 것이다. 계모임은 금융권의 대출을 대체하거나 보완하기 위해 자생한 공동체적 성격의 모임이었다(설해심, 2017). 당시 이렇게 마련된 목돈은, 자녀의 학자금으로 쓰이거나 혹은 갖고 싶은 고가의 물품을 구입하는 비용으로 쓰이곤 했다. 그런데 계모임은 사적 모임이었으므로, 계주가 목돈을 가지고 도망을 가거나 먼저 목돈을 탄 계원이 중간에 사라지는 등의 금융사고가 일어나도 피해자들을 구제할 방법이 없었다. 그래서인지 오늘날 큰돈이 오고가는 계는 거의 사라지고, 소액을 모아서 함께 여행을 가거나 모임에 사용하기 위한 친목계 정도만 명맥을 유지하고 있다. 신용카드를 쓰고 할부로 갚는 모습이 과거의 '외상'과 동일하다고 할 수는 없고 또한 금융권에서 대출을 받고 갚아나가는 것 역시 계모임과 똑같다고 할 수는 없으나, 이들은 미래와 현재의 시점에서 가계의 적절한 소득 분배 행위라는 점에서는 공통적이다.

이자율이 높은 시기에는 적금과 정기예금 등에 기초해서 돈을 모으는 문화가 자리를 잡는 반면, 서민층에선 대출이자를 감당하기 어려워서 발을 동동 구르게 된다. 반면 이자율이 낮은 시기엔, 적금이나 예금에 기대어 돈을 모으기보다는 오히려 대출을 받아서라도 부동산이나 증권에 투자하려는 경향이 높아진다. 부동산 규제가 심하고 이자율이 낮을 때 증권계좌에 자금이 몰리는 것은, 자연스러운 현상이다. 다만 주식이든 부동산이든 일확천금을 노리는 것이 아니라 자금을 모아서 가족과 기업을 떠받친다는 본래의 취지에서 벗어나지 않아야 한다는 원칙과 신

뢰가 문화 속에 쌓이기 위해서는, 앞으로도 상당한 기간을 필요로 할
것이다.

(3) 가족자원의 분배

가족은 한정된 소득으로 가족구성원들의 욕구를 최대한 충족시키기
위해서, 구성원들 각자의 기본적 생활 유지를 수위에 놓되 우선순위를
정해서 소비하는 것을 원칙으로 한다. 그래서 한정된 가족자원을 가지
고 어떤 방식으로 배분할 것인지가 관건이 된다. 이러한 이슈와 관련하
여 중요한 원칙이 분배정의(Distributive Justice)이다. 분배정의란, 평등
(equality)과 형평(equity) 그리고 필요(need)라는 세 가지 원칙을 기준으
로 한다. 평등 원칙은 모든 구성원들에게 자원을 동일하게 배분하는 것
이다. 그리고 형평 원칙이란 해당 가족자원을 마련하기 위해 많이 투자
한 구성원에게 자원을 더 많이 배분하고 덜 투자한 구성원에게 덜 배분
하는 것이다. 반면 필요 원칙이란 자원을 더 많이 필요로 하는 구성원
에게 더 배분하는 것이다. 그런데 이들 세 가지 원칙은 실생활에 적용
함에 있어서 수시로 충돌한다. 가령 해당 자원을 마련하는 데 기여한
바는 없지만 자원을 가장 필요로 한다고 생각되는 구성원이 있을 때 어
떤 원칙에 준해서 자원을 배분할 것이냐 하는 결정은 쉽지 않은 선택이
고, 이는 집단의 성격에 따라 다를 수 있다. 이익집단에서의 자원분배는
평등이나 형평이 우선되어야 한다는 데 공감대가 형성되어 있다. 그러
나 가족자원은 가장 급하게 필요로 한다고 여겨지는 구성원에게 집중되
기 쉽고, 나머지 구성원의 필요에 대한 충족은 기약 없이 뒤로 미루어
지곤 한다. 예를 들면, 가족구성원 중 한 사람이 아파서 치료비를 급히
필요로 하는 경우에 다른 구성원들의 옷이나 용돈은 우선순위 면에서
뒤로 처지게 되는데, 이에 관해 이의를 제기하기 힘든 것이 혈연으로

엮여서 헌신이 기대되는 가족관계의 특성이다.

　그런데 가족 소비의 우선순위에 대한 결정이 언제나 합리적이거나 가족구성원 간 자발적 합의에 기초해서 이루어지는 것은 아니다. 중산층 가정에서 자녀를 위한 사교육비가 가족자원을 배분하는 데 있어서 최우선 순위에 놓이곤 하는데, 이에 관한 객관적 합리화는 쉽지 않다. 또한 가족 소비의 결정권자인 부모는 자녀들 사이에 자원을 배분함에 있어서 필요 원칙을 주로 적용하는데, 자녀들은 평등 혹은 형평 원칙이 정당하다고 믿는다(이여봉·김현주, 2014). 이처럼 가족자원의 분배 방식에 관해 구성원들이 언제나 만장일치에 이르는 것은 아니므로, 각자의 위치와 입장에 따라 불만이 쌓이기도 하고 가족구성원 간 갈등이 일어나기도 한다. 그러나 가족 소비에 있어서의 우선순위는 주변 사회의 문화적 분위기에 의해 영향을 받고 개별 가족구성원들 역시 해당 문화를 공유하기 때문에, 설혹 자신에게 불리하다고 여겨지는 소비 결정이 이루어지더라도 "가족이니까"라는 이유로 받아들이곤 한다. 이것이 가족 내 자원분배 방식이 여타 사회조직과 차별화되는 지점이다.

2) 가족 내 세대별 소비

　한국이 경제적 도약을 위해 발버둥질 치던 1960-70년대까지, 근검절약과 저축이 미덕으로서 당연시되었다. 그런데 88올림픽을 전후로 하여 한편에서는 소득이 향상되고 부동산 가격이 상승하여 빈부 격차가 확대되었고, 다른 한편에선 수출 일변도의 시대가 막을 내리고 내수의 필요성에 직면하게 되었다. 그래서 소비를 부추기는 광고가 가족 내에 침투하기 시작했는데, 특히 가전제품과 귀금속 및 고가품의 소비를 화목한 가정생활 및 사랑과 행복의 상징인 것처럼 여기게 하는 광고가 쏟아져 나왔다. 사회구성원은 대중매체가 뿌려대는 광고의 영향으로부터 자유롭지 않다. 왜냐하면 이미지 및 광고 등의 환경적 요인에 의해 상품이 지닌 상징적 가치가 미화되기도 혹은 외면되기도 하기 때문이다.

동일한 광고도 세대에 따라 수용되는 정도가 다를 수 있다. 예를 들면, 최신 냉장고 광고는 청소년에게는 그다지 매력적인 것으로 다가가지 않는 반면 최근에 출시된 휴대폰 광고는 이들로부터 지대한 관심을 이끌어낸다. 광고에 대한 세대 간 차별적 관심은 실질적 소비행동에 있어서도 차이를 유발하는데, 이는 연령대의 차이와 더불어 출생동기집단별 차이로 인함이다. 가령 소유물을 바꾸지 않고 오래 간직하는 노년층의 특성은, 추억을 되씹는 '나이 듦' 즉 연령단계별 특성 때문이기도 하지만 압축적 산업화 및 경제도약기에 젊은 시절을 살아오면서 근검절약을 문화적으로 체득한 출생동기집단적 경험에 기인하기도 한다. 따라서 오늘날 젊은 세대의 소비행동이 현재의 노년층이 젊었던 시절에 지녔던 소비행동과 같지 않은 것처럼, 오늘의 노년층이 지닌 소비 특성을 현재의 청년층이 노년기에 이른다고 해서 그대로 닮을 것이라고 간주할 수는 없다.

(1) 청소년기의 소비문화

청소년기는 독립적 소비행동을 추구하는 시기로서, 청소년들은 학업경쟁으로 인한 심리적 스트레스로부터의 탈출을 소비에서 찾는 경향을 보인다. 또한 또래 집단에의 소속감을 중시하는 청소년기의 특성상, 모방에 중점을 두어 비합리적 소비행동을 보이기도 한다. 휴대폰 구입비와 사용료는 부모에게 전적으로 의존하면서도 고가의 최신 휴대폰을 지니려고 하고 휴대폰 소액결제를 통해 이런저런 구매를 하는 것을, 그 예로 들 수 있다. 이처럼 청소년들은 돈의 가치에 대한 이해가 불완전한 채로 주변 또래들의 소비 경향에 맞추고 싶어 하고, 부모가 그에 부응하지 않을 경우 부모에 대한 불만을 키우고 반항을 하기도 한다. 그래서 부모들은 사춘기의 자녀들을 달래서 학업에 전념하도록 하려고 '울며 겨자 먹기'식으로 지갑을 열곤 한다. 이는 청소년들이 자신의 계층적 위치를 무조건 가족의 경제적 지위와 동일시하여 책임이 수반되지 않는 소비를 지향하고, 부모들은 학업 성취라는 하나의 목표를 위해 가능한 한 자녀의 비위를 맞춰주려고 애쓰는 데서 빚어지는 현상이다.

자아 정체성을 확립하기 이전인 청소년들의 소비 취향과 선호도는, 안정적이지 않고 충동적이다. 특히 우리 사회의 청소년들과 가족들은 대학입시를 유일한 목표로 삼아 매진하느라, 어린 시절부터 경제교육을 해야 한다는 데까지는 생각이 미치지 못하였다. 한편으로는 10대에 익숙해진 소비 습관이 평생의 소비성향에 영향을 미치기도 하지만, 다른 한편에선 10대의 소비욕구를 충족하지 못한 데 대한 불만과 반작용이 성인기에 이르러 부모의 통제가 약해지고 난 후 무분별한 소비행위로 폭발하기도 한다. 자녀의 경제 관리에 관한 부모의 일방적 통제는 자녀가 경제적으로 의존하는 시기까지에 한정될 뿐 그 이후까지 지속될 수는 없기 때문이다. 따라서 소비에 대한 가족구성원 간 의사소통과 더불어 소비에 책임을 지도록 하는 교육을 통해, 자녀들 스스로 충동적 소비 심리를 조절해서 합리적으로 경제 관리를 하도록 유도할 필요가 있다. 아울러 어린 시절부터 소비뿐 아니라 투자에 관한 교육을 실시해야 한다는 목소리도 나오고 있다. 그래서 소액을 적립하는 주식계좌나 펀드계좌를 자녀에게 만들어 주고 스스로 자금을 관리하는 방식을 가르치는 부모 및 조부모가 늘고 있다.

(2) 청년기의 소비와 투자

저소득층의 청년들이 대학 등록금을 마련하기 위해 공부할 시간을 쪼개어 가며 아르바이트를 하고, 학자금 대출을 갚느라 사회초년생 시기를 빚더미에서 보내는 경우가 적지 않다. 그런데 자신의 수입이 아닌 부모의 경제력에 기대어 무분별한 소비와 사치에 빠지는 청년들도 드물지 않다. 특히 상류층 가족에서 자녀로 하여금 부모의 신용카드를 사용하게 하는 경우가 있다. 이 경우, 부모로서는 자녀의 수입을 모아두게 하고 실질적 지출을 부모가 감당함으로써 자산이전에 따르는 증여세 및 추후의 상속세를 줄이려는 의도이겠으나, 정작 부모의 신용카드를 쓰는 청년들의 소비규모는 자신의 소득 한계 안에 머물지 않을 가능성이 높다. 그래서 부모의 구매력에 의존하여 소비하는 젊은 층의 과시와 그렇지 못한 젊은 층의 심리적 위축, 구매력이 부족함에도 불구하고 구매충동을 이기지 못한 젊은 세대의 무분별한 소비와 신용불량, 그리고 자녀의 과도한 소비욕구에 직면한 중산층 부모의 부담과 부모자녀 간 갈등을 좌시하기 힘든 상황이다. 뿐만 아니라 안정적 수입이 없는 청년들에게까지 신용카드가 무분별하게 발급되어서, 모방과 과시를 위한 과소비와 쇼핑 중독을 부추기는 상황이 문제시되고 있다. 그리고 청년층의 이러한 일탈적 소비로 인해, 부모와 가족들이 채무상환 부담에 허덕이는 일이 또 하나의 사회문제가 되고 있다. 아직 노동시장에 입문하지 않았거나 사회 초년생인 청년들의 소비 수준이 이처럼 다변화된 것은, 청년들의 소비가 자신들의 소득수준에 기초하지 않고 그들이 속한 가족의 경제적 배경에 연동되기 때문이다. 이는 청년기에 이르러서도 여전히 가족으로부터 독립하지 않고 부모 역시 성인이 된 자녀의 손을 놓지 못하는, 우리 사회의 가족문화와 연관된다. 근대의 가족 이념인 서정적 가족주의가 왜곡된 방식으로 작동해서, 한국사회의 부모자녀 간 상호 독립을 지연시키는 데 한 몫을 하고 있다.

청년기 소비와 밀접히 관련된 또 하나의 이슈는 혼례문화이다. 한편에서는 취업을 하지 못해서 혹은 취업을 했다 하더라도 신혼집을 마련할 수 없어서, 결혼을 미루거나 혹은 포기한 채 부모에게 기대어 살아가는 청년층이 늘고 있다. 그런데 다른 한편에서는, 장성한 자녀가 부모의 경제력에 기대어 혼례를 치르는 분위기가 지속되고 있다. 여기에는 청년층의 수입만으로는 신혼집 마련이 불가능한 현실, 부모에게 기대어서라도 가능한 한 유리한 지점에서 시작하고 싶은 젊은 층의 심리, 그리고 소자녀 시대에 결혼을 계층 상승의 기회로 보고 자녀의 미래를 위해 과부담이라도 감내하려는 부모의 마음 등이 복합적으로 작용한다. 그런데 이러한 현실과 욕심들이 복합적으로 작용하면서, 관계를 중심으로 치러져야 하는 혼례의 본질이 물질 중심으로 변질되고 있다. 여기에 상업화된 결혼절차와 '끼워 팔기'를 통해 지출을 강요하는 혼례시장이 한 몫을 한다. 결혼의 당사자들도 그리고 양가의 부모도 서로 눈치를 보다 보니, 이렇게 만들어진 결혼 문화의 틀에서 벗어나기는 쉽지 않다. 그래서 남들이 하는 대로 이것저것 따르다 보니, 혼례비용은 자꾸만 늘어난다. 문제는 이러한 혼례문화가 부모 세대의 노후 자금을 헐어내게 해서 노후의 경제 불안에 일조한다는 데 있다. 노후를 자녀에게 의탁할수 없는 시대에, 이런 식의 혼례문화는 장기적으로 지속가능한 방안이 아니다. 그래서 작고 소박한 결혼식이라든지 예단 등의 형식을 생략하고 실용적으로 바꾸려는 시도가 일각에서 시작되고 있다. 이러한 작은 시도들이 모여서 자리를 잡으면, 혼례 문화는 새로운 모습으로 바뀌게 될 것이다.

영주 씨의 후회

영주 씨는 경제적 어려움이 없는 중산층 집안에서 자랐으나, 청소년 시절의 그녀에게 부모는 용돈을 넉넉히 주지 않았다. 대학을 졸업하고 취직을 하자, 그녀는 일단 일 년만 마음껏 돈을 써보고 난 다음에 모으겠다고 생각했다. 그러나 이것저것 사고 싶은 것을 마음껏 사고 해외여행도 다니면서 여유를 누리다 보니, 점차 그런 여유를 누리며 사는 것이 당연한 듯 느껴지기까지 했다. 그녀의 주변에는, 자신의 수입 외에 엄마 혹은 아빠의 신용카드를 지갑 속에 가지고 다니면서 비싼 물건을 살 때 활용하는 친구들도 있었다. 물론 주위 사람들로부터 돈을 모으라는 조언도 들었지만, 차일피일 미루면서도 막연히 "나는 앞으로도 잘 살 것"이라고 생각했다. 그래서인지 대학을 졸업하고 나서 삼십대 중반에 이르도록 부모의 집에 공짜로 얹혀 살았는데, 정작 모은 돈은 없다.

최근 결혼하고 싶은 상대가 생겼고 청혼을 받았다. 그런데 그는 영주 씨가 꿈꿨던 부자 신랑이 아니다. 게다가 집값은 천정부지로 올라서, 당장 함께 살 집이 문제가 된다. 양가에서 일정한 정도의 금전적 도움을 주겠다고 했으나, 그것만으로는 턱없이 부족해서 금융권 대출을 크게 받지 않고서는 집을 마련하기 힘든 상황이다. 둘이서 맞벌이를 하면서 힘겹게 대출을 갚아가야 하지만, 지금까지의 소비습관을 갑자기 바꿀 수 있을지 걱정이다.

이럴 줄 알았더라면 좀 더 아무지게 경제 관리를 했어야 한다는 후회가 뒤늦게 든다. "내일 지구가 멸망한다고 해도, 나는 오늘 한 그루의 사과나무를 심겠다"고 했던 스피노자가 옳았나 보다. 그랬더라면 지금쯤 그 나무가 자라서 쉴 수 있는 그늘을 만들어주었을 테고, 맛있는 사과가 주렁주렁 열렸으련만…

경제활동을 시작하는 청년들에게, 저축과 투자는 소비습관 못지않게 중요하다. 장기적인 재정설계를 위한 종잣돈을 마련하는 시기이기 때문이다. 그래서 경상 수입 중 어느 만큼을 소비하고 어느 만큼을 저축하여 투자하며 어떤 방식으로 재산을 증식할 것인가에 대해 계획하고 실행해야 한다. 과거의 젊은이들에게는 '자기 소유의 집'을 마련하고 집의 경제적 가치를 늘려가는 것이, 필생의 과제였고 중요한 재산 증식 수단이었다. 그런데 집값이 천정부지로 솟은 오늘의 젊은이들에게는, 노동의 대가로 받는 월급을 차곡차곡 모아서 집을 사겠다는 꿈이 허황되게 느껴지기까지 한다. 그래서 오늘의 청년층을 연애도 결혼도 출산도 포기한 세대라는 의미에서 '삼포 세대'라고도 하고, 여기에 인간관계와 주택 마련도 포기하였다는 뜻에서 '오포 세대'라고도 한다. 그래서인지, 청년들 사이에 새로운 소비양식이 떠오르고 있다. 그 하나가 '소확행(小確幸)'이다. 이는 '소소하지만 확실한 행복'을 느끼겠다는 의미의 신조어로서, 큰 돈이 필요한 구매는 불가능하므로 포기하고 그 대신 작고 가까이에 있는 확실한 행복을 누리기 위한 소비를 하겠다는 것이다. 즉 값싼 자판기 커피를 마시는 대신 유명 브랜드의 드립 커피를 마시는 것이 하나의 예이다. 명품 브랜드의 가방을 살 능력은 없으니 해당 브랜드의 작은 카드지갑을 사는 것 역시, 마찬가지이다. 아파트를 구매할 능력은 없으니 그 대신 외제차를 사려는 것도, 같은 맥락에서 해석될 수 있다. 이들은 "인생은 한 번뿐이니 현재를 즐기자(You only live once!)"는 자포자기식 욜로(YOLO) 현상과도 연결된다. 그런데 소확행이나 욜로가 "지금 쓰고 싶은 대로 쓰며 살자"는 문화로 자리를 잡을 경우 준비되지 않은 채 다가올 미래는 또 어떻게 헤쳐가야 할지에 관해서, 개개인이 그리고 사회적 차원에서도 고민해 봐야 한다.

　최근 미술품을 체험하고 소액으로 살 수 있는 작품을 수집하는 경향이 젊은 층을 중심으로 퍼지고 있다. 이러한 경향을 두고 여러 가지 해석이 가능하다. 첫째, 명품백을 샀다가 가격이 오르면 되파는 등과 마찬가지로 일종의 투자 방식일 수 있다. 그래서 '아트'와 '재테크'의 합성어인 '아트테크'라는 신조어가 등장했다(경향비즈, 2021. 4. 27.). 특히 미술품을 단독 구매하여 소장하는 것이 아니라, 공동구매하고 임대를 주어서 매월 렌탈료를 받기도 한다. 여기에 '아트노믹스(Art+Economics)'라는 이름이 붙고, 중개업체들도 확산되고 있다. 두 번째 해석은, 고가의 명품가방이나 시계를 구입하여 과시하거나 비싼 음식점에서 고가의 요리를 즐기면서 SNS에 자랑하듯이 예술품에 대한 감상도 취미와 놀이의 대상으로 여기고 과시하며 즐기는 플렉스(flex)라는 것이다(중앙일보, 2021. 4. 13). 그런데 셋째, 예술품 체험과 구매가 대중성보다는 나만의 독특성을 추구하는 탈근대의 산물일 수도 있다는 시각이 대두되고 있다. 이는 세상에 하나밖에 없는 작품에 대한 투자라는 점에서, 고급문화에의 '문턱 낮추기'라는 긍정적 해석이다. 즉 고급문화를 접하는 새로운 방식으로서 계층의 벽을 허무는 흐름이라는 것이다. 예술품 투자의 대중화 시도가 앞으로 어떤 방식으로 안착할지는, 현재로서 단정하기는 힘들고 좀 더 지켜봐야 할 것 같다.

수년 째 젊은 층을 중심으로 하여, 가상화폐를 채굴하고 투자하는 붐이 일어나서 부침을 거듭하면서도 점차 확대되고 있다. 일확천금을 꿈꾸는 청년들이 하루 24시간 내내 끊임없이 출렁이는 가상화폐에 투자하고 몰두하기도 한다. 그런데 가상화폐에 발 빠르게 투자하고 적기에 현금화해서 일시에 큰돈을 번 경우와 부침이 심한 가상화폐에 빚을 내어 투자했다가 나락으로 떨어진 경우가 병존한다. 이는 탈근대의 다양성과 정보화 시대의 진행과정에서 나타난 현상이지만, 장기 불황과 높아진 집값으로 인해서 노동의 대가인 월급을 모아 집을 살 수 있다는 희망이 희박해진 시대의 젊은이들을 흔들어대고 있다. 노동을 통한 자산 형성의 길이 밝지 않다고 판단되기 때문에 투자에 몰두하는 것인지 아니면 자산 증식 방안에 관하여 새로운 문화가 자리를 잡기 위한 과도기적 모습인지에 관해서는, 좀 더 두고 봐야 할 것 같다. 한편 가족 안에서 자녀의 가상화폐 투자를 지켜보던 부모가 여유자금을 자녀에게 맡겨서 간접적으로 투자를 하는 경우도 하나둘 늘고 있다. 이를 통해, 정보화 시대의 컴퓨터나 인터넷과 관련하여 부모가 자녀에게서 배우는 단계에서 한 걸음 나아가, 자산증식을 주도하는 중심축이 부모로부터 자녀에게로 이동할 가능성을 엿볼 수 있다.

(3) 중년기의 소비

중년기 부부는 일반적으로 결혼과 출산 및 양육 그리고 자녀의 결혼에 이르는 일련의 생애사건들로 인해 번다한 가족확대기[36]를 살아간다. 그래서 중년기 가족 안에는 청소와 빨래 및 식사준비 등의 가사가 다른 어느 시기보다도 많은데, 이러한 가사부담을 덜어주거나 대체해 줄 만큼 편리한 가전제품들이 속속 출시되면서 구매 욕구를 자극한다. 최근 들어 의류 건조기와 의류 스타일러 및 식기세척기 그리고 자동 청소기와 자동 걸레 등 새로운 가전제품들이 가정 안에 침투하고 있다. 게다가 TV나 김치냉장고 및 에어컨 등의 성능도 진화하면서, 새 것으로 교체하고 싶은 마음이 들게 한다. 중산층의 맞벌이가 증가하면서 가사에 투자할 시간과 에너지가 부족하기 때문에 가사부담을 줄여주는 가전제품의 구매가 늘어나는 것은 당연하지만, 역설적으로 새 가전제품들을 살 만한 경제력을 갖추기 위해서라도 맞벌이를 해야 할 필요가 증가하고 있다.

중년기의 가족 소비는 구매 대리자인 주부에 의해 주로 행해진다. 전술한 가전제품 외에도 일상적인 식자재 및 의복 구매와 자녀 양육비 그

---

36) 부부가 자녀를 하나둘 낳기 시작해서 마지막 자녀를 낳고 자녀들이 독립하기 이전까지를 가족확대기라고 한다. 가족확대기는 가족확대진행기와 가족확대완료기로 나눌 수 있는데, 가족확대진행기란 자녀출산으로 인해 가족구성원이 하나둘씩 늘어나고 있는 시기이고, 가족확대완료기란 더 이상 자녀를 낳지는 않지만 아직 독립한 자녀가 없으므로 가족크기가 늘지도 줄지도 않는 시기이다.

리고 교육비 등이, 해당 연령층 소비의 주를 이루기 때문이다. 자녀 양육기에 있는 가족의 소비와 관련된 이슈로서, 과도히 비싼 아이 용품의 구매 및 화려한 돌잔치를 들 수 있다. 소가족 시대여서 개별 가족 차원에서는 하나 혹은 둘뿐이므로 더욱 각별하게 여겨지는 자녀의 용품이자 행사인데다 관련 업체들의 상업성이 그러한 부모의 심리를 더욱 부추기고 있다. 비싼 산후 조리원, 비싼 유모차, 그리고 화려한 돌잔치 등이, 어린 아기를 둔 가정의 과소비로서 지목되는 항목들이다. 그런데 어린 아기의 부모는 그들 역시 아직 젊어서 축적된 수입이 많지 않다. 그래서 아기 양육과 관련된 과도한 사치는, 자신들뿐 아니라 자신들의 부모 즉 아기의 조부모에게까지도 경제적 부담이 되곤 한다. 기실 산후 조리원은, 출산 후 일정한 기간 동안 친정에서 몸조리를 하던 전통을 시설과 전문가의 영역으로 옮겨놓은 것이다. 그런데 그 비용과 시설 및 프로그램이 다양화되면서 "어느 산후 조리원 출신"이라는 것이 마치 "무슨 명품을 구매했다"는 식의 과시와 등치되어, 가족 계층 간 불평등을 가시화하고 있다. 결혼식 후 얼마 지나지 않아서 돌잔치를 빌미로 다시금 하객을 불러 모으는 행위는, 주변 사람들에게 경제적·시간적으로 민폐를 끼치는 행위이다. 생후 1년까지 건강하게 생존하기가 쉽지 않을 정도로 영아 사망률이 높던 시절의 '첫돌'은 잔치를 벌일 만한 계기였겠으나, 첨단 의료기술과 위생시설의 발달로 인해 영아 사망률이 제로에 가까운 오늘날 요란스러운 돌잔치를 해야 할 개연성을 찾기는 힘들다.

한편 학령기의 자녀를 둔 중년기의 소비와 관련하여 주목할 부분은, 사교육비 지출이다. 이는 자녀에 대한 교육투자를 다음 세대의 계층적 성취로 연결시켜 온 기성세대의 신념에 근거한다. 내 아이에게 특별한 사교육을 받게 해서 학벌 경쟁에서 우위에 서게 하고 순차적으로 사회경제적 상향 이동 내지 계층적 대물림을 하겠다는 투자로서의 의미를 지니기 때문이다. 공교육이 채우지 못했던 부분을 차별적 사교육을 통해 일궈낸 성과를 경험했던 부모 세대가, 가족자원을 경쟁적으로 투자한 결과가 사교육 시장을 번성하게 했다. 대부분의 부모들은 자신의 아이가 대학 입시에 유리한 교육을 받을 수 있기를 기대하면서 사교육비를 투자한다. 그런데 너도나도 자녀를 성취 경쟁에 내몰면서 사교육비 지출 경쟁에 올인하다 보니, 실질적으로 기대했던 효과를 거두는 경우는 극소수일 뿐이다. 그럼에도 불구하고 사교육을 끊으면 경쟁에서 뒤처질까봐 불안해서, 오늘의 부모들은 "달리는 호랑이 등에 올라탄 듯" 가족자원을 "나름대로 과도하게" 사교육비에 쏟아 부으면서 몸살을 앓고 있다. 그런데 사교육에 쏟아붓는 비용이, 개별가족 차원에서는 모두 과도하지만 객관적 수준에서 보면 가족 계층에 따라 상당한 차이가 있을 수밖에 없다. 그리고 투자할 수 있는 가족자원의 객관적 불평등으로 인하여, 활용할 수 있는 사교육의 수준과 효과 역시 불평등할 수밖에 없다. 그래서 "나름대로 과도한" 사교육비 지출에도 불구하고, 교육투자를 통한 계층 불평등은 다음 세대로 전이되고 있다. 그리고 과도한 사교육비 투자의 부산물은 부모 세대의 노후 불안이다.

(4) 노년기의 소비

오늘의 노년을 폭넓게 보면, 집단주의와 권위주의적 가치관을 지니고 자신보다는 가족과 소속집단의 이익을 우선시하던 해방 전후의 근대화 세대, 집단주의와 개인주의 가치를 두루 접하고 다양성을 추구하는 가치관을 선호하는 1950년대 출생자 중심의 경제 부흥기 세대, 그리고 집단주의 가치를 거부하고 개인주의를 추구하며 자유와 평등 및 경제적 여유와 화목한 가정에 가치를 두기 시작했던 586세대까지를 포괄한다(황상민, 1999; 최혜경, 2008에서 재인용). 이들 중 현재의 '젊은 노년층'을 구성하고 있는 경제 부흥기 세대와 조만간 노년기에 진입할 586세대가 경험할 노년기는, 모든 자원을 자녀에게 넘겨주고 자녀에게 의존하며 살아가던 이전 세대의 노인들과는 다를 수밖에 없다.

발츠 등(Baltes & Baltes, 1990)에 의하면, 노화과정에는 연령 규범적 요인(age-normative influence) 즉 생애발달단계별 특성과, 특정한 역사적 시기에 존재하는 이들에게 영향을 미치는 역사 규범적 요인(history-normative influence) 즉 코호트적 특성, 그리고 이들과 상관없는 개인차(individual difference, 個人差) 즉 비규범적 요인(non-normative influence)이 상호작용한다. 그런데 이러한 요인들은 시간의 경과에 따라 누적되므로, 연령 증가와 더불어서 그 차이가 커질 수밖에 없다(최혜경, 2008). 따라서 소비양상 역시, 노년층은 여타 어느 연령집단보다도 다양하고 복합적이다(Timmerman, 2005).

노년층 내부의 다양성과 욕구에 기초하여, 다양한 상품과 서비스의 개발 붐이 일어나고 있다. 노년의 주거와 움직임을 안전하고 편안하게 돕는 상품들, 노년의 약화된 건강을 보완하는 건강보조식품, 노년의 외모를 젊고 품위 있게 가꾸어주는 화장품과 의상들, 그리고 노년의 안락한 여행을 책임지겠다는 여행상품들이 속속 출시되고 있다. 그러나 우리 문화 속에 상당 기간 동안 존재해 온 연령차별주의(ageism)가, 노인은 구매력이 없고 시장이나 상품에 대한 정보도 없는 존재라는 편견을 키워왔다. 그래서 백화점 등 고가품 매장에서 노인은 여전히 주목받지 못한다(설해심, 2017). 그렇다고 노인을 주 고객으로 하는 쇼핑공간이 주류(main stream)에 편입된 것도 아니어서, 노년층 및 그들을 중심으로 한 소비영역은 어정쩡한 상태에 머물러 있다. 그러나 시간이 많은 노년층에게는, 도심이나 백화점을 방문해서 쇼핑하면서 친구를 만나거나 세상 돌아가는 모습을 관찰하는 것도 중요한 여가활동이자 사회활동이다(설해심, 2017).

순자 씨의 일상

왕년에 교육을 많이 받았고 좋은 직업을 가졌으며 자식들도 공부를 잘해서 안정적인 직업을 갖고 살아가므로 성공한 인생이라고 자부하는 순자 씨는, 칠십 중반을 넘어 팔십에 가까운 나이에도 여전히 건강하다. 젊은 시절부터 외모를 가꾸는 일에 관심이 많았고 백화점에 가서 물건을 둘러보고 쇼핑을 하는 것도 즐겼으며 여전히 경제적으로 풍족한 그녀는, 요즘도 백화점 의류 매장에 가서 자신에게 어울릴 만한 옷이 있는지 둘러보는 일이 즐겁다. 자녀들과 손자녀들에게 어울릴 만한 옷들도 찾아보다가, 위층 식당가에서 친구들을 만나서 식사하고 차도 마시며 시간을 보내고, 지하 식품매장에서 식자재를 사들고 집에 돌아오는 것이 낙이다.

언제부터인지 백화점 매장에 들어가서 물건을 만져보고 있어도, 점원이 다가오지도 뭘 도와줄까 묻지도 않는 걸 느낀다. 그렇다고 적극적으로 점원을 불러서 물어보기도 쉽지 않아서, 그저 쭈뼛거리며 점원이 다가오길 기다리다가 나오게 된다. 그런데 옷을 사주겠다고 인심을 쓰면서 딸이나 손녀를 데리고 백화점에 가면, 왠지 점원들도 환대하는 것 같은 느낌이 들어서 어깨가 당당히 펴진다. 하지만 날이면 날마다 딸과 손녀에게 쇼핑을 가자고 할 수도 없는 일이다. 요즘 들어 더욱, 현재의 자신이 과거의 당당했던 자신과 달리 초라해진 것 같아서 우울하다.

오늘날의 노인들이 과거의 노인들보다 건강하고 젊게 산다고는 해도, 젊은 층에 비해 변화에 대한 적응력이 낮은 것이 사실이다. 인터넷과 스마트폰 시대에 피싱이나 파밍 등의 사기는 교묘해지는데, 정보력이 약한 노인들은 사기에 더욱 취약하다. 금전적 사기뿐 아니라 서비스와 재화를 구매하는 시장에서도, 노인은 사기 피해를 당하기 쉬운 존재이다. 따라서 이에 대한 사회적 대응책이 필요하다. 우선 첫째, 사기판매에 대응하는 방법에 대한 홍보와 교육이 집중적으로 이루어져야 한다.

둘째, 새로운 정보에 접근하기 힘든 노년층을 위해 정보를 신속하게 원스톱으로 제공하는 체제가 확립되어야 한다. 그리고 셋째, 노인을 대상으로 하는 사기를 차단할 수 있는 사회적·법적 장치를 마련해야 한다.

한편 인터넷 쇼핑과 홈쇼핑 등 정보화를 활용한 소비 통로가, 노년층한테 불리하기만 한 것은 아니다. 인터넷이나 홈쇼핑은 노인들이 필요한 물품을 쇼핑함에 있어서 기동력 약화로 인한 불편함을 극복하고 자녀에 대한 의존도를 낮추는 방안이 될 수 있다. 현재 노년기에 진입하는 세대가 지닌 다양성에 비추어 볼 때, 노년층의 상당수가 정보화의 이점을 활용할 수 있는 가능성은 다분하다.

4. 가족 소비문화의 지향

오늘날 우리 사회의 명품 소비 붐은, 대대로 내려오는 전통적 명가(名家) 및 신분의 의미가 사라지고 익명성이 강해진 오늘의 특성과 연관된다. 즉 익명성의 사회에서, 사람들은 부를 증명함으로써 자신의 사회경제적 지위를 주변에 과시해야 할 것 같은 압박감을 느낀다. 그리고 비슷한 수준의 소비를 하는 사람들과 사회 관계망(social network)을 형성해서 소비에 기초한 동질성을 '우리 의식'으로 확대시키려는 시도를 하게 된다. 이 경우 명품은 비싸서 한정된 소수의 계층만 소비할 수 있는 상품이라는 상징적 가치를 지닌다.

사무엘슨(P. Samuelson)은 행복은 욕망에 반비례하고 소비에 비례한다는 논리를, 다음의 수학식으로 표현했다(Chattopadhyay, 2006).

행복 (H) = 물질적 소비 (MC) / 욕망 (D)

이처럼 소비와 관련된 행복이 욕망에 반비례하고 소비에 비례한다면, 행복은 소비를 증가시키는 것으로 추구할 수도 있지만 욕망을 감소시키는 방식을 통해서도 가능하다. 그리고 욕망은 개개인이 속한 사회의 소비문화에 의해 조절될 수 있다. 사회적 존재인 인간의 욕망은 주변의 시선과 행위에 유사하게 닮아가기 때문이다. 따라서 욕망을 줄여가는 소비문화를 어떻게 정착시킬 수 있을지를 고민해야 할 시점이다.

소비와 관련하여 중요한 것은 소비수준에 대한 결정이다. 소비수준을 결정하는 데 영향을 미치는 이념으로서, 쾌락주의(Hedonism)과 금욕주의(Asceticism)라는 두 축을 생각할 수 있다. 쾌락주의가 자신이 소유한 물질을 주변에 과시함으로써 쾌감과 우월감을 느끼는 성향이라면, 금욕주의란 비싼 물건을 소유하는 것을 꺼리고 또한 비싼 물건을 주변에 과시하기를 꺼려하는 심리를 말한다. 후자는 만나는 사람들이 느낄 위축감에 대한 배려 때문이기도 하지만, 공동선과 배치되는 사치 성향이 주변사람들에게 천박하게 보일 것을 우려하는 심리이기도 하다. 쾌락주의와 금욕주의 사이에서 어떤 심리에 더 큰 비중을 두는 문화가 확산되느냐에 따라, 해당 사회 및 개별 가족의 소비문화는 달라질 수 있다.

소수의 상류층을 제외한 대부분의 가족은 각각의 수준에서 한정된 자원을 가지고 살아간다. 따라서 상징가치보다는 사용가치를 중심으로 소득과 지출 간 균형을 맞추는 소비문화 안에서 편안함을 느낄 수 있다. 또한 사용가치에 주목하는 소비문화가 확산될 때, 계층 간 차별화 대신 절약해서 함께 나누는 공동체 의식이 정착될 수 있다. 이와 관련하여 고려할 것은, '착한 소비'라고 불리는 문화 운동이다. 착한 소비란, 이웃과 사회 및 자연환경에 미치는 효과를 고려하고 배려하는 윤리적 소비 행위를 의미한다. 경쟁에서 뒤처진 생산자와 노동자에게 상대적으로 더 높은 가격을 지불함으로써 그들의 권익을 보호하는 공정무역 제품을 소비하기, 어린 노동자를 착취한 제품이나 잔인한 동물 실험을 한 제품을 사지 않기, 친환경 제품을 이용하거나 물건을 재활용해서 만든 제품을 구매해서 쓰레기 줄이기에 동참하기 등을 착한 소비의 예로 들 수 있다(김경자, 2019). 결혼식이나 돌잔치 등의 규모를 줄이거나 온라인 행사로 대신하고 하객들의 축의금을 어려운 이웃을 위해 기부하거나 환경을 위해 나무를 심는 것 등도 착한 소비의 일환이다(김경자, 2019). 또한 제품 판매 가격의 일부를 사회에 기부하거나 환원한다고 명시된 제품을 구매하는 것 역시 간접적으로 착한 소비에 동참하는 행위이다(김경자, 2019). 이들은 소비가 더 이상 개인적 행위에만 머물지 않고, 사회적 영향력 내지 자연에 미치는 영향을 고려해야 하는 행위임을 시사한다. 착한 소비행위는 부모에게서 자녀에게로 이어지면서 가족문화로 자리를 잡을 수 있고, 가족 밖의 사회에서는 지속가능한 소비문화의 시발점이 될 것이다.

12장

가족과 의례문화

1. 가족 의례의 의미와 기능

1) 가족 의례의 개념과 문화적 의미

인간은 태어나서 살다가 죽음에 이르기까지의 과정에서, 여러 차례의 '문턱 넘기'를 경험한다. 매년 맞는 생일과 관련된 행사들도 '문턱 넘기'이고 입학식과 졸업식 및 입사식과 퇴임식 등도 '문턱 넘기'이지만, 아침저녁으로 부모께 문안인사를 하는 가족의 경우 아침인사 및 저녁인사 역시 하루의 '문턱 넘기'이다. 어느 사회나 나름의 중요한 '문턱 넘기'를 기념하는 일련의 의례를 행한다. 그런데 각 문화권에서 의례에 붙이는 의미나 중요도 그리고 규모는 해당 민족이 경험해 온 삶의 역정에 따라 다르다. 왜냐하면, 의례란 사회 구성원들 사이에서 공유되어 온 정서를 반영하는 상징적 절차이기 때문이다. 차별과 핍박으로 점철된 고난의 삶을 살아온 아일랜드 민족이나 흑인들은, 상례를 성대하게 치른다. 이는 힘들었던 삶을 마치고 난 죽음 이후의 내세에서는 고통과 차별 없이 평안하기를 기원하는 의미이다. 우리의 전통 사회에서 망자에게 꽃상여를 태우는 등 상례를 장기간에 걸쳐서 성대하게 치르는 풍습은, 삶과 죽음의 경계를 넘어서 이어지는 부모자녀 간의 의리와 효 윤리를 강조하는 의미를 지닌다. 반면에 부부관계를 중시하는 앵글로 색슨 사회에서는, 결혼식을 가장 중요하게 여기고 성대하게 치르고 있다.

한국 가족은 매해 벽두에 한 해를 맞는 '문턱 넘기'로서 설을 기념하고, 한 해의 결실을 수확하는 '문턱 넘기'로서 추석을 기념한다. 한편 백일과 첫돌 등 개인의 성장을 축하하는 의례, 성인기에 입문하는 의례로서의 관례와 새로운 가족의 연을 맺는 혼례, 환갑과 칠순 및 팔순 등 건강한 늙음을 축하하고 장수를 기원하는 수연례, 그리고 망자를 떠나보내는 상례와 이승을 떠난 망자를 기리는 제례 등은, 인생이 흘러가는 과정상의 '문턱 넘기'를 기념하는 행사이다. 이러한 의례들이 전통적으로 가족 안에서 치러져 왔고, 가족은 그와 연관된 나름의 가족문화를 형성해 왔다. 즉 가족 의례(family ritual)란 가족구성원들끼리 의미를 부여하여 공유하는 상징으로서, 동일한 의식을 반복적으로 함께 행하고 다음 세대에 전승하면서 공동체 의식을 다지는 가족문화이다.

가족 의례는 혼례 및 제례 등과 같이 가족구성원들을 결속시키는 기능을 하는 결속 의례(connection ritual)와 생일이나 어버이날 그리고 결혼기념일 등과 같이 가족구성원들 간의 친밀감을 높이는 애정 의례(love ritual) 그리고 입학식이나 졸업식 혹은 입사식 등과 같이 공적인 외부기관과의 연계 속에서 치르는 지역사회 의례(community ritual)로 구분된다(Doherty, 1997). 결속 의례는 친인척들이 모여서 축하 및 추모를 뜻하는 의식을 치르고, 애정 의례는 주인공에게 선물 증정과 떡이나 케이크 나눔 등을 통해 애정을 표현하며, 지역사회 의례는 일련의 행사를 통해 공적인 인정을 해 주는 등과 같이, 각 의례마다 공통적으로 통용되는 객관적 행동수준이 존재한다. 그런데 해당 사회에서 공통적으로 행하는 의례 행위와 별개로, 개별 가족마다 자신들끼리만 공유하는 주관적이고 상징적인 의미가 행동이나 형식으로 포함되는 경우도 있다(이기숙, 2009). 즉 어느 가족에게는 매우 중요하고 특별한 의미를 지니는 날로 기념되지만 또 다른 가족에게는 별 의미 없이 지나가는 경우도 있고, 혹은 보편적인 의례 형식에 개별 가족만의 특별한 의식을 보태거나 빼는 등으로 변형되기도 한다.

2) 가족 의례의 문화적 기능과 시대적 변화

가족 의례의 기능을 다음과 같이 요약할 수 있다(이기숙 외, 2009). 우선 첫째, 가족 의례는 해당 사회의 문화와 가치를 다음 세대로 전달하는 기능을 한다. 즉 설날 아침에 떡국을 먹고 웃어른께 세배를 드리며 추석에 송편을 빚어 먹는 등과 같은 일련의 행위와 그에 부여하는 의미가 가족구성원들에 의해 공유되는 과정을 통해 일상 문화가 전승된다. 둘째, 가족 의례를 중심으로 함께 모여서 상호작용하면서 '우리'라는 느낌 즉 가족 간 유대 및 공동체 의식을 키우게 된다. 셋째, 개인과 가족이 생애주기의 문턱을 넘어가는 시점마다, 이제까지의 삶을 정리하고 다가오는 변화에 적응하면서 성장하는 의지를 다지게 된다. 예를 들면, 장례식을 통해 망자를 떠나보내고 망자와 함께 하지 않을 앞으로의 삶을 수용하며, 결혼식을 통해 새로운 가족구조에 적응할 각오를 갖게 되는 등이다. 그리고 넷째, 성인식이 어른으로서의 역할을 예측하게 하고 결혼식이 임신과 출산을 예측하게 하며 회갑연이 죽음을 예측하게 하는 등과 같이, 의례는 다음 단계로의 변화를 예측하고 준비하게 한다.

한국사회에서는 관혼상제 즉 성인식과 결혼식 및 장례식 그리고 제례를 대표적인 의례로 여겨오고 있다. 그리고 수연례를 부가하기도 하는데, 이는 과거 평균수명이 짧고 노인의 위상이 높던 사회에서 장수를 축하하는 의례가 중요했었기 때문이다. 이동성이 적고 집단주의 사고가 강하던 시절 내내 관혼상제는 가족을 중심으로 한 지역사회 행사로서 치러져 왔다. 이러한 의식은 삼국시대로부터 존재한 것으로 알려져 있는데, 숭불정책을 펴던 고려시대에는 불교의식이 혼합되고 숭유정책을 펴던 조선시대에는 성리학적 의식이 주를 이루었다. 그런데 일제 강점기에 전통 의례가 단절되었고 이후 서구문화가 유입되면서, 의례문화에도 변화가 일어났다. 20세기 중반 이후 산업화의 급격한 진행 및 탈근대의 정보화와 세계화 그리고 다문화 사회로의 진행 역시, 의례의 형식 및 내용상 변화를 동반할 수밖에 없다.

가족 의례 또한 생활문화여서 해당 사회의 사회문화적·정치적·경제적·기술적 환경에 의해 영향을 받고 교육 및 훈련에 의해 전수되거나 변화되며 혹은 소멸되거나 새로이 생성된다(계선자 외, 2009). 그런데 전통 의례를 대신할 새로운 의례 규범이 미처 확립되지 않은 상황에서 세대 및 계층 별로 의례를 바라보는 기대들이 달라서, 의례를 치를지 말지 혹은 어떻게 치러야 할지에 관하여 가족 내 합의가 이뤄지지 못한 채 갈등하는 경우가 많다. 특히 나이 든 세대가 과거의 방식을 고집하고 젊은 세대가 이를 거부함으로 인해, 부모와 자녀 간 그리고 남편과 아내 간 의례를 둘러싼 불협화음이 드물지 않다. 따라서 개별 가족 차원에서는 가족구성원들 간 의례에 관해 상이한 생각들의 절충점을 찾으려는 부단한 노력이 이루어져야 한다. 그리고 사회적으로는, 가족 의례의 범위와 방식에 관한 기준을 제시하고 홍보할 필요가 있다. 관혼상제와 관련된 문화는 해당 사회의 전통 위에 새 시대가 요구하는 변화가 덧입혀지면서 서서히 변화되고 사회 구성원들에 의해 적응되는 것이 바람직하다.

2. 성년례

1) 성년례의 역사

전통 사회에서 성년례(成年禮)는 남자의 관례와 여자의 계례를 포함하는 것으로서, 가정에서 부모가 주관하여 자녀의 성인됨을 인정하는 의식으로 치러졌다(계선자 외, 2009). 혼례에 앞서서 성년례를 치르는 것은, 신체적·정신적으로 어른스러워지고 때와 장소 및 상황에 적절하게 처신하여 어른으로서의 사회적 책임과 의무를 다할 것을 당부하는 의미였다. 남자아이의 관례(冠禮)는 신라에서 유래하였다고도 혹은 고려에서 유래하였다고도 전해지는데, 15세─20세 사이에 있는 남자를 대상으로 하였다(계선자 외, 2009). 음력 정월 중 길일을 부모가 정하여, 성년자의 스승 및 부친의 지인 혹은 사회적으로 덕망이 있는 인사를 초청하여 성년 서약서를 낭독하도록 하였다. 또한 상투를 틀어서 갓과 사모 등을 씌웠으며, 성인이 되었음을 상징하는 것으로서 주도(酒道)를 가르치고 새로운 이름인 자(字)를 갖게 하였다(계선자 외, 2009). 반면 계례(笄禮)는 여자가 혼인을 정하거나 15세가 되면, 머리를 틀어 올려 쪽을 짓고 비녀를 꽂으며 치러주는 의례였다. 어머니가 중심이 되고 친척 부인을 주례로 삼아서, 어른이 되었음을 축하하고 새로운 가정을 형성하여 독립적 삶을 시작할 것을 기원하였다(김양희 외, 2009). 조선 중기에는 사대부가에서 성년례를 치렀고, 평민들의 경우 노동력이 중시되는 농경사회의 특성상 '들돌 들기'등의 의식을 치르고 성인의 품삯을 주는 의식으로서 성년례를 대신하였다(계선자 외, 2009).

일제 강점기의 단발령37)을 계기로 의복과 머리 모양이 변화되고 상

---

37) 19세기 말 성년 남자의 상투를 자르고 서양식 머리를 하라는 내용의 고종 칙령이 내려졌다. 그리고 당일부로 고종과 황태자 순종이 솔선수범하여 머리를 깎고, 도

투와 갓 그리고 비녀 등의 의미가 퇴색되면서, 전통 성년례의 형식은
사라졌다. 1940년대 중반까지는 나름의 방식으로 성년례의 명맥을 이어
오다가, 한국전쟁과 급속한 산업화를 겪는 동안에는 입학식과 졸업식
및 입사식 등으로 대체되었다(계선자 외, 2009). 그러다가 1973년에 이르
러 4월 20일을 성년의 날로 정하였고, 1998년부터 성년주간을 5월 셋
째 주로 옮겨 정하였다(계선자 외, 2009). 이후 1999년과 2008년의 건전
가정의례준칙의 개정과 재개정을 거쳐서 5월 셋째 주 월요일을 성년의
날로 정하고, 대학과 지방자치단체 및 회사 등의 공적 조직에서 20세
(만 19세)가 되는 구성원들을 대상으로 성인됨을 축하하는 의례를 행해
오고 있다(계선자 외, 2009). 성년의례는 성년에 이른 자들의 성년선서와
성년례를 주관하는 주례의 성년선언 및 훈화, 부모의 축하인사 그리고
축하공연 등으로 구성된다(계선자 외, 2009).

2) 성년례의 의미

성년례는 정신적·육체적으로 성인됨을 인정하고 성인으로서의 역할
과 책임 그리고 권리를 부여하는 의식이다. 성년례가 행해지는 형식은
각 사회의 문화적 특성 및 생활양식에 따라 다르지만, 어느 사회에서든
성년례는 해당 사회의 일원으로서 권리와 더불어 책임과 의무를 인식하
게 하는 계기가 된다(이정우 외, 2000). 즉 이는 해당 공동체에서 성인으
로서의 대접을 받으며 법적으로도 성인으로서의 권리와 의무를 지니게
되는 '문턱 넘기'이다. 따라서 선거권[38]과 납세의무가 주어지고 건강한
남자에게는 국방의무가 주어지며, 매매권과 소유권 행사 등의 법률 행

성 거리나 성문에서 남자들의 머리를 깎도록 함으로써 전국으로 확산시켰다. 성리
학자들의 반발에도 불구하고 점차 상투는 사라졌고, 1920년대부터 여성들도 머리
를 자르기 시작했다.
38) 선거권을 가지는 최소 연령은 2020년 4월에 치러진 총선부터 만 18세로 하향 조
정되었다.

위를 독립적으로 할 수 있게 되고, 유흥업소 출입과 술·담배 등의 구입도 가능해진다.

　과거의 성년례는 가정에서 가족과 친지들의 참여하에 예절과 윤리를 지킬 것을 당부하는 식으로 행해졌으나, 현대의 성년례는 가족 의례로서의 중요성이 축소되고 가정 밖의 사회에서 직장이나 학교 관계자 및 동료들이 축하하는 방식으로 행해지고 있다(김양희 외, 2009). 또한 또래 및 선후배와의 술자리로서 성년례를 대체하는 경우도 있다. 그러나 한 개인의 성인됨이란 부모의 일방적 보살핌을 받아온 미성년 시기를 마감하는 것으로서, 가족과의 관계에서도 쌍방향적 지원의 주체가 되는 등 가족 내에서의 역할이 변화됨을 포함한다. 따라서 가족이 적극적으로 참여하는 성년례 방안이 강구될 필요가 있다(김양희 외, 2009).

3. 혼례

　혼례(婚禮)란 성인이 된 남녀가 만나서 자신들이 주축이 되어 이끌어 갈 새로운 가족 즉 생산가족(family of procreation)이 탄생하는 것을 선포하고 다짐하는 의례이다.

1) 전통 혼례

　우리의 전통 사회에서 혼례는 당사자들만의 결합이 아니라 집안과 집안 간의 결합으로 여겨졌다. 전통 혼례의 한자 표기 중 혼(婚)은 본래 '저물 혼(昏)'에서 유래했는데, 이는 혼인이란 양(陽)과 음(陰)의 만남으로서 "음양의 조화를 꾀하기에 좋도록 해가 저물녘에 올리는 예"라는 의미이다(김득중, 1999; 계선자, 2009에서 재인용). 전통 혼례에는 혼인예식 전에 세 가지의 맹세를 한다

는 삼서(三誓) 정신, 즉 낳고 키워준 부모의 은혜를 기리는 서약과 대자연의
섭리에 순응하며 하늘과 땅에 부부의 사랑을 맹세하는 서약 그리고 배우자에
게 도리를 다하겠다는 서약이 깃들어 있다(계선자, 2009).

친영례가 자리를 잡기 시작한 조선 중기 이래의 혼례 순서는, 신랑의
생년월일시(生年月日時)를 적은 종이를 봉투에 넣되 봉투의 앞면에 사주(四
柱)라고 쓰고 뒷면엔 근봉(謹封)이라고 써서 신부 쪽에 보내는 '사주 보내
기'로부터 시작한다. 이는 남녀 간 궁합을 보는 것을 신부 측에 맡기고 혼
인 날짜를 정하는데 참고하라는 의미였다. 그러면 신부 측에서 혼례 날짜
를 '택일(擇日)'하여 신랑 측에 보내는데, 이는 첫날밤 치르기를 염두에 두
어서 신부의 생리일을 피하고 성교와 임신을 위한 생물학적 최적기를 택
하고자 함이었다. 혼례 전날 신랑 측에서는 혼인 문서인 혼서지와 예물을
넣은 함을 신부 측에 보내는데, 이를 '납폐(納幣)'라고 한다. 부부금슬이 좋
고 아들을 낳은 사람이 함을 지고 가는 풍습이 있었다(계선자, 2009).

한편 혼례 당일에 치르는 의식을 '대례'라고 한다. 이 중에서 혼인날
식전에 신랑과 신부가 각자의 조상과 부모께 받은 은혜를 기리는 의식
이 '서부모례'이다. 즉 신랑이 혼인식을 위해 신부 집으로 향하기 전에
조상께 고하고 부모의 가르침을 들으며 지아비로서의 역할을 다할 것을
서약하고(초자례), 신부 역시 혼인식 전에 지어미로서의 역할을 다할 것
을 자신의 조상과 부모께 서약하였다(초녀례). 혼인식은 신부의 집에서
행하는 것이 일반적이었는데, 신랑이 신부 집에 도착하여 처음 행하는
예가 신부의 어머니께 기러기를 드리는 것으로서 '전안례(奠鴈禮)'라고
칭했다. 기러기가 자손이 많고 정절을 지키는 새라고 알려져 있기 때문
에 혼례식에 쓰였는데, 오늘날엔 나무로 기러기를 만들어 상견례 장소
및 신혼 방에 장식품으로 놓곤 한다. 혼례식은 신랑이 동쪽에서 서쪽을
향해 서고 신부는 서쪽에서 동쪽을 향하여 서서 마주 보고 시작하였다.

부부로서 오래도록 함께 할 것을 서약하면서 절을 하는 '교배례(交拜禮),' 그리고 세 번에 걸쳐서 술잔을 나누어 마시는 '합근례(合巹禮)'의 순서로 진행되었다(계선자 외, 2009).

혼례식을 마치고 나면, 신부가 준비해 간 음식을 앞에 놓고 신랑의 부모와 친척들에게 첫인사를 올리는 절차 즉 '폐백'을 행하였다. 신랑신부로부터 절을 받으면, 시아버지는 대추를 신부의 치마폭에 던져주고 시어머니는 육포를 만지면서 어른을 섬기는 도리와 형제간 화목에 관한 도리 그리고 자녀를 가르치는 도리 등을 전하고 덕담을 하는 것이 일반적이었다(계선자 외, 2009). 또한 혼인 후 신랑신부가 처음 친정에 다니러가는 행사를 '근친'이라고 하였으며 이때 시부모는 며느리의 친정에 술과 과일 및 음식 등을 보냈다.

2) 서구식 혼례

갑오경장 이후의 개화기와 일제 강점기를 거치면서 서구 문화 및 일본 문화가 들어오기 시작했는데, 이러한 변화는 혼인 형식에도 영향을 미쳤다. 전통 혼례를 대체하는 것으로서, 기독교에서는 기독교식 혼례를 그리고 불교계에서는 불교식 혼례를 행하였는데, 이로써 혼례 장소가 집이 아닌 교회나 절로 바뀌고 절차 및 비용 면에서도 간소화되었다(계선자 외, 2009).

1930년대에 서구식 웨딩드레스가 등장하였고, 한국전쟁 직후부터 서구식 혼례복이 본격적으로 보급되기 시작했다. 그래서 백색 드레스를 입은 신부와 모닝코트를 입은 신랑 혹은 흰색 치마저고리에 면사포를 쓴 신부와 양복을 입은 신랑 등, 나름의 방식으로 전통 혼례복과 서양식 혼례복이 혼용되었다.

3) 경제성장과 결혼 문화의 변화

1960년대에 이르면 약혼식을 치르는 풍습과 더불어, 예물로서 순금 대신 다이아몬드 반지가 등장했다. 그리고 서구식 예식과 폐백을 모두 예식장에서 행하기 시작했다. 1973년에 확정된 건전가정의례준칙은 약혼식을 생략하고 함이나 청첩장 및 주례가 없는 혼인식을 할 것을 권장하였으나, 이는 규제가 아닌 권장사항일 뿐이어서 결혼문화는 점점 호화스러워졌다. 게다가 경제개발계획과 더불어 급격한 경제성장이 이루어지고 혼수 목록에 가전제품들이 포함되면서, 혼수비용으로 인한 부담이 사회문제화되기 시작했다(계선자 외, 2009).

1980년대에도, 신랑 친구들의 요란한 함잡이 관행과 비용 요구 그리고 과다 혼수는 여전했다. 그런데 1980년대 후반부터 약혼식 문화가 사라지고 신랑이 신부의 집에 함을 직접 가져가는 모습이 보편화되면서, 약혼식 및 함잡이 관행으로 인한 폐해는 점차 사라지게 되었다. 그러나 80년대 중반부터 결혼식 전에 미리 다양한 드레스와 턱시도 등을 입고 웨딩촬영을 하여 앨범으로 제작하는 문화가 보급되면서 결혼비용의 증가에 한 몫을 하기 시작했다. 그리고 88 올림픽을 전후로 한 고도의 경제성장이 부의 편중을 동반하면서, 상류층의 호화 혼례와 혼수 문화가 중산층에까지 모방의 형태로 자리를 잡았다. 1989년부터 해외여행이 자유화되자, 신혼여행지가 해외로 바뀌면서 신혼여행 비용이 더욱 증가하였다.

4) 20세기 말 그리고 21세기의 결혼 문화

1990년대엔 야외 촬영 및 해외로의 신혼여행이 당연한 절차처럼 자리를 잡으면서, 전 계층에서 결혼비용이 더욱 증가되는 양상을 보였다.

뿐만 아니라, 현금으로 예단을 보내는 것이 새로운 혼례문화로 대중화되었다. 이는 불필요한 혼수물품을 마련하는 시간과 낭비를 줄인다는 실질적 이유에도 불구하고, 결혼의 물상화(物象化)를 부추긴다는 비판으로부터 자유롭기 힘들다. 게다가 현금예단 외에도 시부모님께 "정성을 표시 한다"는 의미의 예단을 부가하는 등, 결혼 문화가 극단의 과소비로 점철되고 있다.

집값 상승으로 인한 신혼집 마련에의 부담은, 한편으로는 결혼을 늦추게 하는 원인이 되지만 다른 한편으로 "집은 남자가 마련하는 것"이라고 믿어온 관행을 변화시키고 있다. 집값의 폭등과 맞물리면서, 신랑과 신부 모두 이전의 어느 시대보다도 버거운 결혼비용을 감당해야 하는 상황이다. 그리고 결혼 준비 과정에서, 주택 마련과 관련된 쌍방의 눈치 보기 및 예단과 예물에 관한 줄다리기 역시 만만치 않은 것이 현실이다.

5) 한국 혼례문화의 문제점과 지향

(1) 이중구조화된 혼례식

현재 한국사회의 혼례는 한국의 전통과 서구의 근대가 혼합되어 있는 모습이다. 함들이 및 폐백과 이바지 등이 전통 혼례에 뿌리를 두고 부계 중심적 집단주의 가치를 표상하는 반면, 예식장이나 호텔에서 웨딩드레스와 턱시도를 입고 치르는 결혼식과 이어지는 신혼여행은 근대의 일본 문화와 서구의 낭만적 사랑 및 개인주의적 가치관을 드러낸다(박혜인, 1991; 박선웅, 1999; 이여봉, 2017a). 그런데 이처럼 웨딩드레스와 턱시도를 입은 채 이루어지는 서구식 혼례와 폐백으로 대표되는 전통혼례 두 가지의 의미가 모순된 채 거의 동시에 치뤄지는 오늘날의 결혼식은, 관련되는 이들로 하여금 어느 것이 표상하는 가치를 받아들여야 할지 혼란스럽게 하고 결과적으로 각자 자신에게 유리한 쪽을 선택하게 한다.

혼례는 일회성 사건이 아니라 결혼생활과의 연속선상에 존재하기 때문에, 이후 부부간 그리고 친지와의 관계에서 상호 모순되는 기대가 충돌할 여지를 남긴다. 예를 들면, 시부모 및 시형제자매는 폐백에서 드러나는 부계 중심의 집단주의 가치를 받아들여서 신부를 자신들의 집안에 편입되어 적응해 갈 존재로 여기는 반면, 신부는 신랑과의 낭만적 사랑에 기초하여 부부 중심의 핵가족적이고 개인주의적 삶을 기대하기 쉽다. 그런데 혼례는 새로운 가정의 출발을 모두에게 공표하는 의례이므로, 혼례에 연관된 사람들이 동일한 의미로 받아들여야 이후의 상호작용이 무난할 수 있다. 따라서 모순적 의미를 동시에 전달하는 혼례의 형식은 지양되어야 한다. 이에 관해 젊은 세대와 그들의 부모 세대를 대상으로 적극적인 홍보를 할 필요가 있다. 젊은이들의 주체적이고 선험적인 시도에 의해, 혼례의 가치를 일관성 있게 드러내는 방향으로의 변화가 가능할 것으로 생각한다.

(2) 혼주 문화와 부모의 개입

혼주(婚主)란 '혼인의 주인'이라는 의미이다. 그런데 부모의 이름이 혼주로서 청첩장에 오르고, 실제로 혼인에 소요되는 비용을 부모가 부담하는 경우가 대부분이다. 그리고 참석하는 하객의 수와 하객들의 면면으로서 부모의 지위를 과시하려는 경향으로 인하여, 양가가 서로 눈치를 보다 보니 결혼식의 규모가 커지기 쉽다. 이 경우 하객 중의 상당수는 부모의 지인들로서, 신랑신부의 얼굴도 모르면서 초대되고 참석한다.

이제 막 사회생활을 시작한 연령대의 남녀가 자신들의 능력만으로 혼례를 치르고자 할 경우, 경제력의 차이는 크지 않다. 그러나 부모들의 경우는 다르다. 상류층의 부모는 자신들의 경제력을 과시하고 싶고 중산층의 부모는 허리띠를 졸라매서라도 자식의 결혼이 가능한 한 유리한 조건에서 시작되길 바라다보니, 과다혼수 문제가 초래된다. 현행 결혼의 문제점을 알면서도 양가가 서로 눈치를 보느라, "남들 하는 대로"가 무난하고 안전하다는 생각으로 따라가는 것이 현실이다. 그런데 이러한 혼례문화는 이념적으로는 부모가 자녀를 소유한다는 의미를 지닌 가부장제의 산물이고, 실질적으로는 부모의 경제력에 기대어서 혼수와 집 등의 혼례비용을 마련하려는 젊은 세대의 편의주의적 발상과 통한다. 물론 객관적인 입장에서는, 현행 혼례문화의 문제점에 관한 공감대가 이루어지기 쉽다. 그런데 막상 자기 일이 되면, "남들 하는 대로 무난하게" 혹은 "상대방 눈치를 보느라" 의식과 행동이 일치하기 힘든 것이 현실이다.

부모도 인간이므로, 자신이 베푼 사랑에 대한 보상을 무의식적으로 기대한다. 따라서 부모에게 의존해서 혼례를 치룰 경우, 이후의 결혼생활이 부모로부터 자유롭지 않을 가능성을 염두에 두어야 한다. 신랑과 신부가 정신적으로도 경제적으로도 부모로부터 독립된 상태에서 결혼을 해야, 결혼생활 전반을 주체적으로 꾸려갈 수 있다. 가능한 한 결혼식을 간소화하고 예물 비용을 절감하여 신혼집 마련 비용에 보태려는 노력이, 일각에서 시작되고 있다. 작은 결혼식을 하고 폐백을 생략하며 커플링만으로 예물을 대신하고 양가의 예난은 생략한다거나 하는 등이다. 그런데 자녀들의 결혼에 있어서 부모의 의사를 무시할 수 없는 한국사회에서, 결혼식 및 혼수의 간소화는 본인들이 합의하고 양가의 부모가 자녀들의 의사를 수용하여 제반 절차를 당사자인 자녀들에게 전적으로 맡길 경우에 가능하다.

4. 상례와 제례

1) 상례의 의미

상례는 산 자가 망자의 영혼을 위로하고 망자의 죽음을 주변에 알리며 애도하는 장으로서, 죽은 자의 입장에서는 인생에서 마지막으로 겪는 통과의례이다. 한편 살아남은 자의 입장에서 보면, 상례는 망자를 잃은 슬픔을 억누르지 않고 마음껏 토해냄으로써 망자의 죽음에서 오는 충격을 완화하고 망자와 함께 했던 삶에 마침표를 찍을 수 있도록 하는 의미가 있다. 그래서 유족과 지인들에게, 상례는 망자와 함께 하지 않는 또 다른 삶으로 향하는 이정표가 된다.

전통적으로는 가족과 친인척 그리고 이웃이 함께 참여하여 주검을 처리하고 죽은 자를 한마음으로 추모함으로써, 결속을 보여주는 행사로서 상례를 치렀다.

2) 상례문화의 변화

한국의 상례문화는 네 가지 축에서 변화를 경험하고 있다. 우선 상례 장소가 집이 아닌 외부 장례식장으로 옮겨진 것이 그 하나이다. 매장(埋葬) 중심에서 화장(火葬) 중심으로의 장례법 변화가 그 둘이다. 개인 묘지 선호에서 집단 묘지 선호로의 변화가 그 셋이다. 그리고 의례에 있어서 예법의 간소화 경향이 그 넷이다.

(1) 전통 상례와 오늘의 상례

전통 사회에서, 죽음은 현세의 영혼이 타계로 옮겨가는 것이라고 믿어졌다(김양희 외, 2009). 상례란, 망자의 죽음을 맞이하여 시신을 갈무리하고 자녀와 가까운 친척들이 모여서 고인을 잃은 슬픔을 토하며 고인을 추모하는 절차이다. 일단 임종을 하고 나면 시신을 병풍 뒤에 모시고 대문에 상중(喪中)임을 표시하는 노란색 등을 달았으며, 마당에 천막을 치고 조문객들에게 음식과 술상을 차려서 함께 나누면서 지냈다.

시신을 갈무리하는 절차로서, 시신이 굳기 전에 반듯하게 바로잡는 수시(收屍), 시신을 씻겨 여러 겹의 수의(壽衣)을 입히고 망자가 저승길을 가면서 쓸 노자(路資)를 드린다는 의미로서 입에 쌀이나 엽전을 물리는 염습(殮襲), 그리고 시신을 관에 안치하는 입관(入棺)이 이어진다. 전통사회에서는 이러한 과정 일체를 상제(喪制)[39]와 집안사람들이 직접 행했었다. 시신의 부패를 방지할 기술이 없던 시절이었으므로 부패하는 냄새를 방지하고자 천으로 겹겹이 싸는 방식을 취했던 것이, 염습의 실질적 이유였을 것이다. 상제들은 슬픔의 징표로서 거칠게 짠 삼베로 지은 상복을 입었고, 영여(靈輿)[40] 및 영구(靈柩)[41]가 상가(喪家)를 떠날 때 상제뿐 아니라 이웃이 함께 줄을 지어 상여 뒤를 따르며 곡을 하는 풍습이 있었다. 오늘에 이르기까지도 영여와 상여(喪輿)로 구분하는데, 영여가 상여 앞에 서는 것은 영혼이 육신에 우선하는 가치를 지니고 있음을 의미한다(김혜선 외, 2007).

---

39) 배우자와 직계비속이 상제(喪制)가 된다(건전가정의례준칙 15조). 이들 중 주(主)가 되는 상제를 상주(常主)라고 하는데, 망자의 배우자나 장자(長子)를 상주로 삼는 것(건전가정의례준칙 15조)이 일반적이다.
40) 영혼이 타는 수레라는 의미로서 신주나 향로 및 영정을 실은 수레인데, 오늘날에는 영정을 사람이 들고 앞장서는 것으로 대신한다.
41) 시신을 누인 관.

　망자를 편안히 모시는 의미에서 좋은 못자리를 찾아내서 매장을 하는 것을 중시하였으며, 그렇게 해야 자손들의 삶이 잘 풀린다고 믿었다. 이러한 믿음은 오늘날까지도 이어지고 있어서, 역대 대통령들의 조상묘가 풍수지리설에 기초할 때 명당이라느니 혹은 명당을 찾아 이장했다느니 하는 소문들이 무성하다. 조선시대엔 상주(喪主)인 자식이 산소 옆에 움막을 지어서 3년 동안 기름진 음식이나 좋은 옷을 취하지 않으면서 산소를 돌보고 부모를 기리는 것 역시, 상례 절차로서 포함되었다. 이는 산소를 죽은 후에 옮겨가는 집으로 여기는 전통적 시선 즉 내세관과 조상숭배의식 및 효도규범을 반영한 것이다. 이처럼 삶과 죽음의 터전은 모두 집이었다. 그래서 집이 아닌 곳에서 죽는 것을 '객사(客死)'라고 하여 예외적이고 불쌍한 죽음으로 간주하였다.

수의(壽衣) 문화

　죽음 후에 입는 옷을 수의라고 한다. 이승에 올 때는 알몸으로 왔지만 떠날 때는 옷 한 벌을 잘 갖춰 입어야 한다는 의식과 무병장수를 꿈꾸는 인간의 욕망이 결합하여, 윤달에 수의를 미리 장만하는 풍습이 생겨났다. 윤달에는 "하늘과 땅의 신이 사람들에 대한 감시를 쉬기 때문에 신의 벌을 피할 수 있다"고 믿어서, 윤달에 이장(移葬)을 하거나 수의를 장만하는 풍습이 전해져 내려왔다(김양희 외, 2009).

　수의는 삼베와 명주를 사용하여 짓는데, 윤년 윤달에 수의를 장만해 두면 무병장수한다고 믿었다. 그래서 자손들이 연로한 부모의 무병장수를 비는 의미에서, 부모 생전에 수의를 미리 장만해 두곤 했다. 오늘날엔 노인들이 자신의 마지막 갈무리를 스스로 하고 떠날 준비를 하는 의미로서 수의를 장만하기도 한다.

　다만 이승을 떠날 때 생전에 가장 좋아했던 옷이나 의미가 있는 옷을 입고 떠나겠다는 사람들이 늘고 있어서, 전통적으로 내려온 수의 문화를 대체할 것으로 기대된다.

오늘날 집에서 삶의 마지막 순간을 맞이하는 사람은 드물다. 대부분 병원에서 죽음을 맞으니, 거의 모두가 객사(客死)를 하는 셈이다. 이러한 변화는 죽음에 이르는 과정 및 사망 선고 등이 의사의 입회하에 이루어질 때 부수되는 편의성과 무관하지 않다. 병원에서 죽음을 맞이한 후엔 다시금 병원의 장례식장에 안치되어 조문기간을 갖는다. 과거와 달리 장례기간이 짧아졌고 시신을 냉동하는 시설이 있으므로 부패를 걱정할 필요는 없으나, 수시와 염습 그리고 입관은 여전히 한국의 전통적 방식을 따르는 경우가 많다. 그런데 이 역시 가족에 의해서가 아니라 염습 전문가 혹은 장례 지도사 등이 대리하여 행하는 것이 일반적이다. 염습을 모두 마친 후 유족들은 망자와 마지막 대면을 하고나서 입관을 하는데, 그 후에 유족들이 상복을 입는다. 상복으로서, 남자들은 검은 양복을 입고 가슴에 상장을 달거나 삼베 두건을 쓰고 팔에 삼베 완장을 두른다. 그리고 여자들은 흰색 혹은 검정색 한복을 입고 머리에 흰 천조각으로 만든 핀을 꽂는다.

한편 조문객은 무채색 옷을 입고 장신구나 진한 화장 및 치장을 하지 않는 것이 통상적 예의로 간주된다. 상을 치르는 측에서 조의금을 사절하지 않는 한, 조문객은 부의금을 낸다. 이는 큰일을 치르는 이웃이 감당해야 하는 경제적 부담을 나눈다는 전통사회의 상부상조 정신을 기본으로 한다. 그런데 평생에 걸쳐서 이웃 공동체로 살아가던 전통 사회와 달리 이동성이 많고 만남과 헤어짐이 빈번한 이익사회(利益社會, Gesellschaft)[42)를 살아가는 현대인들에게, 돌려받을 보장도 없는 부의금 지출은 만만치 않은 부담이다. 물론 부의금의 규모는 망자 및 상제들과의 친분관계

---

42) 독일의 사회학자 퇴니스(Tonnies, 1912)가 공동사회와 이익사회로 나누어 명명하였다. 이익사회란 개인들이 자신의 목적을 달성하기 위해 결합한 사회적 관계를 의미하는 개념으로서, 혈연과 지연 등에 기초하여 상호의존적 생활과 연대감으로 이루어진 공동사회(Gemeinschaft)와 구별된다.

에 따라 조절되는 것이 일반적이지만, "체면치레를 할 만한 수준"이라고 간주되는 부의금 액수 역시 점점 증가하고 있기 때문이다.

조문객으로서 남자는 오른손을 왼손의 위에 겹치고 여자는 왼손을 오른손의 위에 겹쳐서 바닥에 엎드려 두 번 절을 하고 나서 유족에게도 바닥에 엎드려 한 번 절을 하여 조의를 표하는 것이, 성리학적 문화가 지배적이던 조선 중후기 이래로부터 오늘에 이르기까지 이어져오고 있는 조문 문화이다. 그러나 기독교 등 다양한 종교가 보급된 현재, 바닥에 엎드려 망자에게 예를 표하던 방식은 점차 희석되고 그 대신 국화를 한 송이 망자에게 바치고 목례를 하는 방식이 점차 늘고 있다. 이는 조문객이 올 때마다 매번 바닥에 엎드려 예를 나눠야 하는 상주의 어려움을 배려하는 의미도 있다. 이때 국화는 향기가 망자에게 닿도록 한다는 의미에서, 꽃이 영정 쪽을 향하게 놓는 것이 원칙이다.

발인제란 시신이 장지로 떠나기 직전에 지내는 제사이다. 임종 시각이 자정에 가까워서 시신을 갈무리하고 조문을 받을 수 있는 시간적 여유가 부족하다고 여겨지거나 멀리 사는 자손이 도착하기까지 기다려야 하는 등의 부득이한 경우를 제외하면, 대개의 경우 장일은 사망한 날로부터 3일째 되는 날로 삼는다. 유족들의 직장 근무나 학교일정 그리고 장례식장 대여비와 필요인력으로 인한 경제적 부담 등을 고려하여, 대부분의 경우 3-5일장을 넘지 않는다. 발인제 후 운구의 행렬은, 명정, 영정, 영구, 상제, 조문객의 순서를 따르게 되어있다(건전가정의례준칙 17조). 건전가정의례준칙에는 부모와 조부모 및 배우자의 상기(喪期)를 100일까지로 하고 그 외에는 장일까지로 정하고 있으나, 이 역시 가족마다 다양하게 택하고 있다.

오늘날의 상례는 전문기관에 의뢰하여 치러지므로, 가족의 역할과 기능은 축소되었다. 그런데 다양한 종교가 공존하는 사회이므로, 상례 절차 역시 망자와 유족이 속한 종교에 따라 다양하다. 천주교에서는 수시 후에 시신의 양손에 묵주나 십자가상을 쥐어주고, 연도 – 연옥에 있는 영혼을 위한 기도 – 를 올리는 전례의식을 치른다. 연도란 세상을 떠난 이들을 위해 바치는 위령기도(慰靈祈禱)를 한국 전통의 창(唱) 음률로 부르는 것으로서, 한국식 문화에 천주교를 접목한 형태로 만들어졌다. 또한 성당에서 위령미사를 올림으로써 망자를 애도하는 의례를 치른다. 개신교에서는 분향 대신 영전에 꽃 한 송이씩 바치고, 목사의 주도하에 찬송과 예배로 이루어진 기도식을 갖는다. 반면 불교에서는, 영결식을 '다비식'이라고 하고 7일마다 제단에 음식을 차려놓고 유족들이 절을 하는 제사를 총 7번 지내며 7번째 제사일인 49일째에 천도제를 지내면서 탈상을 한다. 그런데 개인별 종교의 자유를 수용하는 추세로 가고 있는 오늘날, 한 가족 내에도 구성원들의 종교가 다양한 경우가 많다. 그래서 상례 절차를 복합적으로 치르는 경우도 적지 않고, 혹은 종교가 상이한 유족들 사이에 상례 방식을 놓고 갈등이 발생하기도 한다.

민주 씨네 부친상

얼마 전 부친상을 치른 민주 씨네. 큰딸인 민주 씨는 성당에 다니고 작은딸은 교회에 다니며 아들은 아무 종교도 없다. 반면 어머니는 절에 다니시고, 돌아가신 아버지는 생전에 유교식으로 집에서 제사를 모시는 것을 중시하셨다.

부친상을 치르면서 자녀들은 영정을 모셔놓은 상에 떡과 과일 등의 제사음식을 차리고 제주잔을 올려놓았으며, 또한 국화를 바칠 수 있도록 준비해 놓았다. 조문객이 영정에 엎드려 절하고 유족들에게도 엎드려 절하면 유족들도 엎드려 맞절로 맞았고, 국화를 바치면서 서서 고개를 숙이는 조문객에겐 유족들도 서서 고개를 숙이는 방식으로 조문을 받았다.

발인일엔 막내이자 장남인 아들과 혼인한 지 얼마 되지 않은 며느리가 주관을 하고 딸들은 뒤에 서서 보조하는, 유교식 발인제를 올렸다. 딸들의 입장에선 마음에 들지 않는 방식이었으나, 불만을 입에 담지는 않았다. 민주 씨는 발인 후 아버지를 위한 위령미사를 성당에서 올렸다. 그리고 형제자매들은 고인의 위패를 절에 모신 후 7일마다 한 번씩 7번에 걸쳐서 제사를 올리고 49일째에 천도제를 올리면서 탈상을 하였다.

가족들 간 종교 차이로 인해, 상례 방식을 놓고 불만과 갈등이 폭발하는 경우도 드물지 않다. 민주 씨네의 경우엔, 상례 방식을 놓고 자신의 종교적 관점을 크게 주장하는 사람이 없었으므로 갈등이 표면화되지는 않았다. 그 대신 유교식과 천주교식 그리고 불교식을 섞어서 여러 차례에 걸쳐 상례를 행하는 방식으로 절충하였다.

3) 매장과 화장, 그리고 자연장

우리 사회는 풍수지리설과 더불어 좋은 묫자리에 조상을 모시면 자손들이 잘 된다는 믿음을 지녀왔으므로, 전통적으로 매장이 선호되었다. 그러나 도시화로 인해 자손들이 서로 멀리 떨어져서 살아가는 오늘날, 성묘와 벌초 등 묘 돌보기는 점점 힘들어지고 있다. 더구나 소자녀화되었고 이동성이 증가한 사회에서 후손들이 영원히 묘지를 돌볼 것이라는 기대를 할 수 없는 것이 현실이고, 묘지의 국토잠식 문제 역시 심각하다(이여봉, 2017a). 한편 장사 등에 관한 법률 시행령(2001)에 따르면, 2001년 후에 만들어진 묘지는 60년 이상 유지될 수 없다. 이는 묘지의 국토 잠식 문제가 심각해진 데 따른 조치이다.

불교에서도 "죽음 후엔 완전히 무(無)로 돌아간다"는 의미에서 화장(火葬)을 실시해 왔으므로, 우리 사회에서 화장의 역사는 짧지 않다. 특히 1990년대 후반부터 화장 문화가 확산되기 시작했고 그 비율이 지속적으로 높아져서, 2005년 화장률이 52.6%로서 매장률을 앞선 이래

2020년의 화장률은 89.9%에 달한다(보건복지부, 2021).

　화장된 유골분은 주로 납골묘나 납골당에 안치되는 것이 일반적이다. 1990년부터 본격화된 화장 장려정책과 더불어서, 옥외 납골묘나 납골당 외에도 영혼이 자유롭게 왕래할 수 있도록 한다는 의미에서 천공형 건물이 설계되고 혹은 건물 내부에 사이버 추모시설을 설치하는 등 봉안시설이 다양화되고 있다. 그런데 납골묘나 납골당은 차지하는 면적이 상대적으로 좁아서 국토를 잠식하는 속도가 상대적으로 느리지만, 대리석 등의 석조물로 장식되어서 그대로 두면 장기적으로 남아있게 될 가능성이 높으므로 궁극적으로는 오히려 더 많은 토지를 차지하게 될 것이다. 그래서 봉안시설을 사용할 수 있는 기간 역시 제한될 수밖에 없다.

　죽음을 자연으로의 회귀로 여기는 시각에 입각하여 보면, 대리석 등으로 장식하여 이승에 부속물들을 남겨두는 것이 오히려 완벽한 자연으로의 귀환을 방해한다는 논리가 성립된다. 또한 삼림 파괴 및 자연환경 훼손을 최소화하고 산 자와 죽은 자 그리고 인간과 자연이 공존할 수 있는 장묘문화를 확산시켜야 한다는 목소리(계선자 외, 2009)가 힘을 얻고 있다. 시신을 화장한 후 골분을 항아리에 담아서 오래 보존하는 납골묘나 납골당과 달리, 골분이 자연으로 돌아가도록 하는 소멸성 장례법이 자연장(自然葬)이다. 이는 유골 항아리 대신 자연분해용기를 사용하거나, 혹은 유골가루를 그대로 흙과 섞어서 묻는 방안이다. 특히 시신을 톱밥으로 만든 관에 넣어 급속히 냉동한 후 진공상태에서 기계로 진동을 가하여 분쇄하고, 나무의 성장에 해로운 금속성분을 걸러낸 후 건조된 골분만 녹밀상자에 넣어 땅에 묻어서 1년 이내에 완벽하게 흙으로 돌아가게 하는 방법을 빙장(氷藏)이라고 한다(이여봉, 2017a).

　현재로서는 자연장이 가장 친환경적인 장묘법으로 알려져 있다. 특히 유골분을 자연분해 용기에 담아 수목장림(壽木葬林)으로 정해진 곳의 나무 밑이나 꽃밭에 묻고 고인을 기리는 작은 표시를 하는 방식이 확산되고 있다. 이 경우 추모목을 사용할 수 있는 기간이 최장 60년 이다(장사 등에 관한 법률 시행령). 한편 골분을 허가받은 꽃밭이나 잔디 등에 흩뿌리고 개인표식을 하지 않는 산골(散骨) 역시 또 하나의 자연장이지만, 자손들에게 자신의 흔적을 남기고 싶은 망자의 욕구 그리고 망자를 추억할 만한 장소를 보존하고 싶어 하는 자손들의 정서에 반하므로 우리 사회에 보편화되기까지는 시간이 걸릴 것이다(이여봉, 2017a).

4) 제례

원시사회에서는 주술 형식으로 그리고 문명사회에서는 종교 형식으로, 제례를 치러왔다(계선자 외, 2009). 특히 유교를 중심으로 하되 혈연으로 엮인 친족들이 모여 살던 시절의 제례는, 친족들이 함께 모여서 조상을 기리고 "우리는 하나"라는 정체성을 다져서 단합을 도모하는 계기, 즉 부계 중심의 집단주의를 강화하고 힘을 과시하는 행사였다. 이는 조선 중기 이후의 성리학적 전통이다.

더 이상 토지를 중심으로 모여 살지 않는 오늘날, 제사를 중심으로 친족들이 모여서 단합을 도모하는 것은 쉽지 않다. 그럼에도 불구하고 장남 위주로 부모부양과 재산상속 및 봉제사를 행해 오던 조선시대의 전통은 이어지고 있어서, 제사를 장남의 가정에서 주도하는 것이 일반적이다. 오늘날의 제례는, 평상시에 모이기 쉽지 않았던 가족구성원들이 함께 모여서 가족으로 엮인 특별한 인연을 상기하고 그러한 인연의 고리가 되어주었던 부모와 조부모를 기리면서 화목을 도모한다는 의미를 지닌다.

차례와 제례에 관한
'건전가정의례의 정착 및 지원에 관한 법률'

가정의례에서 허례허식을 없애고 절차를 합리화함으로써 낭비를 억제하고 건전한 사회 기풍을 조성하기 위한 목적에서, 대통령령에 다음의 내용들을 명시하여 현재에 이르고 있다.

1. "차례는 매년 명절 아침에 맏손자의 가정에서 지낸다."
2. "기제사는 매년 조상이 사망한 날에 제주의 가정에서 지낸다."
3. "기제사의 대상은 제주로부터 2대조까지로 한다."
4. "주상(主喪)은 배우자나 장자가 된다. 사망자의 자손이 없는 경우에는 최근친자가 상례를 주관한다."

이는 먼 조상까지 차례와 제례를 챙기는 번거로움과 비용을 줄이게 하려는 의도에서 마련된 것이지만, 국가가 가부장적 문화를 강요하고 개인의 자유를 침해한다는 비판에서 자유롭지 않다. 부계 승계의 원칙을 명시하고 있으므로 성차별적이고, 장자 중심으로 제례를 치르는 것을 명시하고 있으므로 장자의 부담을 당연시한다는 것이다. 게다가 해당 법의 준수 여부에 따르는 행정행위가 없어서, 실효성이 크지 않다는 점 또한 지적되고 있다.

오늘날 제사를 집 대신 성당 혹은 절로 옮기거나, 합제(合祭)하여 제사의 횟수를 줄이는 가정이 급격히 늘고 있다. 혹은 정보화 시대에 발맞추어서 온라인으로 제사를 지내는 집도 늘고 있다. 이처럼 자발적으로 제사 문화의 간소화가 진행되고 있는 상황에서, 제례에 관한 상기 법률은 시대착오적이라는 비판으로부터 자유롭지 않다.

(1) 제사의 형식과 의미

위인이 많이 배출된 명가(名家)에서는, 종손과 종부가 주축이 되고 친족들이 모여서 전통적인 방식으로 조상을 기리는 행사를 치러오고 있다. 그리고 개신교 등 특정 종교를 가진 경우를 제외한 일반 가정에서도, 제사를 지내는 경우가 여전히 많다. 이는 망자를 가족의 일원으로서 기억하며 사후 세계를 인정한다는 의미이다(김양희 외, 2009).

우선 발인일로부터 3일째에 제수를 올리고 곡을 하는 삼우제, 49일째 되는 날 행하는 49제 그리고 100일째 되는 날 행하는 백일제 등이 있다. 요즘은 49제나 백일제를 계기로 삼아 탈상을 하는 것이 보편적이다. 그러나 탈상 후에도 기제사는 매년 고인이 사망하기 전날 혹은 사망한 날 해가 진 뒤에 지내고, 차례는 설과 추석 등 명절 아침에 지낸다. 한편 묘제란 조상의 묘소에 가서 지내는 제사로서, 한식과 단오 및 추석에 지낸다.

• 제사상 차림

제사상을 북쪽에 놓는 것은, 죽음을 "북망산천(北邙山川)을 건넌다"고 표현하는 바와 같이 북쪽을 죽은 자가 계시는 곳으로 여겼기 때문이다. 고인의 함자를 쓴 지방(紙榜)이나 위패(位牌) 혹은 고인의 사진을 중심에 놓고 고인께 대접하고자 하는 음식을 차리는 것이, 제사상 차림의 기본으로 여겨진다. 지방은 위쪽을 둥글게 하거나 지붕 모양으로 만들고 아래를 평평하게 만드는데, 이는 "하늘은 둥글고 땅은 평평하다"는 의미이다(계선자 외, 2009). 위패와 사진은 보관해 두지만, 지방은 제사 전에 쓰고 제사 후에는 소각하는 것을 원칙으로 한다. 한편 축문(祝文)이란, 제례를 받는 조상께 제사를 지내는 이유와 감회 그리고 마련한 제수 즉 음식을 권하는 내용의 글이다(이정우 외, 2008). 오늘날 과거와 같은 형식의 축문을 읽는 집은 드물고, 그 대신 제주가 자손들의 소식을 알리고 감사인사를 올리는 것으로 대신한다.

흰쌀밥(메)과 쇠고기무국(탕), 포, 꼬리가 갈라지지 않은 생선으로 만든 찜, 육적, 부침적, 삼색전, 삼색나물, 물김치, 간장, 사과, 배, 감, 곶

감, 대추, 밤, 약과, 식혜 그리고 산자 등을 기본적인 제사음식으로 여겨
왔다. 그리고 설 차례상에는 밥 대신 떡국을 올리고, 추석 차례상엔 송
편을 더한다. 고인의 위패 가까이에는 식사와 반찬에 해당하는 음식을
올리고 후식에 해당하는 음식은 멀리 놓는 것을 기본으로 한다. 또한
향로를 놓아 향을 켜고, 제주(祭酒)로서 쌀로 빚은 전통주를 쓰는 것이
일반적이다.

제사상 차림에 관한 다음의 규칙들이 일반에 전해 내려오고 있다: ①
홍동백서(紅東白西) 즉 사과와 대추는 동쪽에 놓고 밤과 배는 서쪽에 놓
는다, ②조율이시(棗栗梨柿) 즉 왼쪽부터 대추, 밤, 감, 배의 순서로 놓
는다, ③서반동갱(西飯東羹)은 밥을 서쪽에 놓고 국은 동쪽에 놓는다는
의미로서, 산 자를 위한 상차림에서 국을 오른편에 놓아주는 것과는 반
대이다, ④어동육서(魚東肉西) 즉 생선은 동쪽에 놓고 고기는 서쪽에 놓
는다, 그리고 ⑤좌포우혜(左脯右醯)란 포는 왼쪽에 식혜는 오른쪽에 놓
으라는 의미이다(계선자 외, 2009). 그러나 제사상에 놓는 음식의 종류나
위치 등에 관한 규칙들이 전통 사회의 어느 시점부터 전해져 왔다는 식
의 근거는 없다. 또한 상기 열거된 음식들 각각 나름의 의미를 지닌다
기보다는, 식재료가 넉넉지 않던 시절에 구할 수 있는 모든 음식을 차
려서 망자를 대접하고자 했던 의도로 해석함이 마땅하다. 오히려 제례
는 차와 과일만 대접하는 것을 전통으로 한다는 명가도 있고, 최근 코
로나 확산에 직면하여 퇴계 종가에서는 줌(ZOOM)을 활용한 온라인 제
례를 천명하기도 했다. 이처럼 제례의 복잡한 절차로 인해 자손들의 관
계가 훼손되는 것보다는, 현실에 맞는 방식으로 자손들이 화목하게 망
자를 기억할 수 있는 방안을 찾는 것이 더 중요하다. 제례음식의 상차
림 역시 고정불변일 수는 없다.

(2) 제례 문화의 지향

고려시대의 재산상속은 장자와 차자 및 아들과 딸의 구분 없이 균등하게 배분되고 제사는 분할봉사 혹은 윤회 봉사하는 것을 원칙으로 했었다. 또한 고려시대의 제사는 불교를 중심으로 하여 절에서 행하는 것이 일반적이었다. 오늘날 전통 제례라고 여겨지는 것은, 조선 중기 이후부터 내려오는 유교적 방식이다. 이는 부계 위주의 가부장성을 강화시키고 집단적 결속을 도모하는 기능을 지녔다. 그래서 여자들의 역할이란 시가의 제사음식을 준비하는 데까지였을 뿐, 친정과 시가 중 어느 편의 제사에도 직접 참여할 수는 없었다.

오늘날 제사의 방식이 다양해지고 있는 것은, 맞벌이 가정의 증가와 소자녀화 및 친족제도의 약화뿐 아니라 종교의 다양화 및 전통과 현대적 가치관의 혼재 그리고 남아선호사상의 약화 등으로 인함이다. 또한 가족구성원들 간 제사 방식과 관련된 가족 갈등이 드물지 않은데, 그 구체적 이유는 다양하다. 우선 첫째, 평균 수명이 길어져서 연령대가 다른 가족구성원들이 함께 동시대를 살아가는 기간이 장기화된 오늘날, 성과 세대가 다른 가족구성원들 간에는 제례를 바라보는 시각에 있어서 차이가 많기 때문이다. 나이 든 세대가 전통 제례에 익숙해져 있고 당연한 의무라고 여기는 반면, 젊은 세대는 불필요하고 불편한 절차라고 생각하는 경향이 있다. 특히 제사 및 명절 상차림을 위해 장시간 강도 높은 노동을 하는 여성들에게, 기일 및 명절은 시가 및 남편에 대한 불만이 고조되는 계기를 제공한다. 둘째, 다양한 종교가 공존하는 오늘날 서로 다른 종교를 믿는 사람들이 결혼으로 엮여져 살아가는 경우 제례를 둘러싼 의견 차이가 크다. 예를 들면, 전통 제례를 지내 온 집안의 남자와 결혼한 개신교 여성은 이로 인해 갈등을 겪을 가능성이 높다.

그리고 셋째, 친척들이 한 마을에 모여 살며 상호작용이 많던 과거와 달리 평소에는 멀리 떨어져 지내다가 제례를 계기로 오랜만에 한 번씩 모이게 되면, 제사모임을 계기로 하여 묵혀두었던 갈등이 표면화되어 감정의 골이 깊어지는 경우가 많다.

　제례의 본질은 돌아가신 조상을 추모하는 것이 그 하나이고, 기일 및 명절에라도 자손들이 모여서 우의를 다지도록 하는 것이 그 둘이다. 따라서 제례는 이러한 본질적 의미를 지키되, 형식은 가족구성원들 간의 다양성과 상황에 맞춰서 융통성 있게 절충하여 모두가 편안한 마음으로 참석할 수 있도록 변화시킬 필요가 있다. 다만 변화는 가족 및 친족 구성원들 간의 활발한 의사소통을 통해, 서로의 다른 입장을 이해하고 타협하여 절충안을 찾아가는 방식으로 이루어져야 한다. 그런데 개별 가족의 특수성과 상관없이 공통적으로 다음의 요건들을 지키는 것이 핵심이다. 우선 첫째, 제례음식과 관련하여 전통적 획일성에 매이지 말고 융통성을 발휘해야 한다. 특히 음식 준비를 여성들에게만 전담시키지 않도록 하고, 과도한 음식준비를 지양하며, 우발적 분쟁을 예방하도록 과음을 막아야 한다. 둘째, 오랜만에 모인 구성원들 간 소통상의 예의를 갖출 필요가 있다. 즉 다른 사람의 가치관을 존중하고, 특히 종교나 정치 등을 주제로 논쟁하지 않도록 하며, 격려와 칭찬 등의 긍정적 이야기를 나누도록 노력해야 한다. 셋째, 차례 등 명절 제사로 인해 모일 경우 남성들 중심의 고스톱과 같은 내기 문화를 지양하고 남녀노소가 모두 참여해서 가족 추억을 만들거나 혹은 서로 선물을 나눠 갖거나 성장기의 아이들에게 상을 주는 놀이 문화를 만들어갈 필요가 있다. 그리고 넷째, 명절을 계기로 하여 평소보다 많이 차린 음식을 소외된 주변과 함께 나누는 방식을 고민해 볼 필요가 있다. 그럼으로써, 가족 및 친족의 울타리를 열어서 정을 나누는 전통을 되살리고 나눔의 문화를 확산시키는 계기로 삼을 수 있다.

5. 백일과 첫돌 그리고 수연례

백일과 첫돌 그리고 수연례는 공통적으로 '살아남아서 일정한 연령을 맞게 됨'을 기념하고 축하하는 의례이다. 위생시설 및 의료기술이 발달하지 못해서 인간의 수명이 길지 않았던 과거에, 이러한 의례는 매우 중요한 의미를 지녔다. 백일과 첫돌은 살아남아서 어른이 될 가능성이 높아졌음을 축하하는 의식이고, 수연례는 60세 혹은 그 이상의 연령대에 이르기까지의 건강한 장수를 축하하며 연륜에서 우러나는 지혜를 존경하는 의례였다.

1) 백일과 돌

백일잔치와 돌잔치를 하는 전통은, 위생시설이 발달하지 않았고 홍역과 백일해 등의 전염병을 치료할 의료기술이 발달하지 않아서 영유아 사망률이 높았던 바와 연관된다. 태어난 아이가 성인이 될 때까지 살아남는 비율이 낮았던 시절, 태어나서 백일을 맞았다는 것은 건강하게 성장할 가능성이 높아졌다는 의미였다. 뿐만 아니라 첫돌 무렵부터 걸음을 떼기 시작하는 경우가 많아서, 스스로 몸을 움직여 이동할 수 있게 되었다는 의미이니 이 또한 기념할 일이었다. 그래서 잡귀를 쫓는다고 믿었던 수수와 팥으로 경단을 만들어 상에 올려주고 백설기를 만들어 이웃에 돌리면서 아기의 무사함을 축하하고 앞날을 기원했다. 또한 돌상에 얹어 놓은 여러 물건들 중 아기가 제일 먼저 잡는 물건을 기준으로 하여 장래를 점치는 풍습이 있었다(계선자 외, 2009). 이를 돌잡이라고 부르며,

오늘날에도 흔히 치르는 절차이다.

의료기술과 위생시설이 고도로 발달한 오늘날, 대부분의 아기가 무사히 백일과 첫돌을 맞는다. 그러니 백일과 첫돌은 더 이상 크게 잔치를 벌일 만한 계기라고 볼 수 없다. 그럼에도 불구하고 백일과 첫돌 잔치는, 환갑 등의 수연례를 자제하는 움직임과는 상반되게, 점점 더 성대하게 치러지는 추세이다. 아기뿐 아니라 부모까지 화려하게 성장(盛裝)을 하고, 손님들을 초대하여 축의금 부담을 안기면서 자축연을 여는 일이 다반사이다. 모든 부모에게 자식만큼 소중한 것은 없고, 특히 소자녀 시대의 한두 명뿐인 자식은 더 특별하게 여겨지기 때문일 것이다. 그러나 그 특별함은 자신들 안에 간직할 일이지 주변 사람들에게까지 강요할 일은 아니다.

2) 수연례

수명이 길지 않던 과거에는, 60세에 이르기까지 건강하게 사는 것이 흔하지 않았다. 그리고 사회변화가 빠르지 않았던 농경사회에서, 긴 세월 동안 쌓여온 삶의 경험과 시행착오를 통해 터득된 노인의 지혜는 후속 세대에게 가르침으로서 전수될 만했다. 따라서 건강하게 60세 이후의 생일을 맞는 것은 크게 축하받을 일이었다. 60세 이후의 생일을 기념하기 위해 행하는 의례를 수연례라고 부른다.

고려 충렬왕 때 61세(환갑, 만 60세)를 기념하기 시작했다고 전해지는데, 특히 조선 영조 때부터 이를 권장했으며 1969년에 가정의례준칙에 포함되었다(계선자 외, 2009). 한국사회에는 전통적으로 태어나는 해부터 한 살이라고 부르는 관습이 있고, 이를 '세는 나이'라고 하여 '만 나이'와 구별한다. 그에 준하여, '세는 나이'로 60세를 육순(六旬), 61세를 환갑(環甲) 혹은 회갑(回甲)이라고 하고 62세를 진갑(進甲)이라고 부른다. 또한 66세를 미수(美壽), 70세를 칠순(七旬), 77세를 희수(喜壽), 80세를 팔순(八旬), 88세를 미수(米壽), 90세를 구순(九旬), 그리고 99세를 백수(白壽)라고 한다(계선자 외, 2009). 수연례는 자손이 부모님께 절을 하고 술을 올리는 헌수(獻壽)와 손님들을 대접하는 연회로 치러지는 것이 일반적이다.

한편 결혼한 지 60년이 되도록 부부가 함께 해로하였음을 기념하여 자손이 잔치를 해드리는 것을, 회혼례라고 한다. 오늘날은 평균수명이 길어진 대신 옛날에 비해 결혼을 하는 나이가 늦어진 데다 결혼의 안정성 또한 약화되었으므로 회혼을 맞는 부부는 드물기 때문에, 더욱 축하받을 만한 계기이다. 그래서 수연례 중 하나로서 회혼례를 포함하기도 한다.

이제 60세 이후에도 수십 년의 여명을 기대하며 살아간다. 게다가 과거와 달리, 환갑을 맞았다고 해도 자녀의 뒤로 물러나 한가로이 여생을 보낼 수 있는 시대도 아니다. 교육기간이 길어지고 결혼연령이 늦어졌으므로, 60대가 되어도 여전히 자녀를 위한 실질적 양육이 끝나지 않은 채 허덕이는 경우가 많기 때문이다. 그래서 환갑은 기념여행을 가는 식으로 대체하는 문화가 확산되고 있다. 그 이후의 생일 역시 가족과 자손들만의 모임으로 치르는 등 간소화되고 있다.

오늘날 수연례의 형식이 간소화되는 추세라고 해서, '나이 듦'이 당사자에게 주는 감회까지 가벼워진 것은 아니다. 연령차별주의가 존재하는 사회 속에 살아가는 오늘의 노인들이 "더 이상 젊지 않음"으로 인해 느끼는 상실감은 만만치 않다. 따라서 수연례라는 형식보다 훨씬 더 중요한 것은, 지난 세월 동안의 직업과 가족역할로부터의 은퇴를 상실로서가 아니라 새로운 삶의 기회로 삼으려는 노력이다. "해야 하는" 역할이 아니라 "스스로 하고 싶은" 역할을 찾아 활동하는 것이 필요하다. 취미를 찾아서 즐기든지 혹은 새로운 일을 찾아 나서든지, 선택은 당사자의 몫이고 주어진 상황과 건강상태에 따라 다를 수 있다. 그러나 당사자와 가족이 잊지 말아야 할 것은, 노년의 일이 가족을 위한 또 하나의 희생이 되어서는 안 되고 당사자의 삶이 중심이 되어야 한다는 점이다. 그리고 그 과정에서, 가족은 지속적이고 적극적인 의논상대이자 정서적 지원의 주체여야 한다.

V

다양성의 시대와 가족문화

21세기 한국 가족과 문화:
과거와 현재 그리고 미래의 화해

13장
다양하게 만나고, 다양하게 헤어지기

1. 이성교제와 결혼 문화의 변화

1) 한국사회에서의 낭만적 사랑과 핵가족 규범

우리 사회는 오랜 세월 동안 일정한 연령에 이르면 혼인을 하고 아이를 낳아 키우며 살아가는 것을 당연시해 왔다. 그래서 특정 연령대를 결혼 적령기라고 부르며, 해당 시점을 전후해서 배우자감을 찾고 결혼하는 것을 정상적인 삶이자 어른 됨의 수순인 것으로 여겼다. 한편 이성 간의 성적 이끌림 혹은 정서적 친밀감을 법적 혼인으로 연결하는 문화가 자리를 잡은 것은 서구의 시민혁명 이후로서, 낭만주의 시대에 이르러서 성과 사랑과 결혼이라는 삼박자가 비로소 합치를 이루었다고 평가된다. 그 이래로 "사랑하는 사람과 결혼하고 배우자와의 성관계를 통해 자녀를 낳아 모성애로 키운다"는 것은 이상적 가족의 전형으로서 여겨졌다. 탈근대에 들어서면서, 그와 같은 결혼 도식에 균열이 생기고 있다.

한반도에서는 서구의 근대와 동시대였던 조선 중기에, 성리학이 도입되면서 오히려 가부장적 규범이 강력해지고 부모가 정해주는 혼처를 받아들여서 혼인을 하는 규범이 자리를 잡았다. 따라서 우리 사회의 결혼에 낭만적 사랑이 도입되기까지는 이후로도 긴 세월을 필요로 했다. 일제 강점기 동안 유학파 남성과 신여성[43] 간 낭만적 사랑을 이상시 하는 문화가 도입되었으나, 부모가 정해줘서 결혼한 아내가 고향에서 부모를 부양하며 기다리는 경우가 많았으므로 이들의 낭만적 사랑이 법적 혼인으로 이어지기는 쉽지 않았다. 한국전쟁 이후 급격한 산업화와 도시화를 겪으면서, 한국에서도 사랑하는 사람과 결혼하여 자녀를 낳아 키운다는 서구식 핵가족 규범이 비로소 안정되었다.

2) 성과 사랑과 결혼의 관계변화

20세기 말부터 21세기에 들어서면서, 성과 사랑과 결혼이라는 삼자 간의 연결고리에 다시금 균열이 생기고 있다. 이성 간의 교제를 결혼의 전 단계로서 한정하지 않고, 법적 결혼과 별개로 연결망을 넓히는 활동으로 여기는 인식이 확대되고 있다(김양희 외, 2009). 휴대폰과 SNS 등 정보화 기기를 통한 만남과 교제가 활발히 이루어지면서, 이성교제가 개인적 욕구 충족의 수단이라는 무책임한 행태로 확대되고 있다는 우려도 제기된다(김양희 외, 2009).

과거의 성이 결혼 안에 완전히 갇혀 있었다고 장담할 수는 없지만 규범으로나마 강력하게 명시되어 규제되었던 반면, 오늘날엔 혼인연령이 늦어지면서 "사랑한다면 혼전에도 성관계를 할 수 있다"는 주장이 젊은 층 사이에서 공공연히 제기되고, 연인관계를 시작하고 나서 첫 성관계를 하는 시점까지의 기간도 짧아지는 추세이다. 피임기술이 발달했으므

---

43) 신여성(modern girl)이란 여성에게도 중·고등 교육 기회가 주어지기 시작했던 초기에 교육을 받은 식자층 여성을 가리켰던 호칭이다. 우리나라에서 일제 강점기에 등장했던 명칭으로서, 이들은 당시로서는 새로운 가치와 태도를 추구하는 존재로 간주되었다.

로 임신을 통제할 수 있는 시대이고, 혼외 성관계 및 혼외 임신에 대한 시선이 과거에 비해 너그러워진 것도 사실이다. 이처럼 성욕을 가정 안에서만 해소할 수 있던 시대가 아닌 오늘날, 결혼을 해야만 할 이유는 점점 감소하고 있다.

인공수정을 통해서, 성도 사랑도 결혼도 배제한 채 '부모 되기'만 선택하겠다는 주장이 당당히 제기되고 있다. 2008년에 방송인 허수경이 그리고 12년 후인 2020년에 연예인 사유리가, 비혼(非婚)인 채로 정자 기증을 통해 자녀를 낳았다. 그런데 2020년의 비혼 출산을 바라보는 사회적 시선은 2008년에 비해 훨씬 수용적으로 변화되었음이 관찰된다. 미혼모 및 미혼부에 대한 지원을 강화해야 한다는 주장 역시 힘을 얻고 있다. 이러한 주장은 저출산 문제에 대한 해결책과 맞물려 있기는 하지만, 성애와 '부모 되기'를 더 이상 결혼관계 안에 가둬둘 수 없음을 인정하자는 의미이기도 하다. 이러한 예들은 성과 출산을 결혼 안에 묶어두었던 문화적 틀에 균열이 일어나고 있음을 시사한다.

여성가족부가 주관한 <2020 가족실태조사>에서, 20대 연령층의 절반가량이 비혼 독신(53%)과 비혼 동거(46.6%) 및 무자녀(52.5%)에 동의하는 것으로 나타났다(여성가족부, 2021). 물론 젊은 세대일수록 결혼관련 가치관의 변화가 두드러지지만, 전 연령층을 대상으로 하더라도 비혼 독신에 34.0%, 비혼 동거에 26.0%가 동의하고 무자녀에 28.3%가 동의하며 비혼 출산에도 15.4%가 동의하는 것으로 나타났다(여성가족부, 2021). 이는 2015년에 비해, 비혼 독신에 동의하는 비율은 1.6% 포인트, 비혼 동서에 동의하는 비율은 4.9% 포인트, 무자녀에 동의하는 비율은 7.0% 포인트, 그리고 비혼 출산에 허용적인 비율은 5.9% 포인트나 증가한 결과이다(여성가족부, 2016, 2021). 이러한 인식의 변화는 성과 결혼과 출산의 삼박자를 고루 감당하기 힘들어지고 있는 사회적 상황이, 결혼과 출산을 지레 포기하고 대안적 삶을 선택하도록 하는 데 기인한다.

3) 만혼, 비혼, 그리고 연상녀와 연하남의 조합

불황이 지속되면서 취업에 어려움을 겪고 독립된 거주지를 마련하기 힘든 젊은이들이, 결혼에 대한 엄두를 내지 못한 채 부모로부터의 독립을 미루고 있다. 그런데 결혼을 미루는 경향은 사회경제적 성취를 이룬 젊은이들의 경우도 마찬가지이다. 특히 여성들은 출산 및 육아로 이어지는 결혼생활이 자신의 경력 관리에 부담이 될 것이라는 우려와 더불어 시가(媤家)와의 관계 맺음에 대한 부담으로 인해, 결혼을 주저한다. 이처럼 결혼이 주는 구속을 피하고 자유로움을 취하고자 하는 선택이 잠정적이든 영구적이든 비혼 결정으로 이어지는 경향이, 젊은 세대 사이에선 문화적 현상이 되고 있다. 이러한 추세는 노부모와 미혼의 성인 자녀가 함께 살아가는 가족의 증가뿐 아니라 비혼의 1인 가구 증가로 연결된다. 그리고 비혼자들끼리 어울리면서 생활의 필요를 서로 도와서 해결하는 공동체 문화의 확산으로도 이어지고 있다.

양 배우자 간 연령 차이가 다양해지는 것이, 또 하나의 추세이다. 나이 든 신부가 꼬마신랑을 등에 업고 다니며 키웠다는 조선 중·후기를 지나고 난 이후로, 긴 세월 동안 신랑의 연령이 신부보다 몇 살 정도 많은 조합을 당연시해 왔다. 오늘날도 중매혼의 경우엔 신랑이 몇 살 연상인 경우가 대부분이다. 그러나 연애혼의 경우엔 연령 차이가 다양해지고, 연상녀와 연하남의 조합이 늘고 있다. 이러한 연령조합의 다양성은, 현재의 2030세대가 태어날 당시의 아들 선호 및 성별 낙태로 인해 오늘날 결혼 적령기 인구의 성비(sex ratio)[44]가 낮아졌기 때문이기도

하다. 즉 결혼 적령기 여성의 수가 남성에 비해 부족하기 때문에, 연령 조합이 다양해질 수밖에 없어진 것이다. 한편 경제력을 갖춘 여성들은 더 이상 아버지나 오빠처럼 자신을 보호해주고 자신이 의지할 만한 상대보다는 편한 친구 같은 상대를 찾고, 평생고용이 보장되지 않는 시대를 맞은 남성들은 자신이 보호해야 할 의존적 아내보다는 오히려 자신이 기댈 수 있는 어머니나 누나 같은 아내를 원하기 때문일 수도 있다. 이는 남성 혼자서 가족을 부양할 만큼 충분한 소득을 확보하기 힘들어진 사회적 상황과 연관될 뿐 아니라, 가부장적 사고가 완화되고 평등주의적으로 변화하는 문화적 경향과도 무관하지 않다.

2. 가족구성의 다양화

국민 10명 중 7명은 혼인이나 혈연이 아니어도 생계나 주거를 공유하면 가족으로 여긴다는 설문조사 결과가 나왔다(아시아경제, 2021. 4. 27.). 이를 반영하여 여성가족부는 4차 건강가정기본계획(2021년 – 2025년)에서, 혼외 동거 커플에게도 합법적 가족에 준하는 대우를 보장하도록 건강가정기본법을 개정하기로 하였다(여성가족부, 2021. 4. 27.). 또한 민법 779조에 규정된 가족 범위를 삭제하여 법적 가족 개념에 제한을 두지 않는 안을 가지고 법무부와 협의하겠다고 발표하였다(여성가족부, 2021. 4. 27.). 그런데 가족 범위 삭제와 관련된 민법 개정 의견은, 논란

---

44) 성비란 특정 집단 내에서의 성별의 비율이다. 여성 100명당 남성의 수로 계산하는데, 100을 넘으면 남성이 상대적으로 많은 것이고 100 미만이면 여성 수가 상대적으로 많은 것을 뜻한다. 출생 시의 자연적 성비는 105 정도로서 남성이 약간 많다가 30세 무렵에 이르면 남성과 여성이 비슷해진다. 그런데 오늘날 결혼 연령층의 성비는, 그들이 태어날 당시의 남아선호로 인해 왜곡되어서 여성보다 남성이 많으므로, 100 미만이다.

의 소지가 있다. 가족의 범위를 법적 결혼과 혈연 및 입양에 한정하지 않아야 한다는 논리 자체는 타당하지만, "가족의 범위를 삭제하여 법적 가족 개념에 제한을 두지 않겠다"는 표현은 다소 모호하게 들린다. 현재 시점에서는 미처 생각하지 못하는 결합 형태와 방식이 있을 수 있는데 그러한 경우를 어떻게 할 것인지에 관한 검토가 우선되어야 할 터이나, 그에 관한 언급이 없기 때문이다. 구체적으로 어떠한 결합들을 가족으로 인정한다는 식으로 명시하고, 가족의 범위를 순차적으로 넓혀가는 계획이 더 현실적일 수 있다.

모든 변화는 사회적 공감대와 문화적 수용성에 기초하여 서서히 이루어지는 것이 바람직하다. 가족 개념의 범위를 넓히는 것 역시 마찬가지이다. 어떻든 변화는 시작되었으므로, 머지않은 미래에 훨씬 다양하게 엮인 모임들이 법적 가족으로서 포괄될 것임은 분명하다.

1) 혼외 동거의 확산

전 계층에서 혼외 동거가 증가하고 있다(안태현, 2008). 일반적으로 결혼생활이란 법률적 승인, 애정적 교류, 정서적 지지, 일상적 상호 돌봄, 경제적 자원 공유, 그리고 생활공간의 공유 등 6가지 요소로 구성된다. 그런데 혼외 동거란 상기 요소들 중 법률적 승인이 배제된 경우로서, "법적 결혼을 하지 않았으나 성관계가 있는 두 남녀가 주거와 일상생활을 공유하는 것"으로 정의된다.

(1) 혼외 동거의 이유

혼외 동거를 하겠다고 결정하는 이유는 획일적이지 않다. 결혼 전 단계로서의 동거가 있는가 하면, 법적 결혼을 배제한 채 파트너십을 유지하기 위한 동거가 있고, 심지어 파트너십도 없이 단지 주거와 생활소비만을 공유하는 동거도 있다. 이연주(2008)는 혼외 동거를 하게 되는 동기를 기준으로 하여 4가지 유형 – 결혼예비 동거, 결혼대안 동거, 결혼대체 동거, 그리고 편의 동거 – 으로 구분하였다. 우선 첫째, 결혼예비 동거(precursor to marriage)는, 결혼하고자 하는 의사를 전제로 실생활에서 서로 파트너로서 잘 맞는지를 확인하려는 목적을 지닌 경우이다. 결혼결정에 부모의 승인이 절대적이던 시절, 부모로부터 결혼 허락을 받지 못한 연인들이 허락을 받을 때까지 잠정적으로 혼전 동거를 하면서 기다리기도 했다. 결혼식을 한 부부들이 혼인신고를 미루는 경향이 증가하는 것 역시, 부부로서 서로 잘 맞는지를 확인한 후 법적 혼인절차를 거치겠다는 의도이므로 결혼예비 동거에 해당된다. 둘째, 결혼대안 동거(alternative to marriage)는 결혼을 할 만한 여건이 마련되지 않아서 그 대안으로서 동거를 선택하는 경우이다(이연주, 2008). 동성동본일 경우 혼인신고를 할 수 없던 시절[45]에 법적 승인 없이 동거를 하던 커플들을 예로 들 수 있다. 셋째, 결혼대체 동거(substitute for marriage)란 결혼이라는 제도적 장치가 여성을 억압한다거나 혹은 남성에게 과도한 부양의 무를 지니게 한다는 등의 이유로 결혼제도를 거부한 채로 동거를 선택하는 경우이다. 그리고 넷째, 편의 동거(cohabitation for convenience)란 결혼이나 장기적 관계 유지를 목적으로 하지 않고 생활상의 편의를 위해 동거를 하는 것이다. 주거비를 절약하기 위한 목적으로 집과 일상을 공유하는 경우가 이에 해당한다. 그래서 편의 동거를 독신생활의 대안으로 보기도 한다(Rindfuss & VandenHeuvel, 1990).

혼전 동거가 결혼의 안정성에 미치는 영향에 관해서, 일치된 주장이 존재하는 것은 아니다. 만약 혼전 동거가 부부역할의 적합성을 시험하

---

45) 2005년 3월 31일 민법 제809조가 개정되면서, 동성동본 커플에게 혼인을 불허하던 법률상 조항은 폐지되었다.

는 수단이라고 보면, 혼전 동거를 거친 결혼이 더 성공적일 것이라는 논리가 가능하다. 왜냐하면 함께 살아본 결과를 평가해 보고나서 서로 잘 맞는다고 확신을 하는 커플들이 결혼을 감행할 것이기 때문이다. 그러나 결혼은 동거에 비해 관계에 투자를 더 많이 해야 하는 장기적 서약이고 더 많은 의무를 동반하기 때문에(안태현, 2008), 혼전 동거가 성공적이었다고 해도 이어지는 결혼 후의 상호작용이 동거 관계에서와 동일할 것이라고 장담할 수는 없다. 게다가 동거생활을 기반으로 하여 걸었던 기대가 결혼생활에서 충족되지 않는 경우, 실망감은 더 클 수 있다. 그래서 혼전 동거를 했던 커플의 이혼 비율이 더 높다는 연구들이 많다(Casper & Bianchi, 2002; Seltzer, 2004; Sweet & Bumpass, 1992; Lillard et al., 1995). 그런데 그 이유와 관련하여, 이혼 성향이 높은 커플이 혼전 동거를 선택하기 때문이라는 주장도 있다(Axinn & Thomton, 1992). 그렇다면 혼전 동거를 한 커플의 결혼이 더 불안정한 것은 성향의 차이로 인한 것일 뿐 동거 자체가 결혼에 부정적 영향을 미친다고 볼 수는 없다. 반면, 혼전 동거와 결혼의 안정성 간 연관성이 없다는 주장도 제기되었다(Axinn & Thomton, 1992). 어떻든 혼전 동거를 하고 난 후의 결혼이 더 안정적이라고 볼 수는 없으므로, '일단 함께 살아보고 나서 결혼을 결정하는 것' 역시 그리 타당한 전략이라고 할 수는 없다는 결론에 이른다.

법적 혼인을 할 만한 여건에 미치지 못해서든 혹은 법적 혼인에 따르는 역할을 수용할 의지가 없어서든, 결혼을 염두에 두지 않은 채 혼외 동거를 선택하는 경우가 늘고 있다. 그런데 혼외 동거 커플은 양가 확대가족과의 관계 맺음이나 경제적 공유 등과 연관된 결속 수준이 낮다. 뿐만 아니라, 혼외 동거 중인 파트너 간에는 배타적 성관계에 관한 법적 의무가 없는 대신 결합에 대한 법적 권리도 없다. 따라서 파트너 간의 관계 유지 여부는 전적으로 관계에 대한 만족감에 의존하므로, 법적 혼인에 비해 결별의 문턱이 낮을 수밖에 없다. 그래서 혼외 동거를 하다가 결별하는 커플의 비율은, 결혼생활을 하다가 이혼하는 비율에 비해 훨씬 높다.

그런데 역으로 관계에 대한 책임이 덜하다는 점을 염두에 두기 때문에, 결혼보다 결별의 문턱이 낮은 혼외 동거를 선택할 가능성도 배제할 수 없다. 이연주(2008)는 2000년대 한국사회에서 결혼예비 동거보다는 결혼대안 동거가 더 많음을 관찰하고, 한국사회에서 혼외 동거의 증가를 가족관계가 불안정해지고 있음을 드러내는 지표라고 주장하였다.

(2) 혼외 동거의 특징과 한계

혼외 동거 커플은 양가의 확대가족적 연결망으로부터 자유롭게 둘만의 독립적 생활을 유지할 수 있다. 확대가족 및 친족과의 유대가 적다는 것은 가부장적 기대에 대한 외적 압력이 약함을 의미하므로, 혼외 동거 중인 커플은 법적으로 혼인한 커플에 비해 일상에서의 성역할 수행 및 결정권에 있어서 상대적으로 평등지향적일 가능성이 높다(이여봉, 1998). 그런데 동거 커플이 비교적 평등지향적인 또 다른 이유는, 진보적 사고를 지닌 사람들이 동거를 선택하기 때문이기도 하고, 관계 결별의 문턱이 낮기 때문에 법적 혼인에서와 같은 불평등성을 기대하지도 감수하지도 않기 때문이기도 하다(이여봉, 2006).

원칙적으로, 동거 커플은 서로에 대해 법적인 보호자로서의 지위를 갖지 못하고 법적 상속권자의 범위에서 제외되며 또한 가족으로서 사회적·법적 보호를 받을 수 없다(이여봉, 2006). 한편 프랑스는 1999년에 이미 동거 파트너의 권리를 보장하는 '시민연대계약(PACS: Pacte Civil de Solidarite)'을 도입하여, 사실혼 관계가 지속되는 동안 법적 결혼과 동일한 혜택과 보호를 받도록 하고 있다. 이처럼 사실혼 관계의 커플에게 혼인관계에 준하는 사회적 보호 장치를 마련하는 국가들이 증가하고 있다. 한국 역시, 부부에 준하는 사실혼 관계임을 입증할 수 있을 경우 나름의 권리를 누릴 수 있도록 보장하기 위한 제도적 보완책을 준비하고 있다. 혼외 동거가 증가하는 상황이므로, 혼외 동거를 제도권 안으로 품어서 결혼에 준하는 혜택과 보호를 제공하는 방향으로의 사회적·법적 변화는 당연하다.

전술한 바와 같은 사회적 차원의 대책과 별개로 혼외 동거 중인 개인의 입장에서는, 법적 혼인이 갖는 보호막이 결여된 결합 형태임을 감안하여 다음을 고려해야 한다. 우선 첫째, 동거를 시작하기 전에 동거를 하는 목적과 서로에 대한 기대에 관해 상호 명확한 합의를 해야 한다. 법적 혼인에 관해서는 오랜 세월에 걸쳐서 나름의 사회적 공감대가 존재해 온 반면, 혼외 동거를 바라보는 시선은 다양하다. 그런데 혼외 동거를 바라보는 양 파트너 간 기대 차이가 관계를 위태롭게 할 수 있다. 즉 한쪽 파트너는 혼외 동거를 결혼예비단계로서 바라보고 혼인관계에 준하는 역할기대를 갖는 반면 다른 한편은 추후의 법적 혼인 가능성을 일체 배제한 채 결혼대체관계로서 동거를 바라본다면, 동상이몽(同床異夢)으로 인해 이들의 상호작용에는 균열이 심화될 수밖에 없다. 둘째, 상대방의 욕구에 항상 민감해야 한다. 혼외 동거는 법적 안전장치가 없어서 관계 만족도가 낮아질 경우 쉽사리 관계 해체로 이어지므로, 양 파트너가 관계에서 느끼는 만족감을 일정한 수준 이상으로 유지하는 것이 법적 혼인의 경우보다 더 중요하기 때문이다. 셋째, 양 파트너가 최대한 독립적이어야 한다. 혼외 동거는 관계 결렬 후의 무력감과 절망감을 보상할 대체 장치가 없기 때문이다. 그리고 넷째, 동거 계약서를 작성하고 이를 공정증서화해 둘 필요가 있다. 특히 관계 해체 시의 경제적 배분과 동거기간 중의 독립성 및 역할 분담 등, 일상의 틀과 규칙에 관해 협상한 바를 명시해야 한다. 이는 역할경계를 명확히 함으로써 갈등을 줄이고 관계 해체 시에 있을 수 있는 분쟁을 줄이기 위한 방안이다(이여봉, 2006).

2) 동성애 가족

(1) 성적 지향과 동성애 가족

긴 세월 동안 이성애가 섹슈얼리티와 관련된 지배적 성규범이었음에도 불구하고, 동성애는 어느 사회에나 존재해 왔다. 다만 성적 지향에 관한 호불호가 명확한 사회였으므로, 동성애자들은 스스로를 벽장 속에 가두고 표면에 드러나지 않았을 뿐이다(이여봉, 2006). 인류는 오랜 세월 동안 동성애를 정신질환으로 분류하고 치료의 대상으로 여겨왔다. 그러나 1973년 미국 정신의학회의 정신진단분류 편람(DSM-IV)에서 동성애는 정신질환의 범주로부터 벗어났고, 1998년에 공식적으로 성적 지향을 전환하는 치료를 중단할 것이 공표되었다(에릭 마커스, 2000). UN의 국제질환분류 편람(International Statistical Classification of Disease and Related Health Problems, ISD-10)에도 동성애는 정신질환이 아닌 것으로 되어 있다(에릭 마커스, 2000). 이처럼 사회적으로 변화된 시각과 더불어, 동성애 성향을 숨기고 이성애자인 것처럼 행동하면서 사회적 낙인을 피하려던 경향 또한 완화되고 있다.

동성애 커플 역시 정서적·육체적 성관계를 기본으로 한다(이여봉, 2006). 동성애 커플의 육체적 성관계란, 남근의 직접적 삽입이나 생물학적 번식과 무관하더라도 친밀감을 주고받는 사랑의 표현과 성적 흥분을 유도하는 자극 모두를 성애(sexuality)로서 인정해야 한다고 보는 '표현

적 성각본'에 기초한다. 한편 동성애 가족에서의 권력관계나 역할 분담
은 법적 혼인을 한 이성애 가족의 경우에 비해 비교적 평등하고 독립적
이다(이여봉, 2006). 생물학적 성이 동일한 존재들 간의 관계이므로, 가
부장적 문화 속에 내재된 성별 불평등 구조가 반영되지 않기 때문일 것
이다(이여봉, 2006). 뿐만 아니라 법적 인정이 배제된 결합임으로 인한
관계의 불안정성이, 오히려 양 파트너로 하여금 균등한 역할 수행을 위
해 타협하게끔 유도하기 때문일 수도 있다. 그럼에도 불구하고, 동성애
커플의 관계 지속기간은 이성애 부부보다 짧다(이여봉, 2006). 이는 동성
애 커플 간 서로에 대한 의무와 권리를 보장하는 법적·제도적 장치가
없고, 둘 사이의 생물학적 자녀가 없으며, 확대가족의 개입이 거의 없기
때문이다(Benokraitis, 1996).

(2) 동성애 공포와 성적 지향의 다양성

서구에선 대학에 입학해서 집을 떠나는 시점에 그리고 한국에선 결혼
의 압박감을 느끼는 시점에, 부모나 형제자매 등 중요한 주변사람들에
게 자신의 동성애 지향성을 밝히는 것이 일반적이다(에릭 마커스, 2000).
스스로 동성애 지향성을 인정하고 주변에 알리는 것을 "벽장으로부터
밖으로 나온다"는 의미에서 커밍아웃(coming out of the closet)이라고
한다(이여봉, 2006). 그런데 커밍아웃은 자신의 동성애 지향을 스스로 받
아들이고 동성과의 성경험을 통해 이를 확인하며 가족과 친구에게 자신
이 동성애자임을 밝히는 것으로 마침표를 찍는 일회성 사건이 아니라,
일상에서 끊임없는 도전에 직면하고 극복해야 하는 연속적 과정이다(이
여봉, 2006). 그런데 동성애자가 자신을 가두어오던 삶에 종지부를 찍고
밖으로 나오려는 시도가 사회로부터 거부당하고 낙인찍히는 과정은, 당
사자에게는 극복하기 힘든 고통이다(이여봉, 2006). 그래서 커밍아웃을

주변 사람들이 어떻게 받아들이고 반응하는지는, 당사자의 삶에 크게 영향을 미친다(이여봉, 2006). 그런데 동성애 취향을 지닌 자녀나 형제를 둔 가족의 입장에서, 이들이 커밍아웃하는 시점에 맞추어 즉각적으로 현실을 받아들이고 품어 안기는 쉽지 않다. 우리 사회엔 여전히 동성애 공포(homophobia)가 강하게 존재하기 때문이다. 따라서 사회 구성원들이 지닌 동성애 공포를 완화시키려는 사회적 노력이 필요하다. 최근의 드라마나 영화에서, 일상적 삶과 사회적 역할을 무리 없이 행하며 살아가는 등장인물이 동성애 취향을 숨기며 괴로워하는 모습들이 등장하곤 한다. 대중매체에서 동성애를 다루는 것은, 십여 년 전까지만 해도 기대할 수 없었다. 대중매체에서 동성애 코드를 등장시킨다는 것만으로도, 동성애를 바라보는 우리 사회의 수용성이 증가하고 있음을 시사한다. 또한 대중매체에 동성애 이슈를 반복적으로 노출함으로써 시청자들로 하여금 동성애 이슈에 익숙해지게 해서 사회 내의 동성애 공포를 완화시키는 효과도 있다. 어떻든 이러한 시도들이 쌓이면서 우리 사회의 동성애 공포는 점차 희석될 것이다.

서구의 연구에서 동성의 결합을 합법화하고 난 후 성소수자에 대한 혐오가 낮아졌다는 분석결과가 제시되었다(연합뉴스, 2019). 한국에서도 동성의 결혼을 인정해 달라는 목소리가 지속적으로 나오고 있다. 여성가족부의 4차 건강가정기본법에 대한 개정의견과 민법 779조의 가족 범위에 관한 규정을 삭제하고자 한다는 개정의견(여성가족부, 2021. 4. 27.)에는, 동성애 커플에 대한 수용성도 포함되어 있다. 그런데 이러한 개정에 관하여, 가족 해체와 사회혼란을 초래할 것이라는 논지의 반대 목소리가 여러 단체들로부터 나오고 있다. 따라서 관건은 해당 사안에 관한 사회적 합의와 수용성에서 크게 괴리되지 않는 법적 개정이 어느 수준까지 가능할 것인지에 놓여 있다.

개인이 행복하고 안정감을 느끼기 위해서 가족을 구성한다고 볼 때, 누구는 이성애 가족 안에서 행복을 느끼는 반면 다른 누구는 동성의 파트너에게서 행복을 느낀다. 자신이 행복할 수 있는 성적 지향을 찾아가는 것은 지극히 자연스러운 일이므로, 동성애 가족 역시 우리 사회를 구성하는 다양한 가족들 중 하나로서 가족정책의 보호를 받을 자격과 이웃으로서 인정을 받으며 어울려 살아갈 권리가 있다. 그리고 성적 지향에 관계없이 공평한 삶은, 우리 사회가 동성애 가족을 다양한 가족들 중 하나로 받아들이고 포용하는 문화적 토양에서 펼쳐질 수 있다. 사회구성원들이 성적 취향에 상관없이 함께 어울려 통합을 이루는 것이, 이성애자도 동성애자도 안전한 삶을 누리게 하는 길이다.

3) 재혼 구성과 관계의 다양화

재혼 양상이 다양해지고 있다. 남성이 재혼이더라도 미혼의 여성을 찾는 것을 당연시하던 시절이 지나고, 1995년을 기점으로 하여 재혼녀와 초혼남의 결합이 초혼녀와 재혼남의 결합보다 오히려 더 많아지기 시작했다(통계청, 각 년도). 이는 여성에게만 성적·법적 순결을 요구해왔던 가부장적 시선이 완화되고, 성인자녀의 결혼에 대한 부모의 영향력 역시 약화되고 있음을 시사한다.

재혼가족임에도 불구하고 양 배우자 모두 전혼(前婚) 자녀가 없는 경우는 가족 구조 면에서 초혼 가족과 유사하다. 이 경우에는 재혼 이후의 삶 역시 초혼의 가족주기와 비슷할 가능성이 높다. 그런데 어느 한쪽 배우자에게 전혼 자녀가 있는 경우, 그 자녀는 나머지 배우자와는 계부모자녀 관계를 맺는다. 양 배우자 모두에게 전혼 자녀가 하나씩 있는 경우, 자녀들은 각각 친부모자녀 관계 및 계부모자녀 관계 그리고 계형제자매 관계로 얽히게 된다. 그리고 양 배우자 모두에게 전혼 자녀가 둘 이상씩 있는 재혼가족에서는, 친부모자녀 관계와 계부모자녀 관계 그리고 친형제자매 관계와 계형제자매 관계가 수직적·수평적으로 얽히게 된다. 게다가 재혼부부가 다시 자녀를 출산하면, 가족 내 관계망은 더욱 복잡해진다. 이렇듯 다양한 관계구도로 인하여, 구성원들은 서로를 대함에 있어서 쉽지 않은 도전에 직면하고 갈등을 겪을 가능성이 높다.

자녀의 출생과 더불어 애착관계가 자연스럽게 가꾸어지는 친부모자녀와 달리, 계부모자녀는 부모의 재혼과 더불어 시작된 관계이므로 상호 간의 애착을 당연시하기는 힘들다. 계부모는 계자녀에게 부모역할을 해야 한다는 부담감이 있으나, 즉각적으로 부성애/모성애를 느끼기는 쉽지 않다. 또한 계자녀에게 계부모는 친부모의 반려자이지만, 처음부터 그/그녀에게 부모에 준하는 대우를 하겠다는 마음이 우러나기도 쉽지 않다. 게다가 전혼 배우자와의 사별로 인해 관계가 종결된 것이 아니라면, 전혼 자녀에게는 비양육친이 여전히 생존해 있는 것이므로 계부모가 부모 자리를 완벽히 대신할 수 있는 것도 아니다. 그래서 재혼 가족구성원들은 죄책감과 혼란, 그리고 상대에 대한 배신감과 불만 등 부정적 정서를 지니기 쉽다. 더구나 재혼 배우자이자 계자녀의 친부모가 어떤 입장을 취하느냐에 따라서, 계부모자녀 관계 및 재혼부부 관계가 더욱 복잡해질 수도 있다. 자신의 재혼으로 인해 계부 혹은 계모와 함께 살아야 하는 자녀에 대한 미안함과 애정으로 인하여, 자녀에게 과도히 너그럽고 자신의 아이를 키워야 하는 재혼배우자에겐 비현실적일 만큼 과도한 기대를 할 가능성이 있기 때문이다.

재혼가족은 형태 면에서 초혼가족 구성과 유사하다는 점에 기대어 초혼가족인 척하기 쉽다. 재혼가족을 비정상이라고 여기는 문화적 편견이 주변사회에도 재혼가족 당사자들 안에도 내면화되어 있기 때문이다. 그런데 초혼가족인 척하면서 외부와 벽을 쌓고 움츠러들 경우, 재혼가족은 외부의 지원으로부터 소외되면서 오히려 불안정해진다. 반면 재혼가족 내 갈등이 재혼가족 특유의 구조적 문제에서 비롯됨을 깨닫고 융통성 있게 대처할 경우, 가족구성원들의 죄책감과 서로에 대한 불만을 줄일 수 있다.

우리 사회가 여전히 초혼 핵가족을 유일한 모델로 여기고 재혼가족 역시 그에 준하기를 강요해 오는 동안, 재혼가족은 수많은 문제들로 인해 몸살을 앓아 왔다. 재혼가족이 건강한 관계를 가꿔가도록 지원하기 위해, 재혼가족의 구조적 복합성을 고려한 가족모델이 필요하다. 그런데 어떤 가족이든 보편성에 못지않게 특수성이 존재하므로, 재혼가족 관계에 관한 평균적 해법을 모델로 제시하는 것만으로는 충분하지 않다. 따라서 개별 재혼가족의 입장에서는 재혼가족임을 숨길 것이 아니라 가족 안의 고민을 주변에 털어놓고 상담하며 적극적으로 도움을 구하는 자세가 필요하고, 친족과 지인 및 지역사회는 재혼에 대한 편견에서 벗어나서 어려움을 지원하려는 태도를 익혀야 하며, 사회적 차원에서 재혼가족을 위한 전문적 상담 시스템과 법적 지원체계를 마련하고 홍보할 필요가 있다.

3. 가족 해체의 증가와 다양화

1) 정서적 관계로서의 결혼이 지닌 불안정성

제도로서의 결혼이 지니는 의미가 쇠퇴하고 관계로서의 결혼 문화가 자리를 잡으면서, '사랑'은 결혼의 가장 중요한 이유로 떠올랐다. 과거 남편과 아내 간 분리된 역할 규범과 역할수행을 중심으로 한 제도로서의 결혼에서는, 사랑이라는 감정적 관계에 대한 기대가 크지 않았다. 그래서 정서적 친밀감 수준이 높지 않은 부부도, 한편은 돈을 벌어다 주고 다른 한편은 가사와 양육 및 부양을 책임지는 식으로 상호의존하면서 평생을 함께할 수 있었다.

여성의 경제적 독립성이 증대된 한편 가전제품의 보급과 가사도우미의 활용으로 인해 남성들의 아내 의존도 역시 감소한 상황에서, 양 배우자가 서로에게서 기대하는 것은 정서적 위안이자 친밀감이다. 그런데 정서적 위안이나 친밀감이란 고정적이지 않고 유동적인 속성을 지니기 때문에, 오늘날의 결혼은 과거의 결혼에 비해 불안정할 수밖에 없다. 이처럼 사랑이 결혼의 중심에 들어온 이래로 배우자 간 상호 친밀성에 대한 기대가 높아졌으므로, 더 이상 사랑하지 않는다고 느끼는 부부는 관계를 유지하기 힘들어졌다. 그래서인지 유책주의 원칙을 고집해 온 한국의 이혼법 역시 판례적으로는 세계적 추세인 파탄주의를 받아들이는 쪽으로 변화하고 있다.[46] 우리 사회도, 이혼을 배우자의 실책에 대한 징벌이 아니라 회복불능의 결혼관계를 해소하고 새로운 삶을 모색하는 시작으로서 바라보기 시작한 것이다.

---

46) 이혼법은 파탄주의와 유책주의 원칙에 입각한다. 유책주의 원칙이란, 어느 한편의 배우자가 결혼관계에서 부여된 의무를 위반했을 경우에 이혼을 인정하는 것이므로, 원칙적으로 유책배우자는 이혼소송을 청구할 수 없다. 반면 파탄주의란, 결혼 파탄의 책임이 어느 편에 있는지에 상관없이, 더 이상 결혼생활을 유지할 수 없는 상황이라고 인정되면 이혼이 성립될 수 있도록 한 원칙이다(이여봉, 2017a). 한국 민법은 기본적으로 유책주의 원칙을 채택해 오고 있으나, 1990년에 개정된 가족법에 특정 배우자의 잘못 여부에 상관없이 이혼을 인정하는 제도(no fault divorce)가 도입되었다(곽배희, 2002).

2) 관계 해체의 다양화

(1) 이혼

한국사회에서도 "검은 머리가 파뿌리처럼 될 때까지 함께 살아야 한다"는 해묵은 규범은 더 이상 당연시되지 않는다. 이혼이 전 연령대에 걸쳐서 확산되면서 이혼의 평균 연령이 높아지고 있다. 이혼이 20-30대 연령층에 집중되었던 1980년대에 비해, 2000년대에는 40대 중년의 이혼 비율이 더 높고 50대 이후의 이혼율 역시 증가하였다(이여봉, 2017a). 또한 자녀를 모두 출가시키고 은퇴를 한 시점인 60대 이후의 이혼, 즉 황혼이혼의 증가 추세가 무시될 만한 수준이 아니다(이여봉, 2017a). 과거와 달리 평균수명이 길어져서 자녀를 모두 출가시킨 이후에도 살아갈 날이 많이 남았다고 느껴지는 시대이므로, 불만족스러운 결혼생활을 더 이상 참지 않겠다는 의지가 현실화된 것이 나이 든 세대의 이혼 증가이다.

가족 중심의 집단주의 사고하에서는 "나 하나를 희생하더라도 가족의 울타리를 지켜낸다"는 것이 중요한 가치였다. 그러나 개인주의 사고가 보편화되면서, 가족의 울타리를 지키는 것보다 자신의 행복을 우선시해야 한다는 인식이 폭넓은 호응을 얻고 있다. 가족관계가 더 이상 치유될 수 없고 따라서 가족구성원이 행복하지 않다고 판단되면, 해당 가족의 해체가 차선책일 수 있다는 시각이 보편화되고 있는 것이다.

(2) 분거

맞벌이 부부가 늘고 기업체의 지방 이주가 본격화된 이래로, 주중엔 각자 직장이 있는 지역에서 따로 생활하다가 매주 혹은 격주에 한 번씩 만나고 헤어짐을 반복하는 가족이 드물지 않다. 또한 자녀의 학업을 위해서 아내는 자녀를 따라 해외로 떠나고 남편은 경제적 뒷바라지를 위해서 홀로 한국에 남는 기러기 가족도 적지 않다. 이는 "가족이란 한 울타리 내에서 함께 살아야 한다"고 믿어온 통념이 빠르게 무너지고 있음을 시사한다.

분거 가족은 거주지가 분리되어 있다는 것 외에는, 경제적·정서적 지원을 교환한다는 점에서 일반적 별거 가족과는 구별된다. 오늘날 화상통화와 채팅 및 라이브 톡 등과 같이 비대면으로 서로의 일상을 공유할 수 있는 수단이 많아지면서, 분거 가족이 소통을 하기 쉬워진 것도 사실이다. 그럼에도 불구하고 분거 가족은, 비대면 접촉만으로는 대체할 수 없는 부분들로 인하여 서로의 삶을 공유하는 정도가 줄어들어서 가족 응집력이 낮아질 것이라는 우려가 일반적이다.

우리 사회의 치열한 교육경쟁과 영어열풍은 해외 조기 유학 붐으로 이어졌다. 그리고 전통적으로 부모와 자녀 간 유대가 강한 한국사회에서, 교육을 위해 자녀와 아내가 함께 해외로 가고 남편은 홀로 남아 돈을 벌어 보내는 방식의 분거를 수용하는 문화가 자리를 잡았다. 그런데 부부 및 부모자녀가 국내와 해외로 떨어져 살아서 자주 왕래하지 못하며 살 경우, 다양한 가족문제가 발생할 가능성이 많다. 성적인 욕구가 활발한 중년기 부부의 분거생활이 길어질 경우, 외도 등 성적 일탈 가능성을 배제할 수 없다. 즉 한국에 남아있는 남편뿐 아니라 자녀를 동반하여 외국에 나가있는 아내 역시, 혼외의 이성 관계에 대한 유혹으로부터 자유롭지 않다. 이로 인해 멀리 있는 배우자와 소원하게 되거나 혹은 외도 사실이 배우자에게 알려져서 가족 해체로 이어질 가능성이 높다(이여봉, 2006). 뿐만 아니라 일상적이고 대면석인 상호작용이 없는 기간이 길어지다 보면 각자 독립적인 생활에 익숙해져서, 오랜만에 만나는 배우자의 존재가 오히려 불편하게 느껴질 수도 있다(이여봉, 2006). 또한 장기간에 걸쳐서 아버지와 떨어져서 성장하는 자녀들은 아버지를

"멀리서 돈을 보내주는" 존재로서만 느낄 뿐 아버지와의 친밀감을 놓치기 쉽고, 오랜만에 한 번씩 자녀들을 만나는 아버지 역시 자녀들의 일상에 대해 잘 알지 못하기 때문에 자녀와의 친밀한 의사소통이 쉽지 않을 가능성이 높다.

물론 따로 사는 부부가 오히려 서로에 대한 신선함과 애틋함을 유지할 수 있다는 것이, 분거의 장점으로 꼽히기도 한다. 자녀들 역시 시시콜콜 간섭하고 잔소리를 하는 어머니와 달리, 주말에 가끔 만나고 큰 틀에서 조언을 하는 아버지와의 관계를 편하게 여길 수도 있다. 가끔 만나는 아버지는, "숨통을 틔워주는" 존재로서 자녀에게 다가갈 수 있기 때문이다. 그런데 이러한 장점 역시, 한두 주에 한 번씩은 만날 수 있는 경우에 해당하는 것일 뿐 몇 년씩 떨어져 사는 가족에까지 적용되는 것은 아니다.

한편 부부관계가 악화되어서 더 이상 한집에서 살아갈 수 없는 부부에게, 직장 혹은 자녀교육 때문이라는 핑계가 '따로 살기'를 합리화시켜서 주변에 알리는 수단으로서 활용되기도 한다(이여봉, 2006). 성장기 자녀의 존재나 결혼 외의 대안 부재 혹은 이혼에 대한 보수적 태도와 편견 및 사회적 위신이나 명예 등을 이유로, 법적 혼인 관계만 유지하기로 한 경우가 이에 해당한다. 이 경우는 실질적 이혼과 결혼생활의 중간 상태이므로, 분거가 가족관계를 소원하게 하거나 혹은 오히려 애틋함을 가져올 수 있다는 식의 인과성이 성립되지 않는다. 다만 부부관계의 악화 정도에 따라서, "따로 살면서" 자신들의 관계를 되돌아볼 계기가 될 수는 있다.

(3) 졸혼

최근 수년 사이에 '졸혼(卒婚)'이라는 새로운 개념이 등장하여 대중매체를 통해 단기간에 확산되면서, 또 하나의 삶의 방식으로서 자리를 잡기 시작했다. 졸혼이란 "결혼을 졸업한다"는 의미로서, 짧지 않은 결혼 생활을 유지해 온 부부가 법적 혼인관계를 해소하지는 않되 결혼으로 인해 부과되었던 역할을 더 이상 수행하지 않고 한집 동거를 청산한 상태이다. 즉 법적 결혼을 유지하되, 생활공간을 분리하고 일상적 생활 돌봄 수준을 약화시킨 것이다. 그러나 엄밀히 구분하면, 일반적 별거는 법적 혼인상태만 유지되는 관계인 반면에 졸혼은 법적 혼인상태 외에도 애정적 관계와 정서적 지지 및 경제적 공유 그리고 일상적 돌봄 등이 일정한 수준 이상으로 유지되는 관계이다. 또한 졸혼은 한편의 제안과 상대편의 수용을 전제로 하며 법률적 관점에서도 부부간 의사 합치를 중요한 구성요소로 간주한다는 점에서, 일반적 별거와는 다르다(류일현, 2017).

　졸혼 관계에서 배우자 간의 애정적 교류와 정서적 지지 및 상호 간 생활 돌봄 수준은 획일적이지 않다. 우선 졸혼의 목적과 과정에 따라, '적극적 졸혼'과 '소극적 졸혼'으로 나눌 수 있다(김정석·김미선, 2020). 적극적 졸혼은 양 배우자 모두 지금까지와는 달리 독자적 삶을 추구하려는 호혜적 욕구에 의해 이루어진 것으로서, 양 배우자가 각각 독립성과 개별성을 찾으려는 움직임으로 해석된다. 이는 노년에 이른 부부가 서로를 구속하지 않고 자유를 허락하는 의미에서, 따로 살면서 가끔씩 만나서 교류를 하는 경우이다. 결혼생활 동안 잃어버린 채 지냈던 자신을 찾아가면서 서로에 대한 애틋함을 새로이 느끼게 될 가능성을 배제할 수 없고, 실제로 주변에 그런 즐거움을 이야기하는 졸혼 부부도 있다. 반면 소극적 졸혼은 무의미하고 불만족스러운 현재의 일상으로부터 해방되고자 하는 한쪽 배우자의 요청을 상대편 배우자가 수용함으로써 이루어지는, 해방적 차원의 움직임이다. 이는 부부관계의 불만족도가 높아서 함께 살아갈 수 없으나 이혼에 따르는 번거로운 결별 과정을 생략하고 편리함을 택하는 것으로서, 실질적으로는 법적 관계만 해소하지 않은 유사(類似) 이혼 내지 이혼 전 단계로서의 별거일 가능성이 높다. 따라서 이 경우엔 애정적 교류 및 정서적 지지뿐 아니라 일상적 생활 면에서도 상호 돌봄의 수준이 매우 낮다.

졸혼 커플들은 공동재산의 분할이나 생활비 수급 및 각자의 이성교제에 관련된 계약을 구체적으로 명시하지 않는 경우가 대부분이다. 그런데 그 모호성으로 인해, 졸혼 기간 동안 예기치 않았던 갈등이 일어나고 심화될 가능성이 있다. 특히 졸혼을 거친 후 이혼에 이르게 되면, 졸혼 기간 동안은 결혼생활에 기여한 것으로 인정되지 않기 때문에 재산분할과 관련하여 훨씬 복잡한 상황에 직면할 수 있고 특히 전업 주부였던 여성은 불리해진다. 따라서 졸혼 개시 전에, 졸혼 기간 동안 양 배우자의 삶에 관한 구체적 합의사항뿐 아니라 계약조건을 위반할 시 어떻게 할 것인지 등에 관해서도 서면으로 기록하고 공정증서화해 두어야 한다.

평균수명이 증가하여 자녀 출가 후 부부만 남아 살아가는 빈 둥지기가 길어진 것이, 졸혼을 하나의 선택지로서 대두되게 했다고 볼 수 있다. 그런데 개인주의 사고와 성평등적 가치관 그리고 졸혼 관념의 사회적 확산 자체가, 졸혼을 결정하는 심리적 장벽을 낮추는 것도 사실이다 (김정석·김미선, 2020). 졸혼 부부들은 각자가 추구하는 새로운 삶에 만족한다고도 하고, 노년의 홀로 서기에 대한 서글픔을 내비치는 경우도 있으며, 혹은 서로의 거처를 손님처럼 방문하여 지원하기도 한다. 또한 졸혼의 삶을 살다가 한편 배우자의 와병으로 인해 다시금 동거와 간병에 돌입한다면서 졸혼 종료를 선언하는 모습도 관찰된다.[47] 어떻든 우

---

47) 소설가 이외수 부부는 40여 년의 결혼 생활 끝에 2019년 졸혼을 선언했었는데 2021년 남편이 뇌출혈로 쓰러지자 아내가 간병을 위해 졸혼을 종료하겠다고 선언했다.

리 사회의 졸혼은 아직 초기 단계여서 앞으로 어떤 방향으로 흘러갈지 장담하기는 이르나, 가족관계의 또 다른 지평을 열고 있음에는 틀림이 없다. 우리 사회의 졸혼이 한시적 유행으로 머물다 사라질지 혹은 또 하나의 문화로서 장기적으로 정착해 갈지에 관해서는, 시행착오를 지켜보면서 가늠할 수 있을 것이다.

14장

부모자녀 관계와 돌봄 문화의 변화

성리학적 전통하에서 부모자녀 간의 유대는 부부 유대에 우선하는 규범이었고, 따라서 자녀 양육과 노인 부양 등 세대 간의 돌봄은 가족의 중요한 기능으로서 이어져 왔다. 대가족을 이루고 살던 시절에는, 한 가족 안에 다양한 세대가 함께 살고 또한 각 세대마다 여러 명의 가족구성원들이 혈연과 결혼으로 엮여서 공존해 왔으므로, 돌봄에의 필요는 가족구성원들에 의해 분담될 수 있었다. 즉 부모와 조부모뿐 아니라 고모와 삼촌 등 아이를 보호할 사람들이 집안에 많았으므로, 아이는 가족 안에서 여러 어른들의 가르침과 보살핌을 받으며 성장했고 부모의 입장에서는 여러 가족구성원들의 도움을 받으며 아이를 양육할 수 있었다. 그리고 노인들 역시 장성한 자식들과 며느리들 그리고 손자손녀들과 함께 살아가는 집에서, 수시로 들락날락하는 누구에게라도 돌봄을 받는 것이 가능했다.

그런데 가정과 일터가 분리되고 핵가족들이 뿔뿔이 흩어져서 살아가는 오늘날, 맞벌이 가족 안에는 낮 동안의 돌봄 주체가 존재하지 않고 그나마 일인부양자 가족에서는 주부가 홀로 돌봄을 전담해야 하는 상황이다. 혼자서 감당하는 돌봄은 힘겨울 수밖에 없는데, 미성년 자녀가 필요로 하는 개별적 양육기간은 길어졌고 양육범위도 넓어졌으며 유병장수 시대이므로 노인이 부양을 필요로 하는 기간도 길어졌기 때문이다. 그래서 가족은 돌봄을 충분히 감당할 수 없어서 파열음을 내고 있다.

1. 양육 문화의 변화

저출산에 대한 우려가 심각하다. 한국의 출산율은 수년째 세계 최저여서, 2018년 합계출산율[48]이 .98로서 1.0을 밑돌기 시작한 이래로 계속 낮아지면서 2020년엔 .84를 기록하였고 앞으로도 당분간은 더 낮아질 것으로 예상된다(통계청, 각 년도). 저출산 현상의 다양한 원인들 중 간과할 수 없는 것이, 자녀를 키워내는 데 필요한 경제적 부담과 더불어 양육의 실질적 어려움이다. 농경시대의 자녀는 열 살만 넘어도 가족 노동력으로서 부모에게 든든한 부의 원천이 되어 주었으나, 산업화 이후의 자녀는 긴 기간에 걸쳐서 보호하고 양육하며 교육을 위해 투자해야 하는 부담이다. 게다가 맞벌이가 보편화되고 있는 시대에 집안에 머물면서 가사와 양육에 전념하는 어머니상은 더 이상 현실적이지 않고, 아이를 안심하고 맡길 만한 대체 양육자를 찾기도 쉽지 않다. 뿐만 아니라 장기 불황으로 인해 새로운 세대가 자력으로 삶의 기반을 마련하는 것이 힘들어지면서, 자녀 세대의 사회경제적 지위 획득을 위해 부모가 감당해야 하는 부담은 더욱 커졌다. 그런데 부모의 노후를 자녀에게 의탁할 수도 없는 것이 현실이다.

이러저러한 이유로 인하여, 자발적 무자녀 가족이 증가하고 있다. 그러나 일단 자녀를 낳고 나면 또 다른 국면이 펼쳐진다. 다자녀시대의 부모에게 개별 자녀란 "여럿 중의 하나"이므로 개별 자녀에 대한 관심

---

48) 합계출산율이란 가임여성 1명당 출생아 수로 측정된다.

이 분산되었다면, 오늘날 소자녀 시대의 부모가 느끼기에 자녀는 "하나 뿐인 전부"이다. 따라서 자녀 한 명당 부모의 관심과 투자의 집중도는 과거와 비교할 수 없으리만치 크다.

1) 양육대행 문화 그리고 교육책임자로서의 모성

결혼한 자녀가 임신소식을 알리면서, 노부모에게 미리 양육대행을 부탁하고 약속을 받는 풍경이 드물지 않다. 그런데 노년기의 손자녀 양육은 심리적으로도 신체적으로도 부담이 클 뿐 아니라, 가족적 부담에서 벗어나서 개인적 자유를 누릴 수 있는 인생의 마지막 시기를 빼앗기는 만만치 않은 도전이다. 그럼에도 불구하고 신뢰할 만한 육아 담당자를 찾기 힘들고 육아시설이 양적으로 부족하며 질적으로 다양화되어 있지 않은 현실에서, 오늘날의 부모가 맞벌이 하는 자녀들의 양육대행 부탁을 거절하기는 쉽지 않아서 '울며 겨자 먹기'식으로 노후를 저당 잡히곤 한다. 그래서 사회적 돌봄의 양적 확대와 질적 다양화를 요구하는 목소리가 점점 커지고 있다. 여성가족부에서 만 12세 이하 아동을 대상으로 지원하는 '아이 돌봄 지원 사업'은 이러한 요구에 부응하고자 하는 첫걸음이다. 그리고 직장 탁아시설이 보편화되고 성장단계별로 세분화되어야 하는 것이, 또 하나의 당위적 과제이다.

유아동기의 어린 자녀를 둔 부모가 당면하는 문제가 돌봄과 보호라면, 학령기 자녀를 둔 부모는 자녀의 교육경쟁을 지원해야 하는 과제에 직면해 있다. 그래서 중고생 자녀를 둔 중산층의 부모들 사이에, 가족의 경제적 자원을 자녀의 학업에 집중 투자하는 것을 당연시하는 문화가 형성되었다. 특히 중산층의 전업주부들은 학교와 사교육에 대한 정보를 수집하고 자녀를 차에 태워서 집에서 학원으로 그리고 학원에서 집으로 실어 나르는 등의 방식으로 학업지원 경쟁에 뛰어들고 있다. 자녀의 교육 뒷바라지를 위해 아내가 자녀와 함께 먼 나라로 떠나고 남편은 홀로 한국에 남아서 돈을 벌어 보내는 기러기 가족 역시, 자녀양육을 위해 중년의 부부관계를 희생하는 모험으로서 한국 특유의 문화적 현상이다. 어떻든 부모들은 너나 할 것 없이, 자녀의 학업 성취를 통해 대리만족을 구하고 아울러 자녀의 미래 사회경제적 지위를 보장할 발판을 마련하기 위해 부심하고 있다.

2) 교육의 가족 계층화

신분사회와 달리 계급사회인 오늘날, 가족적 삶의 외형은 일견 유사해 보이지만 계층 간 가족문화는 동일하지 않다. 예를 들면 교육과 학력을 중시하고 온 가족이 구성원의 학업 성취에 몰두하는 모습은 계층에 상관없이 공통적이지만, 그러한 목표에 다가가는 길은 동일하지 않다. 상류층에서는 교육전문가를 고용해서 전 세계를 교육현장으로 삼아 자녀를 교육시킬 방안을 찾는 반면, 중산층에서는 주부가 일선에서 교육정보를 찾아내고 자녀를 진두지휘하면서 매진하거나 때로는 기러기 가족으로서의 삶을 감내한다. 이처럼 모두들 교육지상주의 문화 속에 살고 있지만, 이를 실천하는 방안과 선택지를 품는 모습은 가족의 계층적 지위에 따라 상이하게 펼쳐진다.

교육의 일번지라는 서울의 강남에서도, 테헤란로를 경계로 삼아 북쪽에 사는 상류층(테북) 가족들과 남쪽에 사는 중산층(테남) 가족들 간 자녀교육에 대한 태도에 차이가 있고, 자녀의 미래를 책임질 만큼의 단단한 재력은 부족하다고 여기는 '테남'의 가족들이 더 결사적으로 자녀의 교육적 성취에 매달린다는 말이 회자된다(주간동아, 2016). 이는 계층 간 분절이 얼마나 작은 단위로 세분화되어 있는지를 극명하게 보여준다. 한편 저소득층의 경우, 빈곤으로 인한 교육혜택으로부터의 소외 그리고 이로 인한 빈곤의 세습과 상대적 박탈감에 허덕인다.

공교육이 건강하게 바로 서야 교육 불평등과 계층세습의 고리를 단절할 수 있다는 논지는 타당하지만, 그러기 위한 구체적이고 효과적인 방안은 마련되지 못한 상태이다. 개인들이 지닌 잠재력의 종류와 수준은 다양하기 때문에, 획일적 교육과 평가를 통해서 미래 세대의 삶을 재단하는 방식으로는 혼란과 좌절만 거듭될 수밖에 없다. 각자의 다양한 잠재력을 나름대로 펼칠 수 있도록 하는 것이 바람직한 교육이고, 삶에서의 성취와 경제적 계층이 학벌 순서대로 주어지는 획일성을 탈피한 사회로 나아가는 것이 궁극적 해결일 터이다.

우리 사회의 교육 불평등은, 교육뿐 아니라 정치와 경제 및 산업구조와 가족 역학(力學)이 상호 긴밀히 엮여서 빚어낸 결과물이다. 따라서 그 해결과 극복 역시, 교육 영역에 국한된 단기적 정책 변화만으로는 가능하지 않다. 즉 어느 한 영역에서의 변화가 다른 영역에서의 변화를 초래하고 다시금 또 다른 영역에서의 변화로 꼬리에 꼬리를 물고 이어지는, 짧지 않은 기간 동안의 범사회적 노력과 부단한 인내를 필요로 하는 일이다. 다만 부모들의 교육 열기(熱氣) 면에서 다른 어느 사회에도 뒤지지 않았던 지난 세월을 뒤돌아보고 장점을 취하되 부작용을 간과하지 않는 수준에서, 개별 가족적 선택들이 모여서 합리적 교육문화를 형성해 가기를 기대한다.

3) 성인 자녀의 부모의존

성인기에 도달한 자녀가 부모의 집에서 숙식을 해결하면서 얹혀사는 모습이 드물지 않다. 그런데 이는 거시경제의 불황으로 인한 젊은 세대의 취업난 및 교육기간 증가 등으로 인해 성인기로의 이행이 지체되고 있는 현실과 무관하지 않다. 우리 사회의 서정적 가족주의 정서에 기대어, 소자녀화를 주도해 온 베이비붐 세대는 노년의 문턱에 이르러서도 미처 세상으로 나갈 준비가 되지 않은 자녀를 내치지 못하면서 양육기를 연장하고, 독립하지 못한 자녀는 당연한 듯 부모에게 기댄 채 성인기로의 전이를 미루고 있다.

미래 세대의 사회경제적 지위 확보를 위해, 오늘의 부모가 마련해야 한다고 여기는 또 하나의 교두보가 자녀의 결혼이다. 상대의 직업과 집안 배경 등이 배우자 선택에 있어서 중시되는 것은, 결혼이 사회경제적 계층 보장 및 상승을 위한 계기로 여겨지기 때문이다. 그래서 부모들은 자녀의 학벌 성취를 위해 가족자원을 쏟아부었듯이, 자녀의 결혼에 당연한 듯 자신들의 노후자금을 쏟아부으면서 과다혼수의 늪에서 헤어 나오지 못하고 있다. 이렇듯 부모가 주도해 온 과다혼수 문화는 논리적 합리성이 없는 채로 세월의 흐름과 더불어 문화화되었고 또한 자녀로서는 천정부지로 치솟는 집값과 불황이라는 현실에서 부모에게 기대어 손쉬운 출발을 하려는 욕구를 거부하기 힘들기 때문에, 개별 가족적 차원에서 방향키를 돌리기는 쉽지 않은 것이 현실이다.

뿐만 아니라 결혼을 한 이후에도 맞벌이와 육아를 병행하려는 자녀들의 뇌리에 손쉽게 떠오르는 존재가, 손자녀 대리양육 담당자로서 조부모 즉 자신들의 부모이다. 물론 나이 든 부부가 손자녀 대리양육에 뛰어들게 되는 주 이유는 자녀 세대의 경제활동을 지원하기 위함이다 (Goodman & Silverstein, 2002). 부모로부터 양육과 가사의 지원을 받고자 하는 자녀 세대의 필요로 인하여, 젊은 세대일수록 그리고 최근에 올수록 부모 가까이에 사는 비율이 증가하고 있다(이여봉, 2019). 그래서

'부모 마음'이란 이유로 손자녀 대리양육 요구를 단호히 거절하기 힘든 오늘의 부모는 다시금 제2의 양육기를 맞이하여 손자녀 양육뿐 아니라 기혼자녀의 가사까지 지원하고, 자녀는 결혼 후에도 부모에 대한 의존 상태를 이어 간다(이재림, 2013). 손자녀의 나이가 어려서 양육 의존도가 높을수록, 성인자녀는 대리양육을 담당해주는 자신의 부모와 긴밀한 관계를 유지한다(조병은·신화용, 1992). 그러나 손자녀 양육을 둘러싼 세대 차이로 인해, 노부모와 기혼자녀가 상호 갈등할 가능성은 적지 않다. 특히 손자녀 대리양육이 단기간에 끝나지 않고 장기화될 경우 부모자녀 간 갈등이 개선될 가능성은 낮고, 노부모는 손자녀 양육에 대한 신체적 부담과 아울러 양육을 둘러싼 자녀와의 갈등이라는 이중적 위험에 처하기 쉽다. 따라서 어쩔 수 없이 대리양육을 부탁하고 수락하는 경우에도, 처음부터 대리양육의 범위와 노부모의 양육 수고에 대한 보상 그리고 대리양육 기간 등에 관해서 명확히 합의해야 한다. 부모자녀 사이에 선을 긋듯 냉정하게 여겨진다는 이유 때문에, 상호 간 명확한 합의 없이 대리양육을 맡기고 맡는 경우가 대부분이다. 그러나 이 경우, 양자 간 서로의 역할범위 및 양육방식 등에 관한 기대 차이로 인해 서로에 대한 서운함이 쌓이기 쉽다.

2. 부양 문화의 변화

1) 부양을 둘러싼 물적 변화와 개인적 부양 문화

친족들이 모여 살며 농사를 짓던 농경사회에서, 노인 소유의 토지는 자녀로부터의 부양서비스와 교환할 만한 중요하고 든든한 자원이었으므로 가족 내에서 노인의 지위는 확고했었다. 그러다가 산업혁명 및 시

민혁명 이후의 공업화로 인해 토지기반 경제가 약화되고 도시화 및 핵
가족화를 겪으면서, 서구에서는 노인 부양 기능이 가족으로부터 사회로
양도되었다. 반면 한국은 뒤늦게 산업화 및 도시화를 압축적으로 경험
하는 과정에서 노인이 지닌 토지자산 가치가 하락했음에도 불구하고,
당시의 열악한 사회적 부양체계 대신 가족에 의한 노인 부양이 큰 차질
없이 행해졌다. 이는 성리학적 전통에 기초한 '효도' 윤리가 사회 속에
뿌리를 내려왔고 개인들이 수용하여 내면화한 결과, 노인에 대한 가족
부양을 당연한 자식의 도리로 여기는 문화가 지속되었기 때문이다. 특
히 장남과 맏며느리에 의한 부양을 노인 세대도 자녀 세대도 당연시해
온 세월이 상당기간 지속되어 왔다.

　조선 중·후기 즉 17세기 이후 장자에게 주어졌던 부모봉양 및 봉제
사 의무는 재산 차등 상속 및 장남우대 상속이라는 경제적 지원과 보장
책에 맞물린 사회적 합의였다(이여봉, 2017a). 그러나 한국의 가족법은
1990년의 개정에 기초하여 1991년부터 형제자매 간 서열 및 성별과 상
관없이 상속재산에 관한 균등 배분을 보장하는 균분상속제로 바뀌었다.
그런데 한국사회의 균분상속제란 자녀들 간 재산의 상속에 관한 것일
뿐, 봉제사 및 부모부양 의무에 있어서의 균등한 분담을 법제화한 것은
아니었다(이여봉, 2017a). 게다가 모든 자녀가 봉제사 및 부모부양을 분
담해야 한다는 사회적 합의가 이루어진 것도 아니다(이여봉, 2017a). 결
국 상기 법적 변화는 노부모의 유산에 대한 장남의 권리를 축소함으로
써 장남과 맏며느리의 부양의지를 약화시킨 반면, 여타 자녀들의 부양
의지를 강화시키지는 못했다(이여봉, 2017a). 장남과 맏며느리의 입장에
서는 상속재산을 균등하게 나누어야 하는 상황에서 부모부양 및 봉제사
또한 분담하기를 원하는 반면, 그 외의 자녀들은 상속에 관해서는 법에
보장된 권리를 찾고자 하지만 부모부양은 장남의 의무라고 여기는 전통

규범에 머물러 있기 때문이다. 그래서 균분상속제로의 변화는 평등이라는 중요한 가치에 근거하고 있음에도 불구하고, 노부모에 대한 우선부양 책임자의 부재를 초래함으로써 부양을 둘러싼 자녀들 간 갈등의 소지를 넓혔고 부양을 필요로 하는 노부모의 불안을 증가시켰다(이여봉, 2017a).

　노년층의 위상이 현저히 약화된 오늘날, 경제력을 갖춘 노년은 자신의 경제력을 기반으로 하여 개인적 차원에서 자녀로부터 효도를 유도해 내려는 시도를 한다. 그 일환으로서, 가진 재산을 가능한 한 생의 마지막까지 지니고 있으면서 자녀가 부모를 찾을 때마다 조금씩 주어야 한다는 주장 그리고 사전 증여를 할 때 효도계약서를 받아야 한다는 주장 등이, 노인들 사이에서 회자된다. 자녀에게 재산을 증여하고 났더니 증여 시의 약속과 달리 불효를 한다면서, 자녀를 상대로 재산반환소송을 하는 일도 벌어지고 있다. 사실 효도계약서가 최근에 이르러서 처음 등장한 것은 아니다. 과거 유럽의 도시 중산층은 유언장에 노후의 부양요구를 상속조건으로서 구체적으로 기록했고, 농민들은 자녀에게 토지나 경작권을 물려주는 대신 은퇴계약서를 써서 노후의 삶을 보장받았었다(백승종, 2018). 이런 식의 부양계약서는 중세부터 지속되어 오다가, 20세기 초에 이르러 연금법에 의해 대체되었다(백승종, 2018). 다만 유교 윤리가 강하던 동아시아에서는, 효자에게 효행상을 주고 관리등용의 기회를 주거나 불효자에 대한 사회적 제재를 하는 등과 같이 자녀에 의한 부양을 강제하는 사회적 합의가 굳건했으므로, 별도의 부양계약서가 필요시되지 않았다(백승종, 2018). 우리 사회에는 이제 더 이상 자녀에 의한 노부모 부양을 강제할 규범적 압력이 존재하지 않는다. 따라서 다른 선택지가 없는 노인들이 세대 간 자산 이전과 자신에 대한 부양을 연관 지어서 계약으로 묶으려는 것은, 자기보호를 위해 당연한 시도이다. 부모자녀 간의 공식적 계약에 대한 심리적 거부감이 완화되면, 효도계약 서는 점차 새로운 문화로서 보편화될 것이다.

상속문화의 변화

상속은 망자 즉 피상속인의 유지에 따르는 것을 원칙으로 한다. 그런데 이는 망자의 유지에 유족들이 순순히 따르거나, 혹은 유언이 날짜 등을 명기한 자필증서, 녹음, 공증, 비밀증서 등 법적 효력이 있는 형식에 준하여 남겨진 경우에 한정된다. 만약 피상속인이 유언 없이 사망하거나 혹은 유언장이 법적 효력을 갖춘 형식으로 남아있지 않은 경우엔, 유족들 간의 합의 혹은 상속법이 규정한 바에 따라 상속이 이루어지게 된다.

오늘날 한국의 상속법은 자녀들 간의 서열과 성별에 상관없이 균분상속하고, 생존 배우자에겐 자녀 1인당 상속분의 1.5배에 해당하는 지분을 상속하는 것을 원칙으로 한다. 그런데 망자의 유지가 법적 효력이 있는 경우에도, 그대로 현실화되는 데 있어서는 제한이 있다. 불공평한 상속분할이 이루어졌다고 여겨질 때 상속권자가 최소한의 권리를 보장받을 수 있도록 하는 차원에서, 유류분 제도가 있기 때문이다. 상속권자로서 법적 지분의 1/2에 대한 권리를 주장할 수 있는데, 이를 유류분 청구제도라고 한다. 예를 들면, 만약 자녀 2명 중 한 명에게만 모든 재산을 상속하겠다고 유언장에 명시하더라도 나머지 한 자녀가 유류분을 주장하면, 법적 상속분의 1/2을 해당 자녀에게 배분하도록 한 제도이다. 이는 상속권자의 권리를 보호하기 위한 제도이지만, 망자의 유지를 제한한다는 비판으로부터 자유롭지 않다.

그래서 2011년에 신탁법이 개정된 이후 2012년부터 유언대용신탁이 활용되고 있다. 유언대용신탁이란 개인이 생존해 있는 동안 금융기관에 자산신탁계약을 맺으면, 사망 이후에 해당 자산을 망자가 원하던 방식으로 분배하고 관리하는 금융상품이다. 이는 유언에 의한 상속을 대신하는 역할을 하는데, 신탁을 설정하면 소유권이 금융기관으로 넘어가고 사전 계약에 준하여 관리되도록 되어 있다. 사망 시점으로부터 1년 이전에 유언대용신탁을 통해서 금융회사에 맡

겨진 자산은 유류분 산정에서 제외해야 한다는 판례가 확정되면서(2020년 3
월), 유언대용신탁은 본인이 원하는 대로 재산을 상속하고 사후 유족들 간의
상속갈등을 피하기 위한 대안으로서 부상하고 있다. 특히 노인들이 자신의 사
후 재산배분에 대한 권리를 보장받음으로써, 생존해 있는 동안 자녀로부터 효
를 이끌어내기 위한 선택지로서 고려되고 있다.

2) 동거부양에서 가까이 살기로

더 이상 노부모가 성인자녀와 동거하면서 부양을 받을 수 있는 시대
가 아니다. 3세대 이상 가구비율은 급속히 감소하여 2017년 현재 전체
가구수의 4.9%에 불과한데 그나마 2047년에는 2.3%로 감소하는 반면,
65세 이상의 고령자만 사는 가구 비율은 2017년에 이미 20.4%인데
2047년에는 49.6%로 증가할 것으로 전망되었다(통계청, 2019). 오늘날
성인기에 이른 자녀가 부모로부터 독립하지 못한 채 부모에게 얹혀서
살아가는 가구가 늘어나는 것과 달리, 정작 노부모의 피부양 필요에 의
해 자녀와 동거하는 가구의 비율은 극소수이다. 이는 더 이상 '효도'라
는 규범적 잣대를 들이대면서 가족에 의한 동거부양을 고집하는 것이
비현실적임을 의미한다. 다만 도구적 부양역할을 여전히 여성이 담당해
오고 있는 현실에 비추어 볼 때, 부양의 모계화가 진행될 것이라는 추
론이 제기되고 있다(이여봉, 2011, 2017a, 2017b). 이러한 예측은 시부모
와 동거하는 며느리보다는 친정부모와 동거하는 딸의 우울 수준이 낮고
(이여봉, 2011, 2017b) 정서적 부양은 주로 딸에 의해 이루어지고 있는
현실(이여봉, 2017a)을 고려한 것이다.

한편 동거부양을 대체하는 방안에 관한 사회적 공론화가 이루어지고
있다. 교육수준 및 계층적 지위가 높을수록, 노부모와 따로 살면서 지원

을 하는 경향이 높다(김두섭 외, 2000). 교통과 통신수단이 고도로 발달한 오늘날 지리적 거리에 구애받지 않고 다양하게 지원을 주고받을 수 있기 때문이다. 또한 경제적 수준이 높을수록 노부모 역시 동거보다는 별거를 선호한다(이여봉, 2017a). 김두섭 등(2000)은 오늘의 동거부양은 세대 간 연대를 나타내는 하나의 지표일 뿐이라고 한계를 그었고, 리트웍(Litwak, 1985)은 동거부양이란 사회적 이동 기회가 적고 경제적 여건이 제한되어 있을 때 어쩔 수 없이 선택하는 것이라고 지적하였다. 노부모와 성인자녀의 한집 살기를 유일한 효도 방안으로 여기는 문화는 사라지고 있다.

도구적 부양지원이 가능할 만큼 '가까운 거리에 거주하기'가 현실적 대안일 수 있다. 부모와 성인 자녀가 각각 독립된 가구를 이루고 살되 한 아파트 단지 내에 살거나 같은 동의 다른 층에 살기를 시도하는 경우도 적지 않다. 일반 아파트를 건설할 때 노인동(老人洞)을 섞어서 짓고 노부모는 노인동에 자녀는 일반동에 분양을 받고자 할 경우 혜택을 주는 정책안이 나오고 있다. 이는 노부모가 자신의 공간에서 독립적 생활을 유지하면서도, 인근에 자녀가 살아서 노부모에게 부양지원을 할 수 있도록 하려는 의도이다. 이러한 배치는, 동거부양이 초래하는 불편함으로부터 해방되면서도 노부모의 안부를 수시로 확인하고 필요한 부양지원을 제공할 수 있는 절충안으로 받아들여지고 있다.

3) 시설부양을 바라보는 시선의 변화

실버타운과 노인요양병원 및 요양원 등의 양로시설이 또 하나의 대안으로 시도되고 있다. 이 경우 일상적 수발의 대부분을 시설 관계자 및 간병인들이 제공하기 때문에, 자녀가 감당해야 할 부담은 훨씬 적다. 그런데 양로시설은 이용자의 경제적 상황에 따른 질적 차이가 크다. 따라서 시설의 질적 수준은 노부모 자신의 경제력이나 자녀들의 경제적 지원 능력에 의해 좌우될 수밖에 없다. 그런데 질 좋은 시설이 아닌 곳을 택해야 하는 경우, 노부모의 입장에선 '서러움'을 자녀로서는 '죄책감'을 느끼게 된다. 이는 우리 사회가 아직도 부모부양을 가족의 기능으로 여기고 시설부양을 불효와 등치시키는 문화에서 벗어나지 못하고 있기 때문이다. 그럼에도 불구하고, 노인들의 상당수가 이미 시설에 거주하고 있는 것이 현실이고 사회적으로도 다양한 수준의 양로시설이 확대되고 있다. 현재 노년기에 접어든 베이비붐 세대에게도, 노인시설은 의존적 시기에 자신을 의탁할 대안으로 여겨지고 있다.

실버타운과 노인요양원이 도심에서 멀고 풍광이 좋은 곳에 위치하던 과거와 달리 도심에 건설되고 있는 추세이다. 이는 노인들로 하여금 익숙한 지역에 그리고 자녀들로부터 멀지 않은 곳에 머물게 하여, 삶의 연속성을 최대한 유지하고 자녀들과 가능한 한 자주 접촉할 수 있도록 하기 위함이다. 대규모 종합병원 인근에 주변 아파트 시세보다 낮은 가격의 노인아파트를 분양하고, 또 근처에 노인요양병원과 요양원이 자리를 잡는 모습도 드물지 않다. 가능한 한 노인들 스스로 독립적 삶을 유지할 수 있도록 노인편의 시설 및 안전시설을 갖춘 아파트에서 살다가, 의존적인 삶이 시작되더라도 멀리 떠나지 않고 인근에서 익숙하게 보아오던 요양병원 혹은 요양원에서 지내고 아플 때 가까이에 있는 대형병원에서 신속하게 의료적 처치를 받을 수 있도록 하려는 것이다.

오늘의 중년세대는 노후의 경제적 부양을 스스로 그리고 도구적 부양을 사회적 지원과 보조 인력의 구매를 통해서 해결할 것을 각오하고 있다. 그렇지만 정서적 부양은 여전히 자녀들에게 기대한다. 은퇴

이후 늙어갈수록 사회적 교류가 제한되는데, 가족은 관계에 대한 욕구를 충족하고 외로움을 줄일 수 있게 하는 최후의 보루로 여겨지기 때문이다. 그래서 가족은 제한된 방식으로나마 여전히 노후의 지원처로 남아있다.

3. 부모자녀 관계의 본질과 문화적 변화에 관한 단상

부모와 자녀 간의 관계는 "하늘이 내려준 인연이므로 인간이 끊어낼 수 없다"는 의미에서 천륜(天倫)이라는 말로 묘사된다. 유교윤리가 강한 수직적 집단주의 사회에서, 이는 부모와 자녀 간의 강한 유대와 서로에 대한 무제한적 책임 및 의무를 의미하는 것이었다. 그런데 사회적 규범의 강제성이 약해진 오늘날, 부모자녀 간 유대는 부모와 자녀가 긴 세월에 걸쳐서 쌓아온 애착과 갈등 수준별로 다양할 수밖에 없다. 교육기간의 연장과 청년취업의 어려움은 부모의 양육부담과 양육기간을 증가시켰고 또한 자녀의 입장에서는 부모에 대한 의존 기간을 늘려서 독립 시기를 늦추게 했다. 그리고 유병장수 시대의 도래는 자녀가 부모를 부양해야 하는 기간의 연장을 초래해서, 고령의 자녀가 초고령의 부모를 부양하는 노노(老老)부양이 흔한 시대이다.

이러한 구조적 변화는 그 자체에 머물지 않고 다양한 갈등 조건을 만들어 내고 있다. 첫째, 평균수명이 길어져서 부모와 자녀가 함께 생존해 있으면서 상호작용하는 기간 또한 길어졌는데, 급변하는 사회 변화에 발빠르게 적응하는 젊은 세대와 외적 변화에 대한 적응력이 약한 부모 세대 간 가치관 격차는 크다. 게다가 부모와 자녀 간의 수직적 위계 규범이 확고하던 과거에 비해, 평등주의가 확산된 오늘날의 부모와 자녀 간 갈등은 쉽사리 표면화된다. 둘째, 중산층 가족 안을 들여다보면, 노부모의 입장에서는 성인자녀로부터 충분한 부양을 기대하기 힘든 상황에서 연장된 노년을 스스로 부양하며 살아내야 하므로 소유 자산을 일찌감치 자녀에게 양도하기를 주저하는데 성인 자녀는 폭등한 주택가격과 취업난으로 인해 부모로부터의 재정지원이 절실한 입장이어서, 부모와 자녀 간 서로에 대해 상당한 기대 차이가 실재한다. 게다가 우리 사회에 자리잡고 있는 서정적 가족주의는 부모로부터 장기간에 걸쳐서 자녀에게 일방적으로 향하는 지원을 당연한 듯 여기게 했고 자녀 역시 부모에 대한 의존을 합리화하고 부모로부터의 지원을 기대하도록 했는데, 당면한 가족 현실이 그러한 기대에 미치지 못할 경우 자녀의 불만과 부모의 미안함이라는 정서적 관계 구도를 만들어낼 가능성이 높다. 그리고 셋째, 전통적으로 부모자녀 관계를 우선시해 왔던 우리 사회에서도 젊은 세대는 서구의 낭만적 사랑과 개인주의 사고에 더욱 가까이 다가서 있으므로 부부관계와 자신들이 일군 생산가족을 우선시하며 살아간다. 그런데 이를 확인하는 노부모로서는 양육기간 동안 자녀에게 쏟아왔던 정성이 홀대받는 듯해서 서러운 감정을 느끼기 쉽다. 이는 우리 사회의 부모자녀 관계가 과도기적 시점에 놓여있는 데 따르는 특성이다.

유례없이 빠른 사회변화를 경험하며 살아가는 오늘날, 부모가 당연시해 온 가족 내 세대관계와 자녀가 기대하는 세대관계 사이에는 지난 어느 시대와도 비교될 수 없으리만치 큰 간극이 존재한다. 그러므로 오늘의 부모자녀 관계가 순항하기 위해 당면한 과업은, 부모와 자녀 양자가 서로 신발을 바꿔 신어보고 상대방이 살아온 세월과 현재를 이해하려는 노력이다. 부모와 자녀는 살아온 시기와 환경이 다르고 또한 살아오면서 겪은 경험이 다르므로, 옳고 그름에 대한 판단 역시 다를 수 있다. 뿐만 아니라, 양 세대는 현재의 연령대가 다르므로 매 순간 필요로 하는 것과 기대하는 것이 다르다. 따라서 서로의 "다를 수밖에 없음"을 인정하고 수용하는 채로 상대방을 독립적인 개인으로서 인정하고 배려하는 데서, 부모자녀 관계의 꼬인 실타래가 풀리기 시작할 것이다.

15장

다문화 사회와
통일 시대의 가족문화

지구상 유일한 분단국가인 한국은, 한편으로 같은 민족이라는 정체성에 기대어 새터민[49]들을 끌어안고 민족통일을 향한 노력의 당위성을 유지하면서, 다른 한편으로는 유입이 증가되고 있는 이민족들의 문화에 대한 배타성을 지양하고 다양성을 수용해야 하는 과업에 직면해 있다. 따라서 얼핏 상충되어 보이는 두 이념 즉 단일민족주의와 다문화주의가 상호 공존할 수 있는 접점을 찾는 것은, 현 시점에서 우리 사회가 당면한 과제이다.

1. 다문화 시대의 가족문화

1) 다문화주의와 동화주의

대표적 다문화 사회인 미국을 샐러드 볼(salad bowl)이라고 표현하기도 하고 혹은 멜팅 팟(melting pot)이라고 부르기도 한다. 후자가 다양한 이주

---

49) 새터민이란 "새로운 터전에 사는 사람"이라는 뜻을 지녀서, 삶의 터전을 옮긴 사람들을 총칭한다. 2005년부터 '북한을 탈출하여 남한에 정착한 사람'을 일컫는 공식 용어로서, '탈북자'라는 용어를 대체하여 사용되고 있다(이여봉, 2006).

집단들을 미국 사회의 주류문화에 동화(assimilation, 同化)시키고자 하는 동화주의 관점이라면, 전자는 다양한 이주문화가 서로의 고유성을 유지하면서 공존하는 그릇이라는 의미를 지니는 다문화주의(multiculturalism, 多文化主義) 관점이다(박준언, 2004; 정하성 외, 2007에서 재인용). 동화주의 관점에서는, 해당 사회의 통합을 위해서 개별 인종들이 지닌 다양한 모국의 특성들이 하나의 국가라는 그릇 안에서 주류문화에 녹아들어서 동질화되기를 기대한다. 그러나 이러한 '멜팅 팟'에 대한 환상이 현실적이지 않음은, 거듭되는 인종 간 갈등과 폭력 사태를 통해서 실감되고 있다. 그 예로서, 최근 코로나 사태가 초래한 "먹고 사는" 문제로 인해 민심이 또 다시 흉흉해진 미국에서, 흑인에 대한 폭력과 그에 반발하는 흑인들의 시위 그리고 동양인에 대한 무차별적 폭력 등이 심각한 수준에 이르는 것을 관찰할 수 있다. 다양한 인종적 배경을 지닌 이민자들 각각의 문화적 특성들을 그대로 인정하되 국가라는 큰 그림 안에서 조화를 이루기를 기대한다는 의미에서, '샐러드 볼'이라는 다문화주의 관점이 대두되었다. 다문화주의는 개별 민족들 각각의 문화적 뿌리를 인정하면서 상호 이질적 문화들을 제도권 안에서 수용하자는 의미로서, 이민의 역사가 긴 서구의 국가들에서부터 공식화되고 있다(조희원, 2014).

한국 역시 2006년 다문화사회로의 전환을 공식적으로 선언한 것을 계기로, 다양한 다문화 정책들 - 결혼이민자 가족의 사회통합 지원 대책, 혼혈인 및 이주자 지원 방안, 외국인정책 기본방향 및 추진체계, 재한 외국인 처우 기본법 등 - 을 발표해 오고 있다. 이는 한국사회가 원칙적으로는 '정주 허용금지 원칙'을 고수하고 이민을 받아들이지 않음에도 불구하고, 결혼이주여성 및 이주 노동자 등이 정착해서 살고 이들의 자녀들이 태어나 자라면서 사실상 다민족 사회로 향할 수밖에 없어진 데서 나온 대안이다.

한국이 단일 민족임을 자부하던 시절, 외국인들은 관광이나 출장을 왔다가 곧 떠날 사람들로 여겨졌으므로 사회적 관심권 안에 들어오지 않았다. 그러나 이제 한국도 더 이상 단일 민족 사회가 아니다. 한국사회에도 외국에서 유입된 노동인력과 결혼이민자들 그리고 그들이 결혼해서 낳은 2세들의 숫자가 점점 증가하고 있다. 외부 유입으로 인한 인구가 아직은 수적인 면에서 소수이고 그들의 자녀들 역시 많다고 볼 수는 없으므로, 현재 우리 사회의 관심은 그들이 가족과 지역사회에 어떻게 적응하고 무리 없이 융화되느냐에 초점을 두고 있다. 그러나 머지않은 미래에 이들의 비율이 더 증가하고 사회의 각층에 분포하게 되면, 토착 문화와 새로이 유입된 문화 간 충돌은 무시할 수 없는 사회문제로 대두될 것이다. 다민족 사회로의 행로에서, 갈등을 줄이고 통합의 시너지를 일궈낼 수 있느냐를 고민하고 적극적인 대비에 나서야 할 때이다.

2) 다문화 시대의 가족문화

한국 가족의 변화와 더불어서 빼놓을 수 없는 것이, 민족 간 결혼의 증가이다. 전후 미군정하에서 '양공주'라고 불리던 한국여성이 외국인 배우자를 따라 모국을 떠나가던 것이 국제결혼의 전형적 모습이었다. 그런데 한국의 경제적 도약과 더불어서 한국을 기회의 땅으로 바라보게 된 주변 민족들이 한국으로의 이주를 꿈꾸게 되었다. 그리고 한국은 이러저러한 이유로 외국인들의 국내 장기체류를 허용하기 시작했다. 우선 첫째, 한국은 3D 업종을 중심으로 한 노동력 부족문세를 해소하기 위해 1991년부터 산업연수생이라는 이름으로 제3국의 노동자들을 받아들이기 시작했고, 그렇게 들어온 이들 중 상당수가 한국 여성과 결혼하여 국내에 정착했다. 둘째, 국내에서 결혼상대를 찾기 힘든 남성들의 결혼문제를 해소하기 위해 2000년대 초부터 제3국 여성들의 결혼이주를 허용했고, 동남아와 중국 및 러시아 등지로부터 여성들이 결혼이민자로서 유입되었다. 셋째, 세계화 시대를 맞으며 국내에 들어온 외국인과 국내인의 만남 혹은 유학이나 해외여행 차 외국에 나간 한국인과 외국인의 만남이 결혼으로 이어지는 경우가 늘고 또한 이들이 한국에 정착하는 사례가 증가했다. 이처럼 다양한 경로로 민족 간 결혼이 행해지면서, 민족 간 결혼에 대한 사회적 시선 역시 급격히 허용적으로 변화하고 있다. 다양한 경로를 통해 다문화 가족이 형성되는 것은, 결혼이 개인주의화 되면서 국적이나 인종 차이로 인한 장애가 줄어들고 개인 간의 친밀감이 중요한 요소로 부각되는 데 따른 결과이다(이여봉, 2006).

　사회문화적 배경이 유사한 배우자를 만나는 것이 추후의 무난한 결혼생활을 위해 중요하다는 것은, 주지의 사실이다(이여봉, 2017a). 그런데 민족 간 결혼이란 사회문화적 배경의 이질성을 담보한 만남이므로, 결혼의 안정성 면에서 불리하다. 배경이 다른 상대방에게서 느끼는 생소함이, 만남의 초기에는 매력으로 느껴질 수 있으나 관계를 지속적으로 일궈감에 있어서는 서로에 대한 이해를 가로막는 문화의 장벽으로 작용하기 때문이다. 개인의 가치관은 성장기 이래로 자신이 속해 온 문화권의 영향을 받기 때문에, 사회문화적 배경이 다른 배우자 간에는 가치관의 괴리가 클 가능성이 높다(이여봉, 2006). 그리고 언어적 상징은 자신을 표현하고 상대를 이해하는 데 있어서 중요한데, 상대방의 언어에 익숙하지 않은 경우 의사소통이 원활치 않음으로 인해 오해가 쌓이기 쉽다. 표정이나 몸짓 등의 비언어적 소통과 제한적인 언어 소통만으로는 서로의 내면을 공유하는 데 한계가 있기 때문이다(이여봉, 2006). 또한 한국에서의 결혼은 부부만의 생활이 아니라 주변 친족 및 친구들과 함께 어울리는 관계인데, 한국어를 모르는 채로 한국에서 살아가는 외국인 배우자는 자신의 배우자와 그 친척 및 친구로 이루어진 관계망에 통합되기 어렵다는 점 역시 결혼생활을 힘들게 할 수 있다(이여봉, 2006).

다문화 자녀들의 사회 적응은, 다문화 가족과 관련하여 또 하나의 중요한 이슈이다. 중장기적으로 이들이 잘 자라서 사회를 떠받칠 건강한 구성원이 되는 것은, 한국사회의 미래를 위해 중요하기 때문이다. 부모가 두 개의 언어를 모두 유창하게 구사하면서 자녀를 양육하면, 자녀들은 두 개의 언어를 동시에 습득하고 양 문화권에 모두 친숙해질 수 있다. 그러나 주 양육자가 현지어인 한국어에 서툴 경우, 어린 자녀의 언어 발달에 지장이 있을 수 있고 또한 양육자의 입장에서는 자녀와 충분한 의사소통이 안 되기 때문에 적절한 양육을 제공하기 힘들다. 조부모가 함께 살면서 손자녀를 위한 대체양육자 역할을 하는 경우도 적지 않지만, 이 경우엔 고부간 언어소통이 잘 되지 않음으로 인한 고부갈등이 또 다른 위험요인이다. 한편 외모가 많이 다른 민족 간의 결혼일 경우, 자녀들은 주변 또래와 구별되는 외모로 인해서도 집단 따돌림의 대상이 될 위험에 노출된다. 이는 '다름'을 받아들이기 힘든 우리 사회의 집단주의 문화 때문인데, 그로 인한 정체성 혼란과 방황은 당사자들에겐 난관으로 작용해서 장기적으로 한국사회에 대한 불신을 키우게 할 위험성이 있다(이여봉, 2006).

어떤 동기에서든 다문화 가족은 전술한 문제들을 안고 이 땅에서 소수로서의 삶을 살아가고 있다. 앞으로도 민족 간 결혼을 하고 한국에 정착하는 가족들은 증가할 것이며 그들의 자녀들이 자라서 결혼하고 또 자녀를 낳으며 이 땅의 구성원으로서 살아갈 것이다. 그런데 다문화 가족의 비율이 증가하면, 단순한 적응 차원의 문제를 넘어서서 가족 안팎과 지역사회에서의 문화 충돌로 인한 갈등이 사회 문제가 될 가능성이 농후하다(이여봉, 2006). 그래서 다문화 가족이 무난히 살아내는 것은,

개별 가족적 차원에서뿐 아니라 전체 사회의 안정을 위해서도 중요하다. 그런데 정책 및 지역 사회 차원의 지원 방식은, 다문화 가족들의 정착 단계 및 세대별 특성을 고려하여, 다음과 같이 준비되어야 한다. 우선 첫째, 결혼이민자들이 한국의 언어와 한국 문화에 익숙해지도록 가르치고 상담하며 지원하는 기관과 프로그램이 이들 가까이에 마련되어야 한다. 동시에 한국인 배우자의 입장에서 상대편의 가족문화를 이해하도록 교육하고 홍보하며 상담하는 지원 역시 마련되어야 한다. 결혼은 쌍방적 관계이므로, 한편의 일방적 적응만을 목표로 하는 것은 장기적 관점에서 바람직하지 않다. 이는 1세대 결혼이민자들의 사회 통합과 결속을 위해서뿐 아니라, 이들의 자녀를 무리 없이 사회화시키고 동등한 사회구성원으로 키우기 위해 필요한 일이다. 둘째, 결혼 이민자 가족이 지닌 관계상의 문제를 지원하는 프로그램이 필요하다. 가족 가치관의 차이와 언어의 차이 외에 결혼의 이유에 있어서도 양 배우자가 지닌 생각이 다를 경우, 결혼 관계가 순항하기는 힘들다. 가령 모국에 있는 친정의 경제적 어려움으로 인해 한국에서 본국으로 돈을 보낼 생각을 품고 결혼한 여성과 자꾸만 친정에 돈을 보내려고 하는 아내로 인해 불만인 한국인 남편 사이엔, 처음의 기대치 차이를 인식하지 못한 갈등의 소지가 있겠으나 현실 상황에 맞추어 타협할 필요 역시 존재한다. 그런데 그 과정상의 해결 역시 전문적 개입을 필요로 하므로 관련기관의 상담지원이 필요하다. 셋째, 자녀들이 한국사회와 교육현장 그리고 또래문화에 잘 적응할 수 있도록 하는 것은 당사자들만을 대상으로 하는 지원에 국한되지 않고, 일반 또래와 주변 가족들의 시선을 교정하기 위한 교육과 홍보를 필요로 하는 일이다. 따라서 우리 사회의 다문화 수용성을 높이기 위한 교육과 홍보가, 다각도로 이루어져야 한다. 이들이 우리 사회를 떠받치는 든든한 구성원이 될지 부적응 상태로 남아서 우리 사회의 안전을 위협하는 존재가 될지는, 성장기의 환경과 무관하지 않기 때문이다.

2. 민족주의와 통일 시대의 가족문화

단일민족주의란 단일 혈통으로 연결된 내집단 성원 간의 배타적 정체성에 관한 신념을 의미한다. 근대 국민국가 건설 과정에서 민족유형이 형성되는 과정에 주목한 쉬더(Schieder, 1978; 조희원, 2014에서 재인용)에 의하면, 민족이란 부르주아 계급이 경제력을 기반으로 하여 형성한 영국과 프랑스의 시민적 민족 개념과, 분열상황을 극복하기 위해 관념적인 민족정신에 기대어 단결을 도모하고자 했던 독일식 민족 개념, 그리고 이민족의 지배와 억압에 대항하는 이념으로서 민족적 가치에 주목했던 동남부 유럽식 민족 개념으로 구분된다. 지정학적으로 강대국에 둘러싸여 살아온 한국의 민족 개념은, 이들 중 동남부 유럽의 경우와 유사하게 외세에 대항하기 위한 이념이다. 한국 근대사에서 민족이란 일제 강점기에 국가의 공백을 메워주는 신화적 실체였고, 한국전쟁 이후의 분단 상황과 자본주의 동원 체제에서는 계급적 불평등과 이질감을 감추고 '우리'로서 단결하게 하는 지배 이념이었다(조희원, 2014). 휴전이 성립되고 60년이 훌쩍 넘는 세월 동안 이념과 체제 면에서 각도가 상당한 수준으로 벌어져 왔음에도 불구하고 남한과 북한 공히 통일을 공동선으로 여기게 하는 논리적 근거로서, 단일 민족주의가 그 중심에 있다.

1) 통일비용과 분단비용

"우리의 소원은 통일, 꿈에도 소원은 통일"이라며 막연하게 그러나 당연한 듯 여겨온 관념에도, 언제부터인가 다른 목소리들이 섞이기 시작했다. 특히 한국전쟁을 역사의 한 페이지로만 배워온 세대에게, 통일의 당위성이 무조건적으로 수용되지는 않는다. 우선 남북 간 경제적 격차가 상당히 벌어져있는 현 상황에서, 북한지역의 인프라 확충을 위한 투자비용이 만만치 않을 것이고 그 비용은 고스란히 남한 거주민들의 세금으로 충당될 것이니 부담스러울 수밖에 없다. 또한 70년 가까운 분단의 세월 동안 남북한은 체제가 다르고 경제적·문화적으로도 이질화되었으므로, 통일 후의 일상적 삶에 있어서 개인들 및 가족들 간 수평적 다름뿐 아니라 지닌 자원의 양과 질에 있어서의 다름으로 인한 갈등이 심각할 것이다. 그리고 이는 다시금 개인들 및 가족들 간 불평등과 분열로 인한 사회 불안으로 이어질 가능성이 크다. 1990년에 통일을 이루고 성공적으로 안착했다고 평가되는 독일 역시, 파산 지경이었던 동독의 경제를 회복시키고 동서독 간의 경제적 격차를 해소하느라 그리고 양 체제하에서 형성되었던 재산권 통합문제 등으로 인해 몸살을 앓았다. 한반도의 통일 역시 그러한 부담으로부터 자유롭지 않을 것이다.

그럼에도 불구하고 통일의 당위성을 설득하기 위해서는, 통일이 가져올 수 있는 현실적인 이득이 있어야 한다. 가장 현실적인 첫째 이유는, 남한의 자본과 북한의 자원이 결합할 경우 추후 경제적 경쟁력이 강화될 가능성이다. 둘째, 아직 생존해 있는 이산가족들이 헤어져 살아왔던 가족들과 왕래하며 살아갈 수 있게 해야 한다는 인도적·감성적 차원에서의 이유이다. 그리고 셋째, 남한과 북한으로 나뉘어 대치하고 있음으로 인해 군대를 유지하는 비용과 외교비용, 그리고 시시때때로 발생하는 북한 도발로 인한 위협 등의 분단 비용을 줄일 수 있는 이득이다.

그러나 통일이 되더라도 강대국들로 둘러싸인 지정학적 입지로 인해 군대를 유지하는 비용 및 외교비용을 줄일 수는 없고 오히려 통합 후의 내적 갈등과 폭력의 위험으로 인한 비용 역시 만만치 않을 것이라는 우려가 제기된다. 가족적 차원에서도, "헤어져 있던 남북한 혈육들 간의 감동적 상봉"이라는 감상적 시선만으로 바라볼 일은 아니다. 통일로 인한 증세의 불가피성과 남북한으로 흩어져 살았던 자손들 간 법적인 통합으로 인한 상속권 문제 등이 가족적 차원에서 당면하는 사안일 것이다. 부모 밑에서 함께 자란 형제자매 사이에도 일단 성인이 되어 자신들의 생산가족을 꾸리고 나면, 증여와 상속 문제로 인해 심각한 갈등을 겪는 일이 다반사이다. 하물며 성장기를 공유한 적이 없고 성인이 된 이후로도 상호작용이 없던 친족들 간, 통일로 인해 합쳐진다고 해서 즉각적인 가족의 정을 기대하는 것은 비현실적이다. 따라서 이러한 문제들이 연착륙할 수 있도록 최소한의 거름망으로서 법적 규정이 먼저 확립되어야 한다.

2) 새터민 가족의 증가와 가족문화

가족 단위의 탈북 증가 그리고 새터민과 남한 거주민 간의 결혼으로 형성된 가족이 하나 둘씩 증가하고 있다. 통일이 이루어지면 이러한 결합은 훨씬 많아질 것이므로, 이들로 인한 또 하나의 가족문화가 우리 사회의 하위문화로 정착될 것이다. 그런데 새로이 합류한 가족문화가 이미 자리를 잡아 온 주류문화와 충돌하지 않고 섞일 수 있느냐 하는 것은, 사회 전체의 안정과 직결되는 이슈이다. 따라서 아직 일부에 한정되고 있는 새터민 가족들이 남한 사회에 안착할 수 있도록 유도하는 것은, 추후 통일 시점에 수적인 급증을 보일 북한출신 가족들과 무리 없이 통합되기 위한 준비 작업이기도 하다.

1990년대 중반을 넘어서면서 가족이 함께 탈북에 성공하여 국내로 들어오는 경우가 많아지고 있다. 이들은 북한에 가족을 남겨두고 탈북해서 기약 없는 별거를 하는 경우에 비하면, 안정적인 가족생활을 이어 가기에 상대적으로 유리하다. 그러나 이들 중 4분의 1 정도가 남한 정착 후 얼마 지나지 않아 이혼을 하는 것으로 알려져 있다(이여봉, 2006). 그 이유로서, 탈북과정에서의 긴장 끝에 찾아온 안정기에 극단적 이기주의 심리가 드러나면서 양 배우자가 서로에 대한 배려를 하지 못한 채 갈등이 깊어지기 때문이라는 진단이 있다(곽해룡, 2005). 혹은 자본주의 사회의 자율경쟁 체제에 익숙하지 않고 남한의 지식과 기술 요구 수준에 부합하지 못하는 새터민들이 경제적 문제에 봉착해서 느끼는 상대적 박탈감이, 가족 내부로 들어오면서 부부갈등으로 이어진다는 주장도 있다(이여봉, 2006). 그리고 북한에 비해서 개방적이고 상대적으로 가부장성이 덜한 남한의 가족문화와 평등주의 가치관을 여성들은 재빨리 받아들이는 반면 남성들은 북한에서 지녔던 가부장적 권위를 놓치기 싫어하기 때문에, 부부간 갈등이 증폭될 가능성이 높다는 점 역시 설득력이 있다(이여봉, 2006).

새터민 가족 중 성장기의 어린 세대는, 어른들에 비해 적극적으로 새로운 삶의 양식에 적응한다. 그런데 가족 안에서 세대별 남한 적응속도가 다름으로 인해, 부모와 자녀 간 삶의 태도에 차이가 벌어지고 갈등이 일어날 수 있다. 학교에서 또래들로부터 기대되는 남한식 생활양식과 가족 안에서의 북한식 생활방식이라는 이중 요구로 인한 혼란은, 성장기 자녀에게는 정체성 문제로 연결된다(전우택, 2000). 게다가 교정이 쉽지 않은 북한 사투리는, 탈북 청소년들로 하여금 또래 집단에 섞여드는 데 있어서의 장애물이다(이여봉, 2006). 이러한 제반 문제들은, 이국 땅으로 이민을 가서 살아가는 가족 안에서 이민 1세대인 부모와 1.5세대 및 2세대인 자녀 간 갈등이 존재하고, 또한 성장기 자녀들이 주변 또래들과 다른 자신을 비교하면서 정체성 갈등을 겪는 바와 유사하다. 다만 새터민 가족의 경우에는 체제상의 이질성으로 인해 남한 사회에서 적합하게 받아들여지는 사고와 행동을 터득하기 힘들 수는 있으나, 외모와 언어 면에서는 남한 사회에 섞이기에 상대적으로 유리하다. 민족 및 인종 차이로 인한 외모적 특성은 세대를 건너도 여전히 남지만, 새터민들이 경험하는 어려움은 동화과정상의 과도기적 문제에 국한될 가능성이 높기 때문이다. 따라서 당사자들은 새로운 터전에 적극적으로 적응하려는 노력, 주변 지역사회는 새터민 가족을 다양한 가족들 중 하나로서 바라보고 그들의 문화를 이해하려는 자세, 그리고 사회는 이들이 직면하는 상황에 적절히 대처해 가면서 우리 사회의 구성원으로서 포용하기 위한 제도적 장치를 마련하려는 노력을, 경주해야 한다. 이러한 노력들이 어우러질 때, 새터민 가족들이 우리 사회의 구성원으로서 안착할 수 있을 것이다.

| 에필로그

    본서는 가족 안에서 개별 구성원들이 생각하고 행동하는 다차원적 삶의 양식 그리고 가족 밖의 사회에서 가족을 바라보는 시선과 가족 단위의 삶이 경험하는 양식을, 가족문화로서 포괄하여 다루었다. 가족문화란 가족이 살아가는 구체적 일상이면서 추상적 관념이기도 하다. 즉 긴 세월에 걸쳐서 축적된 가족적 경험에서 녹아나왔고 앞으로의 경험치를 쌓아가면서 만들어갈 가족에 관한 사고와 가족적 삶의 양식이, 가족문화이다.

    '정상 가족'을 규정하는 개념적 틀이 강력히 존재하던 근대를 지나서 탈근대에 이른 오늘, 다양한 모습과 다양한 내용으로 엮인 가족들이 출현하여 모두들 동등한 권리를 누리며 보호받기를 바라고 있다. 여성가족부는 건강가정기본법 및 민법상 가족을 규정해 온 조항을 삭제하도록 추진하겠다는 4차 건강가정기본계획을 발표하였다(여성가족부, 2021. 4. 27.). 아울러 건강가정기본법의 명칭을 가족정책기본법으로 개정함으로써, 그동안 논란이 되어 왔던 '건강 가정' 개념을 지울 것임을 천명하였다. 혼인이나 혈연 및 입양과 공동주거 등의 몇 가지 조건에 한정하여 가족의 범위를 규정하지 않고, 다양하게 엮인 결합들을 모두 포괄하여 가족으로서 품겠다는 의미로 해석된다. 그렇게 될 경우, 기존의 협소한 개념에서 벗어나서 넓은 범위에서 가족으로서 포함될 모임들을 두루 가족관련 정책의 대상으로 삼는 법적 근거가 마련될 것이다. 이는 이미 현실화된 가족 구성의 다양성에 부응하기 위한 정책적 발맞춤이다. 그런데 이러한 개정 취지의 구체적 실행 과정에서, 좀 더 면밀한 검토와 수정이 필요할 것으로 생각된다. 현재 사회적 합의를 모색하고 있는 결합 형태들 - 혼외 동거, 동성혼, 1인 가족, 공동체 가족 등 - 외에도, 추후 어떠한 결합 형태가 우리 사회에 등장할지 예단할 수 없기 때문이다. 가령 인형이나 로봇을 반려로 삼아서 가족으로 인정하고 그에 준하는 법적 권리와 보호를 제공하라고 요구할 경우, 우리 사회는 어떻게 대처할 것인가에 관한 고민 역시 선행될 필요가 있지 않을까? 아무튼 다양한 이견과 갈등을 조율하여 사회적 합의를 토대로 한 변화가 이루어지길 기대한다. 한편 법무부는 반려동물의 법적 지위를 사유재산이 아닌 가족으로서 인정하는 민법 개정에 착수하였다(조선비즈, 2021. 3. 11.). 이 또한 정서적 위안을 찾는 대상을 굳이 부모나 자식 및 배우자에 한정하지 않고 반려동물에까지 넓혀 오고 있는 현실에서, 생명에 대한 책임 범위를 확대하겠다는 의미로 해석된다. 반려동물을 유기하거나 학대하는 경우를 막기 위한 방안으로 이해되지만, 이에 관해서 가족으로서의 사회적·법적 권리와 보호에 대한 요청이 제기될 경우 어떤 방식으로 처리할 것인지에 관해 구체적으로 성찰해 볼 필요가 있다.

  과학기술을 활용하여 방범 및 주거의 편의뿐 아니라 환경조절과 의료 지원까지 담당하는 "똑똑한" 집이 부상하고 점점 그 범위를 확대하고 있다. 그런데 과학기술을 멀리하며 첩첩산중에서 최소한의 거처를 짓고 자연 그대로를 만끽하며 살아가는 '자연인'들의 삶도 조명되고 있다. 한편에서는 도심의 고층 아파트에 열광하는데, 다른 한편에서는 땅에 농작물을 심으며 자연 속에서 살겠다는 젊은이들이 귀농을 하고 있다. 또한 한편에서는 어쩔 수 없이 내몰린 1인 가구들이 증가하지만, 다른 한편에서는 개인적 자유를 위해 선택한 자발적 1인 가구들이 늘어난다. 그리고 서로 마음이 맞는 사람들끼리 공동체 가족을 일구어 '한집 살이'를 하거나 혹은 선택적 이웃으로 모여서 상부상조하며 살아가기도 한다. 이들은 살아갈 터전을 선택하는 데 있어서의 취향이 다양해지고, 주거에 대한 선택의 폭이 넓어지고 있음을 보여준다. 가족관계 역시 마찬가지여서,

한편에선 오프라인에서의 가족 간 소통 단절이 우려되는데, 다른 한편에 선 SNS를 통해 거리의 한계를 넘어서 불특정 다수와의 비대면 소통에 열중한다. 또한 난임 부부가 과학적 방법을 동원해서라도 부모가 되고자 애를 쓰는데, 다른 한편에선 자발적 무자녀 부부가 늘어나고, 또 다른 한편에선 배우자는 필요치 않고 자녀만을 원한다며 첨단의 의료적 기술 을 동원한 출산을 시도한다. 가구형태 중 1인 가구의 비율이 가장 높은 시대에, 사람 대신 반려견 및 반려묘를 가족으로 삼아 함께 살아가는 문 화가 형성되고 있다. 또한 인공지능의 첨단화로 일상생활의 자동화가 앞 당겨지고 있는 시대에, AI가 가족역할을 대체할 가능성 역시 제기된다. 그래서 정서적 위안은 반려견이나 반려묘에게서 얻고 도구적 가족역할 은 AI에게서 구하는 것이, 또 하나의 가족문화로서 보편화될 가능성을 드러낸다. 이처럼 오늘날 개개인이 행복하게 살아갈 가족이란, 하나의 틀에 꿰어 맞춰지거나 평준화될 수 있는 것은 아니다.

어느 문화권이든 주어진 자연환경과 사회구조적 특성 및 한계에 적응하 는 과정에서, 의식주와 의례 그리고 노동 및 여가 등의 가족문화를 다양하 게 발달시켜 왔다. 세계화 시대에 이르러 한편으로는 전 세계가 문화적으 로 수렴하면서도, 다른 한편에선 긴 세월 동안 쌓여온 전통과 환경적 차이 로 인하여 구분된다. 즉 문화는 과거로부터 현재에 이르기까지 켜켜이 쌓 여온 삶의 경험에 터전을 두고 있고, 미래의 문화 역시 과거와 현재라는 터전 위에 기초할 것이기 때문이다.

한국의 가족관련 정책은 기존의 가족정서와 새로운 사회적 과제 간의 틈바구니에서 방향을 잃은 채 표류하고 있다. 20세기 후반의 인구정책은 부모와 자녀 사이의 정서적 관계를 강조하는 서정적 가족주의 이념에 기 대어 소자녀 규범을 확산시켰다. 그런데 출산율을 높여야 하는 상황에 직 면한 오늘날, 소가족화를 홍보하고 유도했었던 20세기의 논리를 대체할 만한 새로운 가족 이념은 미처 마련되지 못한 상황이다. 고도 성장시기의 고용정책은 남성 생계노동자와 여성 피부양자를 모델로 하여, 남성 위주의 노동시장을 합리화 하는 유교적 가족주의와 서정적 가족주의 정서에 기초했었다. 그런데 고용불안 시대를 살면서 맞벌이를 가족전략으로 삼는 오늘의 젊은 세대에게, 유교적 가족주의에 기초한 가족부양 및 서정적 가족주의 이념에 기초한 모성적 양육의무를 설득하려는 논리는 모순을 드러낼 뿐이다. 그리고 유교적 가족주의에 기초하여 '선 가정보호, 후 사회복지' 원칙을 견지해 온 복지정책은 가족 과부담으로 인한 극단적 가족 피로를 초래하였으므로, 뒤늦게나마 사회적 분담을 서두를 수밖에 없다.

가족문화란 우리 사회의 가족들 그리고 가족 안의 구성원들이 익숙하게 느끼고 내면화하여 자발적으로 움직이는 행동들에 기초한다. 따라서 새로운 가족문화가 자리를 잡기 위해서는, 사람들의 마음을 자연스럽게 움직일 수 있는 일관된 논리를 지녀야 한다. 일례로 다자녀 규범을 성공적으로 뿌리내리기 위해서는, 지난 세기 중·후반 소자녀 규범이 자리 잡을 때 서정적 가족주의 이념이 작동했던 것처럼, 이번에는 개별 가족들이 다자녀를 선택하게 할 만한 또 다른 이념적 뒷받침이 필요하다. 그런데 잊지 말아야 할 것은, 탈근대의 가족은 근대의 획일적 가족과 달리 다양성을 특징으로 하기 때문에 하나의 이념을 모든 가족들에게 일괄적으로 적용할 수는 없을 것이라는 사실이다. 개인적 다양성과 환경적 다변화가 가족의 다양성으로 이어지고 있는 상황에서, 가족은 가족 안의 다양성을 그리고 사회는 사회 안의 다양한 가족적 삶을 있는 그대로 인정하면서 끌어안을 만한 큰 그릇을 마련해야 한다. 당면한 과제는, 현재의 아노미 상황을 효과적으로 정리해 낼 융합적 가족정서가 자생할 수 있는 토양을 만들어가는 노력 그리고 가족에게 획일적으로 지워 왔던 부담의 상당부분을 사회의 책무로서 덜어내기 위한 범사회적 노력이다.

본서는 가족문화의 역사적 변천과 더불어 소주제별로 가족구성원들 간의 미시적 상호작용을 소개하고 개별 구성원들의 행복 추구라는 욕구를 충족시키기 위한 제언을 덧붙이는 정도에 머무를 수밖에 없었다. 현재의 시점에서 가장 우선적인 과제는, 가족구성 및 가족관계 그리고 가족적 삶의 방식에서 드러나는 다양성들이 한국의 가족문화라는 큰 틀 안에서 서로를 인정하면서 함께 어울릴 수 있는 공통분모를 찾아내는 일이다. 그리고 가족 안에서 성별 차이 및 세대 차이로 인한 다름에도 불구하고 서로를 인정하고 화합할 수 있는 토대를 마련하는 것이, 또 하나의 만만치 않은 과제이다. 가족 안의 개인들이 그리고 우리 사회의 가족들이 기억해야 할 것은, 어떤 가족이든 과거로부터 이어온 특유의 문화적 토대 위에 현재가 있고 다가올 미래 또한 해당 가족의 과거와 현재라는 바탕 위에 존재한다는 사실이다.

상담이든 지원이든 가족에 관한 개입 방향을 설정함에 있어서, '건강한 가족'이라든지 '정상 가족'이라는 틀에 꿰어 맞추려는 시도는 그 자체로서 편견이고 함정일 수 있음을 간과하지 말아야 한다. 우리 사회가 '건강한 가족'이라든지 '정상 가족'이라는 틀로써 가족을 협소하게 재단하여 수많은 가족들을 '건강하지 않은 가족' 내지 '비정상 가족'으로 낙인찍어 온 문제점을 시정하기 위한 시도가 시작되고 있다. 가족의 구성 방식과 울타리 유지 혹은 가족기능의 충족 여부에 매달릴 것이 아니라 개별 구성원들이 행복할 수 있는 길을 함께 찾아가기 위한 지원이 필요하고, 따라서 모든 정책과 지원은 있는 그대로의 개인과 가족을 인정하고 수용하는 데서 출발해야 한다. 그것이 과거의 '가족에 의한 복지'나 '가족을 통한 복지'에서 탈피해서 '가족을 위한 복지'로 나아가기 위한 필요조건이고, 개개인의 행복 추구를 위한 선택으로서의 다양한 가족을 폭넓게 수용하고 존중하는 길이다.

참고문헌

강대기. 2001. 『현대사회에서 공동체는 가능한가: 개인의 자유와 공동체적 결속 사이에서』 아카넷.

경제비즈. 2021. 4. 27. <아파트는 '넘사벽'…'아트'로 몰리는 2030> http://biz.khan.co.kr/khan_art_view.html?artid=202104272118015

계선자·이연숙·이정우·양숙희·박미석·최재순·강기정·김연화·박남희·이미선·이영호·임춘희·차성란·최미경. 2009. 『가족과 문화』 도서출판 신정.

곽해룡. 2005. 『북한 이탈주민 현황과 문제』 한국학술정보.

기상청. 2016. 11. 02. <기후에 따른 우리나라의 가옥 구조> http://blog.naver.com/PostView.nhn?blogId=kma_131&logNo=22085 1614004

김경미·류승아·최인철. 2012. "가족 간 식사, 통화 및 여가활동과 중년기의 행복." 『한국심리학회지: 사회문제』 18(2): 279-300.

김경자. 2019. "착한 소비 어디까지 해봤니." <Cheil Magazine>. https://blog.cheil.com/magazine/36866

김광득. 1990. 『현대여가론』 백산출판사.

김두섭·박경숙·이세용. 2000. "중년층과 노부모의 세대관계와 중년층의 노후 부양관." 『한국인구학』 23(1): 55-89.

김문겸. 1993. 『여가의 사회학: 한국의 레저문화』 도서출판 한울.

김승권·양옥경·조애저·김유경·박세경·김미희. 2004. <다양한 가족의 출현과 사회적 지원체계 구축방안> 한국보건사회연구원 보고서.

김양희·전세경·문영소·박정윤·장온정·김예리·김효민·백선아·안진경. 2009. 『가족과 생활 문화』 양서원.

김외숙. 1991. "도시기혼여성의 여가활동참여와 제약장애." 서울대학교 박사 학위 논문.

김정석·김미선. 2020. "졸혼에 대한 사회학적 단상: 졸혼의 정의, 특성, 기제 및 전망." 『한국인구학』 43(4): 99-114.

김청준. 2019. 『현대사회와 문화』 한올출판사.

김진탁·김원인. 2001. 『현대여가론』 학문사.

김혜선·박혜인·홍영옥. 2007. 『한국가정생활사』 서울: 한국방송통신대학교 출판부.

김혜영. 2004. "가족 여가와 젠더." 『가족과 문화』 16(2): 127-166.

곽배희. 2002. "한국사회의 이혼실태 및 원인분석." <한국가족의 현재와 미래> 한국가족학회 추계 학술대회 발표문집: 45-77.

곽유미·최정신. 2005. "미래형 주택으로서의 유비쿼터스 사례의 분석: 홀랜드, 일본, 한국을 중심으로." <대한건축학회 학술발표대회 논문집> 25(1): 307-339.

곽한병. 2010. 『신여가문화론』 대왕사.

남윤인순. 2005. "여성가족부 가족정책, 첫 단추를 잘 끼우자." <저출산과 가족정책, 새로운 출구를 찾자> 한국여성단체연합·한국가족사회복지학회.

네이트뉴스. 2016. 5. 31. <돈은 없고 부모는 모셔야 하는 중년 패륜범죄 증가> http://news.nate.com/view/print?aid=20160531n04936

노컷뉴스. 2021. 7. 3. <완벽한 부모되기 신드롬, 출산율 하락에 기름 부었다> https://www.nocutnews.co.kr/news/5582152

데일리안. 2021. 10. 05. <한경연 "니트족 문제 심각…경제적 비용 연 62조 육박"> https://www.dailian.co.kr/news/view/1038784

두산동아편집부. 2000. 『두산세계대백과』 두산동아.

로버트 보콕. 2003. 『소비: 나는 소비한다. 고로 존재한다』 양건열 옮김. 시공사.

류일현. 2017. "졸혼과 혼인제도." 『가족법 연구』 32(2): 161-190.

맛시모 몬타나리. 2001. 『유럽의 식생활 문화』 주경철 역. 새물결 출판사.

먀오옌보. 2021. 『돈의 탄생』 홍민경 역. 현대지성.

문숙재·윤소영·차경욱·천혜정. 2005. 『여가문화와 가족』 도서출판 신정.

문숙재·천혜정. 2003. "가족 여가에 대한 부모와 자녀의 관점: 가족 여가 지향성 및 가족 여가기능을 중심으로." <한국여가문화학회 연차 학술대회 자료집>.

문영은·심지수·박동숙. 2017. "내가 좋아하는 먹방 BJ는요." 『언론과 사회』 25(2): 58-101.

멈포드. 1990. 『역사 속의 도시』 김영기 역. 명보문화사.

박경숙·서이종·김수종·유연미·이상직·이주영. 2013. 『세대갈등의 소용돌이: 가족·경제·문화·정치적 메커니즘』 다산출판사.

박명희·송인숙·손상희·이성립·박미혜·정주원. 2006. 『생각하는 소비문화』 경기: 교문사.

박명희·옥선화·김미영·백희영·오세영·김대년·이승신·박미석·김외숙. 2003. 『한국의 생활문화 - 과거, 현재, 그리고 미래』 경기: 교문사.

박선웅. 1999. "혼례의 문화적 모순과 상품화." 『가족과 문화』 11(1): 79-101.

박혜인. 1991. "한국전통 혼례의 연속과 단절." 이효재 외 『자본주의 시장경제와 혼인』 도서출판 또 하나의 문화, pp. 17-74.

박재환. 1999. 『술의 사회학: 음주 공동체의 일상문화』 일상생활연구회. 서울: 서울아카데미.

발레리 줄레조·길혜연. 2004. 『한국의 아파트 연구: 서울 지역 7개 아파트 단지 경관 분석을 중심으로』 동아시아 연구 총서 13, 서울: 아연출판부.

백광렬·이상직·사사노 미사에. 2018. "한국의 가족주의와 가족관념: 사회결합론의 관점." 『한국사회학』 52(4): 115-159.

백상경제연구원. 2019. 『퇴근길 인문학 수업: 관계』 한빛비즈.

백승종. 2018. 『상속의 역사』 사우.

보건복지부. 2021. 보도자료 <2020년 화장통계>.

뷰티경제, 2015. 7. 30. <불황에 립스틱 잘 팔리고 미니스커트 착용 는다는 속설 진짜인가>
http://www.thebk.co.kr/news/articleView.html?idxno=172404

설해심. 2017. 『소비의 역사』 휴머니스트.

성영신·고동우·정준호. 1996. "여가의 심리적 의미." 『한국 심리학회지: 산업 및 조직』 9(2): 17-41.

세계일보. 2021. 1. 7. "'양육 안 하면 상속 없다' 구하라법 입법예고."
https://www.segye.com/newsView/20210107515610

신언학. 1985. "집합주거에서 처소감과 공동체 의식." 『건축문화』 49: 10-12.

신용하·장경섭. 1996. 『21세기 한국의 가족과 공동체 문화: 합리적 공동체로서의 한국형 가족모델』 지식산업사.

신용재·김종인. 1989. "아파트 주부의 이웃관계: 생활수준에 의한 비교를 중심으로." <대한건축학회 논문집> 5(1): 15 – 19.

신화경. 2005. "지역사회 여가시설 개발을 위한 주 5일 근무자들의 여가행태 분석 연구."『한국가정관리학회지』23(5): 181 – 190.

쓰지하라 야스오 1999.『세계사의 숨겨진 이야기』최민순 역. 경학사.

아시아경제. 2021. 6. 15. <'상속권상실제도 도입' 구하라법 국무회의 통과… 모레 '민법 개정안' 국회 제출>
https://www.asiae.co.kr/article/2021061512295510090?cm=news_head line

아시아투데이. 2021. 6. 24. <전세계적으로 드문 일본 '부부 동성' 제도…일 본 최고재판소 합헌 결정>
https://www.asiatoday.co.kr/view.php?key=20210624010014948

안철환. 2011.『24절기와 농부의 달력』소나무.

안태현. 2008. "결혼과 이혼의 경제학: 미국의 실증연구를 중심으로."『국제 노동브리프』6(11): 52 – 58.

안혜영. 1995. "여가활동 유형과 여가만족의 관계."『한국 스포츠 사회학회지』 4: 139 – 160.

에릭 마커스. 2000.『커밍아웃』컴투게더 기획/역. 박영률 출판사.

여성가족부. 2016. <2015 가족실태조사>.

여성가족부. 2021, <2020 가족실태조사>.

여성가족부. 2021. 4. 27. <제4차 건강가정기본계획>.

여성신문. 2003. 5. 16.(727호). www.womensnews.co.kr.

연합뉴스. 2019. 8. 21. "동성혼·결합 인정 않는 나라에서 동성애 혐오 강해 져." https://www.yna.co.kr/view/AKR20190821080800009

연합뉴스. 2020. 1. 24. <투잡 뛴 부업자 47만명 '역대 최대'… 부업하는 가 장들 급증> https://news.v.daum.net/v/20200124082546333.

연합뉴스. 2018. <한국인은 왜 검은색을 선호할까?>
http://naver.me/GJePzlrF.

오세영. 2005. "현대 한국 식문화에 나타난 함께 나눔의 성격."『한국식생활 문화학회지』20(6): 683 – 687.

오치아이 에미코. 2004.『21세기 가족에게: 일본의 가족과 사회』고바야시 카 즈미·김향남 공역. 양서원.

우에노 치즈코. 1994.『가부장제와 자본주의』이승희 역. 녹두출판사.

유진성. 2019. <청년층 니트의 특성 분석 및 비용 추정과 정책적 함의> 한
국경제연구원 보고서.

유해정. 1999. "일제 식민지하의 여성정책." 『우리 여성의 역사』 한국여성연
구소 여성사 연구실 편, pp. 275－300.

유현준. 2021. 『공간의 미래』 을유문화사.

윤근섭·김영기. 1998. 『현대 사회학의 이해』 수정판. 형설출판사.

윤소영·윤지영. 2003. "가족 여가의 활동유형 및 본질에 대한 연구." 『여가
학 연구』 1(22): 11－31.

윤익모·김홍설·송강영. 1997. "가족생활주기와 여가활동 장애요인의 관계."
『한국여가레크리에이션학회지』 8: 1－18.

이기숙. 2009. 『현대가족관계론』 파란마음.

이기숙·김영주·박해숙·방현주·석영미·이미란·이선순. 2014. 『가족과 문
화』 창지사.

이기영·김외숙·구혜령. 1995. "부부의 여가활동 공유시간과 결혼 만족도." 『
대한가정학회지』 33(30): 113－126.

이득재. 2001. 『가족주의는 야만이다』 소나무.

이솔비·김동현·김효순·김희수·송혜린·김근향. 2017. "다이어트와 '먹방'
시청이 식욕에 미치는 영향." <2017 한국심리학회 학술대회 자료집>.

이승신·김시월·류미현·노영래. 2010. 『소비사회와 소비문화』 신정.

이여봉. 1998. "외부 인적환경과 가정내 역할수행에 관한 연구." 『동서연구』
10(2): 191－210.

이여봉. 2006. 『탈근대의 가족들: 다양성, 아픔, 그리고 희망』 양서원.

이여봉. 2010. 『21세기 여성과 남성: 수렴과 확산의 미학』 도서출판 신정.

이여봉. 2011. "부양지원과 세대 갈등: 딸과 친정부모 그리고 며느리와 시부
모." 『가족과 문화』 23(1): 41－76.

이여봉. 2017a. 『가족 안의 사회, 사회 안의 가족』 3판. 양서원.

이여봉. 2017b. "여성베이비부머의 부양지원제공과 우울." 『한국가족관계학
회지』 21(4): 51－74.

이여봉. 2019. "세대관계망이 부부간 가사분담과 여가활동공유에 미치는 영향:
출생집단별 차이 및 발달단계별 변화." 『가족과 문화』 31(4): 149－181.

이여봉·김현주. 2014. "가족 내 분배정의 원칙의 적용과 모－자녀 관계의
질." 『한국사회학』 48(2): 1－34.

이여봉·리판. 2012. "중국의 개혁개방과 여성의 혼외관계."『중국학 연구』 59: 267－294.

이연주. 2008. "동거와 한국가족: 전국조사에서 나타난 동거자의 특성."『한 국인구학』 31(2): 77－100.

이유경·이현주. 2021. "코로나 19 시대 재택근무로 전환된 부부의 갈등경험 과 적응과정에 관한 연구: 아내의 경험을 중심으로."『가족과 문화』 33(1): 70－116.

이재림. 2013. "손자녀 양육지원에 따른 조모와 취업모의 관계 경험: 세대 간 지원제공 및 수혜의 의미."『한국가정관리학회지』 31(2): 1－24.

이정우·김연화·김경아. 2000. "성년례 시연을 통해 본 성년례모델의 탐색적 연구 － 참가 대학생을 중심으로."『한국가족 자원경영학회지』 4(1): 113－128.

이정우·이계순·오연옥·이애련·이명숙·김연화·김경아. 2008.『고품격 현 대생활매너』양서원.

이지연·그레이스 정. 2015. "어떤 부부가 함께 여가시간을 보내는가?"『한국 가정관리학회지』 33(2): 149－164.

이진경. 2007.『근대적 주거공간의 탄생』그린비.

이철원·조상은. 2001. "청소년의 여가만족과 제약에 관한 질적 분석."『한국 여가레크리에이션학회지』 21: 179－194.

이현아·최인숙. 2013. "가족식사 및 가족기능이 초기 청소년의 학교적응에 미치는 영향."『한국가정관리학회지』 31(3): 1－13.

이호경. 1994. "가족 여가활동에 관한 연구: 서울 YMCA 성인회원을 중심으 로." 동국대학교 석사학위 논문.

임번장·김홍설. 1996. "대학생의 여가활동유형과 여가만족의 관계."『한국체 육학회지』 35(4): 480－491.

장경섭. 2001. "압축적 근대성과 노인문제의 재인식: '신세대'로서의 노인." 『가족과 문화』 13(1):1－29.

장경섭. 2009.『가족·생애·정치경제: 압축적 근대성의 미시적 기초』창비.

장상진. 2014.『한국의 화폐』대원사.

전상인. 2009.『아파트에 미치다: 현대한국의 주거사회학』이숲.

전우택. 2000.『사람의 통일을 위하여: 남북한 사람들의 통합을 위한 사회정 신의학적 고찰』도서출판 오름.

전인권. 2003. 『남자의 탄생』 푸른숲.

정하성·유진이·이장현. 2007. 『다문화 청소년이해론』 평택대학교 다문화가족센터, 양서원.

정혜경. 2015. "한국 식생활 문화의 의미와 표상." 『아시아 리뷰』 5(1): 97–121.

조병은·신화용. 1992. "사회교환론적 관점에서 본 맞벌이 가족의 성인 딸/며느리와 노모의 관계." 『한국노년학회지』 12(2), 83–98.

조선비즈. 2021. 3. 11. <'반려동물도 가족' 민법 개정 착수… 동물학대 엄벌 첫 걸음 될까> https://biz.chosun.com/site/data/html_dir/2021/03/10/2021031002492.html

조은·이정옥·조주현. 1996. 『근대가족의 변모와 여성문제』 서울대학교 출판부.

조정현·계선자·이연숙·이정우·양숙희·박미석·최재순·강기정·김연화·박남희·이미선·이영호·임춘희·차성란·최미경. 2009. 『가족과 문화』 도서출판 신정.

조희원. 2014. "한국의 다문화주의와 민족주의: 공존과 사회적 통합을 중심으로." 『분쟁해결연구』 12(2): 5–30.

중앙일보. 2021. 2. 3. "젊은 세대의 명품 사랑, 명품 없으면 인정 못 받아? 나이키에 만족하던 아들이 변했다." http://news.joins.com/article/23984726

중앙일보. 2021. 4. 13. "샤넬백보다 더 있어 보여요. 그래서 그림에 지갑 여는 MZ세대." https://news.zum.com/articles/67428652

지영숙·이태진. 2001. "도시가정의 가족 여가 유형: 자녀 교육기를 중심으로." 『한국가정관리학회지』 19(2): 153–165.

천혜정. 2004. "가족 여가 참여 동기 및 가족 여가활동의 효과." 『한국자원경영학회지』 8(2): 1–13.

최영준. 2017. "시청자는 왜 TV 먹방(쿡방) 프로그램에 열광하는가?: 정치경제학적 접근과 스트레스 해소에 대한 고찰." 『정치커뮤니케이션 연구』 44: 121–150.

최유석. 2016. 『세대 간 연대와 갈등의 풍경』 한울아카데미.

최정은정. 2002. <노동과 여가: 열심히 일한 당신, 과연 떠날 수 있는 시대인가?> https://blog.naver.com/jhj7725/140038825572.

최재석. 1999. 『한국인의 사회적 성격』 현음사.

최재필. 1991. "우리나라의 근대화와 아파트 문화의 성공적인 정착요인." 『주택』 52.

최혜경. 2008. "소비주체로서의 노인." 이동원 외, 『고령화사회와 孝 가족문화』 경기문화재단, pp. 213–239.

통계청. 각 년도. <국가통계포털: 인구동향조사>.

통계청. 2019. <장래가구추계 시도편: 2017~2047>.

푸드칼럼. 2017. <'식의합일(食醫合一)'정신의 중국 식생활 문화> https://blog.nongshim.com/1856.

한경미. 1997. "전남지역 농가부부의 노동과 여가: 의식 및 시간분석." 『대한 가정학회지』 35(6): 111–126.

한경애. 1998. "집, 삶, 꿈: 주거문화의 일상성." 『일상 속의 한국문화』 나남 출판.

한국노동연구원. 2002. <주 5일 근무제 도입방향에 대한 국민 여론조사>.

함인희·이동원·박선웅. 2001. 『중산층의 정체성과 소비문화』 집문당.

허혜경·박인숙·김혜수. 2017. 『현대사회와 가정』 동문사.

홍두승. 1991. "계층의 공간적 분화, 1975–1985: 서울시의 경우." 서울대 사 회학연구회(편) 『사회계층 – 이론과 실제』 다산출판사.

홍성희. 1996. "주부의 가족 여가활동 참여도와 생활만족도에 관한 연구." 『대한가정학회지』 42(2): 71–84.

홍주현. 2019. 『환장할 우리 가족』 문예출판사.

Accampo, E. 1989. *Industrialization, Family Life, and Class Relations: Saint Chamond, 1815–1914.* Berkeley: The University of California Press.

Adams, B., & Steinmetz, S. 1993. "Family theory and methods in the Classics." in Boss, P., Doherty, W., Larossa, R., Schumm, W. & Steinmetz, S.(eds.) *Sourcebook of Family theories and methods: A Contextual Approach.* New York: Plenum Press, pp. 71–94.

Axinn, W. G., & Thomton, A. 1992. "The relationship between Cohabitation and Divorce: Selectivity or Causal Inference?" *Demography* 29 (August): 357–374.

Baldridge, J. V. 1980. *Sociology: A Critical Approach to Power, Conflict and Power.* 이효재·장하진 공역. 『사회학: 비판사회학의 입장에서』 경문사.

Baltes, P. B., & Baltes, M. M. 1990. "Psychological perspectives on successful aging: The model of selective optimization with compensation." in Baltes, P. B., & Baltes, M. M. *Successful aging: Perspectives from the behavioral sciences.* New York: Cambridge University Press.

Bardis, P. 1963. "Main Features of the Ancient Roman Family." *Social Science* 38: 225－240.

Benokraitis, N. V. 1993. *Marriage and Families: Changes, Choices, and Constraints.* Eaglewood Cliffs, NJ: Prentice Hall.

Bullough, V., & Ruan, F. 1994. "Marriage, Divorce, and Sexual Relations in Contemporary China." *Journal of Comparative Family Studies* 25: 383－393.

Caldwell, J. C. 1982. *Theory of Fertility Decline.* Academic Press Inc. (London) Ltd.

Calhoun, C, J., Light, D., & Keller, S. I. 1994. *Sociology.* McGraw Hill.

Casper, L. M., & Bianchi, S. 2002. *Continuity and Change in the American Family.* Thousand Oaks, CA: Sage.

Cassidy, M., & Lee, G. 1989. "The study of Polyandry: a Critic and Synthesis." *Journal of Comparative Family Studies* 20(1): 1－11.

Chattopadhyay, K. K. 2006. "Reduce Pretension & Desire for Happiness." *The Economic Times.*
https://economictimes.indiatimes.com/reduce－pretension－desire－for－happiness/articleshow/1715504.cms

Chikuko, U. 1994. *Kindai Kazoku No Seiritsu to Shuen.* Iwanami Shorten Publishers. 이미지 문화연구소 역. 2009. 『근대가족의 성립과 종언』 도서출판 당대.

Chinoy, E. 1963. *Society: An Introduction to Sociology.* Random House.

Coontz, S. 1997. *The Way We really are: Coming to terms with America's Changing Families.* New York: Basic Books.

Crawford. D., & Godbey, G. 1987. "Reconceptualizing barriers to family leisure." *Leisure Sciences* 9: 119−127.

Davis, K. 1949. *Human Society.* MacMillan Co.

Doherty, W. 1997. *The Intentional Family.* NY: Addison−Wesley Publishing Company, Inc.

Donzelot, J. 1979. *The Placing of Families.* New Work: Pantheon Book.

Dumazedier, J. 1967. *Toward a Society leisure.* New York: The Free Press.

Duvall, E. 1977. *Marriage and Family Development.* New York : Harper & Row.

Freysinger, V. 1994. "Leisure with children and parental satisfaction: Further evidence of a sex difference in the experience of adult roles and leisure." *Journal of Leisure Research* 26(3): 212−226.

Faust, K., & McKibben, J. 1999. "Marital Dissolution: Divorce, Separation, annulment, and widowhood." in Sussman M., Steinmetz S., & Peterson, G.(eds.) *Handbook of Marriage and the Family.* New York: Plenum, pp. 475−500,

French, H. 2003. "As Japan's Women Move up, Many are moving out." *New York Times* (2003, March 25).

Fielding, W. 1942. *Strange Customs of courtship and marriage.* New York: New Home Library.

Giddens, A. 2001. *Sociology* (3rd ed). 김미숙·김용학·박길성·송호근·신광영·유홍준·정성호 역 (2004), 『현대 사회학』 4판, 을유문화사.

Gies, F., & Gies. J. 1987. *Marriage and the Family in the Middle Ages.* New York: Macmillan Harper & Row.

Gittens, D. 1985. *The Family in Question.* London: Macmillan Publishers, Ltd.

Goodman, C. C., & Silverstein, M. 2002. "Grandmothers raising grandchildren." *The Gerontologist* 42: 676−689.

Green, E., Hebron, S., & Woodward. D. 1990. *Woman's leisure, what leisure?* London: Macmillan Education Ltd.

Halford, W. K. 2001. *Brief Couples Theory: Helping partners help themselves.* New York, NY: Guilford Press.

Hendry, J. 2003. *Understanding Japanese Society* (3rd ed.) London: Routledge Curzon.

Henneck, R. 2003. "Family policy in the US, Japan, Germany, Italy, and France: Parental Leave, Child Benefits, Family Allowances, Child Care, Marriage, Cohabitation, and Divorce." *Council on Contemporary Families.* University of Miami. https://contemporaryfamilies.org/wp-content/uploads/2003/05/

Hill, M. 1988. "Marital stability and spouses' shared time." *Journal of Family Issues* 9: 427-451.

Hodges, H. 1974. *Conflict and Consensus.* (2nd ed.), New York: Harper and Row.

Holloway, S., & Minami, M. 1996. "Production and reproduction of culture: The dynamic role of mothers and children in early socialization." In Shwalb, D., & Shwalb, B.(eds.) *Japanese Childrearing: Two generations of scholarship.* New York: Guilford Press. pp. 164-176.

Holman, T., & Jacquart, M. 1988. "Leisure-activity patterns and marital satisfaction: A further test." *Journal of Marriage and the Family* 50: 69-77.

Hsu, F. 1971. *The Challenge of American Dream: The Chinese in the United States.* Belmont, CA: Wadsworth.

Hunter, P., & Whitson, D. 1992. "Women's leisure in a resource industry town: Problems and issues." *Society and Leisure* 15(1): 223-244.

Ikels, C. 1993. "Chinese Kinship and the State: Shaping of policy for the elderly." In Maddox, G., & Lawton, M.(eds.) *Annual Review of Gerontology and Geriatrics Vol. 13: Kinship, aging, and social change.* New York: Springer. pp. 123-166.

Ingolesby, B., & Smith, S. 2006. *Families in Global and Multicultural Perspective* (2nd ed.) Sage Publications, Inc., 천혜정·강진경·권영인·신수진·유계숙·전혜정 역 (2009) 『다문화적 관점에서 바라본 세계의 가

족』 시그마 프레스.

Ishikawa, M. 2001. *Sociology of modern families*. Tokyo: Yukikaku.

Iso－Ahola, S. 1984. *The Social Psychology of Leisure and Recreation*. Dubuque, IA: W.C. Brown.

Jeng, W., & McKenry, P. 2000. "A Comparative Study on Divorce in three societies: Tawan, Singapore, and Hong Kong." *Journal of Divorce* 34: 143－161.

Kaku, K. 1999. *Men and Women's stories in Japanese history*. Tokyo: Kodansha.

Kaplan, M. 1960. *Leisure in America: A Social inquiry*. New York: Willy.

Keesing, R. M. 1974. "Theories of Culture." *Annual Review of Anthropology* 3: 63－97.

Kelly, J. R., & Godbey, G. 1992. *The Sociology of Leisure*. State College, PA: Venture Publishing.

Kelly, J. 1977. "Leisure Socialization: Replication and Extension." *Journal of Leisure Research* 9: 121－132.

Kelly, J. 1983. *Leisure identities and interactions*. London: George Allen & Unwin.

Kephart, W., & Jedlicka, D. 1991. *The Family, Society, and the Individual*. New York: Harper Collins.

Kim, D. 1990. "The Transformation of Familism in Modern Korean Society: From Cooperation to Competition." *International Sociology* 5: 409－425.

Kostioukovitch, E. 2010. 『왜 이탈리아 사람들은 음식이야기를 좋아할까』 김희정 역. 랜덤하우스 코리아.

Kroeber, A. L., & Kluckhohn, C. 1952. *Culture: A Critical Review of Concepts and Definitions*. Papers of the Peabody Museum of Archaeology & Ethnology. Harvard University. 47(1).

Lasch, C. 1997. *Women and the Common Life: Love, Marriage, and Feminism*. New York: W. W. Norton & Company.

Leibenstein, H. 1950. "Bandwagon, Snob and Veblen Effects in the

Theory of Consumers' Demand." *The Quarterly Journal of Economics* 64(2): 183−207.

Lillard, L. A., Brien, M. J., & Waite, L. J. 1995. "Premarital Cohabitation and Subsequent Marital Dissolution: a Matter of Self−selection?" *Demography* 32(August): 437−457.

Litwak, E. 1985. *Helping the Elderly: The complementary roles of informal networks and formal systems.* New York. NY: Guilford Press.

Lounsbury, J., & Hoopes, L. 1988. "Five−year stability of leisure activity and motivation factors." *Journal of Leisure Research* 20(2): 118−134.

Lutzin, S., & Storey, E. 1973. *Managing municipal leisure services.* Washington, D. C., The International City Management Association.

Markman, H., Stanley, S. & Blumberg, S. 2010. *Fighting for your marriage: A deluxe revised edition of the classic best−seller for enhancing marriage and preventing divorce.* San Francisco, CA: Hossey−Bass.

Maslow, A. 1943. "Theory of Human Motivation." *Psychological Review* 50: 370−396.

McKelvey, M., & McKenry, P. 2000. "The Psychological Well−Being of Black and White Mothers following Marital Dissolution." *Psychology of Women's Quarterly* 24: 4−14.

Orthner, D. 1975. "Leisure activity patterns and marital satisfaction over the marital career." *Journal of Marriage and the Family* 37: 91−102.

Queen, S., Habenstein, R. & Quadagno, J. 1985. *The Family in various Cultures.* New York: Harper & Row.

Raymo, J. 2003. "Educational Attainment and the transition of first marriage among Japanese women." *Demography* 40: 83−103.

Rindfuss, R. R., & VandenHeuvel, A. 1990. "Cohabitation: A Precursor to marriage or an alternative to being single?" *Population and Development Review* 16: 703−726.

Robertson, B. 1999. "Leisure and Family: Perspectives of male adolescents engage in delinquent activity as leisure." *Journal of Leisure Research* 31(40): 335−358.

Robertson, I. 1977. *Sociology.* Worth Publishers Inc.

Rothbaum, F., Pott, M., Azuma, H., Miyake, K., & Weisz, J. 2000. "The Development of Close Relationships in Japan and the United States: paths of Symbolic harmony and generative tension." *Child Development* 71: 1121−1142.

Roussel, L., & Théry, I. 1988. "France: Demographic Change and Family Policy since World War II." *Journal of Family Issues* 9: 336−353.

Rudy, D., & Grusec, J. 2001. "Correlates of Authoritarian Parenting in individualist and Collectivist Cultures and Implications for Understanding the Transmission of Values." *Journal of Cross−Cultural Psychology* 32: 202−212.

Seltzer, J. A. 2004. "Cohabitation in the United States and Britain: Demography, Kinship, and the Future." *Journal of Marriage and Family* 66 (November): 921−928.

Shaw, S. 1994. "Gender, leisure, and constraint: Towards a framework for the analysis of women's leisure." *Journal of Leisure Research* 26(1): 8−22.

Shikata, H. 1999. *Disruption of families.* Tokyo: Minerva.

Simmel, G. 2005. 『짐멜의 모더니티 읽기』 김덕영·윤미애 역, 새물결.

Smith, D. 1991. *China: People and Places in the land of one billion.* Boulder, CO: Westview Press.

Smith, G., Snyder, T., & Monsma, B. 1988. "Predicting relationship satisfaction from couples' use of leisure time." *American Journal of Family Therapy* 16: 3−13.

Sproles, G. 1979. *Fashion: Consumer behavior toward dress.* Minneapolis: Burgess Pub. Co.

Stone, L. 1981. *The Family, Sex and Marriage in England 1500~1800.* New York: Harper and Row.

Strand, M., & Gustafsson, S. A. 2020. "Mukbang and Disordered Eating: A Netnographic Analysis of Online Eating Broadcasts." *Culture,*

Medicine, and Psychiatry 44: 586−609.

Sung, B. 1967. *Mountains of Gold*. New York: Macmillan.

Sweet, J. A., & Bumpass, L. L. 1992. "Disruption of Marital and Cohabitation Relationships: A Social Demographic Perspective." in Orbuch, T. L.(edit.) *Close Relationship Loss: Theoretical Approaches*, New York: Springer−Verlag, pp. 67−89.

Tannahill, R. 1980. *Sex in History*. New York: Stein & Day.

Taylor, R., Tucker, M., Chatters, L., & Jayakody, R. 1997. "Recent Demographic Trends in African American Family Structure in African American Family Structure." in Taylor, R., Jackson, J., & Chatters, L.(eds.) *Family Life in Black America*. Thousand Oaks, CA: Sage, pp. 14−62.

Thrane, C. 2000. "Men, Women, and Leisure Time: Scadinavian evidence of Gender inequality." *Leisure Sciences* 2: 109−122.

Timmerman, S. 2005. "Conclusion: Finding the gold in the silver industries." *Generations* 28(4): 79−85.

Tönnies, P. 1912. *Gemeinschaft und Gesellschaft*. 곽노환·황기우 역 (2017) 『공동사회와 이익사회』 라움.

Tsai, W. 1987. "Life after retirement: Elderly Welfare in China." *Asian Survey* 27: 567−576.

Turner, J. 1986. *The Structure of Social Theory* (4th ed.) The Dorsey Press.

Veblen, T. 1899. *The Theory of the Leisure Class*. New York: Macmillan.

Web−Japan, 2017. "일본의 식생활 문화." *Japan Fact Sheet*, https://web−japan.org/factsheet/ko/pdf/kr36_food.pdf

Wong, M. 1988. "The Chinese American Family." In Mindel, G., Huberstein, R., & Wright, R.(eds.) *Ethnic Families in America*. New York: Elsevier, pp. 230−258.

Wu, B. 1987. "The Urban Family in flux." in Women of China(Eds.) *New Trends in Chinese Marriage and the Family*. Beijing, Republic of China: China Books and Periodicals.

Yoshizumi, K. 1994. "The Presence of nonmarital couples." *Municipal Problems* 85(8): 23−27.

Yuzawa, Y. 1990. "Recent trends of divorce and custody in Japan." *Journal of Divorce* 13: 129−141.

Zabriskie, R., & McCormick, B. 2001. "The Influences of family leisure patterns on perceptions of family functioning." *Family Relations* 50(3): 281−289.

Zhan, H. 2004. "Willingness and expectations: Intergenerational differences in attitudes toward filial responsibility in China." *Marriage and Family Review* 36: 175−200.

찾아보기

저자약력

이여봉

이화여자대학교 영어영문학과 졸업
미국 사우스캐롤라이나 대학교 사회학과 석사 및 박사
현 강남대학교 교양학부 교수

주요 저서

『가족 안의 사회, 사회 안의 가족』
『탈근대의 가족들: 다양성, 아픔, 그리고 희망』
『21세기 여성과 남성: 수렴과 확산의 미학』
『가족과 친밀성의 사회학 (공저)』
『우리 시대 이혼 이야기 (공저)』
『가족의 사회학적 이해 (공저)』
『변화하는 사회, 다양한 가족 (공저)』 등

주요 논문

"세대관계망이 부부간 가사분담과 여가활동 공유에 미치는 영향: 출생 집단별 차
　　이 및 발달단계별 변화,"
"베이비붐 세대 여성의 자녀부양의식 및 가족 관계망 그리고 성인자녀와의 경제
　　적 자원교환이 스트레스 및 우울에 미치는 영향,"
"부부관계가 결혼행복감과 우울에 미치는 영향: 베이비붐 세대 여성과 에코붐 세
　　대 여성을 중심으로,"
"양육태도 및 가족 특성과 청소년의 삶 만족도: 성별, 발달단계, 그리고 출생 코
　　호트,"
"1인 가구의 현황과 정책과제,"
"여성베이비부머의 부양지원 제공과 우울,"
"가족변인의 변화와 청소년의 학교 적응성 변화,"
"중년여성의 노후 준비에 관한 연구: 베이비붐 세대와 이전 세대,"
"부양지원과 세대 갈등: 딸과 친정부모 그리고 며느리와 시부모,"

"가족배경과 초·중기 청소년의 학교적응: 발달단계 및 성별 차이를 중심으로,"

"친족연결망이 부부간 가사 분담에 미치는 영향: 연령대별 차이를 중심으로 (공저),"

"자원교환과 대안적 관계가 부모자녀 간의 권력사용에 미치는 영향 (공저),"

"성인기 이행과정의 부모자녀 관계 유형 군집분석 (공저),"

"가족 내 분배정의 원칙의 적용과 모—자녀 관계의 질: 중학생 및 대학생과 그들의 어머니를 중심으로 (공저),"

"초기 성인기의 정체성 구성에 관한 연구: 중요한 타자와의 상호작용 (공저),"

"의식조사를 통한 파탄주의 도입 가능성 모색 (공저),"

"어머니와 자녀 간 자원교환의 호혜성에 관한 연구: 형평성, 이타성, 그리고 관계만족도 (공저)" 등.

21세기 한국가족과 문화

초판발행   2022년 2월 28일

지은이   이여봉
펴낸이   안종만·안상준

편 집   김민조
기획/마케팅   장규식
표지디자인   이현지
제 작   고철민·조영환

펴낸곳   ㈜ **박영사**
            서울특별시 금천구 가산디지털2로 53, 210호(가산동, 한라시그마밸리)
            등록 1959. 3. 11. 제300-1959-1호(倫)

전 화   02)733-6771
f a x   02)736-4818
e-mail   pys@pybook.co.kr
homepage   www.pybook.co.kr
ISBN   979-11-303-1477-8   93330

copyright©이여봉, 2022, Printed in Korea

* 파본은 구입하신 곳에서 교환해 드립니다. 본서의 무단복제행위를 금합니다.
* 저자와 협의하여 인지첩부를 생략합니다.

정 가   17,000원